云南省中华传统道德研究会论文集(第四辑)

弘扬传统美德　构建和谐社会

主　编　吴　松

副主编　江　克

云南大学出版社

弘扬中华传统美德
学习实践科学发展观

——学术年会主题发言（代序）

吴　松

学会各位领导、各位专家，同志们，大家好：

今天，我们聚集在祥和的玉溪市，隆重举行一年一度的云南省中华传统道德研究会、云南省民族伦理学研究会年会暨“弘扬中华传统美德，学习实践科学发展观”为主题的学术研讨会。我对各位领导和专家到玉溪来参会表示热烈的欢迎，也对玉溪相关部门积极支持本次会议的召开所做的各项工作表示感谢。

同志们：云南省中华传统道德研究会成立于2004年10月，四年来，中华传统道德研究会始终秉承这样的指导思想，即：坚持以邓小平理论和“三个代表”重要思想为指导，坚持中国先进文化的前进方向，坚持“三贴近”和“求真务实”的方针，按照“古为今用”、“取其精华，去其糟粕”和符合时代发展精神的要求，合理继承、科学转化和有效利用并举，抓住国内国际社会转型的历史发展契机，在深厚的中华传统道德积淀中深入发掘、总结、弘扬中华传统美德和民族精神，为努力建立与社会主义市场经济相适应、与社会主义法律规范相协调、与中华传统美德相承接的社会主义思想道德体系服务。

在过去的四年中，云南省中华传统道德研究会按章办事，遵守党的各项规章制度，按照国家社团管理的相关规定，按期到业务主管部门接受年检，使研究会的学术交流、理论研究和政策宣传等各项工作按程序、按规定步入正轨，有序进行。

过去的四年中，云南省中华传统道德研究会同云南省民族伦理学研究会携手共进，在中共云南省委宣传部的关心和支持下，在云南省社会科学界联合会的业务指导下，根据研究会各自确定的工作任务、学术研究的原则和要求，积极开展学术研究，取得大量可喜的成绩，至今已出版了以《弘扬传统美德　构建和谐社会》为主题的论文集三辑（今年拟出版第四辑）。三本论文集汇集和展示了在两个学会的带动下，在不同时期为云南省哲学社会科学的繁荣和发展、为推动社会主义精神文明建设和社会主义核心价值体系建设方面所取得的成果。

同志们：目前在全党开展深入学习实践科学发展观的活动，是党的十七大作出的一项重大战略部署。进一步用科学发展观武装头脑、指导实践、推动中国特色社会主义各项事业又好又快发展，是我们当前重大的历史任务。改革开放以来，中国经济的发展取得了巨大成就。但随着改革的进一步深入，新的问题和矛盾也开始凸显。过去的经验和教训表明，离开科学搞发展，是盲目发展，不利于可持续发展。科学发展观是中国特色社会主义理论体系的最新成果，它深化了对中国特色社会主义发展目的、发展理念、发展方式、发展动力，以及发展布局、发展战略和发展道路的认识，它要求我们用科学的理论和方法来解决新的问题和矛盾，正确处理好人与自然、人与社会以及人与人之间的关系，推动各项社会主义事业的发展。

我们的研究会要结合云南发展的实际，充分发挥自身的特色和优势，深入研究和发挥中华传统文化、传统道德在学习和实践科学发展观活动中的积极作用。中国的传统文化丰富多彩，中国的思想博大精深，中华传统道德涉及社会生活的方方面面，是一个诸多要素构成的统一体系。中华传统美德历经几千年的殷忧苦难、潮起潮落而传承了下来。中国传统文化、传统道德在不同时期有着不同的理解和论争，其生命也因此而得到不断的延续，绽放新的活力，其中，就是因为中华传统美德在不同时期、不同阶段对人们励志作用使然。中国传统文化和传统美德所具有的振奋民族精神和凝聚民心的作用在当今时代出现的各种现象中也得到新的阐释，这在刚刚过去的 2008 年中国所发生的各种大事件中得到了明证。在当前国际经济环境继续恶化、国内经济困难明显加大的情况下，如何通过对中华传统美德的研究，促进全社会学习实践科学发展观，使经济总体保持平稳较快增长的势头，使人与自然、人与社会、人与人之间保持和谐稳定的大局是摆在我们研究会面前的重大课题。

中国传统文化中不乏我们今天所需要的、应当弘扬的诸多传统美德。中国传统文化的基本精神讲求的是天人协调、崇德利用、和与中、刚健有为。天人协调思想讲的是人与自然的关系，崇德利用思想说的是人自身的关系，即精神生活与物质生活的关系，和与中思想解决的是人与人的关系，刚健有为的思想则是强调人生中各种关系的原则。刚健有为包含了厚德载物、自强不息的内容，厚德载物要求做到具有博大的胸怀和包容的心态，使人与万物各遂其生；自强不息要能做到“进德修业”、“终日乾乾”，要与时偕行、与时俱进，与不断变化的客观世界保持一致。我们要在邓小平理论和“三个代表”重要思想以及科学发展观的指引下赋予这些传统文化以时代内涵，在继承和发扬中华传统文化、传统美德的同时，使之能与科学发展观紧密联系，紧密围绕云南省委提出的“建设富裕民主文明开放和谐的云南”目标发挥积极的作用。

以上既是对四年来研究会工作的一个简单回顾和总结，也是今后一段时间初步的工作思路。预祝本次会议的召开顺利进行，圆满完成本次会议的各项议程，同时祝大家在玉溪愉快度过会期。

谢谢大家！

2009 年 1 月 12 日

目　录

弘扬中华传统美德　学习实践科学发展观
——学术年会主题发言（代序）………………吴　松（1）

反思与整合：构建当代多民族构成的中华民族
道德文明 ………………………………………杨福泉（1）

试论南传佛教伦理思想与当代和谐社会建设 ……梁晓芬（19）
云南藏族的伦理道德初探 ……………………………章忠云（35）
村民自治是基层民主建设的重要内容 ………………申　斌（51）
试论传统社会伦理的价值优先性
——兼论对社会主义核心价值体系构建的启示
……………………………………蒋小杰　段学品（59）
社会道德资源培育的必要性和现实性分析
……………………………………李维昌　盛美真（67）
少数民族社会中的敬老伦理观 …………张　跃　王晓艳（76）
科学发展观是马克思主义中国化的最新
理论成果 ……………………………陈　路　张　旭（91）
中国特色社会主义文化建设中的舆论控制
………………………………………侯雅涵　郝朴宁（103）

坚持科学发展观　构建民族和谐文化
……………………………… 和　军　毕文胜（114）
自律与他律
——以德治国与依法治国相结合的伦理学解读
……………………………… 刘化军　郭佩惠（123）
对企业社会责任理论研究的综述 ………… 沈　阳（130）
试析云南城乡经济社会发展一体化 …… 薛祖国　薛洁薇（141）
加强高校学生管理　提高德育工作效能
……………………………… 张　悦　李秀妮（149）
深刻把握和践行科学发展观　发展中国特色
社会主义 …………………………………… 魏　宁（156）
文化建设在中国特色社会主义建设总体
布局中的地位 …………………… 陈　路　罗　芸（166）
媒介伦理学研究的现实意义及理论价值 ……… 侯雅涵（179）
对峙与整合：自由全面地发展与传统美德的教育
……………………………… 宋锡辉　毕文胜（190）
当下我国传媒伦理的理论与现实问题研究 ……… 吕　萍（198）
论少数民族伦理的宗教载体 ………………… 雷　希（208）
坚定不移地走改革开放的道路
——纪念改革开放三十周年 ……………… 贾　琦（217）
“相濡以沫”还是“相忘于江湖”？
——两种境界的当代解读 ………… 任阿娟　张仲华（224）
从中国传统思维方式到现代思维方式的对接
………………………………………… 李　敏（231）
试论中国传统道德的现代价值
………………………………………… 潘伟华（240）
弘扬中华传统美德是影响中华民族千秋伟业的工程
………………………………………… 赵永健（246）

价值观的理性转变：构筑和谐社会的基础 ……… 夏红雨（253）
儒家的生命观在当代教育中的意义 …… 刘正平　杨晋祥（260）
简论优秀传统文化对当前社会主义价值
　　实践的重要意义 ………………… 白利鹏　王　雷（275）
浅论科学发展观中的伦理精神 ………… 杨晋祥　刘正平（280）
论中国传统道德中感恩意识的缺失与重建
　　………………………………… 孟　瑾　蔡春玲（285）
传统的和谐文化在云南防艾禁毒工作中的作用
　　………………………………… 周惠仙　秦成逊（293）
从孔子与柏拉图收徒标准看中西思维方式
　　——重伦理与重数理 ……………… 于　波　罗　芸（303）
试论构建和谐社会的诚信建设
　　……………………………………………… 李　琦（311）
试论大学生诚信养成的外在机制 ……… 李喜景　白志红（319）
高校思想道德教育应加强传统道德教育 ………… 刘　杨（324）
反思与启示
　　——儒家“和”文化与构建和谐社会
　　　　……………………………… 刘　凯　樊　勇（331）
孔子道德人格学说对高校德育的
　　借鉴启示 ………………… 王海云　鲁建彪　赵海芳（337）
弘扬传统文化　构建社会主义核心价值体系
　　……………………………………………… 黄　静（344）
弘扬儒家道德思想精华　加强大学生道德教育
　　……………………………………………… 苏咏喜（353）
科学发展观与民族生态伦理初探 ……… 苏迎春　黄　静（360）
司马迁的道德思想 …………………………… 陈文兴（370）
在学习实践科学发展观中认真继承弘扬
　　中华传统美德 ……………………………… 朱　玲（379）

科学认识初步小康到全面小康的历史发展进程
…………………………………… 陈国林 杨迎朝（386）
构建社会主义和谐社会的路径探讨 ……………… 郭佩惠（392）
弘扬优秀传统文化 提升国家文化软实力 ……… 任婉玲（402）
新时期高校网络道德教育 ……………… 刘翠英 任德华（408）
以科学发展观为指导 弘扬中华民族传统美德
树立社会主义荣辱观 ……………… 者丽艳 尹记远（415）
儒家“德性”概念的历史考察 ……………………… 张 刚（426）
提升大学生爱国主义认识的几点思考
…………………………………… 张连英 周培刚（435）
整体主义和文化内倾
——传统农民主体性的二维分析
…………………………………… 黄 琳 李本松（446）
从养浩然之气到个人身心和谐的思考 ……………… 艾兵有（454）

后 记 ……………………………………………………（462）

反思与整合：构建当代多民族构成的中华民族道德文明

云南省社会科学院　杨福泉

一、不应以儒家伦理道德观来指代中华民族的整体传统道德观

中华民族是多元一体的民族，中华文明千百年的发展与和谐是靠各个民族的自我规范、自我制约和自律机制才形成的。在历史的长河中，中国56个民族优秀的传统道德观念汇聚成了中华民族的道德文明、自我调节与和谐的机制。中华民族发展繁荣的历程表明，各民族都应该相互学习，相互汲取传统的道德观和社会制约、管理的机制，这样才会使中华民族的文明和民族精神焕发生机、发展繁荣。

在中国，有一种相沿甚久、普遍的说法，一说到中华民族的传统道德观念就首先提孔子、孟子为代表的儒家道德观，并常常有意无意地以此作为中华民族传统道德的代表来谈论，更有一些当代“国学家”① 迄今不遗余力地大力提倡在中小学中读孔孟经

① 关于“国学”与“中国学”、中国的整体学术之间的关系，笔者有一些不同的观点，可参看拙文《国学不应再拘泥于陈年旧说》，载《中国民族报》2006年2月17日；载“中国学术论坛”，www. FRChina. net 2006年2月20日 。

典，将它作为传承中华民族传统道德伦理观念的主要内容。我觉得这里存在着对中华民族传统道德片面的理解。

无疑，儒家的道德伦理观中有非常丰富的道德伦理思想体系和融合在大众生活民俗中的美德，比如“仁义爱人”的伦理观；“己所不欲，勿施于人”、“小人喻于利”、“君子喻于义”的道德观；“天地之性，人为贵”的人文追求；“四海之内皆兄弟”的大同理想；“民贵君轻”的政治信念；“无为无不为”的朴素辩证思想；“与天地万物相往来”的自然观，以及培养“智、仁、勇”兼备的人格等等，都值得我们认真梳理，以充分发挥它们的积极作用。

但众所周知，自从汉武帝实行“独尊儒术，罢黜百家”的文化专制政策之后，儒家思想从原来“百家”学术思想学派中身价猛涨，在封建王朝的支持下成为学坛霸主，并主宰中国封建王朝官方意识形态数千年。到了宋代，程朱理学又对儒家道德伦理作了种种片面的曲解和改造，朱熹甚至把儒家学说归结为一点：“圣贤千言万语，只是教人明天理，灭人欲。”(《朱子语类》卷十二）后来历代中国封建王朝的统治者又利用儒家学说为自己的利益服务，不断强化儒家文化中的“三纲五常”思想，儒家的道德伦理观中便有了越来越多非人性、非人道的、扼杀中国人个性的糟粕。

应该看到，建立在儒家理论基础上的传统道德观念只能说是中华民族传统伦理道德观的一个重要构成部分，中华民族的传统道德观还包括很多起源于春秋战国时期“百家争鸣”所产生的道教、墨家、法家等众多学派的道德伦理思想，还有产生于汉族民间社会的道德伦理观，更不用说还有55个少数民族千百年相沿传承下来的传统道德伦理观。虽然自从汉武帝的独尊儒术特别是宋代程朱理学强化儒家思想在意识形态的统治地位以来，中国社会深受儒家伦理道德观的影响，但这样的伦理道德观念只能说是信奉儒家思想的士大夫阶层的“精英伦理道德”思想的影响，我们应该对起源于其他学派和民间思想的中国汉族社会的伦理道德观进行认真的梳理和研究，从中发现中国不同的历史时代伦理道德观的差异和变迁，发现中国社会中不同的阶层、不同的社会群体所奉行的伦理道德观的不同，比如说统治集团阶层、士大夫阶层、平民阶层、工商阶层、游侠阶层等等诸多不同的社会群体所尊奉的道德伦理观的差异，以及对这些不同阶层的文化所受到的多样化伦理道德观的影响进行客观的研究。

中华民族的道德伦理观是多元的，纵观中国的历史和现在，当一个居于统治地位的民族能够以宽阔的胸怀吸纳和学习其他民族的文化时，这个民族就会生机勃勃，充满活力，不断得到发展。据有关专家考证，汉族形成于两汉时期，在两汉以前，汉族还未成为中华民族的主体之前，中华文化是经过各民族长期的文化交流、融会以及分流之后，逐渐形成的。汉族文化与中国其他少数民族的文化的交流与融汇，在两千多年的历史长河中从未中断，而其中最突出的是魏晋南北朝、南宋、元这几个时期。在魏晋南北朝时期，北方少数民族纷纷建国立朝，史有“五胡十六国”之称，具有代表性的有前汉、后赵、前秦、北魏、北周等。当时的少数民族文化对汉族社会的推进和影响是广泛的，其中南北朝时期最为突出。这一时期也是中国佛教发展的重要时期，佛教在很大程度上是通过少数民族而广泛传入汉族社会的。汉唐以后，汉族和南方各少数民族的文化交流与融会日渐广泛和多样化。在那个时期，汉族社会广泛地吸收了很多少数民族的文化艺术乃至生活习俗、道德伦理等，因此，汉唐特别是唐朝时期的汉族社会在很多方面都显示出一种蓬勃向上、海纳百川的新气象，在各个方面都没有后世逐渐滋生的那么多窒息人的个性、天性和创造性的封建道德伦理观念的束缚。可以说，“汉唐气象”的形成，是与当时的执政阶层那种胸怀宽阔的气度和充分吸纳其他民族的文化态度密切相关的。在汉族的意识形态领域中，融会了不少起源于中国少数民族的观念和思想，只是在儒家思想成为被封建帝王独尊的垄断性思想体系后，中华民族丰富的多元思想伦理观念就逐渐湮没在儒家文化浓厚的氛围中了。

中国文化发展的历史事实表明：一些民族某一方面的优秀传统道德观念可以弥补另外一个民族（特别是主体民族）道德观念中由于历史的原因形成的缺陷和不和谐、不以人为本的弊病。当一个大民族居于统治地位时，如果能适当吸收其他民族非常人性化的伦理道德观和传统文化的优秀部分，那么，这个民族就会更加强大，各种政治的、经济的和文化的机制就会更加得以完善，如历史上不少混聚或杂居在中国西南很多少数民族地区的汉族，出于不同的伦理道德环境氛围，他们所受到的诸如缠足、极端的婚恋禁锢、包办习俗和重男轻女等基于儒家封建道德伦理观念陋习的折磨就要少得多。

二、应反思中国传统道德伦理观中的“夏尊夷卑”、“以夏变夷”之观念

我认为，要达到在平等的基础上梳理中国各个民族的优秀传统道德观念，准确、客观地认识中华民族传统道德的多元性的目的，我们首先需要反思中国长期的封建社会中那种按照主体民族或统治民族、主流文化和“精英道德伦理观”来衡量他族传统道德伦理观的弊病。应该对中华民族道德伦理发展的历史轨迹和变迁进行深入的研究。

由56个民族构成的中华民族的传统道德观是多元的，假如没有后来实行文化专制主义的封建社会那种强权政治和基于“夷夏之别”、“以夏变夷”的大文化沙文主义，假如中国的传统伦理道德观能够不断地整合各个民族的优秀部分，那就不至于出

现后来那种极端的“三纲五常”、“三从四德”等封建伦理道德观，特别是那种极端的“男尊女卑”伦理道德观对妇女非人性的压制和迫害。

自从宋明理学产生之后，中国封建王朝的统治者常常用被社会统治阶层、精英阶层变异了的儒家伦理道德观来衡量少数民族的习俗，形成了一种“夏尊夷卑”的成见和观念，普遍认为只有以中原汉族为代表的“夏”的文化才是文明和高级的，而那些“四夷”的风俗则是卑陋低下的。在这样的思想观念支配下，封建统治者便实施“以夏变夷”强制性手段来统治少数民族，以所谓“夏”的文化习俗和道德伦理观念来强制性地改造少数民族的习俗。下面我举一些唯我独尊地看待少数民族文化并强行改造的例子来说明问题。

孔孟之学经历数千年的流变，至清代已经形成一套高度严整缜密的封建伦理体系，其以三纲五常为基础的封建礼教思想的全面灌输教育，无疑与纳西族传统产生冲突。而且，清朝统治者又强制推行思想专制政策，各种书籍凡有“离经叛道”、“颠倒是非”之言的必须加以禁毁，“不得使只字流传，以贻人心风俗之害”。著名学者张岱年先生曾指出：“清朝政府推行文化专制政策的结果，大大斫折了中华民族的元气，损害了中华民族的主动创造精神。中国国民性格中原来有的许多优点，因为封建专制的压抑，而逐渐萎缩下去。”①

1723 年，清朝政府在云南省丽江府实施“改土归流”。实施伊始，清政权以当时汉族和满族的生活方式和儒家文化的伦理道德观衡量当地少数民族的社会生活，强制性地在民族地区实行移风易俗的政策。“改土归流”后，派到丽江的流官按照清政权的“以夏变夷”政策，全面实行强制性的风俗改革，完全不像元明

① 《中国文化传统对话》，中国广播电视出版社 1990 年版，第 139 页。

时期那样在少数民族地区还实施“顺俗施政”、“顺俗施化”的政策。

流官们以孔教和清代汉族精英阶层的文化价值观看待其他民族的民俗风情。凡不符合孔教礼乐章程、纲常名教者，一概视为“鄙陋”和“狉獉草昧”。当时对当地纳西等各少数民族极力灌输封建礼教，进行以儒家文化为标准的移风易俗之举在清代丽江志书中有相当多的记载。汉官张允随在乾隆《丽江府志》中写道：“丽江僻处极远，历代以来，亦止羁縻勿绝。且向隶土司，狉獉草昧之风未改……今幸得以夏变夷。”“边陲荒陋之地，忽化而文明……而其布化也，则必由方面守土之名臣，悉心经理，教训，正俗，而后百世千年之雅化，蔚然闻先焉。”诸如此类的议论在清代的地方志书中俯拾皆是。

在办学上进行上述封建礼教教育的同时，清廷流官们在丽江进行以儒家道德伦理为基准的风俗改革，婚丧嫁娶乃至服饰都全按内地汉俗强制变革。

纳西族自古实行火葬，“改土归流”后，清廷流官以内地汉族的文化观念看待这种异民族风俗，把火葬视为野蛮、不开化的习俗，认为纳西族火葬之俗不但不给死者殉葬品以供死者使用，而且将自己的父母焚尸毁骨，是不讲仁义和伦常的行为，因此多次严令禁止。乾隆《丽江府志略》中说：“禁止焚弃骨骸，教以祭葬。”乾隆年间的《滇南闻见录》中记曰：“再三出示劝谕，禁火葬，禁刀巴（东巴），并给官山，听民葬埋。”

清咸丰二年，流官在丽江立“用夏变夷碑”，碑文曰：“为勒石严禁永远遵守事，照得人子事亲，生养死葬，古礼照然，惟闻滇南夷俗，凡遇父母溘游，卜为天、水、火葬。似此甘作不孝，案属有亏伦理。惟查丽江一邑，原无天水俗葬，然用火焚尸，愚夫亦所不免，若不严行禁止，伊无胡底？所以一切天、水、火葬，一并视禁在案，兹据各里乡约等，恳勒石严禁火葬，前来除品批示外，合行勒石严禁，为此示，仰各里民人等知悉，嗣后如遇父母物故，务须择地安埋，即有兄弟子孙男女奴役身死，亦须用棺殓瘗，毋得用火焚尸，亦毋得听信狂言，致效天水葬。倘敢狃于成见，许该乡保人等立时禀府究治，以凭尽法惩处，决不宽贷，各宜禀遵，毋违，须至勒石者。”

这种从一种文化观念出发去看待另一种文化，强迫其他民族接受某种文化价值观的做法是“改土归流”的一项重要措施。如藏族的天葬也被视为大逆不道而被强令制止。乾隆五十八年(1793年)，清朝政府制定了严禁天葬的政令，命令丧家有田庄的，在本庄田内择地安葬；无庄田的贫民，可在新设的义冢公地掩埋。如果仍旧天葬，将死者子孙凌迟处死。普通藏族人遇有人死，或用棺木装殓，或用衣、席卷裹，一概报官埋葬。还将此作为永定规定勒石立碑。①

“改土归流”后，清廷流官以“礼教”观念去衡量少数民族的风俗，进行强制性的改革，是普遍行使于西南广大少数民族地区的措施。如雍正年间，广西巡抚李绂严禁男女对歌择亲和新娘不落夫家的习俗。他用“羞耻之心”、“妇道”衡量壮瑶婚俗，目的是“以维风化”。② 赵翼在广西镇安府对苗、彝不落夫家习俗也曾干预，下令凡婚者不许异寝。③由此可见清廷流官死抱“礼教”排斥异己的极端做法。

明清“改土归流”后，由于流官怀着“男尊女卑”的儒家封建道德观来施政，西南少数民族妇女社会地位的下降是普遍性的，如在贵州，“改土归流”后，“随着儒家文化在少数民族中

---

①《卫藏通志》，496～498页。

②《穆堂别稿》卷48，转引自冯尔康、常建华《清人社会生活》，天津人民出版社1990年版。

③《檐曝日记》，第52页，转引自冯尔康、常建华《清人社会生活》，天津人民出版社1990年版。

的影响日益扩大、深入，少数民族妇女的地位逐渐发生了悲剧性的变化。明清以后，少数民族妇女的地位明显下降，妇女一般不能担任社会公职，她们在家庭中多处于从属地位。在各少数民族中，只有男子有继承家庭财产的权利，女子没有财产继承权。只是在儒家文化影响不到或很少影响的偏僻山区，还保留有女子继承家产的一些权利。与妇女地位衰落相联系，随着儒家文化在少数民族中影响的深入，妇女的婚姻自主逐渐演变为完全由家庭、父母包办。在受儒家文化冲击之前，贵州少数民族普遍实行自主婚……清代，包办婚已相当普遍。"①

光绪十三年（1887 年），黄金衔任丽江知府，作《治丽箴言》，制定了许多压制妇女的条律，如严令妇女参与到寺庙烧香等民俗活动，其中曰："治丽箴言第四条，载妇女烧香。劝为父夫者，宜约束妻女，勿嬉游寺庙也，违者，照例笞其夫男四十。""丽俗，每逢二月土主会，三月朝山会，七月文峰寺喇嘛会，士女咸艳服浓妆，烧香礼佛。道路连翩，山林集恣，喧哗笑语，男女混而无别，识者讥之。易曰：谩藏诲盗，冶容诲淫。谚曰：美女出头，丈夫皆愁……为父为兄者，毋以习见不怪，约束严焉，颓风庶可移也。案律载官及军民之家，纵令妻女于寺观神庙烧香者，笞四十，罪坐夫男。无夫男者，罪坐本妇。"他甚至禁止妇女参与元宵节观灯，《治丽箴言》中曰："附禁两条：一禁妇女观灯，以免是非而肃闺阃也。查丽俗每年元旦后至元宵止，民间办花灯庆岁，太平景象，原为盛事，惟是妇女之无耻者，每结对成群，随往观玩。男女溷集，深夜弗归。遂因此多生是非……礼：妇女夜行，须以烛，无烛则止。今郊井之中，竟深夜游行，殊玷闺训。亟宜严禁。嗣后凡遇灯节，妇女只许在自家

---

① 韦启光：《儒家文化对贵州少数民族文化的影响》，载《贵州社会科学》1996 年第 3 期。

门内观望，不许随灯游玩，以至男女溷集无别，违者究治其父夫不贷。”①

纳西族古有“从父名母姓”的习俗，子女可从母姓。但自“改土归流”后，清廷满汉官员从极端的父系中心和男权社会的文化观念出发，严禁纳西族、白族中男子上门入赘和夫从妻姓的习俗，认为：“夫从妻姓，耻哉，鄙哉！”“女不嫁人，奇哉怪哉！”“嫁子招婿，斯事更奇，自绝其嗣，竟不自知。”“父生母育，乃有此生；从母之姓，已乖彝伦。从妻之姓，抑何不仁。”认为子女从母姓是“绝嗣”、“不孝”，“尊妻灭祖，兽心面人”。《治丽箴言》中有所谓“夫从妻姓箴”，其中曰：“郡属鹤（庆）剑（川）二州，暨丽邑九河吴烈等里，有陋俗焉：无子以婿为子，及虽有子，反赘于人，而留女招婿以为子。婿遂灭本姓，从妻姓，或将妻姓加于本姓之上。靦然安之，弗知其悖也。夫为子孙者，姓受于亲，今以妻故，遂灭之，而谓他人父。是弃亲也。甚矣。其不孝也。闻之鬼不歆非类。以婿为子，非我族类矣，是自绝其嗣也，绝嗣亦不孝也。既为吾子，而与吾女配焉，是兄妹而夫妇也。斯俗也，无一是也。盍亟革之。律载乞养异姓子以乱宗族者，杖六十。若以子与异姓人为嗣者罪同。”②

仅仅从以上所举的这些言论和举措中，可以看到清廷官员是如何以极端的重男轻女和父系中心观念在少数民族地区强制性地实施“以夏变夷”的政策的，一切不符合儒家伦理道德的习俗皆被其视为“陋俗”。类似这样以特定时代统治阶级的道德伦理观为基准进行“以夏变夷”的做法，在中国的封建王朝历史上是不胜枚举的。

我认为，只有深刻认识漫长的中国封建社会特别是清代那种

① （清）黄金衔撰：《治丽箴言》，光绪十九年（昆明）长春坊明文堂刊印本。
② （清）黄金衔撰：《治丽箴言》，光绪十九年（昆明）长春坊明文堂刊印本。

极端束缚人性、压抑个性的封建伦常道德观对中国国民（包括汉族和少数民族）身心的伤害和荼毒，我们才能深刻理解“五四”时候以鲁迅先生为代表的众多中国知识精英为什么会提出“砸烂孔家店”、推翻“吃人的旧礼教”等许多痛心疾首的口号的意义。也只有这样，我们也才能深刻理解推翻中国封建制度的“辛亥革命”和中国共产党推翻旧中国“三座大山”对中国各民族人民所具有的那种伟大的历史意义。

三、整合各民族的优秀道德观，构建多元的当代中华民族道德文明

中华民族是多元一体的民族，中华文明是由56个民族构成的辉煌博大的文明；中华民族精神也是融会了56个民族优秀的精神伦理道德的一种精神。因此，我们谈论中华民族的道德文明，就必须有这样宽阔宏大的眼光，而不是囿限在“孔孟”或“儒家”的圈子里来谈中华民族的伦理道德遗产和构建当代中华民族的道德文明。

中国各个民族都有卓有个性特点的道德文明，比如说生态道德伦理观，在中国很多少数民族中就非常突出。很多少数民族生活在自然资源有限、人的生产生活要依赖自然环境的区域，因此，探索如何与天地山川和谐相处、如何善待自然，以求得到大自然更多的恩惠，这是很多少数民族宇宙论和信仰思想的重要内容。比如纳西人通过东巴教的宗教圣典和仪式，阐明了这样一个简单而深刻的哲学思想和生态伦理观念：人与大自然之间的关系犹如兄弟相互依存，人与自然只有保持这种兄弟似的均衡关系，人类才能得益于自然。如果破坏这种相互依存的谐和关系，对大自然巧取豪夺，那无异于伤了兄弟之情，就会招致自然的报复。这是纳西先民在漫长的生产生活实践中得出的宝贵经验。在这种

理智的认知基础上，纳西族民间产生了一整套保护自然生态的习惯法，以此规范制约着人们对待自然界的行为。东巴经中常见的禁律有：不得在水源之地杀牲宰兽，以免污血秽水污染水源；不得随意丢弃死禽死畜于野外；不得随意挖土采石；不得在生活用水区洗涤污物；不得在水源旁大小便；不得滥搞毁林开荒。立夏是自然界植物动物生长发育的关键时期，因此，立夏过后相当长一段时期内禁止砍树和狩猎。

藏族有神林、神树、神山和神湖崇拜观念，在这样的宗教信仰基础上形成了他们的生态伦理道德观，他们所崇拜的山林湖泊禁忌砍伐和污染，因此，藏区的神山、神林和神湖周围的生态环境都保护得比较好。纳西族和藏族还有在每年特定时期（如立夏时期）封山禁伐、禁猎的习俗，藏族传统的禁忌杀生习俗也有利于保护野生动物。傈僳族认为自然物如山、石、树、水等皆有生命、有灵魂，因此都要善待之，人在自己的生产生活中不能过分索取这些自然物。

傣族认为人是自然的产物，森林是父亲，大地是母亲，天地间谷子至高无上。认为人与自然一定要有和谐共处的关系，他们对自然、人和农业有这样的排列顺序：林、水、田、粮、人，“有了森林才会有水，有了水才会有田地，有了田地才会有粮食，有了粮食才会有人的生命”。基于以上认识，傣族认为人类应该保护森林、水源和动物。①

说到生态伦理观，基于特定的宗教信仰的自我制约传统道德伦理观也是很多少数民族重要的内在文化机制之一，值得把它的优良部分纳入中华民族的传统道德观中来。宗教是中国传统文化的重要组成部分；宗教道德是中华民族传统文化精神资源的重要

① 郭家骥：《云南少数民族生态文化考察写真（傣族）》，载《云南日报》2001年10月11日。

一环。我国有56个民族、12亿人口。其中，55个少数民族一般都有自己信仰的宗教，有的甚至全民族信仰同一种宗教。我们在上面说到了藏族的神山信仰与保护习俗、纳西族基于大自然神信仰的生态保护习俗等，这些都是至今仍然在起着重要作用的自我约束、自我规范的民族文化机制。

哈尼族主要通过原始宗教的寨神崇拜进行管理，哈尼族村寨一般都建在背靠原始森林，面向平缓山坡的半山上，村落以下直至山脚河谷，都是层层梯田。背靠的原始森林被认为是寨神“昂玛”的栖息地，是凡人不能进入的圣地，林中的一草一木，都被认为具有神性而不能攀折，违者定将受到惩罚。这种信仰有效地保存了哈尼族地区的高山水源林，使其得以常年保持“山有多高、水有多高”的灌溉用水，维系了梯田的命脉。

再说到与家庭、婚姻和男女两性相关的道德伦理，在众多少数民族中有很多非常符合人性的道德观念，可以说是一种非常宽松的以人为本的观念。它与封建社会时代汉族的封建纲常伦理婚俗相比，就显得很人性化。汉族社会经历漫长的封建社会形态，逐渐形成了一整套制度化了的以包办、买卖为主要特点的封建婚姻制度，男女青年的婚姻决定于“父母之命，媒妁之言”。“父母之命不可违”，“嫁鸡随鸡，嫁狗随狗”，“嫁出去的女、泼出去的水”，是女性须恪守的信条。过去，汉族社会的封建统治者说夫妇为人伦之始，夫妻名分一定，就终身不能改变。为了正名分的大事，妇女要保持贞节，“从一而终”，不能再嫁，即使家贫无以为生，也要按照宋儒的“饿死事小，失节事大”的伦理，不能再嫁。倘若第二次结婚，就会低人一等，受到各种打击和侮辱。

与此相反，很多少数民族青少年在未成家之前，都有着比较自由的社会交往活动，父母不加干涉，社会也认为是不违背礼俗的事情。与汉族过去在封建道德伦理观支配下的“男女授受不亲”、“待字闺中”的女子不能与陌生男子接触和交往等观念全然不同。寡妇再嫁、夫妻离异再行婚嫁等，在很多少民族中是很正常的事，完全没有过去的汉文化那种“饿死事小、失节事大”等极端观念。在云南等地，不少与少数民族混居的汉族，在婚恋习俗等方面受惠于当地少数民族的道德伦理观的不少，比如妇女不缠脚，婚恋不必完全听命于家长，男女可以自由谈恋爱等。比如丽江古城是一个在明清两朝容纳了很多汉族移民的城镇，汉族移民进入其中后，入乡随俗，因此就没有遭受到缠脚等汉文化陋习的折磨。

又如，傣族的尊老爱幼、男女平等道德观念非常突出。这些民族传统除了社区传承的道德教育、社会舆论监督外，也与法律的支持分不开。古代和近代法律通过对订婚、离婚和离弃的规定，保证了家庭婚姻道德观的实行。如近代法律规定“订婚后不按期结婚逾期可另找对象”。如果订婚时女方接受聘礼，后又不愿结婚，跑到心爱的人家去住，法律规定只罚女方2元了事。傣族的法律还体现了社会尊重婚姻当事人双方的意愿，不强迫任何一方结婚的道德观，充分保护妇女的婚姻自主权，如规定“如女方不喜欢，强求订婚，女人又离家，家长把聘礼退回后，不罚”，如果是“男女双方同意，但父母不同意，后来女人也变更，罚女方7元”。法律还规定“夫妻生活在一起，吃的穿的都由男的负责，如彼此闹意见或离婚，女的不应赔款”。离婚若是男的不要女的，规定男方给女方12元补偿，另罚1元半给头人；如果是女方对男方不好，并不要男方，规定女方给男方15元。因西双版纳傣族社会的结婚居住方式是以从妻居为主，法律还规定“如果男方对女方的父母不好，被女方的父母赶走，男的可带走他原来从本家带来的东西”。①

① 罗阳：《西双版纳傣族传统道德的维持机制》，《云南社会科学》1999年第1期。

又如在待人接物的道德方面，拉祜族人尊敬老人和长辈，老人住的位置要在表示尊位的房子中柱旁火塘边；吃饭、喝茶、抽烟都要先递给老人。逢年过节，要给老人拜年。社会交往中，小辈应主动给老人让位；不在老人面前说不礼貌的话和有不礼貌的行为。拉祜人热情好客，礼仪待人。家中来了客人，无论相识与否，都热情接待。主人把最好的东西给客人吃，拿最好的东西给客人用。纳人（摩梭）母系大家庭对家中老人的尊敬和礼遇习俗更是遐迩闻名。因此，有的学者在长期研究纳人的社会后，提出这样的观点：纳人的母系制文化，在一定程度上能妥善处理当今社会的一些难题。比如：（1）老人不受尊重、被遗弃，现代人面对衰老和孤独的焦虑；（2）两性在社会地位、感情空间方面的权利不均；（3）现代人在性魅力上的沉重压力和在亲密关系里的占有与矛盾；（4）性骚扰、强奸等性犯罪以及偷窃、坑蒙拐骗、打家劫舍、杀人放火等犯罪行为；（5）现代社会人际疏离、自我偏执、心灵空虚；（6）婆媳、妯娌、亲子、兄弟姐妹之间的家庭纠纷与矛盾（见周华山《无父无母的社会》）。

笔者对纳人（摩梭）社会也做过一些调研，感觉到纳人的母系制文化在增强家庭和社会群体的凝聚力、制约个人占有欲的恶性膨胀，促进两性的平等互敬，推进社会的安定和谐、社区内人际关系的和睦友好，以及减少性和婚姻方面的纠纷等，确实有非常突出独到的功能。

如果说到团结互助的社会道德，中国少数民族中有不少值得借鉴的优良道德习俗。比如彝族家支由众多的个体家庭所构成，但作为一个以父系血缘为纽带，并以一定地缘关系为联结的共同体，彼此之间有密切的联系和浓厚的亲情。无论在生产和生活方面，家支内部都自发地共同协作、团结互助，保证了本家支的延续和发展。从生产劳动方面看，在广大彝民中，种田有“俄撒”和“俄字”形式的互助惯例。“俄撒”意为请求帮助，即缺乏劳动力的农户请求有劳力者给予帮助，不付报酬，至多提供伙食；“俄字”意即抵偿或换工，即换工互助。放牧则有“把尤”的托养制度。即矮山区有牛羊的住户在五月间把牛羊赶上高山，交与高山户代为牧养，九月间赶回矮山；反之，高山区的牛羊群在九月赶下矮山，其主户也可托给矮山户代为牧养。上山狩猎，凡集体出猎所得的猎物，不分老幼，一律按人均分配，甚至路遇行人，见者有份。表现在日常生活中，一家有事，全家支相帮；一家修建房屋，全家支义务帮工；一家娶亲嫁女，全家支人都去恭贺；一家死了人，全家支人都自动到丧家帮忙料理死者的后事，抚养家支内遗孤。这些都体现了家支内部的协作精神和互助原则。因此，彝族十分强调团结互助。①

在云南不少地方，相邻而居的民族结成了一种常年互助、相互依存的“一家人”，比如，居住在红河沿岸的哀牢山区呈立体分布的傣族和哈尼族，在长期的农业生产活动中结成了相互依存的“牛马亲家”，这种“牛马姻缘”一般以居住在河谷热带地区的傣族为一方，居住在山区的哈尼族为另一方，双方为适应立体气候所带来的农事节令的差异并有利于牲畜的繁殖，经相互协商而结成。这种关系一旦确定下来后，山坝不同民族的两家人便如亲戚一样地频繁交往。初春，河坝地区气候温和宜人，青草嫩绿，正是傣族人撒秧栽插之季，于是把耕牛驮马送下山由傣族人喂养并使用。四五月间，傣族农闲，而山区哈尼族正是犁田栽秧的时候，再把耕牛驮马送上山归哈尼族喂养和使用。六七月份，哈尼人稻秧栽完，河坝傣族又要栽插晚稻了，又把耕牛驮马送下山归傣家使用和管理。晚稻栽完，河坝炎热，而山区气候暖和，草木青青，再把耕牛驮马送上山来避暑养肥。十月以后，山区气

① 王路平：《试论彝族传统的道德价值观》，载《云南教育学院学报》1995年第4期。

候转冷，草木干枯，而河坝仍然气候温和，又再把耕牛驮马送下山来由傣族管理饲养过冬。母畜生产的牛崽和马驹属双方共有财产，出卖或宰杀皆相互平分。①

再如，纳西族与藏族之间有源远流长的经济和文化交流，两个民族在很多方面保持着水乳交融的亲密关系，在20世纪50年代以前，有的纳西族村子还专门请相邻社区的藏族人担任管山员，丽江古城近郊的束河村就有这样的习俗。这基于以下考虑，一是外来人亲属关系单纯，在管山过程中不会受到原住民那样复杂的亲属关系的制约；二是纳西人历来认为藏族人性情耿直、豪爽，能忠心耿耿地保护集体利益。束河村是在滇川藏地区卓有盛名的“皮匠之乡”，他们生产的藏靴、藏钱包、藏腰带、皮口袋、皮条索在藏区深受欢迎，束河的纳西人与藏族民众在商贸方面的交往源远流长，不少束河人与藏族人通婚，一些藏民先后到束河落户。20世纪50年代以前，仁里村、文明村、松云村都曾请藏族人当管山员。②

白族的民间谚语说：“一根麦秆编不成一顶草帽”；“有花才有蜜，有国才有家”；“不怕巨浪再高，只怕划桨不齐”、“一根藤容易断，十根藤比铁坚。”白族村寨中谁家盖新房，其他人便会主动前往帮助，有力出力、有米拿米，有的家庭或村寨中发生火灾，远近的村民闻讯后，都会主动拿出自家的粮食、衣物、木材等前去帮助受灾的村民；谁家有喜事或丧事，都被看成是大家的事，使当事人能顺利地把事情办妥。在春耕生产和秋收秋种中，更是体现出白族传统的互助原则。每当春耕生产大忙时，全村人均会互相帮忙，有的是几个家庭结合在一起，有的是整个村

---

① 郭家骥主编：《云南的民族团结与边疆稳定》，民族出版社1998年版，第128页。

② 杨福泉：《纳西族的社区资源保护》，载《思想战线》2000年第3期。

落分成几个互助协作组，送肥下田，送完一家再送一家；栽插也如此，栽完一丘再栽一丘，直到全部栽完为止。尤其对那些体弱多病或家庭中主要劳动力亡故的困难家庭，村落里的人们便会相互邀约一起去帮助其适时播种、栽插、收割，对村寨中的孤寡老人，白族传统家庭道德要求对其负有赡养、关心、照顾的责任。①

拉祜族在长期的游猎、迁徙生活中，形成相互依存、团结互助、利益均衡的道德原则。一家盖房，全寨帮助且不计报酬。寨内人杀猪，均分各户。外出狩猎，如遇野兽伤人，要勇于相助；打到猎物，无论大小，参加者人人有份，连猎狗也不例外。同寨人外出，如途中遇疾病、伤残、死亡者，要设法招呼到家；对酒醉者要热心搀扶，不能弃而不管。

总之，中国作为一个由 56 个民族构成的泱泱大国，其道德伦理方面的精神文化资源是多元和丰富多彩的，这为提供一种取长补短的社会制约机制创造了相当有利的条件。在历史的长河中，各个民族的道德伦理观都在发展着、变迁着，有变异，有传承。比如儒家思想在没有被历代封建统治者不断为其政治统治目的所利用而发生异化之前，有很多非常合理的因素，后来才逐渐畸变出许多有违人性、有悖常理的糟粕，而留存于少数民族中的很多以人为本的道德伦理就可以取代类似孔孟之道中的非人性因素在当代社会的遗留，使我们的社会在道德伦理观方面产生出更为健全的优胜劣汰的机制。同样，如果某一个少数民族的当代社会中还留存着一些对本民族发展不利的本民族道德伦理的束缚，就大可借鉴国内外其他民族的道德伦理优秀因素，逐渐取代其糟粕。只有形成这样一个“各美其美，美人所美，美美与共”的

① 孙雅丽、杨国才：《试论白族传统家庭及其道德观》，载《云南学术探索》1998 年第 5 期。

机制，中国的社会才会在一种民族互动互励、互补互学的机制上不断发展。本文谈到的过去那种在道德伦理观念上的“唯我为大”文化沙文主义和存在于各民族中的封闭保守、不思改变的习俗，都是与构建当代中国的和谐社会的目标相抵触的。只有进行整体意义上的中华民族优秀道德整合，才会使中华民族的文明和民族精神不断焕发出勃勃生机。

试论南传佛教伦理思想与当代和谐社会建设

云南省社会科学院宗教研究所　梁晓芬

和谐社会理念的提出，体现了中华民族建设美好社会和实现美好生活的社会理想，体现了文明的发展与时代的要求。我们所要构建的社会主义和谐社会是以民主法治为基石，以公平正义为内在精神，以诚信友爱和充满活力为重要特征，以安定有序为外部表征，最终实现人与自然之间、人与人之间以及人与社会之间关系和谐发展的社会。

伦理思想是南传佛教思想体系的重要内容，作为宗教伦理，在其长期的发展过程中逐渐形成了一套完整的伦理道德体系，主要是以南传佛教信仰观念为中心调节和规范僧众之间和圣俗之间关系的道德准则和道德规范，发挥着世俗伦理不可替代的社会作用，也承载着对社会人生的现实指导作用。南传佛教伦理思想的信仰力量对世俗社会生活的约束力是独特而有效的。宗教社会学家马克斯·韦伯曾经指出，一种建立在宗教基础上的伦理观念只要维持了宗教规定的态度，就能产生一定的心理约束力。只要宗教信仰存在，这种约束力就极其有效。①南传佛教伦理思想强调与自然为善、与人为善，主张通过个人修行以达到解脱的精神境

① 马克斯·韦伯：《新教伦理与资本主义精神》，三联书店 1987 年版，第 60 页。

界并有一套维护道德尊严的信条和修行方法，有效地整合了社会的伦理道德价值取向，对信众起着强有力的道德指导作用和心理自律作用，促进了人与自然、人与人、人与社会关系的和谐发展，为社会主义和谐社会的建设提供了新的思路，具有积极的现实意义。本文拟就南传佛教伦理思想对当代和谐社会建设的积极作用进行一些粗浅的探讨。

一、南传佛教伦理思想促进了人与自然的和谐发展

生态伦理思想是南传佛教伦理体系中的一个重要部分，南传佛教的生态伦理观是一种可持续的发展观。生态伦理是可持续发展观在伦理道德方面的外化形式，为可持续发展提供了伦理支撑；生态伦理的价值核心是人的全面发展，所以生态伦理不仅要激发人们保护环境的责任意识，而且要培养人们尊重自然规律、合理利用自然资源的行为方式和优化环境的可持续性创新精神。毋庸置疑，这种生态伦理观促进了人与自然关系的和谐发展，为现代生态文明的建设提供了新的思想源泉，具有超越历史时空的现代生态价值。

南传佛教伦理体系的生态伦理观主要体现在其自然观和生命观当中。南传佛教缘起论强调万物互为缘起，一切事物或一切现象都处在相互依赖、相互制约的因果关系之中。因此，南传佛教的自然观与生命观在整体上将生命主体与生态环境视为统一体，认为天地同根、众生平等、万物一体，依正不二。也就是说，宇宙中的一切生命都是相互联系、互依共存的一个整体，人类是自然的一分子。南传佛教主张一草一木皆有佛性，都有其生存的意义和价值，生命主体应该爱护自然，与大自然和谐共处，才能保证自身的发展。进而，佛家把对生命的平等尊重扩展到了生物界中的一切有情生物类。故而，南传佛教“十戒”之首即为“不

杀生”戒，佛教诸罪当中，杀生最重；诸功德中，不杀生为第一。“不杀生”戒体现了南传佛教尊重生命、爱护生命的伦理道德态度，倡导的是每一种生灵都有生存权利的生态伦理观，蕴含着南传佛教对生态和谐的内在追求。

南传佛教的这种自然观和生命观起着一种引导和熏陶教育的作用，形成了一种自然与生物和谐共存的理念，浸渗在信众心中就外化为对人与自然和谐发展的自觉追求，有利于人们对生态环境的保护。而且，由崇尚自然、尊重生命的生态理念，便有了放生行为的产生。所谓放生，即用钱赎买被捕的鸟、鱼等动物，放回山野、森林、江河大海之中，使其重新获得生命的自由。放生是南传佛教倡导的一种积德的善行，它不仅保护了生物的多样性，而且在道德上鼓励了人们的环保行为。[①]南传佛教尊重生命、珍视自然的伦理道德观是一种生态智慧，这种生态智慧以其独特的理念给世人的生活观念、生活方式以深刻的启迪：人类只有爱护自然，与自然和谐相处，顺应自然的客观规律，人类社会才能得以持续性发展。

其次，南传佛教的这种生态伦理思想也体现在其“夏安居”

---

① 在云南西双版纳八吉总佛寺放生池旁高悬“放生功德”牌：“戒杀生是佛教的十戒之首，佛祖释迦牟尼认为世间的一切生灵与人是一样平等的，但是在以人为主宰的世界中，人们为了自己的口腹之欲或一时感观快乐无视动物椎心泣血的哀啼，这实在是人类的沉沦和堕落，必将招致严重的果报。据资料显示，人类近四十年对自然的破坏，远甚于四千年甚至四万年来的自然演变。人类破坏自然的结果必然转祸于自身。放生是佛祖倡导的拯救生灵的一种大慈大悲的善行，善行必有善报，善行可以积德，可以得到菩萨的感应和庇护，更重要的是，放生积德的同时也净化了我们的心灵，培养了爱自然、爱一切生命的博爱之心。两千多年前，人们为了纪念佛祖，把佛祖的诞辰四月八日定为放生日，傣族人民至今仍有放生祈求平安消灾祸、祛病延年的风俗。‘杀生造恶恶果报，放生积德善果因。劝君援手救生灵，救得生灵救自身。’”虔信南传佛教的傣族人民认同放生积德，相信自己和家人借此可以得到福报。

制度中。“夏安居”，巴利语称 Vassa，也称雨安居，结夏、坐夏，原来是指印度僧徒于雨期三个月间禁止外出，以免踩踏庄稼，伤害草木和虫蚁，而静居坐禅修习。后来，发展成为南传佛教僧团雨季结夏安居三月的制度。在信仰南传佛教的云南傣族地区，夏安居称为“洼萨”，每年傣历九月至十二月间，正值雨季，傣族信众有一段为期三月的佛教生活，主要到佛寺听大佛爷讲经说法，静坐忏悔并举行相应的赕佛活动。①无疑，“夏安居”制度蕴含着南传佛教尊重自然、尊重生命的生态理念，在客观上有利于生态保护。

此外，南传佛教的生态伦理观与傣族的自然生态观是协调统一的，共同关照人与自然的和谐发展。傣族的自然生态观是基于对生态环境的依赖并对生态环境规律的总结之上逐渐形成的，在傣族的创世史诗中反复强调“有林才有水，有水才有田，有田才有粮，有粮才有人”的生态观。②正是在这种生态观念的引导下，傣族人民认为人与自然是相互联系、相互依存的一个整体，人们应该爱护自然，保护自然。在云南傣族地区，至今仍有保存完好的“寨神林”或“勐神林”，③ 这对涵养水源和生物多样性的保护具有十分重要的意义；南传佛教寺院广泛栽种菩提树、贝叶棕、翠柏、大青树等树木，使得佛教寺院文化与生态环境相得益彰，见证了佛家从一点一滴来观照人与自然和谐辩证的生态理

① 关于南传佛教僧团“夏安居”制度的起源和相关传说，可参见刘岩《南传佛教与傣族文化》，云南民族出版社 1993 年版，第 151 页；江应樑《傣族史》，四川民族出版社 1983 年版，第 538～539 页。

② 参见赵世林、伍琼华《傣族文化志》，云南民族出版社 1997 年版，第 18 页。

③ “寨神林”和“勐神林”缘于傣族地区历史悠久的寨神、勐神崇拜，寨神是村寨的保护神，勐神是地方保护神。寨神、勐神的神位为简易干栏式，供奉在村寨附近的一片特定的山林里面，傣语称之为“竜山”，大则十余亩，小则几亩。傣族认为竜山上的每一棵树都是灵物，严禁任何人入内砍伐，否则会触犯神灵。这种基于信仰的生态保护意识在云南傣族地区已经成为一种集体行为。

念，从而唤起人们爱护自然、保护自然的生态意识，具有良好的社会示范效应。由此可见，傣族人民自觉爱护自然环境的传统生态意识与南传佛教的生态伦理观追求的价值目标是一致的，归根结底都是为了人与自然的和谐发展。

通过上述分析可知，南传佛教生态伦理观关于人与自然和谐发展的理念体现了终极关怀和价值取向的一致性，其合理性在于确立了人与自然关系的辩证统一，着眼点是对自然环境的保护，而终极关怀却是人类自身的生存和发展。这种生态伦理思想对于化解工业文明带来的生态矛盾、促进人与自然的和谐发展具有积极的意义。在构建和谐社会的进程中，人与自然的和谐是人类持续发展的基本保障，是社会文明发展的最高境界，南传佛教生态伦理观与构建和谐社会在生态理念上的一致性，决定了南传佛教定然可以为和谐社会建设中正确处理人与自然的关系提供有益的思路。

二、南传佛教伦理思想促进了人与人的和谐发展

在现实社会中，人与人之间的不和谐主要源于各种各样的利益冲突和矛盾，构建和谐社会必然要求与之相适应的良好的人际环境与和谐的人际关系。南传佛教认为世界上的万事万物皆“因缘和合而生”，倡导从“善”与“爱”出发，人与人之间平等相待、宽容忍让、和睦相处，从而达到破除妄执、戒除贪欲、断灭烦恼的精神境界。就其实际效果而言，这种宗教道德理念促进了人与人之间关系的和谐发展。可以说，南传佛教的伦理思想建构的是一种利己利他、施取并兼的伦理秩序，营造的是人与人之间和人与社会之间一种互补互利的和谐氛围。笔者试从三个方面来探析这个问题。

其一，南传佛教伦理体系中戒除“三毒”的思想促进了社

会个体的心理和谐。

人类社会是由具体的社会成员组成的，大多数社会成员心理的稳定与平衡是社会正常运转的必要条件之一。如果社会成员彼此之间充满怨恨，或者对社会持有一种不信任乃至仇恨的态度；如果每个人都有着沉重的精神压力，或者充满不可名状的恐惧感，人与人之间处于一种不和谐的心理状态，那么这个社会想要获得秩序上的和谐与稳定必然困难重重。因此，有效地调节社会成员的心理状态，促使社会个体拥有一种良好的社会心态并实现人与人之间的和谐相处对构建和谐社会就显得尤为重要。和谐社会中人际的和谐首先是社会成员的心理和谐，实现了社会成员的心理和谐就能使社会成员的行为和谐，社会成员的知行统一并趋向和谐必然最终促进社会和谐发展。

原始佛学从关注人生现实问题出发，认为人生皆苦，而这种苦归根结底是由于贪欲之集谛而生，消灭了贪欲，就消灭了苦，从而使人获得解脱。[①]南传佛教伦理思想认为“贪、嗔、痴”是造成人与人之间关系的紧张和心灵不得安宁的原因，称之为“三毒”，要求人们修习“戒、定、慧”三学，[②] 从而获得解脱。解脱意味着毒害人类心灵的贪、嗔、痴的三根本烦恼在戒、定、慧的修习中被消除了。[③] 这种修道观念其实是一种伦理学说，富有积极的实践意义，有助于社会个体认识自我、和善心灵并善待他人，有助于提升个体的道德判断能力和道德自律能力，进而提升社会个体的道德境界，促进其心理和谐。

① 参见吕徵《印度佛学源流略讲》，上海人民出版社2002年版，第26页。

② “四圣谛”和“八正道”是南传佛教的基本教义，也是南传佛教的中心思想。“四圣谛”阐明人生皆苦及苦的原因，只有灭苦才能达到解脱的精神境界；而“八正道”正是解脱苦的道路和方法，分为戒、定、慧三部分，又称为“三学”。

③ 参见［斯］毗耶达西《南传佛教基本教义》，方之译，中国佛教协会法音杂志社编，1993年版，第82页。

其二，南传佛教伦理体系中“因缘和合”的缘起说思想有利于促进人与人之间的和谐。

南传佛教“和”的思想在其教义“缘起说”中有充分的体现。缘起说是佛教思想的核心。所谓“缘起”，就是指一切事物或一切现象的生起，都是由相待（相对）的互存关系和条件决定的，因、缘就是关系和条件，事物处在无始无终、无边无际的因果网络之中。[①] 亦即“此有故彼有，此生故彼生，此无故彼无，此灭故彼灭”。[②]佛教的缘起说最初是专门用来解释人生现象的，基于缘起说建立起佛教伦理学的基础理论，诸如四谛、八正道、十二因缘等等。在现代语境下来理解佛教的缘起说，也就是说，万物互为缘起，相辅相成、和合互生。其中，“和合”是一切事物或一切现象存在的前提和基础，一切事物和一切现象因缘和合而成，世间众生相依相存。意即万物相依相存，需要和睦相处来达到整体层面上的动态平衡与和谐。南传佛教伦理体系中的“和合”思想浸润在信众的心理层面上，并在现实社会生活中主张众生平等，应以宽容、慈善的情怀对待他人和社会，强调人与人之间的和睦、团结与和谐。由此可见，南传佛教伦理观通过“和合”思想引导和要求人与人之间互帮互助、和谐相处。南传佛教依靠宗教的道德力量实现了人与人之间的和谐，营造了良好的人际环境，必然在构建和谐社会的道德建设中发挥独特的作用。

其三，南传佛教伦理体系的核心理念——去恶行善的价值观与构建和谐社会的价值取向高度契合，有助于促进人际关系的

---

① 赵朴初：《佛教与中国文化的关系》，载《佛教与中国文化》，《文史知识》编辑部编，中华书局1988年版。

② 参见毗耶达西《南传佛教基本教义》，方之译，中国佛教协会法音杂志社编，1993年版，第32页。

和谐。

无论在宗教伦理还是在世俗伦理中，善恶观都是最为基本、最为重要的范畴。在南传佛教伦理体系中，善恶观是其核心理念之一，南传佛教善恶观往往又与业报轮回和因果报应思想相结合，指导信众的社会伦理道德生活，形成一种强有力的信仰力量，对信众的伦理价值取向起到一定的导向作用，使得南传佛教“劝善戒恶”的伦理观念深入人心。南传佛教因果报应思想与社会伦理道德价值取向上的一致性，突出了道德在果报产生过程中的重要性，认为果报是自身善恶行为的必然结果，恶因结恶果，善因结善果，强调个体在命运中的决定作用。而且，这种善恶的果报是通过六道轮回来体现的，这就要求人们必须从道德上严格要求自己，从一点一滴小事做起，去恶从善，戒除各种不符合社会道德标准的行为，才能免除轮回之苦境。正是由于因果报应思想对人的道德理念和行为有着强大支配作用，南传佛教信仰将现实人生的苦难与个体的功德、修行相关联，让信众理解为是对自己前世之“业”的一种惩处和警示，从而使得个体自觉祈祷忏悔，提高道德自律，进而实现了个体道德追求与社会的思想道德建设在价值取向上的和谐统一。

南传佛教去恶行善的价值观有助于促进人际关系的和谐。“一切宗教体系实际上都通过宣扬和加强某种道德规范来促进社会的有序化，其中包括人际间的行为准则”。① 南传佛教伦理道德从其核心理念出发，宣扬“按照人的行为，决定那个人将要成什么样，行善成善，行恶成恶”。②倡导“多赕多得福”，为了来世的幸福要通过善行积累个人功德。通过不同途径的反复宣扬

---

① 玛丽·乔·梅多等：《宗教心理学》，陈麟书等译校，四川人民出版社 1990 年版，第 45 页。

② 刘岩：《南传佛教与傣族文化》，云南民族出版社 1993 年版，第 129 页。

强化，这些观念逐步沉淀到信众的社会伦理思想体系当中，要求信众止恶扬善，多积善德。当前构建和谐社会要求全体公民必须遵守爱国守法、明礼诚信、团结友善、勤俭自强、敬业奉献的基本道德规范，培养良好的道德品质和文明风尚。要大力倡导以尊老爱幼、男女平等、夫妻和睦、勤俭持家、邻里团结为主要内容的家庭美德，以及尊重人、理解人、关心人，热爱集体、热心公益、扶贫帮困，在全社会形成团结互助、平等友爱、共同前进的社会氛围和人际关系。[①]毋庸置疑，南传佛教伦理思想体系中去恶行善的价值观与社会主流的价值导向是一致的，可以为构建和谐社会提供有力的思想道德支撑，从而对促进人际间的和谐，对维护社会稳定起着重要的调适作用。积极倡导去恶行善的价值观，一方面会有助于人们明确是非、善恶、美丑的界限，有助于弘扬社会主旋律，促进社会主义荣辱观的确立；另一方面也有利于促进社会风气净化，保证人际关系的健康发展，实现人与社会关系的和谐。

三、南传佛教伦理观促进了人与社会的和谐发展

人是社会的人，处于十分广泛而又错综复杂的社会关系当中，其政治行为、经济行为和文化行为都与所处的社会息息相关。这就要求有一定的社会规范来指导人们的社会行为，调整人与人、人与社会之间的关系，保证社会正常运转，和谐发展。南传佛教的宗教伦理思想为信众建构了一套道德评判标准，帮助人们建立起了维护社会秩序的伦理道德体系，把人纳入各种社会规范的轨道当中，增强了社会认同，凝聚了社会情感，使得人与社

① 胡锦涛：《在省部级主要领导干部提高构建社会主义和谐社会能力专题研讨班上的讲话》，《人民日报》2005年2月19日。

会的关系处于一种和谐有序的良性状态之中。

南传佛教伦理倾向突出地表现在其关于八正道的修行方式以及五戒、十戒等戒律的具体规定上，也突出地表现在其关于众生平等的人道主义关怀上，如佛本生经中关于“舍身饲虎”、“割肉贸鸽”等故事就是这些道德主张的具体体现。南传佛教的伦理思想是人类生存智慧的总结，也是人类道德智慧的结晶，它并不排斥世俗伦理道德，而且能够通过其伦理道德把社会上不同的价值观、利益观整合为一种群体共识，增强了社会凝聚力和向心力，具有重要的现实意义和应用价值。

第一，南传佛教伦理体系中的人生观、善恶观与因果报应、六道轮回等基本教义相结合，通过宗教伦理的信仰力量实现了个体的道德自律和全面发展，对促进和谐社会的精神文明建设有着积极的现实意义。

南传佛教的人生观思想集中体现在其基本教义“四谛”之中。四谛即苦、集、灭、道，充分揭示了佛教关于人生的四重观点。苦谛揭示佛教关于人生是苦、一切皆苦的价值判断；集谛揭示形成苦的原因，即烦恼；此二谛揭示尘世的因果关系，即恶因结恶果，善因结善果。灭谛是消除苦和烦恼之后的解脱境界，揭示的是佛教的道德理想境界；道谛阐明实现道德理想的途径及方法，即通过修习八正道来达到自我解脱之境。据此而言，一方面，南传佛教把恪守道德戒命和个人道德修行作为取得善业和换得来世福报的标准，对遵从道德戒命赋予了神圣性的解释，于是佛便成了道德的神圣立法者；另一方面，南传佛教通过对“地狱”与“恶报”之严厉恐怖的极尽描述和宣扬，把不遵从道德戒命的惩罚与“神判”相关联，使得信众的道德持守具有超越世俗的无形监督，体现了宗教伦理对信众的统摄作用。

总之，道德是社会和谐的基石，而加强公民道德建设的最终目的，就是要把道德观念内化为人们的自身修为，把道德要求转化为人们的自觉行动，从而实现道德认知与道德行为的统一。南传佛教特有的人生观和善恶观对遵从一定社会规范和道德准则予以了神圣性的解释，又经由神圣宗教道德力量的监督提高了信众的道德自律，既凸显了南传佛教伦理文化的特色，又对和谐社会的思想道德建设有着积极的价值和意义。

第二，佛教戒律是南传佛教伦理思想体系的一项重要内容，是具有普遍意义的道德规范，有利于社会的稳定与和谐。

英国学者查尔斯·埃利奥特认为，在佛教中，宗教和道德律是一致的事。[①] 在道德实践规范和信徒的日常生活道德准则方面，南传佛教的学说主要体现在戒律当中。南传佛教注重个人的修行解脱，因而其伦理思想和道德规范偏重于个人的身心修养，其戒律是围绕着“诸恶莫作，众善奉行，自净其意”这一通戒[②]的原则来确立的，以五戒（不杀生、不偷盗、不邪淫、不妄语、不饮酒）、十善（不杀生、不偷盗、不邪淫、不妄语、不两舌、不恶口、不绮语、不贪欲、不嗔恚、不邪见）为基本道德信条，以得到阿罗汉果为最高道德理想。“诸恶莫作，众善奉行，自净其意”集中体现了南传佛教的善恶观，并且从行为准则和思想观念两方面来倡导信众止恶扬善。我们可从三方面来理解。第一，“诸恶莫作”，要求信徒遵循佛教的基本戒律，即“五戒”；第二，“众善奉行”，要求佛教信徒应当遵守“十善”的道德规范；第三，“自净其意”，意即佛教信徒要在体悟自性清净的基础上，清除内心的无明、烦恼，达到解脱之境，即伦理意义上的最高善——涅槃。觉音在《清净道论》中指出持戒者获得的五

① ［英］查尔斯·埃利奥特：《印度教与佛教史纲》（第一卷），李荣熙译，商务印书馆 1982 年版，第 66 页。

② 见《法句》第一百八十三偈，这一偈亦称为“七佛通戒偈”，除诸佛之外，一切众生如能遵循这一道德准则，有助于正心、修心、净心，进而达到最高的宗教道德理想境界。

种功德分别是：一是得大财聚；二是得扬善名；三是在亲近众人时得无怖畏羞惭；四是临终时得不昏昧；五是死后得生善趣天界。① 总之，南传佛教戒律体现了对不同修行层次的僧众的道德要求，是内在的自我约束和外在规范的统一，不仅是止恶的约束，还是行善的督约。

近年来，南传佛教改革中呈现出佛教戒律道德化的趋向，突出体现在其对传统教义中有利于调整人与人、人与社会之间关系的伦理道德的内容作出了现代性的阐释，这在一定程度上也有利于南传佛教戒律在世俗社会的普及和践行。在南传佛教戒律中，“五戒”是最基本、最重要的戒规，也是居家信徒必须持守的戒律。笔者在田野调查中发现，云南省沧源县勐角民族乡金龙佛寺以及耿马县总佛寺佛殿的墙壁上刻写着佛家“五戒”与儒家“五常”相谐相通的戒命及相应的果报：不杀生（仁爱）得长寿无病报；不偷盗（道义）得资财富饶报；不邪淫（礼让）得相好端正报；不妄语（信实）得真实信用报；不饮酒（理智）得聪明智慧报。② 在我国南传上座部佛教信教地区往往表现出这样的现象：在不信教的村寨，贩毒、偷窃、虐待老人、唯利是图等道德滑坡现象较普遍；而在信教的村寨，村民感情融洽、乐善助人、抚恤孤寡、赈灾济贫、勤劳敬业，整个地区经济发展和社会生活都呈现出健康的状况。③ 可见，南传佛教道德戒律深深影响了信众的道德理念和道德实践，对信众具有普遍的社会伦理道德

---

① 参见觉音《清净道论》，叶均译，中国佛教文化研究所，1995 年版，第 8 页。

② 该资料为笔者于 2006 年 12 月在云南省沧源县勐角民族乡金龙佛寺和耿马县总佛寺进行田野调查所得，金龙寺大长老还联系社会现实对此进行了更为详尽的阐释。

③ 参见赵玲《我国南传上座部佛教伦理的作用与影响》，载《法音》2004 年第 5 期，总 237 期。

约束力，不仅规范了人们的社会行为，而且有利于维护社会秩序，促进人与社会的和谐发展。

一个社会是否和谐，一个国家能否实现长治久安，很大程度上取决于全体社会成员的思想道德素质。无论是实现社会公平正义，还是维护社会安定团结，无论是处理人与人之间的关系，还是协调人与自然的关系，都离不开全社会文明程度和公民思想道德素质的提高。[①] 南传佛教戒律中所蕴含的伦理道德思想，是人类维护生存与发展的经验总结，是具有普遍意义的道德规范，为世俗社会伦理道德体系的完善提供了思想补益，有利于提高个体的道德自律和道德修养水平，有利于社会结构、社会秩序的稳定与和谐。

第三，南传佛教日益参与到社会公益事业当中并发挥着积极作用，具有促进人与社会的和谐发展的积极意义。

我国南传佛教主要是通过其宗教团体参与社会公益活动来发挥积极社会作用的，主要表现在以下两个方面。

一方面，参与禁毒防艾关爱等社会公益活动。云南佛教界联系社会现实问题对“五戒”的内涵进行了有益的扩展，如把“饮酒”戒的内涵扩展至戒毒、戒烟等开展相应的禁毒防艾关爱活动。以我国南传佛教盛行的云南省德宏州瑞丽市佛协为例，自2003年至今，市佛教协会和瑞丽市民宗局协助省佛教协会、昆明佛教研究会及有关部门进行禁毒防艾关爱与临终关怀活动，发放了两千多份傣文防艾宣传资料，举办了12期防艾关爱培训班，到瑞丽各乡镇14个傣族村寨中用傣语开展防艾关爱与伦理道德教育，并且投资2.5万元在瑞丽姐东东峡建设了一百多平方米的

① 刘云山：《加强公民道德建设　为构建和谐社会打牢思想道德基础》，在“第三届中国公民道德论坛”开幕式上的讲话摘要，见《光明日报》2006年9月25日。

集吃、住、行、疗、活动、联络为一体的“慈爱园”，开展一系列关爱活动。瑞丽市佛教团体通过参与禁毒防艾关爱工作，借助佛教的教义思想及伦理道德教育帮助吸毒者及艾滋病人树立正确的生死观，教化人们戒除恶习，从善积善，取得了一定成效，其社会现实意义不言而喻。① 再以云南西双版纳州“佛光之家”慈善活动为例，2003 年，由联合国儿童基金会提供经费，云南省艾滋病防治办公室协调，西双版纳州佛教协会具体组织实施，联合国儿童基金会和云南西双版纳州佛教协会“希望与帮助”艾滋病预防与关怀合作项目正式启动。结合西双版纳少数民族信奉南传上座部佛教的实际情况，该项目利用特殊的僧侣队伍，建立了结合“五戒”的宣传和弘扬佛教慈悲精神的“佛光之家”，其宗旨为“以佛教的四无量心，施希望与帮助予授众”，以开导众生、慈悲济世、扶弱助残为目标。借助西双版纳特殊的地理和人文环境，利用佛教僧人在少数民族地区特殊的社会影响力和威望，结合佛教“五戒”的宣传和弘扬佛教“慈悲为怀”的精神，普及预防艾滋病、远离毒品、助残扶弱等方面的宣传教育，特别是对艾滋病患者提供必要的咨询、关怀和帮助，在减少社会对患者及其家人、亲属、朋友的歧视，降低社会中艾滋病的易感性等方面，取得比较积极的实际效果。

另一方面，参与捐资救灾、兴办佛学院等社会公益活动。2008 年 5 月 12 日汶川大地震发生之后，佛教界踊跃向灾区伸出援助之手，南传佛教也不例外，西双版纳州佛协组织南传佛教僧众为灾区人民祈福募捐并由祜巴龙装勐长老主持消灾祈福法会。用关切和慈悲，向灾区人民伸出援助之手，抚慰灾区群众的心

① 所引资料为笔者于 2007 年 3 月在云南省德宏州瑞丽市田野调查时市佛协所提供。

灵，为他们战胜大灾的困苦，送去了一份爱心和信心。[①] 1994 年西双版纳“八吉佛寺”成立“云南佛学院西双版纳分院”面向全省招生，截至2004 年12 月底，共招僧侣学生394 人，已经毕业的学僧有200 多人。据统计，近年来，西双版纳州选送到国内和国外学习的僧侣有130 多人，现在上海龙华寺学习的有20 多人，在江西省佛教学院学习的有33 人，在广东省珠海市普陀寺学习的有10 人，在云南省佛学院学习的有23 人，在泰国有8人，在斯里兰卡有3 人。帮助云南南传上座部佛教有计划、有步骤地培养了一批中青年教职人员，为南传佛教的稳定与发展作出了积极贡献。[②]

一般而言，南传佛教伦理思想并不能直接应用于世俗社会的生活实践，但可以结合当前的时代特点和社会需要，对它做出既符合本义又富创新性的调适，让它适当参与社会公益活动，在慈悲济世、扶弱济贫过程中使其伦理教化深入人心，提高个体的道德素质，促进社会的和谐发展。

四、结　语

综上所述，南传佛教伦理观中所蕴含的尊重生命、爱护自然、宽容平等、去恶从善、和合友爱等核心理念与构建和谐社会的价值目标是高度契合的，与我们所倡导的精神文明是相通的，在一定程度上促进了人与自然、人与人、人与社会之间的和谐发展，实现了内在和谐与外在和谐的辩证统一。应该看到，构建和谐社会与南传佛教的发展是一个和谐互动的统一体。一方面，我们应该以辩证的眼光梳理并合理利用南传佛教的伦理道德文化资

① 资料来源：云南省佛教协会。

② 资料来源：《2006 年西双版纳州宗教工作情况》。

源，将其中的有益因素融入社会主义伦理道德体系的建设当中，充分发挥宗教伦理道德的调控功能，为构建和谐社会服务；另一方面，构建和谐社会也为南传佛教的改革与发展提供了广阔的空间和良好的契机，南传佛教的许多思想理念与中国传统文化相谐相融，与构建和谐社会的需要相符，十分有利于南传佛教积极作用的发挥。因此，对于南传佛教而言，应充分挖掘其有益的思想资源及和谐理念，为构建社会主义和谐社会提供新的思路；同时要适应构建和谐社会的发展需要，顺应时代发展要求，对它及时做出相应的调整与改革，使之为夯实和谐社会的道德基础作出更大的贡献。

云南藏族的伦理道德初探

云南省社会科学院民族学所　章忠云

云南藏族现有人口128 430人（第五次人口普查），主要居住于云南省迪庆藏族自治州，地处青藏高原东南边缘、横断山脉南段北端，这里是怒江、澜沧江、金沙江三江并流的腹心地带，境内雪峰林立，牧场广阔，江河众多。在迪庆境内还居住着傈僳、纳西、彝、回、白等13个少数民族。各兄弟民族之间团结和睦，既相互交流融合又各自保持着本民族的传统文化和风土人情。

藏族在与其他民族的长期交流与融合中，形成了独具特色的、内涵丰富的藏族文化。而作为意识形态范畴的藏族伦理道德观，也充分体现在藏族悠久的文化长河中，并与藏族人民的生产生活息息相关，对藏族人民的行为举止有着重要影响，是推动藏族社会发展和进步的重要力量，同时也成为中华文明中优秀思想道德的有机组成部分。云南藏族由于其所处地域和历史因素的不同，与其他藏区的藏族比较，在文化方面形成了自己的特点，在伦理道德方面也有自己的特点，下面主要从云南藏族的生态伦理道德、社会伦理道德、家庭伦理道德几个方面来分析一下云南藏族的伦理道德。

一、云南藏族的生态伦理道德

云南藏族认为，与自己生产生活有着密切联系的自然物都是有生命、意志和灵性的；是神灵的化身。对周围所发生的无法解释的某些自然现象，认为是神灵发出的神奇力量，这些有神奇力量的神灵主宰着人们的命运。由此产生了神山、神湖、神林、神树等等自然崇拜观念，并产生了许多与之有关的禁忌。

佛教传入藏区后，在漫长的发展过程中，藏族成了一个全民信教的民族，藏传佛教文化深入人们生活的方方面面。同时，原始宗教的某些内容也融入藏传佛教的教义中，比如自然崇拜中神山、神湖等的信仰也被纳入藏传佛教中。在藏传佛教的影响下，藏族人民认为生命是处在不断轮回的境地里的。人们的整个人生观念和行为，都建立在“来世主义”或“转世主义”的基础之上。人们认为自然万物依据各自的业力，互为轮回转生，同为一体生命链上的环节，物质生命与精神生命互为融合，人与其他生物是同生共存的，人与环境共同发展。“轮回转世”的生命观，使老百姓认为任何的生命都是由人或其他的生命转世而来的，杀害任何生命都等同于杀害自己的同类，杀生者将在“六道轮回”中坠入恶道。因此，藏族人反对挖掘草山、污染河流、猎杀野生动物、砍伐树木。同时，人们由相信人要以此生的言行，为来世得到一个好的果报做准备。做准备的重要方法之一就是转经（朝圣），并保护好这些圣地。这些圣地主要是寺院、圣湖、神山等。这些地方在佛经里都有记载，而且许多是密宗大师莲花生（公元8世纪入藏传法）在“伏藏”中指定的殊胜修行地。

藏区最重要的殊胜修行地，往往被认为是每个人死后灵魂转世的入口。在云南藏区卡瓦格博神山群地域被认为就是一个这样的入口，是人的生命最终回归的场所，是连接此岸和彼岸世界的一个通道。作为沟通今生和来世、日常和神圣两个空间的桥梁，卡瓦格博对于朝圣者来说，其特殊的地位，是任何雪山都无法比拟的。卡瓦格博神山不仅对于云南藏族有着特殊的意义，对于其他藏区的藏族也有着同样重要的意义。

同时藏民们认为，神山是万物之本、万物之根。在神山里居住着山神，山神主宰着整个神山的地域，是一方鬼神的统领者，其部众有龙、土地神、魔等众多的鬼神，山里的飞禽走兽是他的家畜，树木小草是他的宝伞，他住在山中由宝石建成的宫殿里，平时率部众在山里和其所辖地域巡游，成为该地域的保护神。

在藏区，各个地方有着不同的神山，有的神山为一家人所信仰，有的为一个村子的人所信仰，有的为一个地区的人所信仰，有的为整个藏区的人所信仰。位于云南藏区以卡瓦格博雪峰为首的怒山山脉就是藏地康区最大神山之一。卡瓦格博神山不是单一孤独的，它以卡瓦格博雪峰为中心组成了一个山神群体，它们和迪庆以及藏区的许多神山又连成更庞大的神山体系。卡瓦格博神山群有5位最主要的神灵，从左到右是：女神缅茨姆，海拔6 054米；五方佛杰瓦仁昂，海拔5 470米；王子布琼松结吾学；主神卡瓦格博，海拔6 740米；降魔战神玛奔扎堆汪学，海拔6 400米。此外，卡瓦格博神山下每个村庄还有本村供奉的小山神。

因此，在云南藏区神山和村民的生活空间大都连在一起，没有严格的界线。村民认为他们的居住地域是山神赐给他们的生活空间，但是如果人们对于神山资源过度利用和对不可冒犯的地方有了冒犯，就会遭到山神的惩罚，村民对神山十分敬畏，因此都会给自己划出一个生活空间。

比如，在云南藏区德钦县的雨崩村，因为该村完全处于卡瓦格博神山的腹心地，该村地域内就划有两条线，一条是由村东南方白度母和绿度母石为起点，往北、往西，包括村庄在内的雨崩所有地域为禁猎区；一条是除了村庄、农田以外，所有雨崩地域约有1 000多公顷的地方，这一条界线，叫“日寡”，意为“封山”线。

雨崩的这两条线是过去管辖雨崩的阿东土司及德钦的红坡寺共同依海拔高低、距村庄远近等标准划定的。其中“日寡”线以上为封山区，这条线以下为主要资源利用区。在划定界限的同时，高僧和喇嘛对这条线进行了下埋地藏宝和诵经加持的仪式，因此具有超自然神灵的意志和权威，针对这条线的规定通常都能得到较好的遵守和执行。但是因为生活的需要，这条封山线以上的地区又是村民的主要牧场和林副产品（松茸、树叶等）的主要来源地，因此村民规定，禁止砍伐主要神山的树木，山上的一草一木不可动用。其他的小神山可以砍一些薪柴和建房用的木材，但不可乱砍，而且山上的木材不允许出售到外地，否则被罚款。为了感激山神的恩赐和减少对神山资源利用的罪孽，雨崩村在每年的6月15日和7月15日，全部村民都要上山烧香念经，对牲畜吃草、人砍树木等行为，向神山表示歉意和感谢。

20世纪50年代之前，云南藏区的大多数村庄还有一套基于神山信仰形成的社区管理机制。由土司、寺院、属卡构成一个管理体系。通常由土司派人与寺院喇嘛共同划定“日寡”线之后，具体交由各村的“伙头”来管理。伙头相当于今天的村长。伙头由“桑蕊”[①]会选出。凡村中大事，诸如村规民约的情况、对违反规定者的处罚、举行宗教活动等，都由“桑蕊”会议决定后交由伙头组织实施。土司和寺院喇嘛每年都要到村中巡视一至两次，一旦发现有违反规定的村民，就将受到重罚。因此，传统的社区管理是严格而有效的。

① “桑蕊”，汉语的意思是懂事的人、有头脑的人参加的会议。这些人通常都是每户人家的家长。

比如上面所说的雨崩村，传统上就制定了管理资源的村规民约。村规民约中规定，凡外村人到雨崩村牛场上放牛，都要交粮和银币做补偿费；外村人到雨崩村的山上打猎的，猎狗、猎具均要被没收，还要罚打；在雨崩村“日寡”线之上，禁止任何人打猎、砍树、采药材，如有违反，第一次罚款、第二次罚打等等。20世纪50年代以后，传统资源管理机制的各个方面均受到历次政治运动的冲击，被破坏、废止。1980年以来，这套机制又重新恢复并与国家的政策、法律相结合，以适应今天的实际。其现代资源管理机制主要由以下几方面的内容构成：

随着国家宗教信仰自由政策的贯彻落实，藏民的神山崇拜观念得到了尊重。在1983年进行的“林业三定”工作中，人民政府尊重藏民传统管理方法，保留了传统上的封山“日寡”线，基本上是以传统上划定的“日寡”线为国有林和社有林划分的界线，即这条线以上为国有林，禁止任何人砍伐；这条线以下为社有林，允许村民适当利用。由于政府的法规与藏民们的传统相符合，使国有林的保护得到了村民的积极支持。

雨崩村的山林、牧场、水源都归雨崩村所有，任何人都不得擅自领外地人进村狩猎，违者罚款100元；无论是外地人和本村人，都不得在本村封山区打猎、下扣子、放狗，违者没收全部猎具并处以300元的罚款；任何人在任何地方均不准猎杀马鹿，打死一头马鹿罚款3 000元，没有现金的就用家中的牲畜相抵；禁止外人采集雨崩山林中的标本，违反者没收标本，还处以100元以上罚款。

为了保护好神山，使各村的村规民约得到执行，许多村子都形成了一套具体的与行政隶属关系密切联系的管理机制。这套机制分为合作社（村民小组）、自然村、行政村三级管理。几乎每个合作社均由社员选择一名森林委员，其职责是，定期巡山检查村社之间的越界采伐情况，对越界采伐者处以罚款和没收；监督村里每一户人家对建房木材和薪柴的砍伐情况。建房木材有限额指标，薪柴只允许砍杂木，违者处以罚款；随时注意森林防火情况。

由合作社组成的自然村一级主要由村长和家长会管理。村长由村民大会选举，家长会由村长召集，每户出一个家长（男女均可）参加，是全村各种大小事宜的决策机构。在资源管理方面，家长会的主要职能是审批各户建房所需的木材砍伐限额指标。所有农户建盖房屋，均需由建房家庭在全村家长会上提出申请，由家长会根据所建房屋的大小讨论决定所需木材的数量，然后开具证明，再由户主到行政村办理采伐许可证。户主持有采伐许可证方可上山采伐。采伐的木料由森林委员核查，多砍一根就被罚一定额度的款。

由几个自然村组成的行政村一级主要由村公所和护林员进行管理。村公所是乡政府的派出机构，具有基层政府的职权。护林员由村公所任命，其主要职责是：检查社有林中乱砍滥伐、毁林开荒、山林火灾的情况；组织扑灭山林火灾；验收砍伐手续。每次检查山林后，向村公所和家长会汇报一次情况。

由于村民的传统管理机制与国家资源管理的法律、法规密切结合，因而从总体上讲，云南藏区森林资源得到了比较完好的保护，神山信仰的意识功不可没。

二、云南藏族的社会伦理道德

以不杀生、不偷盗、不邪淫、不妄话、不两舌、不恶口、不绮语、不贪欲、不瞋恚、不邪见为要求的佛教“十善法”，基本囊括了人类的美德，同时也是藏族人民的伦理道德标准。藏族群众以“十善法”为标准规范自己的言行，形成了尊老爱幼、和睦共处、乐于助人、利济乡邻、称斗无欺、酬报有恩、货财安分、慎戒嫉妒、忍修大度等等美德。

云南藏族的社会伦理道德也离不开十善法，人们以“善”为核心来规范和要求自己的言行举止、行为方式。人们相信世间万物在无贵贱、高低、优劣中平等生存、发展，根据你在前世的修行进入轮回。为了进入一个好的轮回，做到“善”就是一个要求，因此以“善”为思想准绳形成了牢固的关于社会交往、从业思想、行为规则等一系列重要的规范性要求，这些要求在长期的社会实践中逐渐完善，自成体系，成为云南藏族代代相传的重要精神支柱。把建立良好的社会秩序、和睦的人际关系、创造一定的物质财富等，视为达到“善”的途径、追求幸福的标准，人们以对佛的信仰和诚意身体力行，从而带来社会的稳定安宁和人际关系的和谐。

以“善”为思想准绳的规范要求让藏族人民非常重视自己的道德修为，在日常生活中形成了许多礼仪规矩。比如，一个素不相识的客人来到家里，都会受到热情款待，主人拿出自己最好的食品招待客人。在家里不允许吐痰放屁（尤其是在客人面前），客人吃饭时不能扫地洗碗，晚上睡觉要让客人先睡。另外，藏族群众在各种场合都特别注重长幼之序，端茶倒水第一个要给老人双手敬上，座位也是长幼有序，尊位留给客人、长辈、僧人。

除了日常的道德修为外，在公共事务中云南藏族的社会伦理道德规则也有自己的特点。比如在团结互助的社会道德规范方面，云南藏族建房盖屋、结婚丧葬等不仅是每户人家的大事，同时也是全村的大事。建盖房屋、结婚都需要大量的人手，于是在云南藏族中形成了“换工”和“相帮”两种不同形式的用工方法。

“换工”大都出现在建房时，云南藏族依然居住于传统的土夯房中，建土夯房在拉运木头和舂墙时需要大量的劳动力把四五百根木料从山上拉下来，要用手扶拖拉机拉运五百多次土并舂成土墙，这时候村里每户人家都会安排强劳力前去帮忙，而建房的主人家要记住来帮忙的人家来了几个人、来了多少天（许多人因为不识字，用画圈或作记号的方法记录），等以后那些来帮忙的人家盖房子的时候，接受过帮忙的人家再按当时来的人数和天数去帮忙，有时候这种帮忙可能不在同一代人中出现，而在下一代或几代人之后出现。

“相帮”大都出现在生老病死的礼仪中，有人结婚、小孩满月都需要村民来帮忙料理、待客，这个时候主人家要提前邀请前来帮忙的人，如果有人不能前去帮忙，可以直接告之，没有一定的定式，能够去帮忙的则按主人家的安排行事，帮忙纯属自愿行为。通常只要被邀请帮忙，村民都乐意前往。而举行葬礼时，不需要去通知，村里人都会前来帮忙，之后每七天的晚上每家都会有人前去参加集体诵经，为死者祈祷，直至完成七七四十九天的中阴救度。同时，以“善”为思想准绳的规范要求形成了云南藏族以“和睦”为主要目的的传统道德价值取向。藏族与人为善的这种信念遏制了人们的贪欲与非理性行为，缓解了社会冲突和社会矛盾。从下面的事例中我们可以看到云南藏族的传统道德价值取向。

在云南藏区有个叫汤堆的村子，目前村子里90%的人家都以制陶业为主要的经济来源。2003年6月，云南省省委副书记在考察汤堆村时，发现了汤堆黑陶的文化内涵及发展潜力，于是对汤堆的黑陶制作提出了公司加农户的产业化发展建议，并决定由省里给予10万元的经济援助。于是村里以孙诺七林为主的制陶艺人开始思考成立公司的事宜。

2005年，经过村民大会商讨，决定成立尼西黑陶开发责任有限公司，并通过村民大会（参会者主要是各户家长，女家长占三分之一）民主选举推选出了公司董事长及公司的管理人员。

公司成立后，根据村民大会的建议，首先用省里所拨资金建盖公司活动场所。在场所的选择方面，为了避免村民与公司在固定资产产权归属方面的矛盾，村民大会决定拆除原来汤堆村的集体活动场所——汤堆村经堂，在经堂原址上建盖三层藏式楼房，一二层为公司活动场地，第三层为汤堆村经堂。公司活动场所的建盖中，舂夯土墙及拉运土石方村民以按户投工投劳（每户 10 个工）的方式进行，木板则由公司向每户购买 2 立方。泥水活与木工活请工匠完成，工费在政府资助的经费里支付。

当然，公司的整个建立过程中并不是一帆风顺的。公司建立之前，在由谁组建公司和担任董事长等事宜方面发生了争执。起初，乡政府确定了公司组建的方案及人选，但是村民觉得这是一项全村的事务，不能由乡政府说了算，必须与村民讨论，通过公开透明的方式来确定由谁负责及公司的形式，因此汤堆村村民最后通过村民大会的形式处理了该事务。在汤堆村的第一次村民大会（有乡政府参加）上，经过村民大会讨论，为了比较公正地处理这一争执，合理地表达村民的意见，村民大会决定公司的组建者和董事长由村民自荐并发表演讲之后，由村民大会投票选举；在第二次村民大会上有两个自荐人，两个自荐人各自向村民说明公司建立后的计划、经营方式、利益分配方式等相关事宜，经过村民对两位自荐演说村民的讨论，决定把两个自荐人都列为候选人，举行第三次村民大会进行民主选举；在第三次村民大会上，村民按户对两位候选人进行了投票选举，现任公司董事长以 108 票的票数获得大多数村民的支持，担任了公司董事长并开始组建公司。

公司的运作方式和分配方式也是通过村民大会的讨论的。决定的最后分配方式是：公司从农户那里购买产品，购买价按农户各自经营时可获得的市场价支付，这个价格随市场价的变化而变化，公司的出售价由公司管理人员商定，公司获得的利润，除去管理人员的费用、公司的周转经费、办公杂费外，其余部分按户平均分给汤堆村全体村民，有时支付村里公益事业（修路、学校、水沟）的费用。

村民选择用公开、平等的方式（村民会议）选择公司负责人及团队，选择平均主义的分配方式来决定公司收益的分配形式，这种形式的出现很大程度上体现了人类学中人们追求幸福标准的不同形式，体现了传统道德的价值取向。在汤堆村，村民追求幸福的标准不是以权利、经济为主要目的，而是以和睦为主要目的，虽然与经济学中经济发展的规律不太吻合，但从这一事例我们可以看到人们是根据传统文化的许多机制来完成的公共性的事务，以传统、公认、透明的机制来保障社会和睦与公平的。

在云南藏区，这样的事例很多，尽管在以借助利益竞争机制追求利润最大化的市场经济形态下，人们最终追求的并不是利润的多少，而是一种精神上的慰藉。

三、云南藏族的家庭伦理道德

藏族传统社会中，不存在男尊女卑的思想，认为男人和女人都一样，是平等的，因此在家庭伦理观念中形成了以男女平等为根源的道德伦理观念。

在云南藏区，从整体上看，婚姻关系的确立，基本上由父母做主，但婚前姑娘和小伙子也有自由恋爱的权利。婚姻的基本形式以一夫一妻制为主，一夫一妻又有两种形式，一种是娶妻，一种是赘婿，但无论是娶妻还是赘婿，都要赡养父母及长辈，娶来的妻子或入赘的丈夫，只要有能力，都可以成为家庭中的家长，男女的地位和有无血亲关系在家庭中是平等的。子女中，一般都由老大继承家业，因此无论男女只要是老大一般都与父母在一起生活，继承家业。一妻多夫或一夫多妻的家庭在云南藏族社会中也得到人们的认可，这种婚姻形式自古在该地区就存在，但在社会变迁的过程中，存在的原因并不都是一样的。从笔者到过的一些村子的情况看，如在雨崩村，据村民说，主要是为了解决劳动力的问题。在离雨崩村不远的明永村主要是为了解决土地少的问题，如果一个家庭中的子女单独成家或分家就涉及在有限的土地上建盖房屋的问题，重分土地将导致家庭拥有的农田量减少；在香格里拉县尼西乡的形朵村，如今还存在的几户一妻多夫的家庭，大都是由于两弟兄中有一个身体比较差或精神上有点问题。

云南藏族的婚姻虽然大都由父母包办，但人们认为选择配偶的首要条件是对方是否有才能或是否很能干，其次就是对方是否心眼好、心地善良，相貌、钱财等都不太重要。父母也是根据这些条件选婿或择媳的。即使自由恋爱和由别人介绍，择偶也以对方是否有才干和是否心地善良为主要条件。

我国婚姻法规定公民的法定婚龄，男性须满 22 周岁，女性须满 20 周岁。符合法定婚龄的男女必须到相应的婚姻管理单位办理结婚手续取得结婚的合法认可。事实上，云南藏区特别是农村，村民结婚的年龄大都在十四五岁，早婚现象比较严重。因此婚姻关系的确定几乎没有法律保障，婚姻关系全靠传统习俗和传统道德规范来约束。

传统上云南藏族一般是不兴分家和离婚的，一个家庭如果有几个兄弟姊妹，一般老大留在家里，其他的兄弟姊妹或出家为僧为尼，或出嫁；有的家庭则偏爱女儿留在家中继承家业，为她们招婿，若老大是儿子则让其出家。如若离婚，亲家将变为冤家，或者要给予巨大的赔偿，甚至要打官司；妇女离婚或丧偶后再婚的不多，大都形成母子家庭，因此传统上云南藏族的家庭规模比较大。

云南藏族的大家庭形式大都是以三代、四代共同生活在一起的家庭占大多数。大家庭的构成形式是以与父母居住的家庭继承人及其子女构成的，而其余的子女要另立门户与父母分家或出嫁、入赘到其他人家。关于分家目前有两种形式，一种是家庭子女中有一人另立门户，这是一种正常的分家形式。分家前，家里一定要有盖好的新房子，新房子由分出者住或父母与其生活的子女居住，若没有新房子一般不能分家。分家时，一般要请村里的村长、会计和村社老人做证人，由家里的老人做主决定分予子女钱、土地、耕牛、粮食、用具和房子，一般都要做到公平分配，父母的那一份由与其生活的子女继承。

另一种分家形式则目的是为了解决家庭矛盾。1980 年以后，云南藏族因婆（公）媳不和、岳父（岳母）婿不和、夫妻不和也有以离婚或分家的形式来解决这种家庭矛盾的现象，而且逐渐增多。但在做出离婚、分家决定之前每个家庭都有过一番痛苦挣扎。离婚、分家依然被人们认为不是一件光彩的事情，大家都不希望发生在自己身上。村民对此则持理解与同情的态度，在劝解不成的情形下，也不会说长道短，都能以一颗平常心来看待。

计划生育是一项既定国策，从 20 世纪 70 年代末 80 年代初开始推行，主要是对汉族人口进行计划生育。1991 年 5 月中共中央、国务院发出的《关于加强计划生育工作　严格控制人口增长的决定》中指出，在少数民族中也要实行计划生育，具体要求和做法由各自治区或所在省决定。1995 年 2 月，国家计划生育委员会颁布的《中国计划生育工作纲要（1995—2000）》中，为了提高少数民族地区的经济、社会发展水平和民族素质，在少数民族中也要求实行计划生育。并要求管好用好计划生育经费，对少、老、边、穷地区要给予更多的帮助。云南藏区大多数人能够严格执行国家的计划生育政策，已婚夫妇几乎都只要两个孩子。大多数妇女在村子里生孩子，一般都很遵守计划生育政策，生了两个孩子后就去医院做结扎手术，生三个孩子的家庭很少。由于当地藏族的婚嫁习俗是不论男孩或女孩，只要是家中长子或长女，结婚后便留在家中，继承家庭香火。因此，多数藏民认为男孩女孩都一样，没有什么区别。

藏族对女性没有歧视，认为男女平等，在家庭生活中女性的地位也不一般。农村的云南藏族在社会性别分工上，普遍实行“男主外、女主内”的分工模式。云南大多数藏族妇女的生活颇为相似，妇女承担着繁重的生活负担，在家里，背水、熬茶、做饭、洗衣、打扫卫生、养儿育女、喂猪，在家外，拔草、锄禾、田间管理、积肥、砍柴、出售农副产品，事无巨细都由她们默默无言地操劳着。正因为如此，妇女的地位也不一般，妇女在成为家庭主妇以后被称为“迪达麻”，意思是家户的母亲，掌管着一个家庭的经济大权，一年的生活由她安排；她还掌管着仓库的钥匙，家里的粮物由她调度；子女的婚姻大都由她决定。大多数既聪明又有本事的妇女都能当一家之长，可以处理和参与家庭外的事务，招赘女婿的妇女作为家庭财产的继承人被称为“萨达”，意思是土地的主人，一般在母亲年老或过世后成为家长。

四、云南藏族传统伦理道德的变化

在社会文化变迁相当剧烈、“全球一体化”的潮流席卷世界的今天，表现人们的情感好恶与价值取向的道德观念也发生了巨大的变化。在云南藏区，随着人们的生活方式的不断变化和生活水平的不断提高，道德发挥作用的社会背景和机制也在不断发生变化，道德的权威性与制约作用受到了很大的影响。主要体现在以下几个方面。

首先，传统习惯和行为规范的传承出现了断代。我们以20世纪50年代为界，中国发生了一连串的社会变革和政治运动，云南藏族也同样经历了这些变革与运动，一夜之间跨越了若干社会历史发展阶段，随着制度的变化，云南藏族的传统文化也随之发生着变化。

从云南藏族1950以前的历史看，自古以来，云南藏族处于特殊的地理位置，这使得云南藏族有着复杂的民族关系，在与周边其他民族的频繁交往中，云南藏族逐步形成了既有藏族自身的特点，又不断吸收和包容其他民族文化的特点。从20世纪50年代初到1958年的“和平协商土地改革”中，云南藏族的部分传统文化得到延续，但在“砸烂旧世界，建立新世界”这样一些革命口号的指引下，从1964年开始的“四清运动”起，到历经十年的“文化大革命”结束，几乎所有传统的东西都被当做“四旧”、“牛鬼蛇神”而遭到前所未有的摒弃，许多珍贵的文化遗产在几天甚至几分钟内被一毁殆尽。传统上小型、半独立的村落文化曾一时被一种全国性的一体化文化所取代。因此，那个年代长大的年轻人和出生的人，他们所看到、接受、学习到的东西与父辈们所看到、学到的相去甚远，在思想、行为上产生的影响是可以想见的，多少代人探索、积累和传承下来的世界观、价值观、自然观、行为规范、宗教观念等在长期的一体化文化的冲击下，云南藏族传统的地方文化出现了严重断层，村民的生活、思想充满了政治化的色彩，在伦理道德方面也发生了巨大的变化。

比如人们过去敬畏大自然、相信万物有灵的生态观念遭到破坏。像前文中所说的神山信仰便是云南藏族中最为普遍的信仰之一，传统上人们有一套基于神山信仰的行为规范、管理生存环境的制度及其各种相应的祭祀活动，他们相信只有敬畏大自然，约束和禁止一切破坏自然的行为，与大自然和睦相处，才能消灾解难，获得平安与幸福。尽管这种自然观从现代科学的角度看，具有很大的局限性，但是它所表达的人类必须尊重自然、适应自然的思想，却具有非常重要的意义。但在文化取代的过程中，这些观念被作为封建迷信的东西被予以批判和铲除，人们以一种被扭曲的行动来表现他们对这种文化取代的支持，出现了有的村子把几百年来十分敬畏的神林中的树木砍光，把寺院捣毁，继而砍伐村中的神山树木的现象。

人们错误地认为，人类不仅可以利用自然，而且可以改造自然、战胜自然、征服自然、主宰自然。以至于万物有灵的自然观在信息化文化时代再度出现的时候，许多人并不真正知道神山信仰为何物；而有的人在嘴上说神山信仰，但言行并不一致。前文所写的雨崩村是一个保持神山信仰比较完整的村子，但是雨崩村周围的其他村子，神山的景况却失去了应有的规模，看上去绿树苍翠的神山，几乎都找不到有四五十年树龄的树木，大都是近十多年来渐渐长成的未成熟林。

其次，在市场化大潮下，社会的普遍功利化，使社会道德面临着深刻的内部危机。尽管市场经济的运作有利于平等人格、竞争和自主意识等积极因素的形成，但社会的普遍功利化，使人们把成功与否的主要标志牢牢地着眼于财富的多寡上，在这种社会环境下，云南藏族传统道德规范面临着各种挑战。比如，藏族传统的团结互助的社会行为规范中的“换工”已经出现变化，在舂墙、收割等需要大量劳动力时，经济条件允许的人家不再进行“换工”，而是出钱请工，请工的对象可以是本村人，也可以是外地人，请工的标准除了技术上的要求外，主要看价钱的高低。许多地方、许多人在做事的时候，首先考虑的是经济利益。

再次，在社会发展的今天，云南藏族以媒妁之言、父母之命为主要形式建立的婚姻关系，随着时代的发展、外部交流的频繁，其不稳固的一面渐渐凸显出来。比如在云南藏区有个叫阔机的村庄，全村有102户人，在过去尽管有夫妻不合或与公婆的关系不好的家庭，但还是勉强凑合，很少有人离婚，近年来，离婚的夫妻逐年增加。从2000年到2005年的5年中，阔机村有15对离婚的夫妻。这15对离婚的夫妻平均年龄都不到20岁，有的结婚2年，有的3年，他们有的是因为婆媳不和或女婿与岳母、岳父的关系不好而离婚；有的是因为夫妻不合而离婚。他们离婚后有的在几个月后又再婚，有的一两年后再婚。这种现象的出现使重视个人对家庭责任的道德观念、强调个体利益服从家庭利益的原则发生了变化，对父母包办和早婚的习俗提出了挑战。

最后，云南藏族也同其他民族一样面临着由于社会文化急剧变迁中所引发的道德失范问题。因新的价值体系尚未完备，旧的规范还来不及作一番认真的清理，所以人们难免产生迷茫与困惑。这一切有待于正确地引导，弘扬传统道德中的精华、摒弃传统道德中的糟粕，推动云南藏族社会的发展。

参考文献

[1] 周锡银、望朝：《藏族原始宗教》，四川人民出版社1999年2月版。

[2] 杨福泉：《反思与整合：构建当代多民族构成的中华民族道德文明》，载《云南社会科学》2006年第4期。

[3]《社会转型时期道德作用的变迁》，作者不详，来源：中国论文下载中心 WWW. STUDA. NET [07-01-02 14：09：00]。

[4] 卓玛措：《藏族文化视野中的生态经济伦理研究》，来源：中国论文下载中心 WWW. STUDA. NET [07-01-25 11：07：00]。

[5] 章忠云：《藏族志：聆听乡音——云南藏族的生活与文化》，云南大学出版社2006年9月版。

村民自治是基层民主建设的重要内容

云南大学公共管理学院　申　斌

党的十七大报告指出："发展基层民主，保障人民享有更多更切实的民主权利。人民依法直接行使民主权利，管理基层公共事务和公益事业，实行自我管理、自我服务、自我教育、自我监督，对干部实行民主监督，是人民当家做主最有效、最广泛的途径，必须作为发展社会主义民主政治的基础性工程重点推进。"村民自治作为我国社会主义基层民主的重要内容，对于推进我国社会主义基层民主建设具有十分重要的意义。

一、基层民主的内涵和价值

民主首先是一种国家形式，是国家形态或国家制度。作为国家制度的民主，属于上层建筑，这是民主的本质和主要表现形态。除此以外，民主还有其他表现形式，广泛存在于社会生活的许多领域，往往以党内民主、社会组织内的民主、经济组织内的民主、社区民主、基层民主、决策民主、管理民主等多种形式表现出来。在一个现代民主国家，社区民主生长于社会的基层，繁荣于社会的千千万万个社区单位和自治团体，以至形成广泛的社区民主网络。

基层民主是我国广大人民在城乡基层政权机关、企事业单位和基层自治组织中依法直接行使的民主权利，有政治民主、经济民主、文化民主、教育民主等内容，渗透于社会生活各个方面，具有全体公民广泛和直接参与的特点。它不仅是一种基层自治和民主管理制度，而且是国家制度民主的具体化，是社会主义民主广泛而又深刻的实践，对于巩固和发展民主团结、生动活泼、安定和谐的社会环境具有不言而喻的重要作用。

发展基层民主，是推动国家民主发展的重要基础。在我国，人民是国家的主人。这种主人的地位主要是通过人民选举的代表组成国家权力机关即全国人民代表大会和地方各级人民代表大会实现的，人民群众主要是通过自己选举的代表参与国家事务和社会事务的决策和管理的，一方面，要通过发展基层直接民主，充分调动人民群众积极性、创造性，依法管理自己的事务。包括依法直接选举基层人大代表和政权机关的主要工作人员，对他们实行监督，对于那些不称职的代表和工作人员有权依法罢免；依法参与和决定基层重大问题的决策，并就基层事务和各种问题发表意见；依法参与基层经济、文化等各项事业的管理等。另一方面，要通过发展基层直接民主，提高广大人民群众的民主素质。我国经历了长期的封建社会，历史上民主传统比较少，广大人民群众缺乏民主实践的训练。发展基层直接民主，一定意义上可以说是发展民主的学习和训练，有利于提高全民的民主素养，为发展社会主义民主进一步创造全民的素质条件。

在社会主义基层民主建设中，重要的是做好民主选举、民主决策、民主管理和民主监督等方面的制度建设和创新工作。一是民主选举。对民主选举中选民登记、候选人的产生、投票、开票、唱票、监督等各个环节，都要严格按照法律规定的程序和步骤进行，切实保障群众在选举中各个环节的权利。二是民主决策。决策民主化是发展基层民主的一个重要内容。按照党的十六大的要求，要完善基层重大决策的规则和程序，建立社情民意反映制度，建立同群众利益密切相关的重大事项社会公示制度、社会听证制度，实行决策的论证制和责任制。属于群众自治范围的事务，必须尊重大多数群众的意见。三是民主管理。从原则上说，基层的经济文化事业和社会事务都应该广泛吸引和依靠群众参与管理，但是具体到每个不同的基层单位，不同的情况有不同的要求，都要从实际出发，坚持公平、公正的原则，直接涉及群众切身利益的部门要实行公开办事制度，形成规范和有效的民主管理制度。四是民主监督。主要是从决策、执行等各个环节加强对权力的监督，重点加强对干部的监督、对人财物管理和使用的监督。要按照十六大的要求，结合各个基层单位的不同特点，形成规范和有效的基层监督机制。同时，要进一步加强民主政治的主体建设，大力开展民主知识的普及和教育，进一步提高公民的民主素质。

二、村民自治在基层民主建设中的地位

《中共中央关于制定国民经济和社会发展第十一个五年规划的建议》中明确指出：加强农村党组织和基层政权建设，健全农村党组织领导的充满活力的村民自治机制。村民自治是农民自己的创造，就像改革之初他们创造了家庭联产承包责任制一样。但村民自治获得如此迅速发展，则是政府强有力的引导和推动的结果，实际上是党和国家在改变原有“人民公社”体制后对乡村政治体制和社会管理体制所作出的一种新的制度安排。从过去“政社合一”的体制转变为村民自治体制，是农村基层政治的重大变迁，是一种新的社会结构创新。这种制度安排和社会结构创新的必然性，出自于新时期农村经济的发展和广大农民生活水平的提高，出自于农村市场经济发展和社会全面进步的需要，出自于化解社会矛盾和保持农村社会稳定的需要，同时也是由于农民素质不断提高，对社会生活和自身权利的关注，民主意识不断增

强所形成的需要。村民自治的功能和作用在改革开放的过程中不断形成和完善，在一些村民自治搞得好的地方已得到了比较充分的发挥。实践证明，党和政府在农村的这一制度创新和制度安排是成功的。

根据我国村民委员会组织法有关规定，村民自治是广大农民群众直接行使民主权利，依法办理自己的事情，实行自我管理、自我教育、自我服务的一项基本社会民主制度。在这一民主制度中，村民委员会不是一级国家政权组织，也不是基层政权的派出机构，而是具有独立法人资格的社区自治组织或基层群众自治组织，对本社区的资源拥有决定权和支配权。乡镇政府对村委会的工作给予指导、支持和帮助，但不得干预依法属于村民自治范围内的事项；村委会领导人员由村民直接选举产生，任何组织和个人不得指定、委派或撤换，全体村民有权直接参与村民自治范围内各类事项的民主决策、民主管理和民主监督。由此可见，村民自治是一种社区基层民主制度，是社会民主的一种形式，充分体现着“自治”的精神。这种民主所涉及的基本内容是基层社会生活中公共事务、公益事业的管理，而不是国家政权管理。实施这种民主的社会组织，虽然也要受到国家政权组织的管理和控制，但它本身不具有国家政权性质，不是国家政权的组成部分。这种民主的发展，既不与国家政权结构挂钩，又仅限于社会的基层，属于社区政治发展范围。正确认识村民自治这一种民主制度的属性和特点，至少有以下几点价值或意义：

第一，既然村民自治是一种非政权性质的社区基层民主，在其发展和完善过程中，就不能把它当做一级国家政权看待，不能让村委会嬗变为政权机构，也不能让村委会承担大量政权组织的任务。完善村民自治的首要目标，是要使村委会真正成为具有独立法人资格的社区自治组织，真正让村民依法自己管理自己，管理好同他们的利益直接相关的社会公共事务。

第二，村民自治作为一种社区民主和社区政治发展形式，既受到经济制度和经济发展水平的制约，又受到整个国家民主化进程的制约。随着我国社会主义市场经济制度的建立和完善，国家和农村经济发展水平不断提高，农业产业化、现代化以及农村城市化将有更大发展，而随着政治体制改革不断向前推进和民主政治目标的一步步实现，社会民主将会进一步扩大并日趋多样化，村民自治的功能和作用也将会在更高的层次上获得拓展和提高，会出现一种新的更适合农村经济政治发展需要的自治形式。

第三，村民自治作为一种基层社区民主，与国家政权民主有着密切的联系。社区民主总是一定国家政权和政治民主形态下的社区民主，其性质和发展前途，是由这个社会的国家政权民主决定的，归根到底是由这个社会的经济基础决定的。发展国家政权民主和扩大社区民主，是社会主义民主政治建设两个相互依存、相互促进的重要组成部分。国家政权民主，是体现国家本质和政治制度核心内容的民主，它涉及国体、政体以及国家政权结构等民主的根本问题。社区基层民主的发展则体现出了国家民主制度中的重要内容。国家政权民主与社区民主，在国家民主化过程中有着不同的地位和作用。如果说国家政权民主是“宏观民主”，社区基层民主则是“微观民主”；如果说国家政权民主是“统领性民主”，社区民主则是被统领的“次级民主”；如果国家政权民主不向前发展，社区基层民主也不会有太大的发展。社区基层民主的发展，可以为民主政治建设拓宽基础，提供社会支柱，壮大民主力量，推进政治文明发展的进程。从这个意义说，发展和扩大社区基层民主，是社会主义民主政治建设的基础性工程。对于一个原先缺乏人民民主基础的国家来说，大力营造这样的基础性工程，具有特别重要的意义。存在于非国家权力系统的社区基层民主，尽管不可能成为民主政治建设的“主体工程”，但是村民自治作为一种“草根民主”，在党和政府的引导和支持下，能够发展为无限宽广、充满生机的“民主草原”，为整个社会的民主发展提供肥沃的土壤和现实的条件。

三、政治体制改革是发展基层民主的有效途径

党的十七大指出，人民民主是社会主义的生命。发展社会主义民主政治是我们党始终不渝的奋斗目标。改革开放以来，我们积极稳妥地推进政治体制改革，我国社会主义民主政治展现出更加旺盛的生命力。政治体制改革作为我国全面改革的重要组成部分，必须随着经济社会发展而不断深化，与人民的政治参与积极性不断提高相适应。要坚持中国特色社会主义政治发展道路，坚持党的领导、人民当家做主、依法治国有机统一，坚持和完善人民代表大会制度、中国共产党领导的多党合作和政治协商制度、民族区域自治制度以及基层群众自治制度，不断推进社会主义政治制度自我完善和发展。

同时，党的十七大还强调，深化政治体制改革，必须坚持正确政治方向，以保证人民当家做主为根本，以增强党和国家活力、调动人民的积极性为目标，扩大社会主义民主，建设社会主义法治国家，发展社会主义政治文明。要坚持党总揽全局、协调各方的领导核心作用，提高党科学执政、民主执政、依法执政的水平，保证党领导人民有效地治理国家；坚持国家一切权力属于人民的宗旨，从各个层次、各个领域扩大公民有序的政治参与，最广泛地动员和组织人民依法管理国家事务和社会事务，管理经济和文化事业；坚持依法治国的基本方略，树立社会主义法治理念，实现国家各项工作法治化，保障公民的合法权益；坚持社会主义政治制度的特点和优势，推进社会主义民主政治制度化、规范化、程序化，为党和国家长治久安提供政治和法律制度保障。

正如上文提到，国家政权民主和基层民主是社会主义政治建

设中的重要组成部分，是民主政治建设发展的“主体工程”，是政治体制改革的“重头戏”。因此，我们要在积极支持、发展包括村民自治在内的基层民主的同时，不失时机地按照邓小平同志确定的政治体制改革蓝图，大力推进国家民主的制度性变革和民主建设。邓小平同志1980年提出“党和国家领导制度的改革”，以及1986年多次阐明的政治体制改革的目标和内容，已经为我国政治体制的转型确定了一个基本框架。

政治体制改革涉及制度建设、制度创新的问题，在政治体制改革中，要努力通过制度的建设和创新，建设社会主义法治国家。邓小平同志还多次讲过，我国原有的政治体制的主要缺陷是：党政不分，权力过分集中，特别是领导者个人高度集权；缺乏民主法制，缺乏制度，实际上搞人治。按照邓小平同志的思路，我国政治体制转型的一个具有实质性意义的目标，是实现由个人高度集权的人治型体制向民主的法治型体制的转变。党的十六大所提出的“发展社会主义民主政治，建设社会主义政治文明，是全面建设小康社会的重要目标”，为我国政治体制转型指明了正确方向。

围绕政治体制转型目标，从现在起，就要着力解决社会主义民主建设中的一些制度性问题。

第一，理顺权力关系，调整权力结构，切实解决“权力过分集中”的问题，建立健全有效的民主监督机制，防止权力滥用和权力腐败。

第二，理顺党政关系，实行党政分开，把党的领导职能同国家机关治理国家的职能，特别是政府的行政管理职能划分清楚，并以法律形式确定下来。“党要管党”、“从严治党”，切实加强党的领导。与此同时，要切实改善党的领导，改进党的领导方式和执政方式，要善于把党的路线、方针、政策变为国家法律，领导人民依照法律治理国家。

第三，把发展民主同健全法制有机地结合起来，坚持党的领导、人民当家做主与依法治国有机统一。严格按照宪法和法律管理国家事务和社会事务，一切政权机关及其行为都要置于法律的权威之下，都必须在宪法和法律范围内活动。推进基层民主建设，要坚持党的领导、人民当家做主和依法治国的统一。扩大基层民主，要在党的领导下有步骤有秩序地进行，保证人民民主的方向和健康发展。各级党组织特别是基层党组织，要把广泛动员和组织群众参与管理经济文化事业和社会事务，作为改进领导方式和方法，加强和改善党的领导的根本途径，切实支持人民群众当家做主。发展基层民主，任何组织和个人都必须严格依法办事。党员和干部更应成为遵纪守法的模范。只要真正把党的领导、人民当家做主和依法治国统一于基层民主建设的实践中，基层民主就一定能够步入法制化的轨道健康发展，进一步实现制度化、规范化和程序化。

第四，在农村，要完善村民自治，形成村党组织领导的、充满活力的村民自治机制。在城镇，要全面推进城市社区建设，明确界定社区居委会职能、政府与社区的关系、社区与物业管理公司的关系等，形成管理有序、文明祥和的新型社区。在企事业单位，要坚持和完善职工代表大会和其他形式的企事业民主管理制度，保障职工的合法权益；建立健全公司制企业法人治理结构，处理好股东会与职代会的关系；扩大职代会对干部管理的知情权、参与权、选择权、监督权；健全群众对干部的评议制度，改变职代会民主评议干部和组织部门考核干部“政出多门”的现象。

试论传统社会伦理的价值优先性

——兼论对社会主义核心价值体系构建的启示

云南大学公共管理学院　蒋小杰
云南大学国际关系研究院　段学品

社会主义核心价值体系的构建自有其现代性的伦理底蕴，但这种伦理底蕴必须能够同传统伦理精神有着深层次上的历史继承关系，这种历史继承性既是必然的，也是合理的，因此也就向我们提出了研究传统伦理的课题。中国传统社会的政治形态主要是基于儒家伦理思想构建起来的，它并不偏重全然外在于个体的法律规范，而是强调依靠个体权威和个人能力来进行国家治理。而个体权威和个人能力是必须与伦理规范和道德观念结合在一起才能够得到合理的定位和阐明的。因此，传统社会与其说较多地取决于个体活动而得到治理，毋宁说从根本上是取决于渗透在个体意识当中的伦理规范和道德观念而得到治理。

在中国传统社会当中，虽然因受个体因素较多影响从而使得国家治国过程中存在很强烈的灵活性和可变性色彩，但这并不意味着传统社会结构就是非常松散和随意的，恰恰相反，中国传统社会结构是非常稳定的，究其根本原因乃在于支持此种社会结构和治理模式的伦理观念没有受到根本性的冲击。传统伦理之所以能够成为社会稳定的根本保证，原因之一就是儒家伦理在社会实践当中能够成为社会群体的普遍价值选择的依据，而社会群体的普遍选择使传统伦理获得了社会层面上的合法性，亦即成为个体进行价值评判和取舍的首要标准，换言之，在个体价值层面上获得了优先性地位。传统伦理的主导价值是儒家伦理，其价值优先性是指在传统社会中儒家伦理道德范畴在主体进行价值评价和行为选择中处于优先地位，主体必须首先具备仁德信念与意志能力并身体力行之，方可期望被认可与获得尊重，继而再谈及主体人生价值的实现才有意义。

一

价值优先性是对主体内在的道德观念与意志自觉的肯定与强调，这是从周朝制礼作乐就开始了。周人虽然也承认有天命存在，却自觉地把天置于“德”之下，认为夏殷“惟不敬厥德乃早坠厥命”，强调“惟王其疾敬德”，并使“王其德之用”，方可“祈天永命”。此“德”虽是“从天命劝人事”，但对“德”之首肯与器重对此后中国社会的影响却不容忽视：自周起，“德”成为行为主体在做出行为选择之时必须予以首先重视的因素。同时，周人把“德”置于天命之前，认为天必须“惟德是辅”，而“有德”与否全在人之行为，这实际上就把人的主体性地位给开发出来了，因为此时人可以通过“有德”而置天命于其主宰之下。因此可以说，德之观念和意志自觉自周朝已开始。

周末礼崩乐坏，孔子有感于此，于是就大倡仁义之说。仁的一个根本要求就是“正名合礼”，为此要求仁之主体必须行“恭、宽、信、敏、惠”五德于天下，五德行方可“不辱”、“得众”、“人任”、“有功”、“足以使人”，而后方可“为仁矣”。由此可见，孔子强调仁德乃主体立身处世的首为要务。与此同时，主体意志自觉又是达至仁之境界的充要条件：“仁远乎哉？我欲仁斯仁至矣。”而且主体完全有能力达至仁之境界：“有能一日用其力于仁矣乎？我未见力不足者。”孟子也强调道德的优先性，他倡导以德服人之王道，王道的前提条件便是“德”，此其谓之“以德行仁者王”。德乃是长治的根本：“以德服人者，中心悦而诚服也。”而“德”无求于外，乃“反求诸己而已”，表明主体的意志自觉在道德优先性获得过程中的重要性。孟子并不全然谈论内在意志之德性自觉，亦将此仁之德性运用在政治实践效果当中，此即为孟子之“仁政”之说。所谓“先王有不忍人之心，斯有不忍人之政”，仁心德性是执政者执政之先决条件，由仁心而施仁政，天下归矣。孟子此种政治理想以“有德者执政”为核心，实同于后世所谓“圣君贤相”之成说，正道出了德治之内涵。

成书于战国末期至两汉的《易传》、《礼记》等书，继续对伦理优先性进行阐述，并予以发挥。《易传》上继孔孟君子进德修业之论，如“君子以成德为行”、“君子自明明德”、“君子居贤德善俗”等；《礼记》则于善德观念予以明确：“大学之道在明明德，在亲民，在止于至善”，“格物而后知至，知至而后意诚，意诚而后心正，心正而后身修，身修而后家齐，家齐而后国治，国治而后天下平：自天子以至于庶人，壹是皆以修身为本”。“德者本也，财者末也”。伦理的价值优先性在此被表述得如此清晰，以至于后世往往以此“八德目”作为终身进修德业之途。强秦暴政使无数士人对严刑峻法无不深恶痛绝，对儒家仁义好礼之说无不翘首，对此百姓亦然。两汉儒家伦理得以在政治上的确立并非出于历史偶然，而是有着深厚的社会现实根基的。黄老之术始显以德御民的观念，体正信以仁，慈惠以爱人。陆贾对治国者明确地提出仁义要求：“守国者以仁坚固、佐君者以义不倾。”贾谊则指出秦亡乃是因为“仁义不施而攻守之势异也”，强调仁义于治国者的重要作用，又言明君王若能为善，臣下百姓必效法之。德之自觉此时与国之统治开始融合起来，至董仲舒，以天人三策相合于汉武帝之需，儒学由民间大兴遂假借政治力量成天下公器之准绳。然则此时对儒家思想的德性功夫的强调有所消殆，仁心德性之修养功夫被弃置于后而相混于阴阳刑德的制度政治被大倡于前，与孟子所谓的仁心之德政相同之处得到高扬，内在于个体之德性修为愈益转化为外在的利禄仕途，传统儒家伦理之价值优先性逐步与现实的政治实践相融合。

传统儒家伦理之所以能够具有价值上的优先性自有其原因，可以从几个方面来分析：第一，儒家伦理与汉民族的精神文化气质相契合，或者说汉民族的精神文化气质较好地通过儒家伦理思想得以表现。汉民族的精神文化气质是由周人的文化创制与精神气质奠定的。由上述已知，周人对主体内在的道德观念与意志自觉给予了极大的重视，此表现在外在的事功之上必然要求对生活之改造，于是制礼作乐构建文化意义上的生活以规范自然生活就顺理成章。而儒家之兴源于孔子，孔子以复周礼为己任，摄礼为义、摄义为仁，此即周人初始之时所叙正义，故儒家伦理实乃为汉民族精神文化气质之理论化，相契合甚为明朗。换言之，儒家伦理正因为代表着汉民族的主导性价值观念，才能够获得群体性认可。第二，传统儒家伦理具有观照现实、统摄人心的力量和实践效果。儒学形成于孔孟之道，当世之时诸子雄起、百家争鸣，而儒学凭借自身的优势终成显学，脱颖而出。孔子处周之衰期，民心怀旧尚未促成革命旧制创建新政之念。孔子乃殷宋之后，自幼习礼，是以凭对典籍仪礼的熟知构建仁义之说，以倡周之旧礼，于礼仪规范、生活信念等多有损益，观照现实暗合人心之向，为处于诸侯争雄之下的百姓士人提供给一种超越现实的追求与关怀。孟子之时周之衰势已成定局，面对时代变迁、朝代更迭之大势，其上承孔子雄辩于诸子，极力倡导心性论、仁政说。前者对道德主体与道德价值予以详论，并指明养气成德道德实践之途径，后者述及仁政王道，明示仁之成效即为德治之理想，此亦明示了仁心对于主体外在实践的先决地位。第三，如果说士人儒者于因其自身心性修养自觉到此种优先性的重要性的话，那么对于大众百姓来说此种价值优先性则源于儒家伦理与政治实践的结合从而昭示一条明晰的进阶利禄之途，此亦为儒家伦理的制度化。制度化的结果便是儒家伦理获得唯一性与合法性，向百姓以及士人暗示了儒家伦理的永恒性与普遍性，从而获得其在主体进行价值评价和行为选择中的优先地位。

二

儒家伦理价值优先性必须有其达至的有效途径，方能在主体实践当中实现其优先性，有效途径不外乎两种：由内向外的途径和由外向内的途径。前者即为主体清修内圣进而兼济天下之路，后者则通过儒家伦理的制度化以实现对百姓士人的规范和引导。孔孟比较偏重由内向外这一方式，对心性仁德之实践功夫给予较多的关注，通过意志自由和德性自觉来实现价值优先的目的。意志自由说明主体有实现德性价值的可能性，德性自觉则说明主体达至价值目的的可行性。孔子自谓“忠恕之道”：尽己之谓忠，推人之谓恕，由己及人是乃由内而外之途。孟子则言内言至大至刚浩然之气而外塞于天地之间，又言执政者有不忍人之心方有不忍人之政，皆为自内至外之途。至于《礼记》八德目者，此途之概说也。至两汉学术历经劫难，孔孟之原儒不复，伪儒经学盛行，德性标准不发自主体内部之意志自由与意志自觉，而系于天道，以人附天，心性践履功夫不再。由是仁心德性之精义不传，自内而外之途亦没落矣，此后经千年至两程方又复兴上接孔孟。自外而内之途自周始便有此萌芽，然其时不卓著可辨遂以不足辨。孔孟虽重内而外之途，然于此途并无褊狭拒认之举。孔子摄礼归义、摄义归仁，但亦有以礼明义、以义明仁之意。孟子则直言贵德尊士，只因“尊贤使能，俊杰在位，则天下之士皆悦而愿立于其朝矣”。此由外至内之意甚明。至若两汉以天统德，以人合天，天德此一主体之外的规范成为价值优先性之起点，德之至外而内也。

由外而内的路径也就是伦理制度化所产生的规制与引导强力路径。传统伦理的制度性其直接的目的是为了现实的政治治理或政治统御，体现为融人伦尊卑秩序在内的制度礼义。此礼只具有与主体相联系的具体价值，每一主体必须依据自身的角色来展开活动才能获取自身的价值，同样，每一主体都不超越自身角色，整个社会也才能达到一种井然有序、和谐相处的大治之境。然而制度性蕴含了或导源于原儒内在的道德践履，而此内在价值追求指向的则是善的理想。这一理想则是一种普遍价值取向，要求每一道德主体必须不断地进行自我超越才能趋于至善之境。传统伦理因而是由社会规范之礼与主体内在践履之德相辅而成的，主体作为道德主体而言必重德性培养以成谦谦君子，作为社会主体而言必重对角色意识之体认，以合规范秩序。这就形成了传统伦理之价值优先性与制度性互动。内在之自我超越与外在之自我拘禁从根本上来看存在着不能完全化解的矛盾，个体与社会总保持一种必然的张力。此种张力在鲜活的现实面前终会偏向社会外在规范一途而忽略个体内在修为一途。后世出现的百姓、士人为求利禄竞进置心性功夫于不顾，德治教化终致虚伪奸猾，从根本上违背了原儒之内圣外王进德之先后次序。这在社会主义核心价值观念构建时不可不察。

三

传统伦理的价值优先性与制度性互动对今天社会主义核心价值体系的构建有着非常重要的启示作用，结合以上的分析，我们可以从几个方面来概括这一论断。首要的就是要强调核心价值体系的构建必须与我们中华民族之精神气质相契合，若仅仅生搬其他民族伦理规范、不能结合本民族文化特征而活用则势必是收效甚微的。这就需要我们必须对中华民族现代精神气质作出应有的探索，这就需要我们必须把握住时代发展的脉搏来进行伦理构建。现在提出社会主义核心价值观念的构建这一时代要求是一个总体目标和方向，需要有具体的内容进行充实，具体的内容又必须从现实生活和社会当中来。而民族精神又体现在现实的生活和社会当中，因此核心价值观的构建必须立足于现实。其次，核心价值体系的构建必须整合主体内外道德资源，以取得双层进展。主体在此不仅指个体，亦指群体与社会，那么所谓整合内部道德资源就是注重核心价值观的构建，要对主体内在心性修为的开拓、群体和社会的文化价值的调整促进能够发挥实际的效用，能够引导、鼓励、规范主体内部的道德境界的提升，外部道德资源的整合就是核心价值观的构建能够落实在政治制度的调整、设计和完善上，能够使政治制度更多地和更好地体现出道德人性的内涵来，实现善治。核心价值观应当落实在主体道德意志自由性和自觉性的开拓上，主体由内而外地通过德性自修，继而使善德布于主体之间，这样主体相交皆由诚相连，虚伪奸猾则无以得立。主体皆以诚相交则各尽所能而有所得、各得其所而有所安，和谐社会已蕴含其中矣。

需要予以明确的是，传统伦理的价值规范在主体行为选择和行为评判之时是处于优先地位的，具有意志自由能力和意志自觉意识的士人通过主体内在心性修为而达至，而多数人则是通过伦理化的制度规范而达至的。虽然我们也倡导通过整合内部道德资源以达至社会主义核心价值所要求的伦理情境，但是必须要明确的是主要的达至之途是合理的制度性的设置与规范。现代社会较之传统社会远为复杂，纯然靠主体自觉与伦理的制度性殊难奏效，必须经由合理的制度性设置才能达至规范作用。构建社会主义核心价值观念体系必须能够充分虑及这些价值观念能够进行制度性的转化。通过合理的制度设置，能够强化主体对道德角色的体认，从而将个体价值与社会价值紧密地联系在一起。事实上，在传统社会当中，儒家伦理的价值优先性向来都不是在独立意义上得以提出和强调的，而是与外在于主体的规范设计紧密地联系在一起的，而这种设计就是儒家伦理的制度化。正是通过制度伦理的形式，传统伦理的价值优先性与制度性推动处于互动关系当中，儒家思想方才最终成为中国传统社会的主导价值观念。

参考文献

[1]《尚书》、《论语》、《孟子》、《大学》、《中庸》、《新语》。

[2] 于春松：《制度化儒家及其解体》，中国人民大学出版社 2003 年版。

[3] 劳思光：《新编中国哲学史》，广西师范大学出版社 2005 年版。

社会道德资源培育的必要性和现实性分析

云南大学马克思主义研究院　李维昌　盛美真

道德作为一种处理人与人之间、人与社会之间关系的社会资源，其本身不是自然存在的，它是一种社会存在，它是人们在处理相互之间关系的过程中形成和发展起来的人为资源。也就是说，道德资源是通过人的社会化过程和社会的人化过程来培育的。我国改革开放和社会主义市场经济发展的实践过程要求一种与之相适应的伦理原则和道德规范，在现代社会，这些原则、规范是通过人们的价值认同和行为表现来完成的，从而形成特定的社会道德。社会道德是文明社会关系形成和发展的重要资源，社会道德发挥作用的过程也就是社会道德资源的使用过程，从这个意义上讲，探讨市场经济条件下如何培育社会道德资源是一个极有意义的课题。

一、社会道德资源培育问题的提出

现在人们对道德是一种资源的说法已不再陌生，也毋庸置疑。但许多人都把道德资源说成是现成的，认为我们只要维护好、利用好道德这种资源，贯彻好《公民道德建设实施纲要》，践行好“八荣八耻”，加强公民的道德教育，道德资源就会永不枯竭。当然也许就万事大吉了。实际上，公民道德建设的实施、

“八荣八耻”的奉行，社会主义核心价值体系的构建，都是对社会道德资源培育提出的新视野和新要求。换句话说，社会道德资源并非像自然资源那样，维护好、利用好它就可以了，社会道德资源是需要在社会实践中培育的；社会道德资源也不像自然资源那样，大多是不可再生的，社会道德资源只要善于培育，就可能被反复使用和不断再生。

市场经济的发展，不是对人们赚几个钱的愿望的简单满足，它作为一种影响深刻而广泛的力量引起了社会经济成分、组织形式、利益关系和就业方式、分配方式的多样化发展，这些都不能不反映到人们的思想意识里，从而导致了人们思想观念独立性、选择性、多变性的增强，在社会道德层面也发生了这些变化。在2001年9月20日中共中央颁布的《公民道德建设实施纲要》中就概括：社会的一些领域和一些地方道德失范，是非、善恶、美丑界限混淆，拜金主义、享乐主义、极端个人主义有所滋长，见利忘义、损公肥私行为时有发生，不讲信用、欺骗欺诈成为社会公害，以权谋私、腐化堕落现象严重存在。这一概括指明了我们社会生活的诸多领域存在道德资源匮乏的现实状况。我们并不是说，今日的道德问题是市场经济改革的结果。实际上，市场经济的选择在解决我国诸多发展问题上显示了其资源配置的优越性，正如万俊人教授所论证指出的那样，市场经济有着价值效率、市场分配正义、较充分的行为交往和利益共享的道德正当合理性。① 但我们还没有来得及从制度文明和社会运作模式上来理解它、把握它，从韦伯所讲的“精神范畴”（即他所说的“资本主义精神”的延伸）来认识它的社会价值功能，或者从梁启超的“制度形态”和“文化形态”来把握和超越其“器物形态”。因此，在现实社会中，我们与市场经济相适应的道德资源并没有全

① 万俊人：《论市场经济的道德维度》，载《中国社会科学》2000年第2期。

面培育出来，或者说适应市场经济发展所要求的社会精神气质或社会道德资源还没有培育成熟，这一点从社会生活中诚信的缺乏和人们对诚信的渴求来看就可见一斑。

毫无疑问，市场经济有着自身的运作规律和内在特点，它实际上承载了某种价值、理念和文明，它的实践体现了社会演进的理性精神。从我国市场经济改革的实践来看，之所以出现了这样那样的道德问题，一是因为原有的道德规范和伦理原则在处理利益与道德的关系问题上不适应于市场经济发展的现实要求；二是适应社会主义市场经济的公民道德规范和伦理精神没有确立起来。表现在社会生活中就是公民的道德水平低下，这是长期以来社会道德资源培育不足的结果，而不仅仅是既有道德规范的失范或既有道德水准滑坡的问题。事实上，任何既有的道德资源在面临经济社会巨大转型的过程中，都不可能一帆风顺，甚至要发生传统与现代的脱节与断裂。任何既往的道德规范在当下都存在一个适应性与选择性的问题，或者表明自身继续发挥调节社会关系和行为活动所具有的功能，或者在新的社会生活中不能适应经济社会的大规模变迁而放弃存在的权力。

因此，无论是新的经济社会转型和发展对新的道德资源的呼唤，还是既有道德资源适应现代生活变迁的要求，新旧道德资源在社会生活中的呈现都存在一个培育的问题。从我们现实社会生活的情况看，我们走了一条有中国特色的社会主义道路，这条道路是在不同文明共存和竞争的历史条件下探索出来的。伴随着这条道路的探索，我们遇到了如下情况：不同民族的道德文化在开放的背景下相互交融和激荡，中国传统道德文化与当代道德规范对市场经济条件下的道德生活竞相诠释，“传统的”共产主义和社会主义道德理想与社会主义初级阶段的道德现实或者一致或者相斥。回答和解决这些情况中存在的矛盾和问题，离开社会道德资源的培育，离开与中国特色社会主义发展方向和趋势相一致的社会道德资源的培育，我们就难以建构中国特色的道德文明生活。

二、社会道德资源培育的必要性分析

既然道德是一种社会资源，那么它的形成和发展都不是先在的，需要社会过程的培育来完成。作为一种行为方式和实践模式，道德不会在人们头脑中自发地形成，也不是单个人的事情，从其现实性来说，它是社会关系的再现，它再现的是人和人之间、人和社会之间的关系；它也是社会关系的建构，它建构的是一种按规范行为行事的社会关系和社会生活。无论是再现还是建构，现代社会中的公民道德资源都只能在社会交往和社会生活的实践中来孕育和发掘。公民不可能念念口诀就成为“爱国守法、明礼诚信、团结友善、勤俭自强、敬业奉献”的人，他们的追求目标、生存状态和交往关系极大地左右着他们道德标准的生成。从这个意义上讲，社会道德资源的培育是一场提高全民社会生活质量的总动员，是全社会为着提高整体的生活质量和普遍的文明程度而进行的社会生产。在这个生产过程中，生产的是人的品质、文明和社会关系。这个生产的必要性怎么样，社会道德资源培育就具有怎样的必要性。

首先，社会道德资源的培育是适应人们谋利要求的社会实践活动。马克思明确指出：“人们奋斗所争取的一切，都同他们的利益有关。”① 这表明，在现实的人那里，如果社会道德资源的培育有任何必要性的话，那么这个必要性就在于而且也只能在于规范人们的谋利行为。毫无疑问，从最一般的意义来说，法律、道德或其他什么社会规程，事实上都不外是对人们谋利行为不同

① 《马克思恩格斯全集》第1卷，人民出版社1956年版，第82页。

程度和范围的规范与界定。唯其如此，社会才能形成一个在遵循社会规范中发展良性的社会，也只有这样的社会才符合“现实的人”的利益要求。从这个意义来说，社会道德规范的形成和社会道德资源的培育都是对社会发展的正面激励。道德规范的确立等于一个社会良性存在和发展所必需的有效激励机制和约束机制的确立，从这个立场看，亚当·斯密在思考国民财富的过程与思考道德情操的过程的重合，不过是社会发展不同层面要求在人类理性思维中的呈现。一个财富增长的社会和一个道德情操高尚的社会，只不过是保证最大多数人追求幸福的正当机会和合理权利得到正确使用和充分实现的条件而已。当前，我们社会生活中的情况是，人们普遍认同了市场经济的体制活力、运行品性和操作模式，但是并没有完全“遵守”市场经济的规范要求。换句话说，就是市场经济的精神气质并没有得到尊重和认同。毫无疑问，中国选择社会主义制度与市场经济结合的发展模式，不仅仅是为了建立一个市场机制。事实上，市场经济对社会生活所具有的广泛效应在现实中的进一步诠释，让我们迫切感到培育用以驾驭市场经济的道德力量已经刻不容缓。从这个意义来说，市场经济对于社会主义制度的基础性作用不仅体现在对经济生活模式的重塑上，而且更体现在对社会主义文化生活模式的重塑上。培育一种适应市场经济与社会主义制度结合所要求的富有时代性的社会精神，就是为社会主义的发展培育出一种适合文明社会运作的精神理念和道德维度。社会道德资源的培育属于这个范畴体系内的一种资源培育。

其次，社会道德资源之所以需要培育还在于传统道德资源在今天的时代条件下和社会环境中尚未真正体现其社会化程度和社会性角色。随着市场经济的深入发展，社会阶层的分化和组合都在快速地变化着，社会流动性明显加快，个人行为具有更多的“自主性社会”色彩，个人的职业在寻找、培训和淘汰等方面都在更广泛的社会范围内进行，离开社会的条件和环境，很难再谈什么职业道德的建设，而家庭的生产生活也不能离开社会发展和进步的要求来追求自己的目标。就拿计划生育来说，它已不仅仅是一个个体性的问题，生育具有显而易见的个体性特征，但计划生育却被赋予了更多的社会性内容，如果计划生育是一种家庭美德的话，那家庭美德的建设和塑造已然超越了个体和家庭的范畴，家庭道德生活不能再按照传统家庭观念和传统家庭伦理的要求来进行。如果不从社会范畴来确立家庭美德建设的当代意义，就不能看到家庭美德的现代转型，也会使家庭美德建设流于空泛失去社会意义和时代意义。从这个意义来说，市场经济和社会化的大生产，以及开放的社会生活对个体的塑造无论怎样，个体的自主性不管怎样强势，公民道德建设的必要性都只能在整体的社会生活中来得到理解，因此，我们可以说“公民道德建设，人人有责”。从理论上来讲，任何个人的不道德行为不仅使整个社会承担了代价和蒙受了损失，也使每一个人承担了代价和蒙受了损失。在这里，道德资源的个性和社会性是高度一致的，个人道德修养和家庭美德的任何个体性提升都是社会道德资源培育的具体表现，离开社会化的培育，任何道德资源实际上都远离了道德的真正内涵。

三、社会道德资源培育的现实可能性分析

以往我们一般采取宣传教育、典型示范、舆论谴责的方式来倡导和维护公民道德。但既有的道德资源不会自动适应市场经济体制的建立和社会主义现代化建设实践的发展过程，所以我们强调公民道德资源培育的社会属性。而作为道德资源培育主要方式的道德教育，过去的教育在方式和目标上缺乏连续性和统一性。此处探讨道德教育如何从今天的时代特征和社会状况出发，从方

式和目标的结合上来有意识地培育社会道德资源的问题。

首先，社会道德资源的培育必先开发传统道德资源，塑造民族共同的价值观。综观当今世界，针对社会转型及全球化的挑战，各国更加注意保护本民族传统文化，开发传统道德资源，关心多元文化和价值观的共存互补与发展创新，进行理性重建和伦理垂范，走出文化中心主义的狭隘思维定式，推进国际的理解和教育人道化，以期在激烈的国际合作与竞争中，升华民族道德理想，探索社会正义实现的途径。在现时代，我们要树立为全球主义作贡献的民族主体意识和历史使命感，运用马克思主义唯物辩证法，对传统文化加以诠释、改造与升华。在此过程中，我们既要克服泛道德主义隐含的消解科学精神和工具理性的历史局限性，又要汲取传统文化所特有的人文精神和价值理性，把握精神的脉搏，鼓起民族道德理想的风帆，在 21 世纪建设一个健康、文明的中国。社会主义核心价值体系的提出，不仅是我国思想文化领域的大事，实际上也是塑造新的道德生活的价值观。把民族精神和时代精神结合起来的价值观，不仅强调了民族传统道德价值的当代意义，也是开发传统道德资源的现实途径。

其次，社会道德资源的培育要植根于社会生活并逐步提升目标和内容层次。在传统的道德教育中，我们以社会需要作为道德资源培育的逻辑起点，这样的做法是必需的，但其中有某些偏差也是不容忽视的，即往往在强调德育首位时，任意拔高关于政治的、信仰的、理想的自由王国的认同，甚至不适当地上升到意识形态的高度，德育的价值取向与道德修养主体的内在要求难免错位，导致德育过程的“目中无人”，陷入德育的空洞注疏和运动式口号宣传的泥潭。这种急功近利的思维定式，把德育价值取向当做德育起点，构建了具有形而上学迷思的理想化德育体系，疏远了道德实践主体，失却了道德生活的实践重心和现实内涵，忽略了整体人格的塑造，公民的道德素质难免出现诸如“心术纯正，心态不稳”，“理想高尚，行为失范”的尴尬和困境，制造“心有道德理想，行无道德规范”的分裂人格和社会现实。从这个意义来说，德育的理论思维在于为现实道德生活确立适宜的价值自由度，在“实然的道德”与“应然的道德”之间确定一个恒常的杠杆，形成大众化的核心价值标准和道德修养的基础层面，并遵循“跳一跳摘到桃子”的原则。培育社会道德资源，就要正视道德社会生活的层次性和多样性实际，在教育过程中注重道德教育的针对性和实效性，逐步提高道德标准。

再次，道德资源的培育要激发道德主体的能动性，构建以道德需要为核心的德育激励系统。道德教育不是单纯的社会文化问题，也不是单纯的心理学问题，而是寻求两者之间的最佳结合点，使道德的价值取向与道德主体的动机水平之间达到适宜的激励状态。德育不是单向的灌输，而是多端的激励过程。要创设一种“润物细无声”的道德激励境界，研究主体的道德需要，拨动道德主体能动性的内在激励机制，把具有导向作用的道德要求化作主体发自内心深处的自发生长机制，引导主体向着道德修养的更高层次攀升，不断实现由客体到主体、由他律道德到自律道德的升华，获得更为完整和更为全面的人的最佳激励状态，达到道德的自觉和慎独的最高境界。

最后，社会道德资源的培育要注重自立自强的道德实践，探索灵活多样的培育形式和方法。道德资源的培育显然离不开社会生活的实践活动，我们更应把崇高的偶像崇拜落实到现实人的道德生活中，大力倡导社会公德、职业道德和家庭美德，弘扬社会主义主旋律，教育人们树立爱国心和公民意识，学会做人，学会关心人，学会负责任，形成全社会自律自爱的良好风尚，走出社会公德的困顿状态，为推进和谐社会构建奠定牢固的道德基石。从德育理论发展的趋势看，现代德育无不主张生活化的资源培育模式。现代德育理论充分体现出人文精神的高度，从知性德育向行为德育、从就范式德育向参与式德育迈进，培育一种新型的德育理念，创设各种道德经验情境，让修养主体找到自我的尊严和价值，积极进行道德思维和道德选择，发展道德探究能力和道德生活能力，真正成为道德修养和道德行为实践的主体，成为把道德理想在道德生活中实现的自觉主体。

社会道德资源的培育绝不是一个短期的、可以简单化的过程，道德教育的过程虽然是道德资源内化的主要方式，但道德资源的外在使用，亦即道德发挥作用的过程却是很复杂的。因此，道德资源的培育要采取多种多样的形式和方法。要更注重原来道德教育方式的实践性和实效性，并更多地使用新的培育工具和培育形式。在一些领域可以采用道德立法的方式来解决，例如在社会公德的培育上，通过制定具有法律效力的法规来惩恶扬善：重奖见义勇为者，严惩无动于衷者，比如对见死不救者予以严惩（采取经济罚责和社会公开谴责的方式）；奖励为社会公益事业作出贡献的人，比如对献血者实行将来可以免费使用同等血量的规定，并在献血时给予一定的营养补偿和舆论媒介的公开表扬等。

总之，社会道德资源是需要培育的，它培育的目标和方式都不能脱离市场经济发展和社会主义现代化建设的实际需要。要采取多种形式来培育社会道德实践主体的共同价值观和行为实践的正义选择，探索社会道德资源包括法律维护在内的形式和方法。

少数民族社会中的敬老伦理观

云南大学西南边疆少数民族研究中心　张　跃
云南大学民族研究院　王晓艳

世界上的民族以单个形式存在，又有机地组合构成人类社会的整体。与之相适应，每个民族都有自己的民族道德传统，但同时又具有人类道德生活的共性。中国是一个多民族的国家，在民族社会的发展中，每个民族逐渐形成了一整套适用于本民族的道德观念和道德准则。民族伦理学是研究民族道德的学科，它把民族的恋爱道德、婚姻道德、家庭道德、社会道德、宗教道德等作为研究对象。敬老尊老的习俗属于社会公德的一种。少数民族社会中的尊老敬老传统隐藏在民族生产生活的各个角落，有效地协调了家庭、社会之间的关系，推动了少数民族地区的社会进步和社会主义精神文明建设。

一、渗透于少数民族文化中的敬老伦理观

文化是人们在体力劳动和脑力劳动过程中所创造出来的一切财富，包括物质文化和精神文化，以及人们所具有的各种生产技能、社会经验、知识、风俗习惯。[①] 简言之，文化就是生活，包

---

① 林耀华主编：《民族学通论》，中央民族大学出版社 2007 年 12 月版，第 384 页。

含了生活中的各个方面。敬老传统是少数民族用于生活中的伦理道德，是少数民族文化中不可分割的一部分。

（一）日常生活中的敬老观

言、行、食、住是人类文明社会中最普通的文化事项，而少数民族的敬老观就隐含在这些普通的日常生活活动中。

1. 言

语言是人们交流的重要工具。人们通过语言传达信息、传递文化、表达自己的感情。少数民族的敬老伦理观在语言中的体现表现为禁止某些话语或与老人交谈时的态度和言词。在布依族中，同比自己年长者说话时，自称“唯”（奴的意思）、“伊”（小人的意思），小辈不能直接称呼长辈的姓名，而是称“亚公”、“亚奶”，直呼其名会被认为是不礼貌。① 在公共场合，侗族的年轻人要给老年人让座，老人坐好后，年轻人如果不得不从老年人面前走过时，必须事先说一声“对不起，从您老面前过了”，这样才能通过；侗族也不允许直呼长辈的名字，黔东南的侗族称呼长辈时，要在名前面冠以亲属称谓，以示尊重，而对于小孩，则称之为“宝”（男孩）或“妙”（女孩）。另外，纳西族不允许在老人面前说粗话和做不礼貌的行为。怒族不能在有老人的场合中开玩笑。鄂伦春族除了不能直呼老人姓名外，甚至有与老人同名的物件时，在谈话中若提到此物，也必须用其他名称来代替。

2. 行

讨论“行”中的敬老观，是把“行”理解为行动或行为，而不是简单的行走或交通工具。朝鲜族行路遇到老人时，要恭敬

① 高发元主编：《中国少数民族道德概览》，云南民族出版社 1992 年 11 月版，第 326 页。

地站在一旁让路，向老人问好；与老人同行时，要让老人先行；年轻人若是有事必须先走时，应向老人先说明情况。鄂伦春族的年轻人见到老人需要请安，男子请安左膝向前，右膝在后，两膝向下微屈，两手前伸；女子请安两脚并拢向前微屈，两手前伸：平时老人进“仙人柱”时，年轻人要起立让座；若是骑马在路上遇到陌生老人，年轻人要立即下马站立道旁，口称“您好”，待老人过去后才上马前行。[①] 锡伯族的儿媳每天早上都要去给老人请安；老人的衣服鞋帽都不能随意翻动，尤其是帽子；年轻人有重要事情一定要和老人商量，听取老人的意见；家里有年轻的劳动力却让老人干活，会被认为是一件耻辱的事情。

3. 食

尊老敬老的传统道德规范和行为准则在饮食文化中得到充分表现，在少数民族中尤为突出。其表现为某些特定食物的种类和数量、食具、饮食的先后次序都要考虑老年人的身份角色，以此表达对老人和祖先的尊敬。在佤族逢年过节的宴席上，鸡头表示吉祥如意，不能随便动，必须敬给老人，以表示对老人最大的尊敬。傈僳族和布依族认为鸡头、鸡心、鸡脚是最重要的部位，一定只能给老人吃。壮族认为鸡脚、鸡肝营养好、没病，必须敬老人。苗族也要把鸡肝、鸡脚和鸡头敬老人。哈萨克族用羊待客时，年轻主人须先将羊头上的腮帮肉割一块回敬给年老主人，羊头肉和骨盒肉也要给老人享用，甚至在冬季宰杀牲畜时要把头保存下来，到来年春分的纳鲁孜节时献给老人。摩梭人也有着把桑树第一年结的果实只给老年人吃的风俗。除此之外，达斡尔族、哈萨克族都将第一块肉先给老人吃。布依族、哈尼族、拉祜族等

---

① 高发元主编：《中国少数民族道德概览》，云南民族出版社 1992 年 11 月版，第 15 页。

在敬酒和吃饭时，座次安排和敬酒顺序上都使老年人受到优待。① 东乡族为老人倒茶、递食时都要双手呈送，老人坐炕必居中，就餐时要让老人先吃，晚辈才可就食。在少数民族丰富的饮食观中，尊老敬老的原则首当其冲，这其中既包含着深深的敬仰和祝愿的心理，祝愿老人健康长寿，也表现了晚辈对老人地位和权力的首肯。

4. 住

在住房方面，少数民族为表示对长辈的尊重，通常会选择把较为舒适、方便的住所给老人。普米族崇尚火，火塘是普米族生活中最为重要的部分。普米族老人休息睡觉的地方通常被安排在火塘边，且是火塘上方的位置。原因为普米族生活在海拔较高的地带，常年温度不高，吃饭都在火塘边，把老人的住处安排在火塘边，既能保证老人的取暖，也方便他们就餐。布依族老人的床位也要设在房子里最暖和的火塘边。傈僳族的火塘边，年轻人只能坐在老人的下方，且是离火塘较远的地方，以保证老人有最佳的取暖角度。与长辈同住也体现了敬老美德。塔吉克族人的父母在世时，绝对不允许子女分家，子女的责任就是孝顺父母，侍奉双亲，因此在塔吉克族的社会中几乎没有老人受虐待或无人照顾的现象。另外，有些民族把父母的住房安排在正房或离客厅最近的地方，把未婚子女的住所安排在侧房。

（二）节庆中的敬老观

少数民族节庆中的敬老观主要体现在两个方面：第一个方面是有些民族关于敬老的节日。朝鲜族的老人不仅在家里受到晚辈的孝敬，而且在社会上也普遍受到人们的尊敬。在朝鲜族聚居的

① 以上均见瞿明安《隐藏民族灵魂的符号——中国饮食象征文化论》，云南大学出版社2001年版。

地方，每年都有一个专门为老人设立的节日——老人节。具体时间各地不统一，黑龙江是农历六月二十四，吉林延边朝鲜族自治州是农历八月十五。这一天，人们要给年过花甲的老人做寿，凡60岁以上的老人胸前都佩戴大红花，而其他人也穿上节日盛装，在一起共同祝愿老人们健康长寿。老人由晚辈搀扶，各家各户献上美味食品，儿童们唱起“祝寿歌”，姑娘们跳起“长鼓舞”，还有玩跳跳板、荡秋千，热闹异常。有的地方还要当场表彰孝敬公婆的好媳妇。[①] 哈尼族每年农历冬月十五日也要欢度本民族有着悠久历史的“老人节”。届时，全寨老人聚集在象征着健康长寿的青松下，由寨里的晚辈为他们举行敬老仪式。晚辈们在鞭炮锣鼓声中向老人献米酒、糯米饭、鱼、肉、鸡蛋等。老人们在欢歌笑语中兴致勃勃地跳起“老人圆舞曲”。之后，他们要边喝酒边讲述一年来子女对他们孝敬赡养的情况，人们听完后，对尊老爱老的晚辈当场给予赞誉，对不孝敬者进行批评教育，并让他们当场向老人道歉。

另一方面则表现在节庆中长者的地位上。由于年长者的权威和有丰富的生活阅历，一些节庆中的主持都是邀请年长者。少数民族在很多节日都需要祭祀祖先、神灵，这样的仪式必须由家中的长者或村寨中辈分较高的人来进行。此外，家庭或村寨中的重大事件必须由长者出席进行商讨。这些不仅是因为长者有智慧和经验，更重要的是出于少数民族尊老敬老的传统美德。

（三）丧葬习俗中的敬老观

中国各少数民族都有崇敬祖先的优良传统，其实质体现了尊老敬老的伦理观。他们普遍认为老人死后，灵魂依然会追随着家

---

① 高发元主编：《中国少数民族道德概览》，云南民族出版社 1992 年 11 月版，第 15 页。

人，保佑他们平安顺利。有的少数民族在老人生前就开始为其准备丧葬中所需的物品。广西南部的壮族每年无论收成好坏都必须替老人攒留做白（丧）事用的谷子，并烘好以免变质，等老人去世时拿出来招待客人。贵州水族老人尚未去世，子孙就会雕好价值万元的精美墓碑。土家族老人生前子孙必备好棺材，老人非但不忌讳这些行为，相反这样做让他们心里感到踏实，并会以此鉴别子女的孝心。少数民族的尊老敬老的道德伦理观一直会延续到老人死后多年，甚至永远。如绝大多数少数民族都用家中最好的家具及用品来供奉祖先，位置端正显眼。基诺族在老人死后的葬礼上有一套复杂的仪式，从选择坟地到入棺都严格遵照程序，其中有在坟地周围“撒米”这一环节，认为只要是在场的人，都可以得到死去老人的福气。苗族将气分大气和小气，高寿老人去世时，儿子要“接气”，否则去世的老人和在世的家人都会得不到福气。除此之外，很多少数民族还将故去老人的一些重要遗物如经书、贝壳、银器等保存完好，将其视为家庭的传家宝，带有某种神秘的力量，会给家人保护、福气；逢年过节也需要祭拜老人，祈福祷告。①

（四）宗教信仰中的敬老观

少数民族信奉宗教的现象非常普遍，因此，宗教观念对各民族的文化习俗和心理状态有着广泛而深刻的影响。一般而言，各少数民族的道德意识、道德行为、道德原则、道德品质和道德感情等都与其宗教信仰紧密结合，有些宗教禁规、戒条、律令实际上就是社会道德规范。

我国是一个多民族多宗教的国家，各少数民族除信仰各自的

① 以上均见高发元主编《20世纪中国民族家庭实录》（丛书），云南大学出版社2001年版。

原始宗教以外，道教和世界三大宗教（佛教、伊斯兰教和基督教）在少数民族地区也有不同程度的传播和影响。有些民族几乎是全民信仰某一种宗教，如藏族、傣族信仰佛教，回族、维吾尔族信仰伊斯兰教。宗教文化中的宗教伦理教义深深影响着他们的道德伦理观，成为宗教文化中不可缺少的部分。尊老敬老的伦理观同样在宗教中得到充分体现。佛教中“诸恶勿作，诸善奉行，自净其意，是诸佛教”的主张，《四分律》中“五戒十律”及对善恶的区分，以及在儒化的过程中，强调在道德实践中孝亲忠君，明辨长幼之序；伊斯兰教《四典要会·礼功精义》中“古言千美万善，忠孝为纲……亲如一家之长，又具生育之恩……为子当孝。”《清真指南·忠孝》中“真主所喜，在人子能顺父母；父母不喜，虽拜功殷慎，真主之怒必加之；能顺之命，能悦亲心，此之谓全孝。”真主吩咐过，你们要赞念真主的造化大能，要报答双亲的养育之恩，为儿子行孝，孝敬父母是天命。道教亦十分注重孝道，提出“天下之争，孝为上第一”，特将孝列为诸道德规范之首。讲长生不老，也认为一个人如果不能尽孝道而修长生，长生是绝不可得的，且忠孝也是修道成仙的首要条件。否则必将大逆不道，绝无成仙可言。① 瑶族信仰的“盘王”，在度戒仪式中讲述“盘王传说”，强调要尊重祖先及父母长辈，不得虐待妇幼及厌弃老病。在《父母经》和《观音经》所规定的“十戒”中，第一条就是：不违戾父母师长，反对不孝。白族信仰的本主、藏族信仰的藏传佛教、傣族和布朗族信仰的南传上座部佛教以及存在于大部分少数民族中的传统（民间）宗教教义，也有尊老敬老的相关规定和训诫。这些教义中的规定，在一定程度上起到了约束和规劝信民言行的作用。

---

① 佟德富：《中国少数民族哲学概论》，中央民族大学出版社 1997 年版，第 310 页。

（五）伦理著作、村规民约中的敬老观

乡规是以乡、村寨为单位或以一个大的家族为核心制定的村社性法规，它虽然不够规范甚至有某些不符合国家法律之处，但对于加强村民的团结、维护社会治安、调解纠纷、保障正常的生产生活秩序等起了很大作用，同时也在一定程度上反映了人民的社会道德规范和善恶观念。中国少数民族不仅用乡规民约、道德训条、格言等形式教育子女要尊敬老人，而且有不少文本流传于世，把民族的敬老传统发扬光大。如清代的黔西布朗族的《乡规碑》中有“敬老慈幼，各守五伦”，成吉思汗大扎撒法、《卫拉特法典》和苗族的“议榔”等中都包含孝敬父母的理念和内容。布依族的《祖训八条》中说：“孝悌也者，天之经，地之义，人之行也。”“父母之恩德实同昊天罔极。”孝悌之道要“出于心诚，身体力行。‘敦孝悌以尽人伦’。”[①] 侗族的《款词》、壮族的《传扬诗》、藏族的《礼仪问答写卷》等都有明确的孝敬父母、长辈的条款。这些伦理著作、乡规民约虽然年代久远，但现在很多少数民族地区的乡规民约仍在内容和主旨上对其有所继承，而且它们从文字上确定了尊老敬老的必须性及合理性，不仅是尊老敬老道德的体现，也为教育下一代提供了材料，提供了相互监督行为的标准和规范。

（六）传统道德教育中的敬老观

各少数民族历来重视敬老道德教育。优良的敬老传统道德之所以能一代一代往下传，进行道德教育便是最主要的手段和原因。少数民族的道德教育，一般是自上而下，也有自下而上，且

① 佟德富：《中国少数民族哲学概论》，中央民族大学出版社 1997 年版，第 321～351 页。

表现方式多种多样。如朝鲜族对于孝道教育就明确规定为：“身体发肤，受之父母，不敢毁伤”、“侍奉父母”、“恭敬老人和顺从”、“立身扬名，以显父母”等。① 藏族的敦煌古藏文历史文书《礼仪与问答写卷》中讲道：“儿辈能使父母、师长不感遗憾抱恨，即为最上之孝敬”、“儿子敬爱父母之情应如珍爱自己的眼睛”、“父母年老，定要保护、报恩”② 等。佤族的敬老教育则更具操作性，逢年过节或重大场合都要为去世或在世的老人摆宴，俗称“敬老宴”，宴席上年轻人齐唱：“祖父、祖母、母亲、父亲，你们裤子的口口，你们裙子的门窗，是生莲花的水，是生后人的井，是你们造出我们的手脚，是你们制成我们的身子，我们的魂是你们给的，我们的命是你们赐的，你们艰难地生育我们，你们辛苦地抚养我们，我们托你们的福，我们感你们的恩，喝水要想源头，要生火拜石头。今天，我们为你们摆酒……”③ 这样的祝词，不仅是对老人恩德感谢的表达，也是对年轻人孝道的教育。瑶族则通过度戒这种极为神圣严肃的场合使年轻人的敬老意识得到巩固，仪式上受戒者要对天盟誓，其中就包括“不虐待老人”等孝敬老人的相关内容。“整个度戒的过程就是进行本民族传统社会公德教育的过程，同时也是培养勇敢顽强的民族精神的过程”。④

类似的例子举不胜举，教育的方式更是多种多样、不尽相同。但从中可以看出，这种孝道的教育观都是与感恩的情怀紧紧

---

① 佟德富、金京振：《朝鲜族先民孝道浅析》，载《黑龙江民族丛刊》1989 年第 3 期。

② 王尧、陈践：《敦煌古藏文〈礼仪问答写卷〉译解》。

③ 张哲敏主编：《民族伦理研究》，云南民族出版社 1990 年 6 月版，第 99 页 ~ 100 页。

④ 高发元主编：《中国西南少数民族道德研究》，云南民族出版社 1990 年 12 月版，第 87 页。

相连的。

二、少数民族敬老伦理观的特点

道德作为各种人伦关系中的个人品质、行为规范，被人们当做控制社会生活的行为准则和标准。少数民族的伦理道德是中华民族伦理道德的重要组成部分，与汉族的一般伦理道德有相同之处，但又表现出各少数民族社会发展的特点。

（一）交融性

敬老伦理观的交融性主要体现在民族内部的交融和民族之间的交融。一个民族的敬老意识来源于其生活的各个方面，与他们生活中的很多细节环环紧扣。日常礼俗、宗教教义、公众舆论等社会生活编织了敬老伦理道德的一张“网”，使得敬老传统与民族宗教、民族风俗、民族节日等各种文化现象交织在一起，有时甚至融为一体。敬老道德观念对宗教、文化产生了很大的影响，而宗教、文化等又是敬老伦理的载体。另外，民族从来就不是孤立存在的，在其自身的发展过程中，常与其他民族的经济、政治、文化等方面发生联系和交往，使各民族的伦理道德也出现相互渗透和交融，尊老敬老的伦理道德观亦是如此。因此，出现了不同少数民族拥有相同伦理观念的现象，甚至在表现形式、惩罚方式上都有如出一辙的现象。

（二）继承性

继承性是少数民族敬老伦理道德的显著特点。各少数民族的敬老伦理道德传统意识如同一条连续不断的链条，环环相扣，代代相传，不会发生突然的损缺或消失，在很多年后的今天仍能接触到祖辈传下来的道德文化。这种继承性在一定意义上体现出了文化的包容性和发展性，既有对本民族历史上道德文化的继承发扬，也有对其他民族道德文化的兼收并蓄，且并非是单纯地全盘吸收和再次传递，而是接受和创造相统一的精神生产和再生产活动。① 不同民族或不在同一地域和环境生活的同种民族根据本身所处的客观情况，用各种不同的方式不断适应和调整传承着的道德伦理观，使之与其生产生活、意识形态相互协调。继承道德传统对于一个民族的发展是非常重要的，因为这既是对祖先的敬重、爱戴和感恩，也是民族自身对道德信念理想的不懈追求。侗族谚语说的“从母亲那里学到善良，从父亲那里学到勤劳，从祖父那里学到耐性”就生动地表达出继承所具有的内在情感；同时从前文所述也可看出，知识学习和道德教育活动是继承的基本方式。各少数民族的传统敬老伦理观在口头教授、仪式庆典、宗教信仰、风俗习惯等各种民族文化形式中得到继承和发扬。

（三）权威性

伴随着少数民族发展而自发地形成的敬老道德伦理观体现出了绝对的权威性。这种权威性，不仅仅是老人自身阅历、经验、地位等的体现，更是在受到传统道德道义教育基础上表现出的对老人的首肯。他们把道德上的义务和评价，看成是神灵、传统和习俗的要求和力量，有时甚至把个人内心深处的自我谴责看成是外部力量的儆戒和惩罚。少数民族长期形成或约定俗成的行为道德戒律被看成是确定不移的法则，无须作任何论证和解释。正如现在人们所说的“理解的要执行，不理解的也要执行”。在这种状况下，一些民族社会仅仅是基于“风俗的统治”，道德上的“他律”强于道德上的“自律”。② 似乎民族习惯、民族传统、

① 高力：《民族伦理学引论》，新疆人民出版社1998年版，第49页。
② 熊坤新：《民族伦理学》，中央民族出版社1997年版，第188页。

民族禁忌和民族首脑人物的威信就是“天意”、“圣旨”，丝毫不得违背，只能服从，这也就是少数民族社会中很少出现虐待老人、遗弃老人现象发生的主要原因。

（四）朴素性

少数民族的敬老伦理道德观表现形式是朴素的，这主要表现在道德情感上。少数民族一般都具有直率、坦荡的民族性格，对与尊老敬老相关的评价，往往只用“好的”或“坏的”、“应该的”或“不应该的”、“有利的”或“有害的”等简单朴素的道德观念作为道德评价的标准，而仅只是这样就已经对他们的观念行为产生了巨大影响。凡是认为“好的”、“有利的”，就被看成是真善美，教育下一辈学习遵守；凡是认为“坏的”、“有害的”，就被贬斥为假恶丑。敬老的道德意识纯真质朴，道德情感也直接表露于外。这些朴素的观念来自他们的生活，或言或行，表述简明清晰，且内涵丰富，情感真挚，易于教授，是少数民族文化中一块绚烂的宝石。

（五）民族性

所谓民族性，就是“本民族全体成员所具有的不同于其他民族的那一部分特有属性”。① 不同民族的敬老伦理都会贴上属于自己民族精神的标记。这种标记主要体现在敬老的标准和表达方式的不同。比如上述提到的有些民族在老人还没过世时，就为老人准备葬礼的物品，而有的民族却把这样的做法看做是对老人的诅咒。同样的思想有不同的表达方式，在这个民族允许的行为，在其他民族可能会被当做是禁忌。另外，有些民族对于敬老的标准很严格，必须是言出必行，按照传统形式进行。这些都是

① 熊坤新：《民族伦理学》，中央民族出版社 1997 年版，第 187 ~ 188 页。

民族文化在不同的历史条件中长期沉淀的结果，因此呈现出丰富多彩的少数民族敬老观。例如对于老人的祝寿，各民族就表现出明显不同的表达方式。如壮族在农历九月九日举行祝寿节。凡寿满60岁的老人，床脚边都有一个两尺高的小陶坛，里面盛有一些米，这即是有名的“寿米缸”。按风俗，米是寿的象征，是不能断的，每年都要换新，这是稻作民族特有的祝寿方式。节日里，晚辈及出嫁的女儿、孙女都要带最好的米回家，倒入缸中，表示为老人“添寿”。畲族有为老人庆整寿（称之为“饮上十酒”）的习俗。他们将凡年满50岁的称“上寿”，每逢十，如五十、六十、七十都要隆重庆贺。畲族人祝寿不是在生日那天，而是在每年正月初一至初八之间，择吉日举行。①

三、敬老伦理观对少数民族社会的意义

民族道德同其他社会意识形态一样，有着自己内在的逻辑结构。从民族伦理学的表层结构来看，各民族的道德现象、道德面貌，通过社会风气、风尚、风俗所体现出来的道德状况及道德实践活动等，均属于民族道德的外在表现。而透过民族理论学的表层结构，还有一种依靠个人内在信念、社会舆论的道德评价来促使人类文明发展和人类自身进步的知识载体，还具有更深层的内在逻辑结构。民族道德的作用也正是通过这相互联系的内外结构来体现的。

传统的伦理道德，对一个民族的兴衰、素质和文明程度，都有着一种不可低估的作用。尤其是对民族个体成员的家庭、事业、身心发展所起的作用，对民族整体的社会风尚、道德面貌、

① 李淑霞：《论我国少数民族尊老敬老传统风尚》，载《赤峰学院学报》第26卷第2期，第7页。

文明状态所起的作用，都是不言而喻的。每个少数民族都有自己丰富的伦理道德思想，特别是在人伦关系的道德观念上。这些朴素的社会道德意识形态被用于协调或规范人们的言论与行动。一定的道德形式总是存在于一定的民族形式中，一定的民族道德总会带有自身民族的特性。因此，民族道德是民族意识和民族道德文化的重要内容之一，也是民族精神生活中不可缺少的“精神调节器”，在增强各民族自我意识和群体意识认同感，强化民族道德观念的同时，客观上也增强了社会公德调节民族关系的必要性，而且从其中引申出一系列敬老、团结、互助的社会道德准则。因而，民族道德在民族文化、民族关系和民族精神之中居于重要地位。作为民族道德组成部分的敬老道德同样在其中发挥着积极有效的作用。

此外，尊老敬老道德观的存在，有助于少数民族老年人在民族社会发展中体现和发挥自己的独特作用。尊老敬老的道德风气越浓厚，现代不良道德观念影响越少的少数民族地区，其经济文化长远发展、特色发展的潜力也就越大。虽然少数民族地区老年人在传统文化的传承中起着不可或缺的作用，但随着社会大环境的发展变化及现代意识的冲击，有些传统的民俗文化正在逐渐淡化甚至已经丢失，这对于整个中国民族文化来说是一个不可弥补的损失。民俗文化往往为老年人所掌握，如果老年人得不到尊敬和重视，其文化传承作用得不到发挥，那么将导致更多的优秀民族文化消失。特别对于无文字的民族来说，音乐、舞蹈、宗教信仰等以口授为主要传承方式的传统文化更容易丢失。所以应从尊老敬老的传统美德里大力提倡少数民族老年人的“老有所为”。同时，在少数民族地区，老人特别是男性均具有特殊的家庭、社会地位，他们在处理村寨事务、家庭事务和民族关系中扮演着重要的社会角色，政府可以利用他们这一特殊的社会地位的优势，发挥他们在协助推广实施法令法规、为所在社区经济和社会的发展献计献策、关心教育下一代以及协调社会关系、维护社会治安、转变社会风气、做好计划生育等方面的积极作用。

各少数民族丰富的传统敬老伦理道德观作为数千年来中国传统文化的积淀，是先哲前贤们理性思维与普通民众世俗生活需要结合的产物，具有深厚的文化历史根基和广泛的群众性，反映了全社会和各民族相同的心理需要和价值取向，这不仅是中国少数民族道德伦理文化的重要组成部分，也是中国少数民族哲学的宝贵财富，更是中国社会主义精神文明建设的一个重点所在。少数民族尊老敬老的道德伦理观念的延续，将会促使家庭人伦关系和谐融洽，整个民族社会关系有条不紊；若将少数民族敬老伦理观推向整个社会进行学习教育，那么整个中国社会的尊老敬老的道德传统将得到进一步巩固。

科学发展观是马克思主义中国化的最新理论成果

云南师范大学哲学与政法学院　陈　路　张　旭

和平与发展是当代世界的主题。发展观既是世界观和方法论的重要内容，也是世界观和方法论在社会发展实践中的集中体现。即发展观是人们对自然、社会和人自身思维的发展问题的根本观点和总看法。当代中国共产党人的发展观，是在中国特色社会主义现代化建设背景下，中国共产党人根据中国社会历史演进和形态更替的实际，继承和发展党的三代中央领导集体关于社会发展的重要思想，以高度的理论概括，彰显创新的时代精神，集中体现马克思主义世界观和方法论，引领中国特色社会主义社会发展的科学发展观。

社会发展的问题，是自工业革命以来人们围绕"什么是发展"、"为什么要发展"、"怎样发展"和"为谁发展"、"靠谁发展"等基本问题一直探讨的问题。依据工业化主导的社会进程的历史规律和阶段特征，"社会发展的过程实质上就是现代化的过程"。① 现代化作为一个动态化的历史过程，历史演进和社会形态更替是其发展观产生的基础。现代化的实际进程既是发展观产生的现实条件和理论准备，也是催生发展观的紧迫需要和必要依据。在由工业社会向信息社会的演进中，社会逐渐超越了以工

---

① 罗荣渠：《现代化新论》，北京大学出版社 1993 年版。

业化为中心内容的经济发展观，代之以综合发展观，即20世纪80年代初形成的以民族、历史、文化、环境、资源、生活等为内在基础，包括经济增长、政治民主、社会结构及转型、思想文化、科技水平、社会福利、资源配置、生态平衡等因素综合协调的发展观。这种发展观强调了社会发展各种因素的综合协调，但对人类生存环境和发展空间缺乏长远考虑和足够重视。因此，1997年联合国环境与发展大会通过了《里约热内卢宣言》和《21世纪议程》两个纲领性文件，提出了可持续发展观，即面向人类的未来，强调生态环境保护和资源永续利用，强调社会、经济和自然可持续发展的观点。但这个观点仍未能深入阐明“为什么要发展”、“怎样发展”、“为谁发展”、“依靠谁发展”、“发展的目标是什么”等基本问题。

中国共产党人坚持马克思主义世界观和方法论，继承马克思主义关于社会发展的理论，在借鉴人类文明进步的优秀理论成果、深刻总结中国特色社会主义现代化实践经验教训的基础上，进行综合、全面、系统的理论概括，提出了科学发展观，即通过对发展是第一要义、以人为本是核心、全面协调可持续是基本要求、统筹兼顾是根本方法、经济社会和谐发展是主题、人的全面发展是目标等内涵的阐述，科学地回答了“什么是发展”、“为什么要发展”、“为谁发展”、“依靠谁发展”和“怎样发展”等基本问题，集中体现了马克思主义世界观、方法论、价值观对中国特色社会主义社会发展的指导作用，实现了社会发展观的历史性转变和超越，形成了发展中国特色社会主义必须坚持和贯彻的重大战略思想，成为推进中国社会主义现代化事业必须长期坚持的重要指导思想。

一、"科学发展，以人为本"

科学发展观回答了"发展的科学内涵"，"发展的核心和灵魂"，"靠谁发展"、"为谁发展"、"发展的目的和最终目标"等问题，实现了"发展"的性质、目的和终极目标上的历史性超越。

科学发展观冠以"科学"一词为标志，其科学性体现在：坚持马克思主义世界观和方法论，坚持马克思主义科学社会主义普遍原理与中国特色社会主义具体实践相结合，坚持借鉴人类文明进步的优秀理论成果，深入、全面、系统地总结中国特色社会主义现代化实践的经验教训，从历史、现实、未来和人的全面发展出发，从中国特色社会主义现代化实践的实际出发，坚持在继承和发展党的三代中央领导集体关于发展的重要思想上的理论创新，规定和体现了关于发展问题真理性要求的新概括，实现了发展的必然性要求到真理性自觉的跨越，深刻地变革了以往的社会发展观，形成了中国化的马克思主义科学社会主义发展理论。

科学发展观与以往社会发展观最根本的区别，或者说其科学性的最大特征，就是以"以人为本"为核心。以往的社会发展观之所以带有片面性，其根本就在于见物不见人，忽视了社会发展中的人，轻视了人在社会发展中基础而根本的主体地位。马克思主义认为，社会发展在任何时候都是以"追求着自己目的的人的活动"为本质的，都是以现实的人的社会实践为核心和灵魂的。社会发展的终极目标是人，是人的全面发展，是人的社会发展历史责任的全面履行，是人民根本利益的最大实现，是人类由必然王国向自由王国的解放——共产主义理想的实现。科学发展观"以人为本"核心和终极目标的提出，规定和体现了发展问题价值性要求的新概括，实现了发展的真理性自觉到目的性自觉的演进，达到了合规律性与合目的性的统一，完成了发展性质的历史性超越。这不仅在本质上区别于其他社会发展观，而且达到了科学社会主义社会发展理论新的理论高度，从而引发了社会发展观的深刻变革。

坚持以历史唯物主义基本原理和思想路线理解“以人为本”，这是坚持科学发展观的根本要求。科学发展观“以人为本”的理念，吸收、借鉴了历史上不同时期、不同阶级所提出的“以人为本”主张中的有益成分，但有着不同于以往主张的全新内涵：其一，充分体现了唯物史观关于人民群众的历史主体地位、是历史创造者的思想，强调人民是社会发展历史的创造者，是社会物质财富的创造者，也是社会精神财富的创造者，更是推动社会变革发展的决定性力量。其二，社会发展是历史运动合力的结果。历史运动合力之所以能够推动社会进步，从根本上说，是因为进行社会活动的人民群众的根本利益和要求基本上是一致的，是代表了社会发展方向的。因此，尊重社会发展的客观规律与坚持人民利益高于一切是完全一致的。中国共产党作为中国最广大人民群众根本利益的代表者，全心全意为人民服务，立党为公，执政为民，是其根本的价值取向，“坚持以人为本，就是要坚持发展为了人民、发展依靠人民、发展成果由人民共享，关注人的价值、权益和自由，关注人的生活质量、发展潜能和幸福指数，最终是为了实现人的全面发展”。① 所以，坚持以人为本，就是强调要牢固确立人民在中国特色社会主义现代化建设中的主体地位，把依靠人民作为发展的根本前提；把全面提高人民生活水平、不断提高人民的思想道德素质、科学文化素质和身心健康素质作为发展的根本途径，把尊重人民经济、政治、文化等的权利，尊重人的生存与发展、生命与需求、价值和尊严，尊重

① 胡锦涛：《在美国耶鲁大学的演讲》，见《光明日报》2006年4月23日。

劳动、尊重知识、尊重人才、尊重创造作为发展的根本准则；把人民利益作为一切工作的出发点和落脚点，把实现好、维护好、发展好人民群众的利益作为发展的根本目的。这就科学地回答了“靠谁发展”、“怎样依靠人”、“为谁发展”和“发展的最终目标”等问题，并由此而解决了社会发展的出发点、动力、战略和目的等根本问题，以依靠人、提高人、尊重人、为了人共同构成马克思主义中国化“以人为本”的发展理念，准确地把握科学发展的本质要求，实现了社会发展观由物到人的根本性转变。

二、科学发展观以发展为第一要义

科学发展观科学地回答了“什么是发展”、“为什么要发展”、“发展的阶段”、“发展的道路”等问题，实现了发展形态和阶段性目标上的历史性超越。

当今世界由于信息技术逐步成为推动生产力进步的决定性因素，社会发展不再是单纯地从传统农业社会向现代工业社会变迁的“工业化”或“现代化”进程，更是通过信息革命从工业社会向信息社会跃迁的过程。邓小平同志根据中国国情，对发展问题作出了马克思主义中国化的阐释：发展是动态的历史过程，也即现代化的过程。在中国，社会的发展是摆脱贫困落后，实现社会主义现代化的过程。“发展才是硬道理”，“搞社会主义现代化建设是基本路线”，“中国的发展路线”就是“搞社会主义现代化”。[①] 十六大以来，新一届党中央领导集体继承和发展马克思主义和党的三代领导人科学社会主义的社会发展理论，根据世界经济科技发展的新趋势，根据中国经济社会在新时期的实际发展要求，从中国将长期处于社会主义初级阶段这个最大的实际出

① 《邓小平文选》第3卷，人民出版社1994年版。

发，对“什么是发展”作出了重要科学判断和与时俱进的回答：即，在本世纪头二十年“基本实现工业化，大力推进信息化，加快建设现代化”。强调以信息化带动工业化，以工业化促进信息化，走科技含量高、经济效益好、资源消耗低、环境污染少、人力资源优势得到充分发挥的新型工业化道路；强调切实把经济工作的着重点转移到调整结构、深化改革、转变增长方式上来，提高经济增长的质量和效益；强调必须推动经济建设、政治建设、文化建设、社会建设全面发展。

发展是执政兴国的第一要务，这既强调了发展的重要性，又回答了为什么要发展的问题。即中国社会主义初级阶段的主要任务是发展，必须坚持以经济建设为中心，必须把发展生产力作为根本任务，必须把实现社会主义现代化作为长远目标的全面、协调、可持续发展。长期处在社会主义初级阶段的中国，在其发展进程中有多个阶段性目标。科学发展观构建了这个发展进程的目标体系，即由部分人先富起来到全体人民共同富裕；由从物质文明建设、精神文明建设到政治文明建设、社会文明建设；从小康社会到全面小康再到和谐社会，由“富强、民主”到“富强、民主、文明、和谐”的发展目标体系。在这个目标体系下的发展形态是，坚持以人为本，坚持“五个统筹”，以促进经济社会和人的全面发展为总体思路和基本框架，结合全面建设小康社会、构建社会主义和谐社会的阶段性目标，建立和完善成熟的、充满活力的社会主义市场经济体制、社会主义民主政治体制和其他体制，逐步缩小同世界先进水平的差距，推进中国特色社会主义事业的全面发展，完成国家富强、人民富裕的历史任务，实现中华民族的伟大复兴。

三、全面协调可持续是科学发展观总体的基本要求

科学发展观通过对“科学发展，以人为本”现实表现的包容性和广泛性的具体展开，科学地回答了“怎样发展”、“发展的内涵”等问题，实现了发展战略和发展内涵的历史性超越。

温家宝同志指出“科学发展观内涵极为丰富，涉及经济、政治、文化、社会发展各个领域，既有生产力和经济基础问题；又有生产关系和上层建筑问题；既管当前，又管长远；既是重大的理论问题，又是重大的实践问题”，① 具有极大的包容性和广泛性。科学发展观坚持用马克思主义全面的、联系的、发展的观点指导中国特色社会主义实践，坚持以经济建设为中心，全面推进经济、政治、文化和社会建设，实现经济发展和社会全面进步。

第一，全面，即强调中国特色社会主义社会的发展，是正确处理好现代化进程中主要矛盾与各种非主要矛盾的关系，实现经济、政治、文化和社会相统一的全面进步。

首先，全面发展的要求体现了马克思主义关于生产力与生产关系、经济基础与上层建筑、矛盾运动是推动社会发展的根本动力的基本原理。社会基本矛盾的运动推动着社会发展，社会基本矛盾则由生产力与生产关系、经济基础与上层建筑的矛盾所构成。上层建筑又分为政治上层建筑与思想上层建筑。社会发展不仅是生产力与生产关系矛盾运动所产生的经济变化，而且还包括由经济变化而引发的政治和思想的上层建筑的发展变化。社会发

① 温家宝：《提高认识　统一思想　牢固树立和认真落实科学发展观——在省部级主要领导干部“树立和落实科学发展观”专题研究班结业式上的讲话》［DB/OL］2004 年 2 月 29 日。

展的最终决定性因素是生产力。社会发展的现实表现和一定社会发展观的具体展开首先表现为生产力的变化、变革，这种变革必然要求社会政治和思想的上层建筑也随之发生相应变化。在中国特色社会主义现代化的进程中，这具体表现为在经济发展基础上的政治文明建设和精神文明建设的发展。因此，科学发展观所强调的发展，是全面的发展，是中国特色社会主义社会经济、政治和文化相统一的全面进步。

其次，全面发展的要求体现了正确处理主要矛盾与非主要矛盾关系的唯物辩证法原理。任何事物都是矛盾的系统，都存在主要矛盾和非主要矛盾的运动、变化。主要矛盾的解决规定和制约着非主要矛盾的解决，但不能替代或导致非主要矛盾的解决；非主要矛盾反过来对主要矛盾的解决起到制约作用，非主要矛盾的解决会促进主要矛盾的解决。因此，科学发展观强调重点论与全面论的统一，强调必须重视并解决主要矛盾，通过主要矛盾的解决而为从根本上解决非主要矛盾创造条件；同时重视通过非主要矛盾的解决来推进解决好主要矛盾。坚持以经济建设为中心，这是为中国现阶段的主要矛盾所决定的。但抓经济建设中心、解决主要矛盾并不等于搞“单打一”，以及轻视或放弃非主要矛盾，否则，就会顾经济建设之此而失政治、文化、社会等建设之彼，使社会发展失去全面性、协调性、可持续性。正基于此，科学发展观提出坚持全面发展的要求，以正确处理好中国全面建设小康、构建和谐社会时期社会的主要矛盾与各种非主要矛盾之间的复杂关系，全面推进中国特色社会主义社会的经济建设、政治建设、文化建设和社会建设。

第二，增强发展协调性是实现全面建设小康社会奋斗目标的新要求。协调发展，指不同部门、地区、领域之间在发展规模、速度、程度、效益等方面比例适当、结构合理，所达到的相互促进、良性运行、共同发展的状态。

首先，坚持协调发展，强调社会系统结构的优化、协调发展，体现了唯物辩证法系统结构性的原则。即结构是系统各组成要素相互联系的一定方式，表现为各要素之间的比例关系、排列秩序和作用方式等。系统结构合理、各要素比例关系协调，就能正常运行并有效发挥其功能。反之，系统就不能正常运行，其功能也随之降低。中国特色社会主义现代化是一个社会结构的完善过程，必须不断调整其中各要素的比例关系，才能不断消除比例失调、结构失衡而实现又好又快持续发展。改革开放三十年，中国特色社会主义社会在取得巨大发展的同时，也出现了城乡、区域、经济和社会的结构不协调和某些比例关系不合理的问题，成为全面建设小康、构建和谐社会必须着重解决的问题。要优化社会结构，使各要素比例关系趋于合理，就必须坚持协调发展，就必须坚持“五个统筹”，通过城乡、区域、分配、经济社会等结构的调整，优化、提升中国特色社会主义社会系统的整体功能，实现城乡、区域、经济与社会、人与自然之间发展的相互促进、协调发展。

其次，坚持协调发展，就是强调必须解决发展中的不平衡关系。事物发展是一个由不平衡到平衡，然后打破平衡再达到新的平衡的不断循环往复的前进过程。平衡是相对的，不平衡是绝对的。中国地广人众，民族分布、资源禀赋和历史文化都有差别，使得不同区域、部门之间，特别是城乡之间发展的不平衡成为必然。如果这种不平衡能够控制在一定范围内并加以合理利用便可转化为发展的动力；但这种不平衡如果失去控制并超过社会的承受程度，就会激化各种矛盾，影响社会的稳定团结，形成阻碍社会发展的阻力。因此，对这种不平衡是必须加以控制和调节的，而且要通过科学有效的调节方法，尽力促进这种不平衡向相对平衡转化。这就要求在中国特色社会主义现代化的每个具体发展阶段，都必须处理好平衡与不平衡的关系，既要抓平稳、有序的发展，更要注重解决发展的不平衡问题；既要抓好经济建设为中心的发展，更要注重政治、文化和社会事业的发展，推动中国特色社会主义社会的全面、协调的发展。

第三，坚持可持续发展，就是要求社会发展必须促进人与自然的和谐共处，实现经济发展与人口资源环境的协调发展，坚持走生产发展、生活富裕、生态良好的中国特色社会主义文明发展的道路。这个要求既吸收了国外可持续发展观的思想成果，更集中体现着马克思主义社会发展理论所蕴含的可持续发展思想。

首先，人与自然之间存在着道德的，也即利益的关系。这种关系主要体现为：第一，“人直接地是自然存在物”，是“自然界的一部分”。① 因此，人必须正确地确定自己在自然界中的位置，服从自然界的规律，并必然地在自然界中展开人自身的物质的和精神的活动。第二，正因为如此，自然界是人类社会存在和发展的必要条件。自然界中的各种因素都对人类的生产劳动和日常生活产生着永久性的作用。没有自然界提供的必要条件，人类社会便无法存在和发展。人类社会的发展是与人类对自然资源不断增加的利用相联系的。第三，人是通过劳动这个中介与自然界发生关系，并不断自觉协调与自然界的关系的。人必须进行物质生产劳动以满足生存与发展的需要，因而劳动是人作用于自然界的最基本的实践活动。不能离开自然界孤立地把劳动说成是一切财富的源泉，财富的源泉是人的劳动与自然界的和谐统一。自然界为人类劳动提供材料，劳动将这些材料转变为财富。马克思主义所揭示的人与自然的利益关系，为我们正确处理经济发展与资源、环境的关系提供了理论基础。科学发展观正是在全球经济一体化、社会经济高速发展的前提下，在比以往更清醒地认识到自然与环境对人类自身长久生存和持续发展的重要意义的基础上，

① 《马克思恩格斯全集》第42卷，人民出版社1979年版。

提出社会要可持续发展就必须促进人与自然和谐共处的要求的。

其次，社会存在的基本构成要素是生产方式、人口和地理环境，这三者之间的关系是相互联系、相互制约的。正如马克思所说，物质资料的生产与人类自身生产互相适应是一个自然规律。物质资料生产要满足人自身发展的消费需要和社会发展的经济需要，要实现可持续发展，就必须“使人口的增长和生产的增长相一致，甚至使生产的发展超过人口的增长”。在中国这样一个十三亿人口的大国进行社会主义现代化建设，全面构建和谐社会，经济发展必须与人口增长相协调，才能真正实现可持续发展。

再次，早在一百多年前，恩格斯就告诫我们：“不要过分陶醉于我们对自然界的胜利。对于每一次这样的胜利，自然界都对我们进行报复。每一次胜利，起初确实取得了我们预期的结果，但是往后和再往后却发生完全不同的、出乎预料的影响，常常把最初的结果又消除了。”① 所以，我们必须“学会认识我们对自然界的习常过程所作的干预所引起的较近的或较远的后果”，并对人类生产行为所产生的这种较远的自然和社会影响进行“控制和调节”。这为我国树立和落实科学发展观、实现可持续发展提供了最根本的理论依据。人类的劳动活动对环境所产生的影响，不仅关系当代人的发展，而且关系下一代乃至人类更长远的发展。科学发展观吸取了人类社会历史中的深刻教训，重新审视了人与自然的关系，将人类、社会与自然作为一个整体进行思考，深刻地认识到生态环境资源存量的有限性和不可逆性；认识到无论科学技术和生产力发展到什么程度，人类都必须保护自己生存所需要的多样化的自然条件；从而把保护自然环境当做不可推卸的责任和使命，要求必须合理地利用自然资源，合理地调节人类自身对待自然的态度和行为，坚持走生产发展、生活富裕、

① 《马克思恩格斯选集》第3卷，人民出版社1995年版。

生态良好、文明发展的科学发展道路。

最后，坚持统筹兼顾，是深入贯彻落实科学发展观的根本方法。只有从全局出发，系统设计，通盘考虑，照顾到方方面面，协调好各种关系，发挥各方面的积极性，实现局部与局部、局部与全局良性互动和最优发展，才是坚持了统筹兼顾。只有坚持发展是第一要义，坚持以人为本，坚持全面协调可持续发展，才是科学社会主义社会发展理论的统筹兼顾。这是科学发展观坚持历史唯物主义和唯物辩证法方法论的必然要求和具体体现。

中国特色社会主义文化建设中的舆论控制

云南师范大学文学与新闻传播学院　侯雅涵　郝朴宁

新闻舆论是新闻媒体对现实社会现象和问题进行报道的过程中所表达出的态度、意见等的总和。现代社会已经进入了大众传媒时代，大众传媒在人们的生活中扮演了越来越重要的角色。在某种程度上，大众传媒通过对现实社会的“描述”为我们建构了一个现实生活世界，从而影响我们的世界观、人生观和价值观，进而影响我们的社会实践行为。因此，任何一个国家和政府在现代化进程中均需借助大众传媒为其提供精神动力。具体到中国的实际，我们要建设具有中国特色的社会主义文化，同样需要媒体舆论导向的支持，以便在全社会形成统一的指导思想、共同的理想信念、强大的精神力量和良好的道德风尚，为深入学习实践科学发展观，推动社会主义文化大发展大繁荣提供有力的思想保证、精神动力和舆论支持。

一、用社会主义核心价值体系引领社会思潮

社会思潮属于社会意识形态的范畴，是社会意识的表征，是一定时期社会存在的反映。随着改革开放的深入以及社会主义市场经济的发展与完善，我国的社会结构发生了巨大变化，改革开放之前以国家整合社会为特征的总体性社会转变成为如今的分化

性社会。经济成分、分配关系、社会组织形式、就业方式等方面的变化使得当代社会呈现出多元化的特征，人们的生活方式、价值取向、思想观念等出现了多样化的趋势。“当前，我国社会思想文化多元多样多变，人们思想活动的独立性、选择性、多变性、差异性不断增强”。[①] 这表现在：从文化上来说，主流文化、精英文化、大众文化共生；从社会心理状态的角度来看，极端个人主义、享乐主义、拜金主义等不良风气充斥社会；从社会思潮来说，各种各样的社会思潮盛行于世，先进的与落后的、主流的与非主流的思想观念互相交织在一起，在相互碰撞中向前发展。

社会思潮的发展方向会对社会意识形态造成重要影响，最终通过影响支配人们行为方式的价值观而影响人们的实践行为。推动社会主义文化大发展大繁荣是建设具有中国特色社会主义事业总体布局的重要组成部分。这需要全党、全国各族人民认清形势，将思想统一到这一光荣而艰巨的任务上来，在科学发展观的指导下，共同开展文化建设实践活动。因此，在进行文化建设的过程中，大众媒体应当始终坚持正确的舆论导向，唱响主旋律，将多样化的社会思潮引领到正确轨道上来。为此，党的十六届六中全会通过的《关于构建社会主义和谐社会若干重大问题的决定》鲜明地提出，要“坚持以社会主义核心价值体系引领社会思潮”。社会主义核心价值体系包含马克思主义指导思想、中国特色社会主义共同理想、以爱国主义为核心的民族精神和以改革创新为核心的时代精神、社会主义荣辱观四个层次的内容。

以社会主义核心价值体系引领社会思潮并不等于要抹杀人们思想观念的差异性，也不等于不承认社会价值的多样性。因为每一种社会思潮的产生均以一定社会存在为基础，放任其自由发

① 李长春：《深入学习实践科学发展观　推动社会主义文化大发展大繁荣》，载《求是》2008年第22期，第3～13页。

展，固然不利于凝聚社会力量，建设具有中国特色的社会主义文化；但如果对其他社会思潮实行简单的压制或者排斥，则可能强化主流思想与其他社会思潮之间的矛盾，不利于团结力量，也不符合中国共产党长期以来实行的“百花齐放、百家争鸣”的方针。同时，正是因为多样化和多变性的存在，“引领”才成其为可能。因此，《决定》又明确地强调，要“尊重差异，包容多样”，有力地抵制各种错误和腐朽思想的影响，“力求在多元多样中立主导、在交流交融中谋共识、在变化变动中一以贯之，团结一切可以团结的力量，化消极因素为积极因素，形成既有国家统一意志又有个人心情舒畅、既包容多样又有力抵制各种错误和腐朽思想、既坚守基本社会思想道德又向着更高理想目标前进的生动局面”。[①] 也就是说，“尊重差异，包容多样”就是要在承认社会差异的基础上扩大社会认同，在多样化的社会思潮中突出主导思想，唱响主旋律。这是以社会主义核心价值体系引领社会思潮的基本原则和方针。

推进具有中国特色社会主义文化建设，必须在坚持“尊重差异，包容多样”的基本原则和方针的基础上，从社会主义核心价值体系的四个方面出发，用马克思主义中国化的最新成果武装全党、教育全国人民，用中国特色社会主义的共同理想凝聚社会力量，用以爱国主义为核心的民族精神和以改革创新为核心的时代精神鼓舞斗志，用社会主义荣辱观引领时代风尚。具体到新闻舆论导向的操作层面而言，就是要在媒体宣传和报道中体现社会主义核心价值体系，通过正确的新闻舆论来引导社会舆论，着重解决好六个“为什么”，通过对社会思潮进行深入细致的分析和研究乃至疏导，“把对财富的贪欲冲动、单纯的牟利动机，转

---

① 李长春：《深入学习实践科学发展观　推动社会主义文化大发展大繁荣》，载《求是》2008年第22期，第3～13页。

变为一种社会成就感和社会责任感”，“把投机风气和追求虚幻的泡沫经济意识，转变为一种实业精神”，“把你死我活、损人利己、以邻为壑的经济交往观念，转变为互惠互利的经济交往观念”，“把对财富的挥霍和单纯的享乐意识，转变为对文明生活价值和生活意义的追求”，“把对自然资源的单纯占用和消耗，转变为一种可持续的生态伦理意识”，① 努力把社会主义核心价值体系转化为广大群众的价值取向、愿望要求和自觉行为，从而在全社会营造积极向上的舆论环境，形成有利于具有中国特色社会主义文化建设的舆论强势。

二、坚持正确的导向

弘扬社会正气要在多元多样中立主导，实现以社会主义核心价值体系引领社会思潮的目标，需要充分调动各方面的力量，特别是要善于运用大众传播媒介对社会舆论加以引导，使之得到有效疏导，为我所用，为社会的发展提供正确的理论支持，为人们的实践行为提供思想支持，从而为建设有中国特色的社会主义社会营造良好的舆论氛围。

社会主义核心价值体系是当前中国的主流意识形态。要获得来自社会的广泛支持，必须使其社会化。其中，新闻媒体无疑是实现社会化的主要途径。而其社会化的效果则取决于新闻报道的传播效果，因而，从实质上说，社会主义核心价值体系的社会化最终取决于新闻报道的质量，而不取决于新闻报道的数量——在实际操作过程中，新闻舆论的质量决定着新闻舆论对社会舆论的引导效果。从目前的状况看，我国的大众传媒在宣传国家的重大

① 陈力丹：《新闻理论十讲》，复旦大学出版社 2008 年 6 月版，第 316 ~ 318 页。

方针政策、坚持正确舆论导向方面做得比较到位，但是，正确的舆论并不意味着能够产生较强的舆论宣传效果，其根本原因在于我国的大众传媒在报道的思路、报道的形式以及报道观念上并不能满足受众的需求，使得报道效果受到限制，影响到了新闻舆论的引导功能的全面发挥。为解决这些问题，大众传媒应从以下方面入手。

切实落实“三贴近”原则，以提升新闻报道质量为核心提高新闻舆论的引导效果。新闻报道要产生正确的舆论导向，必须使得新闻报道本身成为一次有效的传播行为——有效的传播是传者、媒介和受众共同协调的结果，失去任何一环均可能使得新闻传播行为成为无效的传播行为。“三贴近”原则的提出就是着眼于新闻报道的源头，思想宣传工作要在“三贴近”取得新的突破，这是党中央对思想宣传工作提出的一项重要要求，即我国的大众传媒基本上把“三贴近”作为改进新闻报道质量的一项重要指导原则。但是，当前大众传媒在将“三贴近”原则贯彻于新闻报道实践过程中尚不到位。这主要表现为相当多的报道还多是以堆砌空洞的数据、铺陈经验、空洞的理论说教、高大全人物的塑造等方式进行的，成为脱离实际、脱离生活、脱离群众的新闻报道。这样的报道方式难以得到受众的认可，多数成为无效的传播。这说明，大众传媒在实践“三贴近”原则时尚有偏差，需要进一步吃透“三贴近”原则的基本内涵，使之真正贯彻到具体的新闻报道实践当中。

贴近实际就是从中国的社会主义初级阶段这一实际出发，回答和解决社会主义建设实践中存在的问题，用事实说话，以理服人。“学写新闻还叫我们会用叙述事实来发表意见。我们往常都会发表有形的意见，新闻却是一种无形的意见。从文字上看去，只要客观地、忠实地叙述他所见所闻的事实。但是因为每个叙述总是根据着一定的观点，接受新闻事实的读者也就会接受叙述中的观点”。①新闻传播者在进行新闻报道时应从事实推导出结论，通过这一件件实实在在的好事引发受众对社会主义核心价值观念的认同，赋予其社会有效性论证，从而消弭受众在社会生活中所面临的、由各种矛盾带来的焦虑和不安全感。

贴近生活就是要求记者深入现实生活，关注生活中的重大问题，以故事性赋予新闻报道以浓重的生活色彩。新闻记者只有深入生活、深入采访对象的心理世界，才能抓住具有表现力和感染力的生活细节，从而使得报道能够以情感人。2005 年江苏电视台关于信访局长张云泉的报道中张云泉下班回家之后和他的孙子谈论恐龙的生活片段就给人留下深刻的印象。而要获得这样的生活片段，记者必须深入被采访者的生活。

贴近群众就是要把握群众的脉搏，了解群众愿望，用群众喜闻乐见的方式写新闻，以个人化作为手段，使新闻报道能够深入人心。为了获得传播效果，新闻传播者必须在受众和新闻报道之间建立一种认同关系，设法使受众将自己视为和新闻报道中的人物一样成为国家政策的受益人——对于受众生活的改善。而由于受众对于新闻的解读态度受到其个人和群体的价值观念的影响，他们在解读过程中倾向于个人化解读，因此，受众很容易受到与自己具有相似经历、面临相似问题的新闻人物的感染，从而唤起相似的体验。比如，在进行重大工程的报道时，要通过群众的现身说法体现出重大工程与人们生活之间的关系，而不能仅仅停留在一些数据的展示上。从整体上来看，落实“三贴近”原则的基本路径就是用事实说服人，用故事吸引人，用情感打动人，用成效鼓动人。

正确理解“坚持正面报道为主的方针”，发挥正面报道的激

① 胡乔木：《人人要学会写新闻》，载《胡乔木谈新闻出版》，人民出版社 1999 年版，第 27~30 页。

励功能，兼顾负面报道的疏导功能，实现新闻舆论的正面引导效应。“坚持正面报道为主的方针”是1989年李瑞环同志在中宣部举办的新闻工作研讨班上提出的。他认为：“坚持这个方针，就是要准确、及时地宣传党的路线、方针、政策，实事求是地反映社会现实生活的主流，让人民群众用创造新生活的业绩教育自己，形成鼓舞人们前进的巨大精神力量。”“一切鼓舞和启迪人们为国家的富强、人民的幸福和社会的进步而奋斗的新闻舆论，都是我们所说的正面，都应当加以报道。”① 中国的大众传媒在“准确、及时地宣传党的路线、方针、政策，实事求是地反映社会现实生活的主流”的方面做得相当到位，基本得到了国家和社会的认同。但是，对于那些负面新闻事件来说，国内的大众传媒要么采取回避的态度，要么采取的报道方式和报道立场有问题，这导致受众对于这些报道缺乏认同性。这反映了大众传媒在理解“坚持正面报道为主的方针”时具有一定的偏差。大众传媒普遍认为“正面报道为主”就是只能报道正面题材的新闻事件，“报喜不报忧”，这导致了大众传媒在一些重大的新闻事件的报道中缺席、不在场。

对于一些看起来具有负面效应的突发事件，大众传媒不能采取回避的态度，而应当面对这些事件，通过国内新闻媒体的报道来设置议程，进而引导社会中产生的各种各样对于该类事件不切实际的、错误的信息和评价，因为回避的态度更多地会让这些错误的信息和谣言在社会中、在民众中蔓延，形成不良的舆论环境，影响到社会的稳定。从这一点上来说，汶川地震的报道就是一个典型的案例。地震发生之后，国内传媒并没有采用固有的回避姿态，而是主动介入，最终通过积极的报道姿态，使得整个国

① 李瑞环：《坚持正面宣传为主的方针》，载《新闻工作文献选编》，新华出版社1990年版，第202、206页。

内的舆论环境得到了较好的控制，形成了全国上下共同关注地震、共同参与抗震救灾的积极行为。

因此，“坚持正面报道为主的方针”并不等于不涉及负面事件，只要报道立场正确，报道方式恰当，负面事件的报道也能形成正面的舆论导向。“将坚持正确导向和提高引导水平两个方面结合起来，才能使对正面题材的报道深入人心，才能使对负面题材的报道体现出正向的认识作用，新闻传播和舆论引导体现出它的有效性”。①

三、加强网络文化建设和管理

网络最大的特点就是交互性、实时性和虚拟性。网络具有高度的自由化和个人化的特征，其言论的发布具有实时性特征，发布言论的主体具有虚拟性，因而，网络的自由准入在某种程度上构建一个自由而开放的言论空间，成为能够比较真实、及时地反映社会舆论的载体。与广播、电视、报纸等传统媒体不同，把关人在网络舆论形成过程中的缺席导致我们无法采用传统的议程设置来控制网络舆论。因此，必须加强网络文化的建设和管理力度，将社会主义核心价值体系贯穿于网络文化当中，正确引导网络舆论，使之为我所用，朝着健康的方向发展。“繁荣是目的，管理是保证。推进文化建设，必须坚持一手抓繁荣、一手抓管理，在发展繁荣的过程中不断改进和创新管理，通过科学有效的管理促进文化发展繁荣……要进一步拓展管理领域，坚持‘积极发展、加强管理、趋利避害、为我所用’的方针，加强网络

① 丁柏铨、丁和根、董秦：《改革开放以来中国共产党新闻思想研究》，新华出版社2006年8月版，第197页。

文化建设，繁荣网络文化”。[1] 这是建设具有中国特色社会主义文化的一项刻不容缓的任务。

以社会主义核心价值体系为核心，建构具有中国特色的网络文化。网络是一个开放的虚拟空间，但是其功能并不虚拟。随着互联网的发展，网民数量的增长，网络文化的负面效应越来越明显。主要表现为：道德观念的淡化、核心文化的弱化、文化心理的失衡、价值观念的倾斜等等。[2] 这些负面效应是与主流价值观念格格不入的，需要对之加以引导。在建设具有中国特色的社会主义文化的大背景之下，以社会主义核心价值体系引领网络中各种社会思潮和社会价值观，使之成为网络文化健康发展的思想基础。也就是要“以马克思主义为指导思想，保证中国特色网络文化的正确方向”，“以共同理想为思想基础，增强中国特色网络文化的感召力”，“以社会主义荣辱观为导向，加强中国特色网络文化的道德建设”，“弘扬民族和时代精神，体现我国网络文化建设的中国特色”。[3]

以加强传统媒体与网络媒体的议程互动为突破口，建设主流网站，发挥其舆论聚散的功能。目前，中国的大众传媒从国家到地方均实现了一定程度的网络化，但是其网络化的水平还停留在低层次水平。传统媒体具有强大的新闻资源，可以产生强大的议程设置效应，因此，传统媒体应当积极地开辟符合自身媒体特点的主流网站，将新闻资源转化为网络资源，实现传统媒体与网络媒体的议程互动，使依托传统媒体建立起来的主流网站成为舆论

① 李长春：《深入学习实践科学发展观　推动社会主义文化大发展大繁荣》，载《求是》2008 年第 22 期，第 3～13 页。

② 谢松明：《用核心价值体系引领中国特色网络文化》，载《怀化学院学报》2007 年第 9 期，第 103～105 页。

③ 谢松明：《用核心价值体系引领中国特色网络文化》，载《怀化学院学报》2007 年第 9 期，第 103～105 页。

的集散空间。针对一些重大的非事件性新闻和一些突发的事件性新闻，主流网站可开办相关的公共论坛，一方面使其成为网民的舆论窗口和情绪宣泄口，另一方面则可以在公共论坛上与网民进行实时性的对话，引导网络舆论向积极健康的方向发展，从而达到引导舆论和整合舆论的目的。在2008年3月的“两会”期间，人民网专门开办了“强国论坛‘两会’专区”，征集网友的议案和提案，同时还在“我有问题问总理”之外特别开辟了“我给总理支一招”栏目，以“凝聚亿万网友之力，为总理分忧，给民生加油”。[①] 新华网也开办了专门的“‘两会’论坛”。其中，“网言说‘两会’”和“网民期盼”两个栏目就网民最为关心的一些话题进行了讨论，使得网民的声音得到了表达。

以法律法规为保障，规范网络文化传播行为。法治是网络管理最为有效的手段，网民是网络文化的主体，也是网络文化的接受者。这使得网络传播行为的规范化成为可能。与现实世界不同，网络的虚拟性带来了用户身份的不可确定性，这给网络执法行为带来了一定难度。因此，实施网络实名制是规范网络传播行为的关键环节，只有这样才能遏制网络侵权行为的发生。同时，应当制定相关的法律法规以规范网站运营商特别是博客托管商的经营行为，使其承担起网络监管的责任。目前网络管理由多个部门共同执行，这部分地造成了部门之间利益分配不均、管理分歧较大、管理力度不足的状况。因此，应当设置独立的网络管理部门，使网络管理的责任明确化。

发挥意见领袖影响力和号召力，积极引导网络舆论。随着以网站为中心的WEB1.0向以人为中心、以博客传播为基础的WEB2.0的转变，互联网中的个性化、去中心化、信息发布的自

① http://bbs1.people.com.cn/postDetail.do?boardId=46&treeView=1&view=2&id=84847850。

由化特征越来越明显，网站之间的交互性传播现象成为 WEB2.0 时代信息的一种重要渠道。这给网络舆论的引导带来了困难，主要表现在博客具有开放性、匿名性、自由流动性等特点，管理的难度极大。因此，我们一方面要倡导博客个体的自律，另一方面更应当发挥具有责任感的作为意见领袖的博客精英的作用，通过他们的影响力和号召力，引导网络舆论向健康的方向发展，从而建立起合乎社会主义核心价值体系的网络文化。

坚持科学发展观 构建民族和谐文化

云南师范大学哲学与政法学院 和 军 毕文胜

一、科学发展观是构建民族和谐的指导思想

我国是一个统一的多民族国家，56 个民族共同奋斗，创造了中华民族辉煌灿烂的历史。由于经济社会发展不平衡，文化发展不同步，对于社会经济、政治和文化的发展，各民族表现出巨大的差距和鲜明的特点。马克思主义关于民族和民族问题的理论认为，民族是人类社会发展到一定历史阶段的产物，有其产生、发展、消亡的过程和规律。民族的诸要素，特别是表现在共同文化上的共同心理素质等，将随着社会经济的发展而变化，民族文化特点将长期存在，民族差别将长期存在。中国共产党制定了一套适合中国国情的、能正确地解决中国民族问题的方针和政策，即民族平等政策、民族团结政策、民族区域自治政策和各民族共同发展繁荣的政策。

中国各民族分布上的特点是大杂居、小聚居，这一特点形成了社会发展上各民族相互依存、共存共荣的局面。没有少数民族的发展，就不可能有中华民族的振兴。社会主义初级阶段党的民族工作的根本任务是，加快少数民族和民族地区经济的发展。中华民族是个大家庭，各族人民亲如兄弟姐妹，民族地区的进步和发展需要各族群众自力更生、艰苦奋斗、开拓进取，也需要经济

发达地区的帮助和社会各方面出力。“汉族离不开少数民族，少数民族离不开汉族，各少数民族之间也相互离不开”。各民族互相合作、互相支持，才能实现共同发展、共同繁荣。

党的十六大和十六届三中全会、十六届四中全会，从全面建设小康社会、开创中国特色社会主义事业新局面的全局出发，明确提出构建社会主义和谐社会的战略任务，作为加强党的执政能力建设的重要内容。党的十六大报告第一次提出将“社会更加和谐”作为重要目标。党的十六届四中全会进一步提出构建社会主义和谐社会的任务。根据胡锦涛同志在十六届四中全会上的有关论述，构建社会主义和谐社会有四个方面的内容：一是要调动一切积极因素，增强全社会的创造活力；二是要协调各方面的利益关系，维护和实现社会公平；三是要营造良好的社会氛围，形成和谐相处的人际环境；四是要加强社会治安和管理，切实维护社会稳定。我们要建设的和谐社会，是民主法治、公平正义、诚信友爱、充满活力、安定有序、人与自然和谐相处的社会。构建社会主义和谐社会，必须坚持以邓小平理论和“三个代表”重要思想为指导，坚持社会主义的基本制度，坚持走中国特色社会主义道路；树立和落实科学发展观，促进社会主义物质文明、政治文明、精神文明建设与和谐社会建设全面发展；以人为本，在经济发展的基础上不断满足人民群众日益增长的物质文化需要，促进人的全面发展；尊重人民群众的创造精神，通过深化改革、创新体制，调动一切积极因素，激发全社会的创造活力；注重社会公平，正确反映和兼顾不同方面群众的利益，正确处理人民内部矛盾和其他社会矛盾，妥善协调各方面的利益关系；正确处理改革发展稳定的关系，使它们相互协调、相互促进，确保社会政治稳定。构建社会主义和谐社会既是日标又是过程，需要经过长期奋斗、不懈努力才能逐步实现。

马克思说："任何真正的哲学都是自己时代的精神上的精华。"① 坚持以人为本，建设和谐社会，既是时代精神的体现，又是建设中国特色社会主义文化的重要保证。马克思主义关于社会发展的思想，一刻也没有忽视人的作用，科学地揭示了人的实践在社会历史发展中推动历史发展进步的作用，发现了社会历史的规律，把目的性与和规律性统一起来，把社会发展的客观性和人类创造历史的主动性统一起来，说明了社会发展是一个自然的历史过程。马克思主义认为："个人的全面性不是想象的或设想的全面性，而是他的现实关系和观念关系的全面性。"②"理论在一个国家实现的程度，总是决定于理论满足这个国家的需要的程度"。③ 中国特色社会主义建设，既不能脱离我们面临的实际，也不能盲目超越，既不能忽视人的作用和提高人的素质目的，又不能超越发展阶段，做目前不可能做到的事情。面对社会经济生活、政治生活、文化生活中出现的困难和问题，要注重以人为本，从社会发展大局出发，在发展中解决发展中出现的困难和问题，力求做到家庭和谐、邻里和谐、同事和谐、社会和谐。

二、构建民族和谐文化是坚持科学发展观的基本要求

坚持科学发展观，构建民族和谐文化，在我国社会发展全局中具有现实意义。

第一，在改革和发展中解决问题，实现社会和谐，必须坚持把发展作为党执政兴国的第一要务。发展，对于全面建设小康社

① 《马克思恩格斯全集》中文2版，第1卷，人民出版社1956年版，第220页。

② 《马克思恩格斯全集》中文1版，第46卷（下），人民出版社1980年版，第36页。

③ 《马克思恩格斯选集》中文2版，第1卷，人民出版社1995年版，第11页。

会、加快推进社会主义现代化，具有决定性意义。要牢牢扭住经济建设这个中心，坚持聚精会神搞建设、一心一意谋发展，不断解放和发展社会生产力。更好实施科教兴国战略、人才强国战略、可持续发展战略，着力把握发展规律，创新发展理念，转变发展方式，破解发展难题，提高发展质量和效益，实现又好又快发展，为发展中国特色社会主义打下坚实基础。努力实现以人为本、全面协调可持续的科学发展，实现各方面事业有机统一、社会成员团结和睦的和谐发展，实现既通过维护世界和平发展自己、又通过自身发展维护世界和平的和平发展。

第二，在社会发展问题上，建构民族和谐文化，就是在民族社会文化发展问题上坚持民族团结、民族平等，各民族文化共同繁荣。我国是一个多民族国家，各民族历史发展既有共同一致的特点，又有各自的特点。全国56个民族中，汉族人口占总人口数的94%，各少数民族人口总数占全国人口数的6%。中国的少数民族聚居地区绝大部分是边疆地区。全国陆地边境线长2.2万公里，民族自治地方占1.9万公里。全国边境县有135个，民族自治地方占107个。中国有30多个少数民族与境外同一民族相邻而居，成为中国对外开放的重要组成部分。在中国的边境地区，由于少数民族分布较多，民族风情独特，拥有丰富的矿产、能源、旅游资源，具有对外开放的基础和优势。随着中国对外开放的进一步扩大，以及与周边国家睦邻友好关系的不断发展，中国政府在“十一五”规划中提出，实施少数民族对外交流合作工程，目的就是要扩大少数民族和民族自治地方的对外开放，加强少数民族地区经济、政治、文化全面协调可持续发展，为各族人民建设和谐社会、开展国际国内文化交流与合作、进行文化借鉴和吸收创造更加有利的条件。中国共有55个少数民族，实行区域自治的有44个少数民族，人口占少数民族总人口的比例超过70%，民族自治地方的面积占全国国土总面积的64%左右。

第三，坚持科学发展观，建构民族和谐文化，是确保资源合理利用、生产力合理布局的重要条件。我国少数民族地区地域辽阔，资源丰富。截至1997年，民族自治地方总面积达616.29万平方公里，占全国总面积的64.2%；草原面积30 000万公顷，占全国草原面积的75%，中国著名的五大天然牧区，都在少数民族地区；森林面积5 648万公顷，占全国的43.9%；林木蓄积量52.49亿立方米，占全国的55.9%；水力资源蕴藏量4.46亿千瓦，占全国总量的65.9%。此外，还有大量的矿藏资源以及丰富的动植物资源和旅游资源。坚持科学发展观，建构民族和谐文化，有利于在我国社会发展问题上充分利用资源，合理安排生产力布局，调整产业结构，扩大社会需求，增强社会经济发展后劲，发挥人民首创精神，保障人民各项权益，走共同富裕道路，促进人的全面发展，实现社会经济可持续发展。社会发展必须坚持发展的整体性、长远性，必须坚持全面协调可持续发展。要按照中国特色社会主义事业总体布局，全面推进经济建设、政治建设、文化建设、社会建设，促进现代化建设各个环节、各个方面相协调，促进生产关系与生产力、上层建筑与经济基础相协调。坚持生产发展、生活富裕、生态良好的文明发展道路，建设资源节约型、环境友好型社会，实现速度和结构质量效益相统一、经济发展与人口资源环境相协调，使人民在良好的生态环境中生产生活，实现经济社会永续发展。

三、社会主义文化建设必须弘扬民族精神和时代精神

坚持科学发展，就是按马克思主义历史唯物主义的要求，选择社会发展的正确路径。历史唯物主义揭示了社会是有机的整体的思想，社会意识对社会存在的相对独立性和反作用的原理。社会意识本质上是社会存在的反映，但是，社会意识一经形成，便

具有相对的独立性。每一种思想文化观念，都有其自身的历史，都会受到自身思想观念传统的影响；同时，思想观念作为社会意识对社会存在的反映，既不完全是直接的，也不完全具有同步性。因此，在建设中国特色社会主义的过程中，文化建设是一个极其重要的方面。从社会意识对社会存在反作用原理的角度看，迫切需要建设中国特色社会主义文化，主要理由是：

首先，我国建设中国特色社会主义是在有几千年封建文化的国度中进行的，封建意识的文化残余影响还没有完全消失。迫切需要建设中国特色社会主义文化，发展社会主义文化，从而不断地丰富人们的精神世界，塑造社会主义新人，抵御封建思想的影响。

其次，我国建设中国特色社会主义是在世界各国政治制度、经济制度、意识形态多元多样的环境中进行的，资本主义意识形态和各种非社会主义的思想冲击着我国的社会意识。在经济全球化条件下，发展社会主义文化，就必须立足于改革开放的实践，着眼于世界文化发展的前沿，继承民族文化的优秀传统，进行文化创新，从而不断增强中国特色社会主义文化的吸引力和感召力。

再次，中国特色社会主义文化建设是中国特色社会主义建设的有机组成部分。中国特色社会主义建设和改革是全新的事业，前进的道路上有各种新情况、新问题，还会遇到各种意想不到的困难和问题，需要大力加强社会主义文化建设，在中国共产党的领导下，在发展社会主义市场经济、社会主义民主政治的同时，建设社会主义先进文化，促进社会主义物质文明、政治文明和精神文明的协调发展。

最后，加强社会主义核心价值体系建设，以毛泽东思想、邓小平理论、“三个代表”重要思想和科学发展观为指导，实现以人为本，统筹兼顾，全面、协调、可持续发展的社会发展战略，充分利用好社会意识中社会主义核心价值观的文化主旋律作用，推动中国特色社会主义建设全面发展。建设中国特色社会主义文化，能够保证社会主义经济建设的正确发展方向，为经济建设的发展提供精神动力、智力支持和思想保证，对社会主义建设有巨大的促进作用。

统筹兼顾促发展，是中国特色社会主义文化建设的必然要求。在民族文化发展上，必须实现我国各民族文化在多元一体的状况下整体发展。社会发展要实现系统平衡、共同推进，就必须坚持统筹兼顾。要正确认识和妥善处理中国特色社会主义事业中的重大关系，统筹城乡发展、区域发展、经济社会发展、人与自然和谐发展、国内发展和对外开放，统筹中央和地方关系，统筹个人利益和集体利益、局部利益和整体利益、当前利益和长远利益，充分调动各方面的积极性。统筹国内国际两个大局，树立世界眼光，加强战略思维，善于从国际形势发展变化中把握发展机遇、应对风险挑战，营造良好的国际环境。既要总揽全局、统筹规划，又要抓住牵动全局的主要工作、事关群众利益的突出问题，着力推进、重点突破。

坚持正确的政治方向，是中国特色社会主义文化建设的基本原则。深入贯彻落实科学发展观，要求我们始终坚持“一个中心、两个基本点”的基本路线。党的基本路线是党和国家的生命线，是实现科学发展的政治保证。以经济建设为中心是兴国之要，是我们党、我们国家兴旺发达和长治久安的根本要求；四项基本原则是立国之本，是我们党、我们国家生存发展的政治基石；改革开放是强国之路，是我们党、我们国家发展进步的活力源泉。所以要坚持把以经济建设为中心同四项基本原则、改革开放这两个基本点统一于发展中国特色社会主义的伟大实践中，任何时候都决不能动摇。

民族精神和时代精神的结合，是中国特色社会主义文化建设的重要内容，也是发展和统领各少数民族文化发展的指导原则之一。党的十六大以来，树立了郑培民、牛玉儒、杨业功、李素芝、许振超、王乐义、任长霞、宋鱼水、张云泉、方永刚等一系列典型人物。这些典型产生于人民群众的实践中，代表人民群众意志和社会前进方向，体现民族精神和时代精神的融合，与人民群众有巨大的亲和力，受到人民群众的爱戴和崇敬，起到了很好的典型示范作用。同时，弘扬长征精神、延安精神、雷锋精神、“两弹一星”精神、女排精神、抗洪救灾精神、抗击非典精神、抗震救灾精神、载人航天精神等构成的民族精神和时代精神，增强民族自信心和民族自豪感。加强爱国主义教育基地建设，积极发展红色旅游，使更多的人受到革命传统和爱国主义教育。“民族精神是一个民族赖以生存和发展的精神支撑。一个民族，没有振奋的精神和高尚的品格，不可能自立于世界民族之林”。[①] 在中国特色社会主义建设中，无论面对多少困难挫折、艰难险阻，中华民族始终高擎民族精神和时代精神的火炬，生生不息，奋发进取，是我们取得社会进步发展的关键。继续推进中国特色社会主义伟大事业，必须弘扬民族精神和时代精神。

坚持用社会主义荣辱观引领风尚，既尊重差异、包容多样，又有力地抵制各种错误和腐朽思想的影响，促进各民族良好的社会风尚与和谐人际关系的形成。在全社会大力倡导社会主义荣辱观，推动全社会形成知荣辱、讲正气、树新风的文明道德风尚；加强形势政策教育，加强和改进未成年人思想道德建设与大学生思想政治教育，形成全社会关心青少年成长的良好环境；贯彻《公民道德建设实施纲要》，设立“公民道德宣传日”，使健康的道德蔚然成风；推出一大批先进典型，为人们树立思想道德的楷

① 党的十六大报告：《全面建设小康社会　开创中国特色社会主义事业新局面》，人民出版社 2002 年版，第 12 页。

模；开展创建文明城市、文明村镇、文明行业等活动，开展文化科技卫生“三下乡”、“百城万店无假货”、“迎奥运、讲文明、树新风”等活动，带动群众性精神文明建设蓬勃开展，提高公民思想道德素质和社会文明程度。

胡锦涛同志在十七大报告中提出“用社会主义荣辱观引领风尚”。分清荣辱，明辨善恶，一个社会才能形成良好道德风尚。必须在全社会大力倡导和弘扬社会主义荣辱观，使之家喻户晓、人人践行，打牢社会主义核心价值体系的基础。“共同的理想和价值取向，是一个国家和民族走向振兴的精神源泉和保证”。一定要大力建设社会主义核心价值体系，增强社会主义意识形态的吸引力和凝聚力，巩固全党全国各族人民团结奋斗的共同思想基础，不断将中国特色社会主义伟大事业推向前进。

自律与他律

——以德治国与依法治国相结合的伦理学解读

云南师范大学社会发展学院　刘化军
西南林学院社科系　郭佩惠

所谓治国，就是指国家运用各种办法去引导、控制和规范社会成员的活动，以便维护社会的稳定并满足社会公众的需要。从伦理学来讲，道德讲求自律，法律讲他律，自律和他律是相互促进、相互加强的，也即说“以德治国”与“依法治国”从来都是结合在一起的。加强自律，人们的道德水平提高，就会自觉地遵纪守法，促进社会的和谐发展，同时也促进法制建设的完善。因此“依法治国”与“以德治国”不仅不矛盾，而且是相互依存、和谐统一的两种重要的治国方略。

江泽民同志指出：“对一个国家的治理来说，法治与德治，从来都是相辅相成、相互促进的。二者缺一不可，也不可偏废。法治属于政治建设，属于政治文明；德治属于思想建设，属于精神文明。二者范畴不同，但其地位和功能都是非常重要的。”“我们在建设有中国特色社会主义、发展社会主义市场经济的过程中，要坚持不懈地加强社会主义法制建设，依法治国，同时也要坚持不懈地加强社会主义道德建设，以德治国。”党的十七大报告指出：“依法治国是社会主义民主政治的基本要求。要坚持科学立法、民主立法，完善中国特色社会主义法律体系。同时要广泛开展思想道德建设，使全社会文明程度进一步提高。”

一、坚持法治与德治相结合治国方略的理论依据

马克思主义认为，法律和道德都是由一定经济关系所决定并为其服务的上层建筑。社会主义法律和道德作为上层建筑都产生于社会主义经济基础之上，是社会主义经济关系的反映，共同为社会主义经济基础服务，都是工人阶级和广大人民意志和利益的体现。它们之间是相辅相成、互相促进的关系。

首先，社会主义法律和社会主义道德在内容上相互吸收。社会主义道德规范是社会主义法律规范的重要来源。党的十四届六中全会决议指出："社会主义道德建设要以为人民服务为核心……在全社会形成团结互助、平等友爱、共同前进的人际关系。"这是对我国社会主义道德主要内容的集中概括，而我国的根本大法——《中华人民共和国宪法》已吸收了这些内容。这就把社会主义道德的主要内容上升为国家的根本大法。不仅如此，许多道德规范通过立法程序已转变为法律规范。我国的宪法、刑法、民法、治安管理法等已对社会公德的主要内容作了吸收。

其次，社会主义法律和社会主义道德在功能上相辅相成。法律的特点是强调强制和他律，道德的特点是强调教育和自律；法律通过运用强制手段着力约束人的行为，道德通过运用教育的手段着力约束人的动机；法律着重要求的是人的外部行为的合法性，单纯的思想不是法律调整的对象，而道德所要求的不仅仅是人的外部行为，它还要求人们行为动机的高尚、善良。对人们行为的"内在"影响是道德发挥作用的特殊机制。动机与行为，教育与强制，是道德和法律的不同功能，但又是相互补充、不可分割的。法律与道德在调整范围方面既有分工，又有协作，而且在一定程度上相互转化。法律调整的一些社会关系，如国家机关的某种职权划分、工作程序、技术规定等，道德是不去调整的。

而道德调整的一些社会关系，如爱情关系、友谊关系等，法律是不去调整的。但法律与道德调整的范围又不是固定不变的。有些问题原来属于法律调整的领域，随着新情况的出现，法律可能不再过问而交由道德调整；而有些原来由道德调整的问题，由于新的需要，则可能进入法律调整的领域。

再次，社会主义法律和社会主义道德在实施中相互支撑。社会主义道德的实施主要依靠社会舆论的力量，法律的实施则主要依靠国家强制力，但两者殊途同归，目标都是促进民族素质的提高和社会文明的进步。一个民族素质的提高，单靠国家推动和单靠社会力量推动都是不够的，只有两者形成合力，共同推动，才最为有效。

二、坚持法治与德治相结合治国方略的历史与现实依据

依法治国和以德治国相结合，是对历史经验的科学总结。翻开史册，“德主刑辅”、“德法相济”等治国方略多有记载。较早提出“德治”的是西周的周公。他主张“明德慎罚”、“敬德保民”。春秋时期，郑国子产强调：“德，国家之基也。”齐国管仲认为，礼义廉耻，国之四维，“四维不张，国乃灭亡”，并进而呼吁统治者要“竞于德”而不“竞于刑”。孔子更把“德”上升到“为政”的高度，特别强调“道之以政，齐之以刑，民免而无耻；道之以德，齐之以礼，有耻且格。”西汉董仲舒提出“天道之大者在阴阳。阳为德，阴为刑；刑主杀而德主生”，主张治国要“大德而小刑”。唐太宗奉行“明刑弼教”，一面推行法治，制定严密、系统的封建法典——唐律；一面推行德治，通过“贞观修礼”，制定一整套封建道德体系，结果成就了“贞观之治”。综观中国古代历史的发展与变革，其统治者几乎都注重德治与法治相结合的治国方略，也只有这样才出现了历史上的盛

世时代。今天，治理社会主义中国，当然也应当借鉴历史上统治者的治国经验，采取依法治国与以德治国的策略。

依法治国和以德治国相结合，是现实社会发展的需要。随着改革开放事业不断向纵深发展，我们的现代化建设不仅要求大力加强民主与法制建设，也要求加强道德建设。我们在纠正和克服人治传统、加强依法治国方面做了大量的工作，取得了巨大的成绩。但在一部分人中间，仍有忽视道德建设的情况。有的人认为市场经济是法制经济，一切可以用法来调节，而道德是软弱的，已经失去了作用；有的人认为守法就是道德，不必另外提出道德问题；甚至有的人认为提倡道德会妨碍经济的发展。这些思想与看法都不利于道德建设，也不利于整个社会的健全发展。事实上，历史与现实都充分说明，市场经济不仅是法制经济，同时也是道德经济。健全的市场经济必须有健全的道德相配合。市场竞争的规则、法制的规范，必须有相应的商业道德、行政道德作为思想基础。没有信用就不会有健全的市场经济，没有大公无私的行政道德也就不会有健全的法制。古人云："法能刑人而不能使人廉，能杀人而不能使人仁。"今天社会主义现代化建设顺利进行，无疑离不开道德建设，只有法制建设与道德建设两者相配合，才能保证我们整个社会和谐健康地发展。

当前，我国正处于由计划经济向社会主义市场经济体制转变的社会转型时期。面对前进过程中必然出现的诸多社会问题，一方面需要建构与社会主义市场经济体制相适应的道德体系，在全社会树立起对善与恶、正义与非正义、公正与偏私、诚实与虚伪、光荣与耻辱的判断标准；另一方面需要建立与社会主义市场经济体制相适应的法律体系，保证司法公正高效，保障公民权利，坚决制止政府机关中存在的滥用权力、权钱交易、违法行政的现象，致力于建设使道德体系与法律体系相配套的体制和机制。老百姓迫切期望有一个更为良好的社会秩序和政府行政体系，这就要既抓法治建设，又抓德治建设，并重在将二者相结合，从而使每个人的社会行为都合情、合理、合法，获得“从心所欲不逾矩”的自由。

中国共产党人选择法治与德治相结合的治国方略，是发展社会主义市场经济的需要。市场机制是一把双刃剑，既能推动社会经济发展，又会自发地产生一些消极、负面的影响。经济成分、分配方式、就业方式和生活方式的多样化，必然导致人们价值取向多样化；人们思想活动的独立性、选择性、多变性、差异性的日益增加，在客观上又为落后的腐朽的文化提供了渗透机会，使社会主义思想道德受到冲击和挑战。商品交换原则是市场经济的客观属性，但这种交换原则的泛化，容易污染党内政治生活和国家机关的政务活动，腐蚀某些意志薄弱者的灵魂，滋生和助长权钱交易、行贿受贿、买官卖官、徇私枉法等腐败行为。市场竞争和物欲驱动，易使某些地方、行业、部门和个人见利忘义，淡化乃至忘却大局意识和集体观念，滋长无政府主义、地方主义、极端个人主义等歪风邪气。屡见不鲜的合同欺诈、违约毁约、骗贷逃贷、坑蒙拐骗等恶劣行径造成了诸多社会公害。某些精神文化产品生产部门拜金主义思想严重，见利忘义，热衷于制造和传播格调低下的文化产品。

要保证社会主义市场经济的健康发展，防止以损害精神文明为代价发展经济，就必须坚持法治与德治相结合，一手抓法制建设，建立与社会主义市场经济体制相适应的法律体系，一手抓道德建设，建立与社会主义市场经济体制相适应的道德体系。要充分发挥“德治”的作用，用道德的力量提高社会成员的思想觉悟，唤起人们的良知、正义感、荣誉感，使之自觉守法，与一切违法犯罪行为作斗争，维护法律的权威性。实践证明，加强“道德法庭”的舆论监督，培养和增强公民的道德观念和行为规范，有利于更好地进行社会主义法治建设。

三、贯彻“依法治国”和“以德治国”相结合的治国方略的具体措施

历史与现实都表明依法治国与以德治国相结合的治国方略是保持社会和谐发展、经济良性运行的有效手段，那么，在当前在实现社会主义现代化、构建社会主义和谐社会的过程中如何做到依法治国与以德治国相结合呢？

第一，要在全社会夯实思想基础，即通过宣传、教育、灌输，在全体公民中树立依法治国、以德治国相结合的思想观念。江泽民同志指出，坚持依法治国，一个重要的任务就是要不断提高广大干部群众的法律意识和法制观念。同理，坚持以德治国也要不断树立先进的道德信念和道德理想。要在思想上和实践中把“依法治国”和“以德治国”紧密结合起来，而不是把两者分割开来，更不应当把它们对立起来。总之，要把两者看做一个完整的治国方略，而不能把“以德治国”变成“依法治国”之外的另一个基本方略。

第二，要健全法制，建立一套与社会主义市场经济相适应、体现人民群众利益和意志的法律体系；建立一套与社会主义市场经济相适应、与社会主义法律规范相协调、与中华民族传统美德相承接的社会主义思想道德体系。法律只有以道德为支撑才有广泛的社会基础，才能得到人民群众的认同和支持、遵守和维护。否则，法律难以有效地发挥作用，道德建设只有以法律为保障，才能获得广阔的发展空间和旺盛的生命力。

第三，要培养公民的理想信念和责任意识。胡锦涛同志在纪念毛泽东同志诞辰110周年座谈会上强调：“要坚持依法治国和以德治国相结合，大力开展理想信念教育，切实加强思想道德建设。”事实证明，理想信念和责任意识具有特殊的引导作用和自律功能。人一

旦树立了正确的理想信念和责任意识，就能够做到“富贵不能淫，贫贱不能移，威武不能屈”，就能严于律己，为社会作出奉献乃至牺牲。这是“以德治国”的关键。无数的中国共产党人正是因为树立了共产主义远大理想和振兴中华的雄心壮志，所以能在民主革命时期，出生入死，义无反顾；在社会主义建设时期，不怕苦累，默默奉献。李大钊、方志敏、夏明翰、张思德、雷锋、焦裕禄、王进喜、邓稼先、孔繁森、郑培民等便是其中的杰出代表。

第四，要充分发挥党的领导作用和各级领导干部的示范作用。依法治国、以德治国，都必须在党的领导下进行。党领导人民制定宪法和法律，依法治理国家；党在人民中倡导和践行社会主义道德，以德治理国家。在推进依法治国和以德治国的进程中，党的各级领导干部始终起着领导者、示范者的作用。其身正，不令而行；其身不正，虽令不从。他们带头遵守宪法和法律，带头遵守社会主义道德，是实施依法治国和以德治国的重要保证。江泽民同志指出：“治国必先治党，治党务必从严。”要坚持依法治国和以德治国相结合，就必须从严治党。各级领导干部都要依法决策，依法行政，以德修身，以德立信。党的各级组织则必须对干部严格要求、严格管理、严格监督，推进反腐倡廉工作，健全机制，用制度管人；领导干部本人要时时处处按照“为民、务实、清廉”的要求，自重、自省、自警、自励，慎微、慎独、慎始、慎终，塑造良好形象，体现人格力量。

综上，作为上层建筑组成部分的法律和道德，都是维护社会稳定、保障经济社会发展的必要条件，二者如车之两轮、鸟之双翼，相辅相成，缺一不可。我们一定要正确认识和把握新形势下法治与德治的辩证关系，充分认识以德治国的重要性，把依法治国和以德治国紧密结合起来，确保经济社会协调发展和全面进步，把依法治国与以德治国相结合统一于建设有中国特色社会主义的伟大实践之中。

对企业社会责任理论研究的综述

云南师范大学社会发展学院　沈　阳

对企业社会责任的研究是一个涉及经济学、公司治理、法学、社会学、伦理学等领域的研究，对其进行理论探索已有近一个世纪的历史。社会责任作为一种思想，它的起源可以追溯到两千多年前的古希腊时代，哈佛大学的爱伯施塔特曾引述亚里士多德的原话来说明现代企业社会责任思想的渊源："在一个治理很好的社会中……公民不能过着匠人或商人的生活，这样的生活毫无高尚可言，并且也有损于人格的完善。"① 在古希腊时代，社会重视社区利益并压制逐利行为，商人迫于社区的压力而采取社会性的行为。

然而，"资本来到人间，从头到脚，每个毛孔都滴着血和肮脏的东西"。马克思的这句名言再好不过地描绘了资本主义原始积累时期的资本与周围关系的严重冲突。资本及经营资本的人，与资本投向的行业、周边环境，特别是与企业的员工之间，长时期存在着血腥的对立和你死我活的斗争。

及至股份公司兴起，所有权与经营权相分离，这种分离的管理模式催生了管理者挑战资本主义自由经济及其所信奉的利润最大化原则，从而产生了现代公司社会责任的思想。1932 年，阿

① 沈洪涛、沈艺峰：《公司社会责任思想起源与演变》，上海人民出版社 2007 年版。

道夫·伯尔勒（Adolf Berle）和戈迪纳·米恩斯（Gardiner Means）出版了《现代公司与私有财产》一书。他们的研究结果表明，1929 年末美国大型公司股票所有权的分散十分显著。在最大的 200 家工业公司中，半数（数量上占 44%，资产价值占 58%）以上公司的股票所有权是如此分散，以至于这些公司的管理被认为是自我控制，而并不真正对任何一个特殊的所有者或其他的利益相关者负责。①

正是在这样的背景下，作为现代意义的企业社会责任起源于美国。20 世纪初期，美国特殊的制度背景使得它比任何其他西方工业国家更为关注企业的社会责任问题，同时，美国经济的工业化过程和现代大公司的出现促进了企业社会责任的兴起与研究。

一、企业社会责任概念梳理

回顾企业社会责任概念的演变，有关企业社会责任概念的观点大致可以分为以下几类。

（一）经济责任说

诺贝尔奖得主密尔顿·弗里德曼（Milton Friedman）认为："没有什么趋势能像公司的经营者接受社会责任，而非尽最大可能为公司赚钱那样，能够从根本上破坏我们自由社会所赖以存在的基础。""公司的社会责任就是为股东们赚钱。"② 著名的管理学大师彼得·杜拉克（Peter Drucker）也认为："企业首要的责

① 李立清、李燕凌：《企业社会责任研究》，人民出版社 2005 年版。

② 刘俊海：《强化公司的社会责任——建立我国现代企业制度的一项重要内容》，载《商事法论集》（第 2 卷），法律出版社 1997 年版。

任就是获取足够的利润以弥补将来的成本，如果这个社会责任没有实现，其他的社会责任也不可能实现。处于经济衰退中的衰退企业不可能成为好邻居、好雇主，或者对社会负责。随着对资本需求的迅速增加，用于非经济目的——尤其是慈善事业——的企业收入盈余不可能增加，它们几乎一定会缩减。"① 基于这种思想，包括我国学者在内的一些学者就认为追求利润是企业的责任，解决问题是政府的责任。如张文魁认为，我国企业相对于跨国企业，规模还很小，盈利还很弱，过分强调承担过多的社会责任会影响企业的发展，影响企业的生存。因此企业的社会责任还是要还原企业的本来面目，即企业做好自己应该做的事就是完成了企业的社会责任。②

（二）慈善责任说

菲利浦·科特勒（Philip Kotler）及南希·李（Nancy Lee）认为，企业社会责任是企业的一种自我承担，通过“自愿”的商业行为及“自愿”地贡献本身资源去改善社区的福祉。社区福祉的解释包含人类的幸福及环境的保护。③ 这种企业“自愿”的承担，本身不是法律所规定，甚或不是公众的要求。而是一种超越道德、法律、一般商业运作或公众期望等的自愿性商业行为。中国学者曹凤月也认为，企业中存在四种责任：经济责任、法律责任、道德责任和社会责任。企业经济责任是为社会提供产品和服务，创造社会财富；法律责任是在法律允许的范围内从事

---

① Drucker, P. *The New Meaning of Corporate Social Responsibility* [J]. Califomia Management Review, 1984, winter.

② 贾存斗、张文魁：《辩证看待中国企业社会责任》，载《中国产业新闻报》2006年5月18日。

③ Philip Koher, Nancy Lee. *Corporate*: *Social Responsibility* [M]. Hoboken, NJ: John Wiley & Sons, 2005. P. 4-10, P. 3.

经营管理销售活动；道德责任是社会对企业的期望，如诚实不欺、信守承诺、为子孙后代负责、爱护环境等；企业社会责任一般理解为慈善责任。①

（三）道德责任说

第一个提出企业社会责任的概念的欧利文·谢尔顿大胆断言，企业社会责任中蕴含的主要因素是道德责任。在一些著名学者和实业界人士眼中，企业社会责任就是企业对社会的道义责任。他们在论及企业社会责任时，经常用的词汇是“企业行动的义务”、“企业利他主义行为”、“公司要有社会良知”、“商人要有更高的道德标准”等等。如我国有学者认为，企业社会责任的实质是一种企业对社会的道义责任，是一种理性而自觉的行为，强制推行只能解决形式问题，解决不了实质问题。②

（四）法律责任说

持法律责任说的学者认为，企业的责任区分为社会责任和道义责任两大类。企业的社会责任是法定的必须承担的责任，其特点是具有法定性和强制性，因而这种责任企业是否真正履行，直接涉及法律问题，所以它属于法制性责任。而道义责任是属于道德性质的责任，具有非法制性和非强制性，是意愿性责任。主要表现形式就是社会捐赠，也就是人们所讲的慈善事业。正因为如此，企业首先必须完成社会责任，在此基础上再去考虑道义

① 曹凤月：《企业社会责任研究中的几个重要问题》，载《中国劳动关系学报》2006年第10期。

② 魏杰：《企业社会责任和道义责任不应混同——关于企业责任问题的思考》，载《光明日报》2005年7月5日。

责任。[1]

如学者常凯通过对工厂守则运动的考察就认为："跨国公司推行工厂守则，并非是由于道义感的驱动或伦理价值的追求，在更直接的意义上，是一种具有商业目的的商业行为。但如果作为一种纯粹的商业行为，企业的社会责任运动便会改变其社会性质，因此，必须确认和强调企业社会责任的法律性质。""企业的社会责任，就其本质和基础而言，主要是指企业对于社会所应承担的法律责任。"[2]

（五）综合社会责任说

1971 年美国经济发展委员会提出了综合企业责任的观点，[3]认为企业社会责任是指企业对社会所负有的经济责任、法律责任、道德责任和慈善（自由决定）责任。他们用三个同心圆来表示这几个责任的关系，最里边的圆表示的是企业的基本经济责任，主要涉及的是生产、人员雇佣等问题，这是企业的根本；第二个圆表示的是法律责任和道德责任，即在承担经济责任过程中，要重视社会标准和社会价值观，不违背风俗习惯、道德和法律；第三个圆表示的是企业为了改善和发展必须关注的道德、法律之外的社会和环境条件，企业对这个责任的履行有着自由决定权，一般这个责任表现为慈善行为。在这个基础上，卡罗尔提出了企业责任的金字塔思想。[4] 认为金字塔的底层是经济责任，因

① 常凯：《论企业社会责任的法律性质》，载《上海师范大学学报》2006 年第 9 期。

② ［法］热罗姆·巴莱、弗郎索瓦丝·德布里：《企业与伦理道德》，天津人民出版社 2006 年版。

③ 马伊里、杨团：《公司与社会利益》，华夏出版社 2002 年版。

④ Bowen H. *Social Responsibilities of the Businessman* [M]. New York Harper, 1953.

为企业必须获利才能生存；第二层是法律责任，因为公司必须遵纪守法；第三层是道德责任，即公司的所有员工有义务公正、公平和正确地行事；第四层金字塔的顶端是慈善责任，它使企业成为一个合格的公民。公司慈善责任是建立在经济责任、法律责任和道德责任基础之上的，只有履行了前三个责任之后才能履行慈善责任。

（六）利益相关责任说

1984 年美国弗吉尼亚大学教授爱德华·弗里曼（Edward Freeman）在其著作《战略管理：利益相关者理论》中指出企业和很多的利益相关者有关，他们“影响而且被公司行动影响”。他将利益相关者定义为：“任何能够影响或被企业达到目标影响的组织或个人。”这些利益相关者分为六种：雇员、股东（所有者）、消费者、供应者、社区和政府。我国学者中持这种观点的人也很多。王茂林认为，企业社会责任是指企业在创造利润、对股东负责的同时，还要承担对员工、社会和环境的责任，包括遵守商业道德、生产安全、职业健康、保护劳动者合法权益等。[①]附会这种观点的学者进一步指出，企业社会责任是指企业在谋求利润最大化的同时所负有的维护和增进社会利益的义务。包括生产安全、职业健康、保护劳动者的合法权益、提供安全的产品和服务、遵守商业道德、支持慈善事业、捐助公益活动、保护自然环境等。其本质是在经济全球化背景下的一种新的企业治理结构。[②]

---

① 王茂林：《构建和谐社会必须强化企业的社会责任》，载《求是》2005 年第 23 期。

② 参见张伟凡《企业社会责任中的多重影响因素浅析》，载《集团经济研究》2006 年第 8 期。

“企业社会责任”（corporate social responsibility 简称 CSR）的正式定义虽经国内外广泛讨论，人们却仍莫衷一是。目前国际上普遍认同企业社会责任理念：企业在创造利润、对股东利益负责的同时，还要承担对员工、对社会和环境的社会责任，包括遵守商业道德、生产安全、职业健康、保护劳动者的合法权益、节约资源等。①

另外，世界银行对企业社会责任的定义是：企业与关键利益相关者的关系、价值观、遵纪守法以及尊重人、社区和环境有关的政策和实践的集合。它是企业为改善利益相关者的生活质量而贡献于可持续发展的一种承诺。

尽管企业社会责任并没有一个单一的定义，但从本质上，企业作为一个经济实体，其“经济人”的角色决定了它必须追求利润，实现企业价值最大化。但是，企业的价值最大化并不等同于利润最大化，而是在实现利润最大化的过程中，取得企业品牌、美誉度、社会形象等的最大化。这就需要企业主动承担相应的社会责任，也即由“经济人”向“社会人”转变。所以，企业所扮演的角色既是一个“经济人”，同时也是一个“社会人”。

二、对企业社会责任的争论

自企业社会责任概念提出以来，企业社会责任就像一把大伞，下面装进了各类思想、概念和技术，同时也装进了各种争论，其争论主要集中在以下方面。

---

① 参见邓健、任文举《企业的社会责任的内涵辨析》，载《商业现代化》2005年第10期。

（一）关于企业有没有社会责任的争论

企业社会责任概念提出伊始，关于企业是否应该承担社会责任的争论就从未停止，不同的学者从不同的认识角度提出了两种截然相反、相互对立的观点。

一种观点：企业唯一的社会责任是获取利润。总的来说，学者们反对企业承担股东责任之外其他社会责任的理由大致可概括为以下几种：

第一，企业社会责任破坏资本主义民主。1970 年 Milton Friedman 就断言“企业社会责任是极具颠覆性的学说，会严重动摇自由社会的根基”。诺贝尔经济学奖获得者哈耶克也认为企业社会责任是有悖于自由的，因为企业参与社会活动的日渐广泛必然导致政府干预的不断强化，而强的政府干预则是自由的损害。[①] 第二，企业社会责任理论是对公司股东地位发出的挑战，会在相当程度上挫伤股东投资的积极性。哈耶克同时指出：“企业唯一的目的是作为出资人的受托者赚取长期利润，如果将资金作为追求长期最大利润之外的用途，就会赋予企业危险的权力。”

第三，企业社会责任的多目标兼顾导致效率低下。著名法经济学家理查德·波斯纳认为，企业承担社会责任有很多危害：一是试图以最低成本为市场生产产品而又想改良社会的经理最终可能一事无成；二是企业社会责任的成本会在很大程度上以提高产品价格的形式由消费者来承担；三是公司承担社会责任会降低股东自己履行社会责任的能力。

与之相对的观点是企业在利润之外还应该承担社会责任。20

---

① Friedman, M: (1970). *The social responsibility of business is to increase its profits*. New York Time Magazine, 13 Sept.

世纪60年代以来，企业与社会的共生互动关系日趋明显，企业社会责任也越来越为更多的学者所关注和接受。彼得·德鲁克在1973年出版《管理：任务、责任、实践》中提出："企业的目的必须在企业本身之外……必须在社会之中，因为工商企业是社会的一种器官。"哈罗德·孔茨认为，公司应当承担的"社会责任就是要认真考虑公司的一举一动对社会的影响"。[①] 除此之外，诺贝尔经济学奖获得者赫伯特·西蒙和现代经济学大宗师的萨缪尔森也是企业社会责任的支持者。营销学之父菲利普·科特勒也是企业社会责任的支持者，他把企业社会责任理论引入营销学，并在1971年和泽尔曼提出了社会营销的概念，为研究企业社会责任开拓了新的视野。

（二）企业社会责任的定义

目前，国际社会通用术语为企业社会责任（简称CSR，也译作公司社会责任）。学术界也采用其他的术语，如社会责任、商业社会责任、企业家社会责任；企业界则比较流行企业公民、公司责任、企业可持续能力等提法。

前述，关于此问题已经谈及，需要补充的是我国关于企业社会责任的内涵也存在很大的争议，主要存在以下两个方面。

第一，关于经济责任是不是企业社会责任的争论。上海交通大学周祖城教授同意卡罗尔的综合责任说，认为企业社会责任是指企业应该承担的，以利益相关者为对象，包含经济责任、法律责任和道德责任在内的一种综合责任。西南政法大学教授卢代富主张把社会责任作为与经济责任相对的概念，认为"所谓企业社会责任，乃指企业在谋求股东利润最大化之外所负有的维护和

① 哈罗德·孔茨、海因茨·韦里克：《管理学》，经济科学出版社1993年3月版。

增进社会公益的义务”。

第二，关于企业社会责任是强制责任还是自愿责任的争议。《中国企业管理年鉴》（1990）定义企业社会责任时指出，企业社会责任的内容极为丰富，既有强制的法律责任，也有自觉的道义责任。著名经济学家魏杰主张企业社会责任和道义责任不应混同，企业社会责任是企业必须承担的责任，其特点是具有法定性和强制性；企业的道义责任是企业的自愿行为，是道德性、意愿性责任。

（三）企业社会责任的构成

在对企业社会责任的内涵进行界定的同时，国外学者们也纷纷开始讨论企业应该承担的社会责任到底有哪些，企业社会责任由哪些内容构成，并提出了自己的观点，归纳起来有六种构成说：即 Carroll 提出的四成分说，企业社会责任包括经济责任、法律责任、道德责任、慈善责任四种责任；John. Elkington（1997）和全球报告倡议（GRI，2002）提出的企业的经济责任、社会责任和环境责任三重底线；以 Freeman 为代表提出的利益相关者责任说；Davis 和 Blomstrom（1971）提出的同心圆责任说，内圈包括经济功能的基本责任，如产品和经济增长。中圈包括改变社会价值和优先权的反映意识以执行经济功能的责任，如环境保护、雇佣，员工联系等。外圈包括新出现的和未确定的责任，与社会发展相关，如贫困问题；欧盟就业与社会事务委员会提出的两个维度说，即内部维度和外部维度；美国经济开发委员会提出的两种性质说，即纯自愿企业社会责任和非自愿企业社会责任。

伴随着对企业社会责任内涵的争议，我国学术界对企业社会责任的构成看法也不一，代表性的观点有：①从内容和性质分，企业社会责任由经济责任、法律责任和道德责任构成；②从范围来分，包括对政府的责任、对雇员的责任、对消费者的责任、对债权人的责任、对环境资源的责任、对社区的责任等利益相关人责任；③从层次上来分，有低层次的社会责任和高层次的社会责任。其中，陈志昂、陆伟（2003）提出的“企业社会责任三角模型”以及陈迅和韩亚琴（2005）的企业社会责任分级模型是对企业社会责任构成进行探索性研究的有益成果。值得一提的是，徐尚昆、杨汝岱（2007）对企业社会责任概念和分类所进行的本土化实证研究，对630位企业总经理的数据进行了分析，对中西方CSR维度进行了对比，得出了中西方共有的CSR维度和中国独有的CSR维度，对构建我国完备的CSR概念体系作出了积极的探索。

试析云南城乡经济社会发展一体化

云南师范大学 薛祖国 薛洁薇

改革开放30年来，云南省农村改革发展取得巨大成就，以家庭承包经营为基础、统分结合的双层经营体制得以确立，农产品市场全面放开，农业税取消，农村综合、集体林权制度、农垦管理体制逐步完善。全省粮食产量增长79%，农业增加值增长28倍，乡镇企业异军突起，劳务经济发展迅速，农村经济结构调整明显加快，特色优势产业不断壮大。农民人均纯收入增长20倍，扶贫开发成效显著，“兴边富民工程”效果突出。但我省是一个集“边疆、民族、山区、贫困”四位一体，城乡二元经济结构十分突出的欠发达省份，贫困人口多，扶贫难度大，农业基础薄弱，农产品加工业发展滞后，农业农村发展资金短缺，农村贫困群体依然庞大，“三农”问题始终是全省经济社会发展中带有长期性、全局性、根本性的问题。党的十七届三中全会把加快形成城乡经济社会一体化新格局，作为推进农村改革发展的根本要求，为破解农业、农村、农民工作的难题指明了根本出路。

一、加快推进云南城乡经济社会发展一体化的紧迫性

农村经济和城市经济应当是相互联系、相互依赖、相互补充、相互促进的。农村的发展离不开城市的辐射和带动，城市的发展也离不开农村的促进和支持。我国是一个农业大国，农业是

国民经济基础产业，农村经济是国民经济重要组成部分，目前占全国人口总数的60%多的农民仍居住农村，因此，党和政府非常重视农业、农村、农民的工作。据农业部的统计，1978年至2007年，中国农民人均纯收入由134元增加到4 140元。其中，2007年，全国农村居民人均纯收入实际增长9.5%，是1985年以来增幅最高的一年。但城乡居民收入比却扩大到3.33:1，绝对差距达到9 646元，也是改革开放以来差距最大的一年。而2007年我省城镇居民人均可支配收入为11 496元，农民人均纯收入仅仅是2 634元，两者之间的比例是4.36比1。我省改革开放30年来农民人均纯收入与全国平均水平差距由0.98:1扩大到0.64:1，城乡居民收入差距由2.5:1扩大到4.4:1；对“三农”投入不足，农村水利、公路、能源建设滞后，三分之二的耕地靠天吃饭，农民饮水难、出行难、用电贵等问题依然存在；农业发展方式还较粗放，传统特征较为明显，小、散、弱、差问题突出；社会事业发展严重不足，边疆民族地区、贫困地区脱贫任务艰巨，农民增收困难；资源开发与环境保护的矛盾加剧，农村土地、劳动力和资金等生产要素大量流向城市；基层政权组织和村民自治制度需要进一步强化，干部队伍素质亟待提高。总之，农业基础仍然薄弱，最需要加强；农村发展仍然滞后，最需要扶持；农民增收仍然困难，最需要加快。“三农”问题的解决仍是最突出的问题，表现为农业效益低和农民收入低、农民负担和乡村债务重、农民增收难和农村富余劳动力转移难。

造成我国城乡二元结构的现况，既有历史的原因，也有现实的原因。新中国建立以后，我国建立了高度集中的计划经济体制，大力推进工业化战略，实行了城乡二元经济和社会发展政策，导致城乡分离现象严重，工农业产品不对等交换，城市和农村居民享受不同等的待遇，城市与农村发展形成巨大反差。改革开放后，随着工业化、信息化、城镇化、市场化、国际化深入发展，随着全面建设小康社会的不断推进，我国农村改革发展面临着许多必须引起高度重视的新情况新问题，面临着许多制约发展的深层次矛盾和突出困难：农业生产经营组织化程度低，农产品市场体系、农业社会化服务体系、国家农业支持保护体系不健全，农业基础依然薄弱，农业发展方式依然粗放，人口资源环境约束增强，农村生产要素外流加剧，城乡居民收入分配差距持续扩大，农村社会事业和公共服务水平较低，一些地方农村基层组织软弱涣散，加强农村民主法制建设、社会管理任务繁重。

由于城乡发展差距过大，不仅使农业是弱质产业、农民是贫困群体、农村为落后地区的格局得以强化，而且以牺牲社会公平为代价，必将破坏城乡协调发展机制，影响经济社会持续、快速、协调、健康发展，最终影响全面小康社会建设与和谐社会的构建。因此，形成城乡经济社会发展一体化的新格局是解决城乡巨大反差、改变城乡二元结构、适应全面建设小康社会新要求的一项紧迫的任务和必然的要求。对于我省来说，加快推进城乡经济社会发展一体化，更关系到要与全国同步进入全面小康社会的奋斗目标能否实现。

二、加快推进云南城乡经济社会发展一体化的有利条件

加快推进城乡一体化发展，既是深入贯彻落实科学发展观的重大举措，也是我省实现科学发展、和谐发展的必然选择。目前我省已基本具备了加速推进城乡一体化发展的条件。

首先，改革开放以来我省经济社会持续发展，为加快推进城乡一体化奠定了坚实基础。据省发改委 2008 年 11 月 24 日提交省十一届人大常委会第六次会议审议的《云南省国民经济和社会发展第十一个五年规划纲要实施情况中期评估报告》透露：至 2008 年年底，云南省实现六个突破，全省生产总值突破 5 000

亿元；财政总收入突破 1 300 亿元；全社会固定投资突破 3 360 亿元；农村居民人均纯收入突破 3 000 元；城镇居民人均可支配收入突破 13 000 元；公路总里程突破 20 万公里。经济综合实力的显著增强，为反哺农业、支持农村，调整城乡关系，加快推进城乡一体化提供有力的支撑。

其次，城乡结构转换加速客观要求加快推进城乡一体化发展。从产业结构看，2007 年全省三次产业结构由上年的 18. 7∶42. 8∶38. 5调整为 18. 4∶43. 2∶38. 4。第一、第二、第三产业进一步融合发展、协调推进，关联度逐步加深。但我省经济发展仍明显存在一产不优、二产不强、三产不快的问题。2007 年，一产比重比全国高 6. 4 个百分点，二产比全国低 5. 3 个百分点，三产比全国低 1. 1 个百分点；从需求结构来看，2007 年，投资需求对 GDP 的贡献率为 51. 3%，消费需求为 50. 6%，净出口需求为 -1. 9%，经济增长仍然主要依靠投资和消费拉动，还没有形成三驾马车协调拉动的格局；从所有制结构来看，2007 年，非公有制经济占 37. 4%，比重过低；2007 年，全省销售收入超过 100 亿元以上的大企业仅有 10 家，大企业数量和实力仍显得不够；2007 年烟草、矿业、电力、旅游、生物资源开发创新五大支柱产业占全省 GDP 的比重不到 40%，支柱产业显得不强。从就业结构看，农村劳动力资源逐渐增长，富余劳动力规模庞大。根据 2007 年人口变动情况抽样调查推算，2007 年末，全省人口为 4 514 万人，农村人口 3 087. 4 万，其中，农村劳动适龄人口（男 16—64 岁，女 16—64 岁，下同）为 2 031. 5 万人，占农村人口的 65. 8%，农村劳动力资源较为丰富。据测算，2007 年，全省农村富余劳动力为 790 万人，比 2000 年增加了 40 万人。从社会结构看，据省统计局综合处提供的资料显示，2005 年末，全省 4 450. 4 万常住人口中有 1 312. 87 万人居住在城镇，城镇化率为 29. 50%。有关分析认为，按加速发展测算，云南城镇化发展水平2010年为36%，2020年为48%，2030年为60%。到2030年以后，云南省城镇化发展将进入强化时期。根据发达国家现代化和城市化发展经验，当城市化水平超过30%时，城市文明开始向农村渗透和传播。从这一点上看，我省推进城乡一体化正是恰逢其时。

再次，各项支农惠农政策的实行，促进了农业发展，为加快推进城乡一体化积累了一定的基础。近年来，我省加大公共财政投入力度，多方筹措资金，提高农村义务教育水平，增加农村基本医疗服务能力，繁荣农村公共文化，建立健全农村社会保障体系。2007年，全省参加农村养老保险的人数为139.66万人，比上年末增加0.41万人；参加新型农村合作医疗的农民为3 100.65万人，参合率达86.14%，比上年提高1.15个百分点。新型农村合作医疗基金累计支出总额为18.64亿元，累计受益6 900万人次。全省享受农村最低生活保障的农民为250.1万人，比上年增加235.3万人。省政府各项强化农业基础的举措，使得农业农村经济持续快速发展，粮食连续5年增产，农民收入持续快速增长，以改善民生为重点的农村社会事业建设取得明显成效，为增强城乡互动、互补、互助能力，加快推进城乡一体化发展创造了良好条件。

最后，全省各地建设新农村的探索实践为加快推进城乡一体化发展提供了可资借鉴的经验。近年来，我省许多地方按照科学发展观要求，结合当地实际，积极探索各具特色的城乡一体化发展路子，取得了明显成效。例如，曲靖市于2005年3月制定了“三村四化”新农村建设的战略目标，在全市农村开展以小康村、文明村、和谐村“三村”为目标，坝区以农村工业化、农业产业化、住房新型化、社会和谐化“四化”为途径，山区以农业产业特色化、道路房屋整洁化、村风民俗文明化、团结互助和谐化“四化”为途径，大力开展社会主义新农村建设。形成了九大特色：领导重视抓部署，深入调研摸家底，立足实际抓规划，发展产业增收入，整合资金增投入，激发热情强内力，夯实基础美环境，强化教育提素质，创建平安构和谐。取得了七大进展：产业富村有了新突破，环境美村有了新改观，科教兴村有了新改善，民主治村有了新发展，合力扶村有了新推进，群众建村有了新拓展，和谐稳村有了新成果。先进典型的示范和引导，为全省推进城乡一体化提供了很好的经验。

三、加快推进城乡一体化发展应着力抓好的几个问题

破除城乡二元结构是一项长期的任务，加快形成城乡经济社会发展一体化新格局是一项艰巨复杂的系统工程，应着力解决如下几个问题。

加快推进城乡产业发展一体化，着力改变农村生产要素与资源配置不合理的状况。统筹谋划城乡三次产业发展，促进城乡产业分工与协作，形成产业分工合理、区域特色鲜明的城乡产业空间布局。统筹推进城乡一、二、三产业发展，形成现代农业、先进制造业和现代服务业协调发展的格局，不断增强经济发展的协调性。鼓励、支持城市资源加工型、劳动密集型产业向农村转移，推动第三产业向农村拓展辐射，积极引导城市商贸、金融、物流等第三产业开拓农村市场，推动农业向二、三产业拓展，不断增强城市对农村发展的带动效应，努力实现城乡产业融合发展、联动发展。

加快推进城乡文明一体化，着力改变农村基本公共服务发展滞后的状况。要建立和完善公共财政体制，加大公共财政向农村基础教育和公共卫生服务等的转移支付力度。推进公共财政向农村倾斜、公共服务向农村覆盖、社会事业向农村延伸、基础设施建设重点向农村转移，逐步建立城乡一体化基础教育体系、科技文化体系、公共医疗卫生体系、社会保障体系。应实现将农村义

务教育的主要责任从农民转移到政府，将政府对农村义务教育承担的责任从以乡镇为主转移到以县市为主。引导城市优质教育资源向农村配置，大幅度提高农村学生以及农村劳动力素质。同时要改革农村教育内容，逐步构建适合农村特点的教育体制。要逐步建立覆盖每一个农民的多层次的农村社会保障体系，确保低收入农民的基本生活保障，同时要建立以家庭养老为主要模式，采取集体补助、政府补贴相结合的新型农村养老保障制度。全面推进新型农村合作医疗，提高农民健康保障水平，并建立农村基本医疗卫生服务网络，让农民得病后看得了病、看得起病。要建立城乡统一的人力资源市场，引导农村富余劳动力有序地从农业转向农村第二和第三产业，转向城市就业，加强对农民工权益的保护，实现农民工在劳动报酬、子女就学、公共卫生、住房等方面与城市居民享有同等待遇，特别是取消城市招工的户籍限制。要坚持把城市和农村作为一个有机整体进行统一布局、统一规划、协调建设。应大力加强农业基础设施建设，加大对农田水利、农业机械化、农业科技创新的支持力度，要增加对农村道路、水、电、通信和垃圾处理设施等方面的建设投入，提高上述设施的质量和服务功能，并与城市相关设施衔接、互补，实现城乡共建、城乡联网、城乡共享。

加快推进城乡市场体系一体化，着力改变农村市场建设落后的状况。农村流通在农村经济发展中具有“先导”作用。进一步搞活农村流通，繁荣农村市场，对于进一步夯实农业基础地位、促进农民增收、扩大农村消费，进而实现农业和农村经济又好又快发展具有重要意义。近年来，随着各项强农惠农政策的逐步落实，农村现代流通网络建设加快，多形式、多渠道的农产品购销体系初步建立，农村市场日趋活跃，农产品交易由过去的传统集市贸易扩展到专业批发、“订单”购销、拍卖和期货交易等现代方式，农产品综合市场、专业市场、电子商务等发展迅速，农村市场主体呈多元化格局，农资经营已形成由供销社农资公司、农资生产企业、个体工商户等多种市场主体、多种流通渠道共同参与的格局。但是，仍存在着农村商业流通设施缺乏；农村资本市场建设严重滞后，金融服务严重缺失；土地流转市场不健全，流转不规范、服务不到位；服务市场无序，服务质量比较低；农村要素市场和商品市场都存在交易成本高、效益低的问题。应进一步建立健全适应现代农业发展要求的大市场、大流通。通过实施财税、信贷、保险等政策，鼓励商贸、邮政等企业在农村发展现代流通业。同时，还要整合资源，共建平台，健全农村信息服务体系。

加快建立科学的政府绩效考评体制和机制，着力改变重城市、轻农村，重工业、轻农业的执政思维定式。农村经济社会发展相对滞后，一个重要原因是对政府的绩效考核体系不科学，看重 GDP 和城市面貌、功能的改善。城市具有资本聚集的功能，对 GDP 的贡献突出，区域面积相对农村较小，市容市貌建设在短期内可以看到显著效果。而农村则反之。要改变政府重城市、轻农村，重工业、轻农业的执政思维定式，必须把农村经济社会发展指标作为对政府的绩效考核的主要内容，引导各级政府把更大的物力、财力和注意力转向农村经济和社会发展，促进城乡经济社会发展一体化。

总之，统筹城乡经济社会发展，是要推进深化改革，努力破除城乡分割的二元体制，充分发展城市在资金、人才、技术、信息等方面的优势，充分挖掘农村地区在生态环境、发展空间等方面的巨大潜力，促进城乡在规划建设、产业发展、市场信息、政策措施、生态环境保护、社会事业发展的一体化。实现城乡在政策上的平等、产业发展上的互补、国民待遇上的一致，让农民享受到与城镇居民同样的文明和实惠，建立社会主义市场经济体制下和谐、平等的城乡经济社会关系，整体推进城市和乡村的现代化。

加强高校学生管理　提高德育工作效能

云南师范大学社会发展学院　张　悦　李秀妮

《中共中央国务院关于进一步加强和改进大学生思想政治教育的意见》指出，在新时期加强和改进大学生思想政治教育是一项重大而紧迫的战略任务。坚持思想政治教育与学校管理相结合的原则，是《中共中央国务院关于进一步加强和改进大学生思想政治教育的意见》中明确指出的加强和改进大学生思想政治教育的基本原则之一。《意见》要求："把思想政治教育融于学校管理之中，建立长效工作机制，使自律与他律、激励与约束有机结合起来，有效地引导大学生的思想和行为。"《意见》还指出，高校要"从严治教，加强管理"、"要建立健全与大学生成长成才相适应的管理制度体系"、"形成教书育人、管理育人、服务育人的良好氛围和工作格局"等，对通过严格和规范管理加强大学生的思想政治教育提出了相应的要求。因此，管理育人是高校加强和改进大学生思想政治教育的重要途径，对大学生的思想政治教育发挥着重要功能。笔者认为，要提高管理育人的质量和水平，增强高校思想政治教育实效，必须继续做好以下几方面的工作。

一、澄清管理育人的认识误区，是做好管理育人工作的前提

高校管理工作者与专任教师不同，他们不是在课堂里对大学

生进行直接的知识传授。但是如果因此就认为高校管理没有育人功能，高校管理工作者对大学生不能发挥育人作用，从而得出高校管理与育人没有关系的结论，那么我们就陷入了一个认识上的误区。

要澄清这一认识上的误区，必须科学地认识高校学生管理工作的特点。

首先，学生思想政治教育强调的是学生思想认识的转变和素质的提高。而学生管理工作是为了贯彻党的教育方针，制定和实施有关规章制度、纪律守则等，以保证学生的学习、生活能够正常运行，促其健康成长，将来自觉遵守公民基本道德规范及国家的法律规范。学生管理工作的重点在于对学生具体行为和活动的规范和引导，帮助学生形成正确的学习、生活方式。

其次，思想政治课是学校德育的主要课程和主渠道，在学校德育工作中居于重要地位。而学生管理主要通过制定、贯彻和实施《高校学生管理规定》以及学校有关学生学习、生活等各方面的规章制度，对学生的思想和行为提出具体要求，帮助学生规范生活、成长成才。

再次，学生的思想政治教育主要是通过课堂教学促使其自主提高认识。而学生管理则主要通过运用组织、检查、协调、总结评比和奖惩等手段以及执行纪律和制度，来对学生进行正确的行为养成导向，促使其自觉接受教育。管理工作突出的是一个“严”字，“严”字当头，强调严密的组织、严明的纪律、严格的要求，奖惩分明，不徇私情。

所以，要充分认识到管理也是教育，是教育的一种特殊形式，管理工作也是一种育人工作。管理工作者的目的可直接产生教育的效果。我们对学生良好习惯的养成教育，就是通过长期推行合理、科学可行的规章制度，使受教育者产生定式心理，从而从不自觉到自觉，从不习惯到习惯，渐渐地使行为取向和管理目标相一致。因此，高校管理工作者在管理育人过程中承担着重要的职责。这就要求广大的高校管理工作者能够从自身工作特性出发，有意识地发挥自己的育人作用，真正避免那种认为大学生的思想政治教育只是专任教师的事情或单纯是思想政治工作者的事情的错误认识，而使自己游离于管理育人的职能之外。

二、理解管理育人的本质内涵，是做好管理育人工作的关键

管理是一个单位生存与发展的永恒主题，实际上也就是各项规章制度在工作中的应用。高校的管理育人是指高校的各管理部门在日常的管理运行过程中通过多种途径对大学生施加规章制度、行为规范、政治素质等方面的影响，使之趋向于学校德育目标的过程。在管理中注重育人，在育人中进行管理。显然，这里所指的“育人”是指对学生进行的思想政治教育，具有明确的方向性。从方法和途径上看，高校管理育人包括间接管理育人与直接管理育人。所谓间接管理育人，是指管理工作者通过严格执行学校的管理制度，营造严谨、规范的育人环境和秩序达到育人的目的。所谓直接管理育人，是指管理工作者在与学生的直接接触中以优良的思想政治品德和人格魅力影响学生，达到育人的目的。德育是知行统一的过程，在这个过程中，必然要有相应的规章制度对学生进行必要的规范和约束。如果没有一套完善的规章制度，单靠思想政治教育，德育的目标是难以实现的。从这个意义上说，管理也是教育，特别是遵纪守法教育和文明习惯的养成教育，要采用有效的手段对各种因素（包括人、财、物、事、时空、信息）实行最佳结合（包括计划、组织、协调、控制等），以达成最大功效。所以管理的日的就是育人，管理是强化教育的必要手段，思想政治教育必须要与学校管理相配合，寓思想政治教育于管理之中。同时，管理中也要体现思想政治教育。

在各项管理工作中，要贯彻对学生的德育要求，具有育人的意识，明确管理部门的德育职责，因此，高校管理工作者要纠正大学生的思想政治教育只是专职教师的事情或单纯是思想政治工作者的事情的认识误区，深刻理解管理育人的本质内涵，从自身工作特点出发，自觉发挥自身的育人作用，不断提高管理水平。

三、提高学校管理者的素质，是做好管理育人工作的人员保障

我们都知道，从管字本身看，它是由“官”和“卒”两个字合并而成，意为官与百姓之间就存在上下之间、管与被管之间的矛盾。有管理就有被管理，这是既相互矛盾、又相互作用的辩证关系。再伸延到后来，把官作为舟把百姓作为水，这就有了“水可以载舟也可以覆舟”之说。因此，我们可以说“管理的本意是为百姓当好家管好人和事，处理和协调人与人、人与事之间的各种关系”。所以，从个人而言，作为一名合格的高校管理者，无论是在哪个岗位，都必须在管理上有作为，有创新，善于学习，善于钻研，加强思想修养。要善待每一个学生，把学生当亲人，用平和的眼光去看待学生的缺点，用敏锐的眼光去发现学生的优点。在日常的管理中，不仅要以身作则，身体力行，而且要学会做人、管人、用人。尤其是高校的学生工作管理者是处在一线教育学生的骨干力量，在管理学生的同时，也可以使自己各方面的素质得到提升，而通过不断地提高自身素质，又可以增强管理水平和管理能力，教育和引导广大学生健康成长。

从学校来说，也要针对高校人才队伍现状，有组织、有计划地对现有管理人员进行培训。组织他们学习高等教育学、心理学、教育心理学、社会学、控制论等学科，让他们把管理经验与管理的理论知识结合起来，在实际工作中运用政治、经济系统管理的某些原理去解决问题。同时，选拔优秀中青年管理人员去攻

读硕士或博士学位，为其以后在高一级的管理岗位上工作打好基础，提高整体管理水平。另外，还可以加强队伍的竞争机制，促进流动性，使人才流动性与稳定性有机结合，人才竞争要能上能下，能进能出，在竞争中吸收人才，在流动中优化队伍，逐步建立一支高素质、高学历、高效益的管理人才队伍。最后，要促进人才职业化、专业化目标的实现。目前，我国高校行政管理与教师管理系统之间没有明显的界限。现行的用人制度使大量的行政岗位由教师担任或兼任，表面上看，人员精简，一专多能，似乎体现了对人才的重视，其实不然，无论从教学角度还是行政管理的角度来看都是失大于得。这种做法分散了教师的精力，使其无法专心教学，一定程度上影响到教学质量，不利于行政管理的专业化，也妨碍行政管理业务水平的提高，不利于对行政人员实施有效的管理。因此，高校应努力建立一支稳定的、职业化、专业化的管理队伍，为管理育人工作做好充分的人员保障。

四、制订和贯彻管理育人规章制度，是做好管理育人工作的保证

高等院校在管理育人的过程中其管理制度是重要的载体，而完善各项规章制度是不可忽视的重要环节。新形势下，要加强和改进高校管理育人工作，有效地避免重教学轻管理、重业务轻政治的倾向，必须对管理育人实施科学管理，制订管理育人规章制度，使管理工作有序化、规范化，保证这项工作的健康发展。管理者在管人管事的过程中必须靠健全和完善的规章制度作为依据，方能进行方方面面的工作。俗话说：没有规矩不成方圆，说的就是这个道理。

现在，在许多高校中，各部门的规章制度都比较健全，有的还比较细致，不仅在公共地方挂着，而且还印成小册子发给每个

师生员工，这在规章制度宣传普及上有较好的效果，但问题是往往有些高校的规章制度从时间上、内容上、实效上等方面来看有很多落后于时代要求、制约着学校发展的老套路和老内容。因此，在当今高校激烈的市场竞争中求生存、谋发展，其内部的规章制度就必须与时俱进，按照培育人才的需求适时地修订完善和创新。只有转变了思想，才能实现管理创新。观念创新，意味着否定旧观念。面对世界急剧变革的经济、政治新态势，高教管理只有不断解放思想、更新观念、摆脱陈规、旧思路，才能完成对自身的超越，才能有自觉创新的动力。因此，必须切实抓住时代机遇，立足国情，放眼世界，学习借鉴国外先进的管理制度、管理方法。制度的建设和完善应大胆借鉴，积极引入市场机制，在尊重规律前提下，实现教育制度与市场结合，建立竞争制度、激励制度、风险机制、监督约束制度，使管理工作更具有科学价值。这样，“管理育人”这个高校整体功能中的重要环节就抓得住、搞得好，学校就能真正体现自身的价值和特色，培育出来的人才就会受到社会的欢迎。

总之，高校思想政治教育工作是加强和改进大学生思想政治教育的主渠道和主阵地，关系到如何培养人、培养什么人的问题，高校应把握学生管理与思想政治教育的辩证关系，深刻理解管理育人的本质内涵，不断提高管理工作者的素质，建立合理的工作机构和科学的规章制度，坚持管理与育人两手并重，不断提高德育工作的效能，推进高校管理工作上新台阶。

参考文献

[1] 刘恒儒：《高校学生教育管理工作现存问题及对策研究》，载《沈阳教育学院学报》2006 年第 1 期。

[2] 王海波：《新形势下做好高校学生教育管理工作的几点思考》，载《当代教育论坛》2007 年第 2 期。

[3] 董友洁:《新形势下高校学生教育管理工作探析》,载《江西教育科研》2007 年第 2 期。

[4] 董世远:《创新高校学生思想政治工作》,载《辽宁教育行政学院学报》2007 年第 9 期。

[5] 窦素琴:《高校学生教育管理工作面临的问题与对策》,载《边疆经济与文化》2007 年第 9 期。

[6] 朱冬梅:《新时期高校学生教育管理工作探析》,载《世纪桥》2007 年第 10 期。

深刻把握和践行科学发展观 发展中国特色社会主义

云南师范大学社会发展学院　魏　宁

改革开放三十年，中国共产党理论创新最重要的成果之一就是提出科学发展观，这是我国经济社会发展的重大战略思想和指导方针。2003 年 10 月在党的十六届三中全会上，中共中央通过了《关于完善社会主义市场经济体制若干问题的决定》，就深化经济体制改革的指导思想和原则指出“坚持以人为本，树立全面、协调、可持续的发展观，促进经济社会和人的全面发展”的科学发展观。党的十七大第一次全面系统、深刻精辟地阐述了其科学内涵和根本要求，并将科学发展观等重大战略思想写入党章，标志着我党对科学发展观的认识进入了新的境界，为我们自觉把握和践行科学发展观指明了方向。

一、科学发展观的提出是发展中国特色社会主义的需要

科学发展观是我党在新世纪新阶段积极推进理论创新和实践创新的产物，是我党对人类社会发展规律、我国社会主义建设规律、我党执政规律认识深化的标志，深刻反映了我党对发展问题的新认识，反映了当代世界和我国的发展变化对党和国家工作的新要求。

（一）科学发展观提出的出发点是社会主义初级阶段基本国情

科学发展观，是立足社会主义初级阶段基本国情，总结我国发展实践，借鉴国外发展经验，适应新的发展要求提出来的。进入新世纪新阶段，我国发展呈现出一系列新的阶段性特征。在新的发展阶段发展中国特色社会主义，必须立足于社会主义初级阶段这个最大的实际，科学地分析我国全面参与经济全球化的新机遇新挑战，全面地认识工业化、信息化、城镇化、市场化、国际化深入发展的新形势新任务，深刻地把握我国发展面临的新课题新矛盾。科学发展观正是在深刻地分析当今世界的发展变化和当代中国正在发生的广泛而深刻的变革的社会历史背景下提出的。

（二）我国发展面临着新课题、新矛盾

改革开放以来，我国经济社会发展取得了飞速的发展，GDP平均每年以9.3%的速度连年增长，它使我国史无前例地保持了持续稳定的高速发展，从而有效地改善和提高了人民群众的生活水平，同时也显著地增强和提高了我国的综合国力和国际竞争能力。然而，由于我国社会主义现代化建设起步晚，又缺乏市场经济运作的经验，尤其缺乏全面系统的科学发展理念，因而我国经济社会发展长期以来采用的是高投入、高消耗（原材料）、高排放（废气、废液、废渣）、低效益，即三高一低的外延式、粗放型发展模式，其后果及负面效应也是有目共睹的。

1. 高消耗、低产出

伴随着工业化、城镇化进程的加快，大量侵占耕地及圈地现象出现，近十年来全国耕地面积已减少了约1亿亩。耕地是农民的命根子，事关国家稳定大局。如果耕地如此继续被占用，势必导致全国粮食危机，同时也断送了数亿农民生存发展的后路，其

严重后果不堪设想。与此同时，我国在经济建设和社会生活中，每年消耗的水泥量约占世界水泥总产量的40%，消耗的铝量约占世界总产量的30%，而目前我国的GDP值却仅占世界GDP总值的约5.0%。我国近年石油消耗连年大幅攀升，石油消耗强度已达0.19，相当于日本的4倍，欧盟的3倍，GDP万元能耗相当于发达国家的3~11倍。尤其当前由于能源消耗过大、过快，已成为制约我国经济建设和社会生活的瓶颈。并且原材料消耗过大，不仅增加了生产成本，降低了效益，而且还加剧了环境污染和生态的严重破坏。

2. 污染加剧，生态劣变

鉴于我国原材料利用率低，尤其是能源消耗浪费严重，因此“三废”排放和堆积特别巨大，目前我国已是世界排放污染物最多的国家之一。七大水系近一半河段严重污染，尤以淮河水系污染最为严重，五类劣质水占50.0%以上。同时全国75.0%以上的湖泊均出现程度不同的污染和富营养化，其中云南昆明的滇池水域便是被污染和富营养化的典型。由于资源性或水质性缺水，全国已有四百多座大中城市供水不足，其中一百多座城市严重缺水。农村目前尚有上亿农牧民饮用水质不达标或缺水严重，因而地方病、传染病屡见不鲜，影响了人民群众的身体健康。

全国大气污染排放量居高不下，城市空气污染普遍较重，大气环境符合国际标准一级的城市不多，达到国际标准二级的城市也仅占三分之一。部分大中城市的空气颗粒物和二氧化碳浓度，超过国际标准的2~5倍，酸雨面积已占国土面积的三分之一，因而城市居民中呼吸系统的发病率居高不下。

至于水土流失、草原沙化、土地荒漠化及连年的水旱灾害等生态劣变现象仍在快速延伸扩展，其直接受害和影响的人口已达四亿多人。据权威部门分析统计，每年由于环境污染和生态破坏所造成的经济损失，约占当年GDP的15.0%。

3. 发展欠协调，分配欠公平

改革开放以来，我国经济迅速发展，取得了举世瞩目的巨大成绩，然而区域发展不协调，农业基础薄弱、农村发展滞后的局面尚未改变，同时民主法制建设与扩大人民民主和经济社会发展的要求还不完全适应，社会发展相对滞后，突出表现在社会收入分配不公，贫富差距越拉越大。近年来全国平均基尼系数已超过0.4，个别地区已达到0.45，这是社会失衡的严重信号；社会公共产品匮乏，社会保障和公共服务体系建设尚未就序，就业、扶贫、医疗、助残及社会保障等任务繁重，致使社会弱势群体处于看不起病、住不起房及子女上不起学的窘态；与此同时，一些地区黑恶势力猖獗，刑事犯罪屡屡发生，社会治安令人担忧。

这些情况表明，经过改革开放以来的不懈努力，我国从生产力到生产关系、从经济基础到上层建筑都发生了意义深远的重大变化，但我国仍处于并将长期处于社会主义初级阶段的基本国情没有变。党中央深刻地总结了我国社会主义建设，尤其是改革开放以来经济社会发展过程中正反两方面的经验教训，立足于当前实际和放眼长远发展的趋势，同时传承和发扬了我国优秀的传统文化，并在吸收了世界人类现代文明进步新成果的基础上，及时准确地总结出了全面建设小康社会、发展中国特色社会主义的科学发展观。

科学发展观的提出是发展中国特色社会主义的需要，只有以人为本、全面协调可持续发展，才能逐步创造出丰富的物质和精神财富，满足人民的物质与精神的需要，促进人的全面发展。

二、科学发展观是马克思主义关于发展的世界观和方法论的集中体现

科学发展观，是对党的三代中央领导集体关于发展的重要思想的继承和发展，是同马克思列宁主义、毛泽东思想、邓小平理论和“三个代表”重要思想既一脉相承又与时俱进的科学理论，是我国经济社会发展的重要指导方针，是发展中国特色社会主义必须坚持和贯彻的重大战略思想。

十七大报告指出：“科学发展观，第一要义是发展，核心是以人为本，基本要求是全面协调可持续，根本方法是统筹兼顾。”并明确了新世纪、新阶段我国“要不要发展，为什么发展和怎样发展”的重大问题，这是我们党执政理念的一次飞跃，是马克思主义关于发展的世界观和方法论的集中体现。

科学发展观核心是以人为本，确定我们的发展必须坚持以人为本，指明了发展的目的，展现了科学发展观的价值指向。坚持“以人为本”的原则是马克思主义唯物史观的根本要求。马克思主义认为，社会历史发展的主体是人，社会历史发展的动力来源于人自身，社会发展的目的是为了实现人的全面而自由的发展。人民群众是社会历史的创造者，任何阶级和个人，只有融入人民群众中并且代表他们的利益，才能成为历史发展的动力。这时的以人为本，就是以人民群众为本，就是承认人民群众的社会历史主体地位，承认国家权力来自人民群众。把以人为本确立为科学发展观的核心，反映了社会主义制度的本质特征。坚持以人为本是我国经济社会发展的出发点和落脚点。坚持以人为本，保障和促进人民群众生存和发展的基本权利，不断提高人民的物质精神生活水平和综合素质，是社会主义制度优越性的重要体现。全心全意为人民服务是党的根本宗旨，要始终把实现好、维护好、发

展好最广大人民的根本利益作为党和国家一切工作的出发点和落脚点，尊重人民的主体地位，发挥人民的首创精神，保障人民的各项权益，走共同富裕道路，促进人的全面发展，做到发展为了人民、发展依靠人民、发展成果由人民共享。我们党员干部只有树立了以人为本的思想观念，并落实于工作实践中，才能进一步激发广大群众共同建设社会主义的积极性，形成人与人、人与社会、群众与政府间的互相理解、互相支持、政通人和的大好局面，全面实现社会和谐发展。

科学发展观基本要求是全面协调可持续发展。社会是由相互依赖、相互制约、相互促进的各个方面和环节构成的有机体，发展是社会各个层面、环节的整体有机的推进。因此，发展首要的是发展社会生产力，但同时必须全面推进经济、政治、文化、社会建设，实现经济发展和社会全面进步。把全面协调可持续发展作为科学发展观的基本要求，反映了中国特色社会主义事业总体布局的需要和实现经济社会永续发展的客观规律。尤其当前由于“三高一低”粗放发展模式并没有得到根本转变，更需要强调全面协调发展，从而保证经济建设有序进行；经济建设与社会发展必须同步进行，同时兼顾不可偏废，遇有矛盾偏差即应及时调整，保持经济社会全面协调发展；经济建设与社会发展指标均要从实际出发，立足当前，放眼长远。我们要统筹城乡发展，统筹区域发展，统筹经济社会发展，统筹人与自然的和谐和发展，统筹国内发展和对外开放，统筹中央和地方关系，统筹个人利益和集体利益、局部利益和整体利益、当前利益和长远利益，充分调动各方面积极性。推进生产力和生产关系、经济基础和上层建筑相协调，推进经济、政治、文化建设的各个环节、各个方面相协调。坚持生产发展、生活富裕、生态良好的文明发展道路，建设资源节约型、环境友好型社会，实现速度和结构质量效益相统一、经济发展与人口资源环境相协调，使人民能在良好的生态环境中生产生活，实现经济社会的永续发展。

三、学习和践行科学发展观，发展中国特色社会主义

科学发展观为我们解决复杂的国际国内矛盾、应对各种风险和挑战提供了强大的理论武器。只有认真学习、深刻领会，才能把科学发展观的思想贯彻到经济社会发展的各个领域中去，发展中国特色社会主义。

（一）用科学发展观武装自己

科学发展观为我们观察、分析、解决现阶段中国经济社会发展问题提供了科学的世界观和方法论。科学发展观坚持和运用辩证唯物主义和历史唯物主义的基本原理，在全面把握我国经济社会发展的阶段性特征的基础上，深刻地揭示了我国经济社会发展的客观规律，为我们辩证地认识和处理与发展相联系的各方面重大关系，更好地妥善处理当前我国经济社会发展中各方面的突出矛盾、协调好各种利益关系，实现全面、协调、可持续的发展，提供了必须遵循的基本原则、重要思路和现实途径。

我们要全面把握科学发展观的科学内涵和精神实质，才能增强贯彻落实科学发展观的自觉性和坚定性。要转变不适应不符合科学发展观的思想观念，着力解决影响和制约科学发展的突出问题，把全社会的发展积极性引导到科学发展上来，把科学发展观贯彻落实到经济社会发展各个方面。

（二）总结交流，取长补短

当前阻碍或影响可持续发展的主要矛盾是“三高一低”的粗放型经济发展模式，为此，必须树立科学发展观的理念，逐步建立节约型社会，走全面节约的道路。使经济社会全面发展，资

源得到合理重复利用，把“三废”排放进行净化处理与其环境保持协调起来，逐步建立循环经济，以集约型经济的发展模式取代“三高一低”的粗放型经济发展模式。与此同时，进一步优化产业结构，把经济增长速度和效益、生产数量与产品质量有机地统一起来。在此，我们不仅要关注经济发展指标和资源消耗指标及环境指标的优化发展，而且要十分关注社会发展指标、人文指标、“三农”问题及基尼系数变化等情况，因为它们关系到经济社会的可持续发展。

虽然在总体上我国的经济建设基本上采用“三高一低”的粗放型发展模式，但仍有不少先进企业的经营领导者具有科学发展的理念和能力，把企业的经营管理搞得井井有条，其产品早已打入国际市场，初步形成了“三低一高”（即低投入、低消耗、低排放、高效益）的运行模式，在激烈的市场竞争中脱颖而出。另据《新民周刊》报道，2002 年我国民营经济仅使用了约 20% 的资源，却创造出 60% 的产出，而国有经济使用了 80% 的资源，却只创造了 40% 的产出。这值得我们认真总结交流，各企业之间要互相取长补短，共同推进经济发展。

（三）经济社会务必同步发展

鉴于社会发展相对滞后，人民群众普遍关心的是就业、就医、扶贫、子女上学、社会保障、收入分配、环境保护及社会治安等社会热点问题。实现社会公平正义，是发展中国特色社会主义的重大任务。践行科学发展观，就要按照民主法治、公平正义、诚信友爱、充满活力、安定有序、人与自然和谐相处的总要求和共同建设、共同享有的原则，着力解决人民最关心、最直接、最现实的利益问题，加大宏观调控力度，组织协调，多层次多渠道地逐步解决上述问题。当前突出的是整顿好社会秩序和环境，要出重拳打击黑恶势力及各类刑事犯罪分子，保一方平安，使人民群众过上安稳的生活，促进经济社会全面发展，构建和谐社会。

（四）节约资源，循环经济

践行科学发展观的重要内涵是建设资源节约型、环境友好型社会，把节约资源作为基本国策，大力发展循环经济。由于我国是一个人口众多的发展中大国，无论生产和生活对资源消耗浪费都很大，因此，从现在起全国人民就要把节约资源当成基本国策的大事来办。第一，抓住资源开采环节，大搞综合开发和回收利用；第二，要抓住资源利用环节，千方百计提高资源利用率；第三，对废弃物产生环节，应开发它的综合利用潜能；第四，在再生资源环节，要加强回收和循环利用各种废旧资源；第五，对社会消费环节，要大力提倡绿色消费和留有余地的节约消费，继承和发扬我国惜物节约的民族传统美德，树立科学文明节约的新风尚。

（五）强化监管，有奖有罚

在贯彻落实科学发展观过程中，亦应强化监管，有奖有罚。对那些在实际工作中认真学习，自觉践行科学发展观，并做出显著成绩的各级领导或工作人员，应及时给予精神或物质的表彰和奖励；对那些仍然采取阳奉阴违的手法，搞官僚主义、地方保护主义，以及大搞劳民伤财的所谓政绩工程、形象工程及重复建设工程等，或由于瞎指挥造成重大事故或严重损失浪费者，以及借机进行权钱交易、贪污受贿者，必须依法治罪。

四、结 语

有什么样的发展观，就会有什么样的发展道路、发展模式和发展战略。面向未来，我们还面临着大量亟待解决的问题。我们要不断从理论与实践的结合上创造性地研究新情况、解决新问题，推动科学发展观理论体系的丰富和完善，不断推进经济社会又好又快地发展，发展中国特色社会主义。

文化建设在中国特色社会主义建设总体布局中的地位

云南师范大学哲学与政法学院　陈　路
云南警官学院马列社科部　罗　芸

中国特色社会主义文化建设是中国现代化发展的有机组成部分，中国现代化发展的关键与目标是实现经济、政治、社会和人的全面发展，缺一不可。列宁说："马克思和恩格斯称之为辩证方法（它与形而上学方法相反）的，不是别的，正是社会学中的科学方法，这个方法把社会看作处在不断发展中的活的机体。"[①] 文化是经济、政治、社会的反映，又对经济、政治、社会建设有着重要的影响作用，只有大力发展社会主义先进文化，才能为经济、政治、社会建设提供有力的精神支撑。中国特色社会主义文化建设与经济建设、政治建设、社会建设和人的全面发展是辩证统一的关系。一方面，文化建设是经济建设、政治建设、社会建设和人的全面发展的内在规定的思想精神内容，规定和体现着中国特色社会主义经济建设、政治建设、社会建设和人的全面发展的思想意识方向。在社会发展进程中，文化建设规定和体现着中国特色社会主义现代化建设的经济、政治、社会和人的全面发展的价值目标，对于经济社会发展进程以及各个方面的发展起着统揽全局的作用。另一方面，中国特色社会主义的经济

① 《列宁全集》第2版，第1卷，人民出版社1984年版，第135页。

建设、政治建设、社会建设和人的全面发展又为中国特色社会主义的文化建设提供了坚实可靠的政治、经济、社会和人的素质等诸方面、全方位的基础条件，为创造先进文化提供了必要的保证。

一、文化建设是经济建设的内在要求

中国现代化发展的关键与目标是实现经济、政治、社会、文化和人的全面发展，中国特色社会主义文化建设与经济建设的关系是：文化建设为经济建设提供有力的精神动力和智力支撑，文化建设是对经济建设的反映，对经济建设起着重要的导向影响作用。只有大力发展社会主义先进文化，才能为经济建设提供强有力的精神支撑，创造出发展经济的新视野，确立新观念、新意识，树立经济发展的价值目标，设立经济发展的思想文化氛围和规范。但是正如马克思指出："不是人们的意识决定人们的存在，相反，是人们的社会存在决定人们的意识。"① 经济建设是社会发展和文化发展的基础，经济建设为文化建设提供坚实的物质基础和条件，促进着文化的发展。必须坚定不移地以经济建设为中心，大力发展社会主义社会的生产力，为文化建设提供坚实雄厚的物质基础。

中国特色社会主义现代化进程是世界现代化历史进程的一个重要的组成部分。中国的发展离不开世界，世界的发展也离不开中国。"坚持以人为本，树立全面、协调、可持续的发展观，促进经济社会和人的全面发展。"② 党的十七大在总结中国社会主

---

① 《马克思恩格斯选集》第2版，第2卷，人民出版社1984年版，第32页。

② 《中共中央关于完善社会主义市场经济体制若干问题的决定》，2003年10月14日中国共产党第十六届中央委员会第三次全体会议通过。

义建设的基本经验的基础上，分析了世界各国建设现代化历程中的得失，提出了科学发展观，进一步强调中国现代化发展的内涵与要求是全面协调可持续发展。科学发展观的第一要义是发展，核心是以人为本，基本要求是全面协调可持续发展，根本方法是统筹兼顾。科学发展观是对经济社会发展一般规律认识的深化，是指导发展的世界观方法论的集中体现，是推进社会主义经济建设、政治建设、文化建设、社会建设全面发展的指导方针，必须贯穿于全面建设小康社会和社会主义现代化建设的全过程。科学发展观在深刻总结国内外发展的经验教训、积极吸收世界各国文明发展理念的基础上，明确地把全面协调可持续发展作为我国经济社会发展必须遵循的准则。全面发展，着重强调经济、政治、文化、社会各方面发展统筹兼顾；协调发展，着重强调人与社会、人与人、人与自然以及各种社会组织之间的协调和谐；可持续发展，着重强调发展不仅要满足当代人的利益需求，而且要为后代人的发展创造广阔空间和有利条件。只有统筹经济、政治、文化、社会各方面发展，兼顾各方利益和需求，才能有效地推进经济社会发展。在现阶段，统筹兼顾，就是要统筹城乡发展、统筹区域发展、统筹经济社会发展、统筹人与自然和谐发展、统筹国内发展和对外开放。这三方面之间既各有侧重，又相互联系。要坚定不移地用科学发展观统领经济社会发展全局，促进国民经济持续快速协调健康发展和社会全面进步，坚持以人为本，转变发展观念，创新发展模式，提高发展质量，把经济社会发展切实转入全面协调可持续发展的轨道。

深入贯彻落实科学发展观，要求我们始终坚持“一个中心、两个基本点”的基本路线。党的基本路线是党和国家的生命线，是实现科学发展的政治保证。以经济建设为中心是兴国之要，是我们党、我们国家兴旺发达和长治久安的根本要求；四项基本原则是立国之本，是我们党、我们国家生存发展的政治基石；改革开放是强国之路，是我们党、我们国家发展进步的活力源泉。要坚持把以经济建设为中心同四项基本原则、改革开放这两个基本点统一于发展中国特色社会主义的伟大实践中，任何时候都决不能动摇。

中国特色社会主义现代化建设是一个有机的整体，文化建设是中国特色社会主义现代化建设的重要内容。目前，在经济全球化和各种思想文化思潮相互激荡的情形下，在和平发展的进程中，我们不仅要发展自己的硬实力，也要发展自己的软实力。发展软实力既可以增强内部凝聚力，形成强大的文化认同感，也可以缓解外界对我们的硬实力发展的不利反应，为硬实力的发展创造良好的条件，同时，软实力本身也是综合国力和影响力的重要组成部分。

发展中国特色社会主义经济，是为文化建设提供必要的物质基础的前提。事实上，文化建设的要求本身也是经济发展的内在要求在思想文化上的体现。中国改革开放的社会主义经济建设已经取得了举世瞩目的成就，国家经济的大发展，对文化建设提出了更新、更高的要求，也为文化建设提供了更多更广的物质平台。近年来，我国文艺、影视等开展的交流，扩大和提升了中国文化的影响力，提高了中国的国际地位。在国内，一大批丰富多彩的文艺形式出现在社区、厂矿、机关；农村村村通电视工程、城市数字电视网络、大学数字图书馆等依托新兴科技的文化事业发展突飞猛进；文化产业正在成为国民经济中的新生力量。在经济发展的基础上，以丰富多样、灵活新颖的文化形式，落实科学发展的文化发展理念，破解发展难题，进一步解放和发展文化生产力，努力满足人民群众日益增长的精神文化需求，积极推动文化资源向基层和农村倾斜，形成城乡、区域文化协调发展的生动局面；坚持以建设社会主义核心价值体系，尊重差异、包容多样，不断巩固全党全国各族人民团结奋斗的共同思想基础；坚持加强和改善党对文化工作的领导，为推动文化大发展、大繁荣提供坚强保证。

二、文化建设是政治建设的价值体现

社会上层建筑的两大部分内容——政治上层建筑和思想上层建筑——对社会发展各有不同的作用。中国特色社会主义文化建设与政治建设的互补共进、相互渗透的辩证关系，一方面要求在政治建设中树立文化对社会政治发展的价值导向和目标，明确中国现代化发展的本质、要求与目标。要注重在多种文化的共生并存、相互融合的发展态势下，坚定地树立思想理论旗帜。另一方面，中国特色社会主义政治建设在深刻总结国内外发展的经验教训、积极吸收世界各国政治建设的经验和中国共产党政治建设发展理念的基础上，稳步推进，为文化建设提供坚实的政治基础和政治保证。

我国社会现代化的发展进程是在对外开放、对内改革的情况下进行的，是在世界政治多元化和坚持中国特色社会主义道路、坚持四项基本原则的条件下进行的，因此，中国特色社会主义建设中，各种思想文化的交融与冲突不可避免。要处理好多元文化与主流文化的关系，建设好中国特色社会主义主流文化，加强社会主义核心价值体系建设，唱响主旋律，必须坚持马克思主义理论的指导地位，弘扬社会主义的先进价值观，倡导以人为本、为人民服务的宗旨。社会主义核心价值体系是社会主义意识形态的本质体现。胡锦涛指出："建设社会主义核心价值体系，增强社会主义意识形态的吸引力和凝聚力。"① 一个民族如果没有优秀

① 胡锦涛：《高举中国特色社会主义伟大旗帜　为夺取全面建设小康社会新胜利而奋斗》，2007 年 10 月 15 日。

的精神品格，就不可能屹立于世界先进民族之林。用科学发展观引领中国各民族文化建设，是我国各民族历史发展和现实状况的客观要求。建设社会主义核心价值体系，树立在全社会得到广泛认同的精神旗帜，激发全体人民共同奋斗的精神力量。同时，要注重不同文化的交流融合，坚持毛泽东同志提出和倡导的“百花齐放、百家争鸣”和“古为今用、洋为中用”的方针。要有分析、有批判地对待中国的文化遗产，对待一切民族、一切国家的文化，不能盲目照搬，机械套用。

积极发展社会主义民主政治，建设社会主义政治文明，为文化建设提供坚强的政治保证。1844 年，马克思在《关于现代国家的著作的计划草案》中，使用了“政治文明”这一概念，并把“政治文明”同“集权制”相对立。从社会结构看，政治文明是相对物质文明和精神文明而言的，社会主义政治文明是相对社会主义物质文明和精神文明而言的。人民民主是社会主义政治文明的核心。发展社会主义民主政治是我们党始终不渝的奋斗目标。改革开放以来，我们积极稳妥地推进政治体制改革，使我国社会主义民主政治展现出旺盛的生命力。我国政治体制改革必须提高人民的政治参与积极性，坚持中国特色社会主义政治发展道路，坚持党的领导，坚持人民当家做主，坚持依法治国，完善人民代表大会制度，坚持中国共产党领导的多党合作和政治协商制度，坚持民族区域自治制度，完善基层群众自治制度，推进社会主义政治制度的自我完善和发展。

深化政治体制改革，坚持正确的政治方向，保证人民当家做主，增强党和国家活力，调动人民积极性，扩大社会主义民主，建设社会主义法治国家，发展社会主义政治文明，要坚持党总揽全局、协调各方的核心作用，提高党科学执政、民主执政、依法执政的水平。要坚持国家一切权力属于人民，从各个层次、各个领域扩大公民有序的政治参与，最广泛地动员和组织人民依法管理国家事务和社会事务，管理经济和文化事业。要坚持依法治国，树立社会主义法治理念，实现国家各项工作法制化，保障公民合法权益，坚持社会主义政治制度的优势，推进社会主义民主政治的制度化、规范化和程序化，为党和国家长治久安提供政治和法制保障。

当前，加强中国特色社会主义政治建设，主要是必须在中国特色社会主义政治建设的内容上下大力气，进一步完善我国的根本政治制度、人民代表大会制度，坚持中国共产党与民主党派“长期共存、互相监督”的方针，搞好民族区域自治制度建设，加强党的建设。

三、文化建设是社会建设的精神实力

从文化建设与社会建设的关系来说，文化建设是社会建设的重要思想力量，起着推动或阻滞社会建设的作用；社会建设是基础，思想文化反映的内容离不开社会建设的成果，思想文化的发展不能缺少社会建设的支撑。文化建设与社会建设是互补共荣的辩证关系。

中国特色社会主义现代化建设必须加快推进以改善民生为重点的社会建设。社会发展是一个有机的整体。马克思主义认为，“社会生活在本质上是实践的”。①中国特色社会主义现代化建设，不仅需要经济、政治的大发展，也需要社会建设和文化建设共进互动的和谐局面。党的十六大提出建设和谐社会的目标，党的十七大把社会建设的内容概括为六个主要方面，即：优先发展教育，建设人力资源强国。实施扩大就业的发展战略，促进以创业带动就业。深化收入分配制度改革，增加城乡居民收入。加快

①《马克思恩格斯选集》第1卷，人民出版社1995年版，第60页。

建立覆盖城乡居民的社会保障体系，保障人民基本生活。建立基本医疗卫生制度，提高全民健康水平。完善社会管理，维护社会安定团结。社会主义和谐社会要求调动一切积极因素来增强全社会的创造活力；协调各方面的利益关系来维护社会公平；营造良好的社会氛围来形成良好的人际环境；加强民主法治建设来维护社会稳定；处理好人与自然的关系来保证可持续的发展。当前，我国社会建设已进入一个新的阶段，经济体制深刻变革，社会结构深刻变动，利益格局深刻调整，思想观念深刻变化。社会的生产方式、生活方式、利益诉求、价值取向出现多样化趋势。不同区域之间、行业之间、阶层之间、代际之间的差异和矛盾日益明显。这种空前的社会变革，给社会发展进步带来巨大活力的同时，也带来了各种各样的矛盾和问题。在这种情况下，建设社会主义和谐社会，消解不同群体之间在利益分配中可能形成的分化与对立，确立全社会的公正与公平，已经成为推动我国经济、政治、文化、社会的科学和谐发展，实现安定团结和社会和睦的内在要求。可以说，社会建设事关国家战略。面对日趋激烈的国际竞争环境和我国社会主义现代化建设的艰巨任务，只有推进社会建设，才能构筑起和谐社会的思想根基，才能形成建设和谐社会的实践追求，才能为文化建设奠定社会和谐的基础和氛围。

文化建设为构建社会主义和谐社会提供强大的精神动力和价值指向。实践证明，社会建设的各方面，无论是经济社会的协调发展，还是人与自然的和谐相处，乃至于人与人的团结和睦和人自身的心理和谐，都离不开文化建设的支撑。在改革开放的历史语境中，确立一种全社会主流的文化理念，实现对中国文化精神的集体认同，是推动我国经济、政治、文化、社会的科学和谐发展，形成良好的人际关系，促进人的心理和谐，实现人民团结和社会和睦的内在要求。面对日趋激烈的国际竞争环境，实现我国社会主义现代化建设的艰巨任务，必须以多种方式推进文化建设，构筑社会和谐的思想根基，形成建设和谐社会的认识和实践，形成人们解决社会矛盾的新认识和处理社会关系的新方法，全面提高全民族的凝聚力和创造能力。

和谐社会的文化建设，以崇尚和谐、追求和谐为价值取向。中国特色社会主义文化建设体现在思想观念、价值体系、思维方式、行为规范、社会风尚、制度体制等形式上。构建中国特色社会主义文化要在马克思主义指导下，在继承中华民族传统思想文化精髓的同时，汲取当代人类文明的成果，建立与中国特色社会主义发展的要求相适应的新型社会文化。在社会主义市场经济基础上完成国家理念的文化构建，并使之成为国家灵魂和强有力的精神支柱，成为国家竞争力的最核心部分。

建设社会主义核心价值体系是中国特色社会主义文化建设的根本任务。社会主义核心价值体系包括马克思主义指导思想、中国特色社会主义共同理想、以爱国主义为核心的民族精神、以改革创新为核心的时代精神，以及以“八荣八耻”为主要内容的社会主义荣辱观。与此同时，培育文明道德风尚，营造良好的思想舆论氛围，丰富社会文化生活，也是中国特色社会主义文化建设的重要任务。

社会主义核心价值体系在中国特色社会主义文化建设中处于中心地位，具有主导作用。它不仅左右着人们在政治、社会、伦理、审美、历史领域对于是非、善恶、美丑、正邪的基本判断，而且集中体现了人们关于个人、家庭、国家乃至人类社会的崇高理想；不仅体现了中国特色社会主义文化建设的本质属性及自身发展的内在要求，而且承载着为中华民族的和平发展提供精神动力、智力支持和思想保证的任务。所以，社会主义核心价值体系是中国特色社会主义文化建设的根本和方向。中国特色社会主义文化建设的内容不仅与人们的世界观、人生观、价值观密切相关，而且成为引导人们的生活信念、道德规范、思维方式和生活方式的重要价值源泉。在社会发展中，这种以主流意识形态为核心的价值追求不断被总结、提升，并得以传承、发展，引领着社会前行，成为社会建设的动力。

四、文化建设是人的全面发展的本质展开

实现人的全面发展是社会发展的根本目的。《共产党宣言》指出："代替那存在着阶级和阶级对立的资产阶级旧社会的，将是这样一个联合体，在那里，每个人的自由发展是一切人的自由发展的条件。"[①] 中国特色社会主义文化建设与人的全面发展是社会发展中同一问题的两个不同又密切联系的方面。一方面，就中国特色社会主义文化建设独立于具体的、历史的人来说，起着提升人的思想观念、价值追求、行为方式、生活目标的作用；另一方面，社会历史运动过程是有人的实践活动参与或推动的，人总是具有一定文化素质，在既定的文化条件下创造自己的历史。因此，文化就是"人化"。中国特色社会主义文化建设的目标是建设先进文化，提高人的素质，扩大人类的实践领域，推动社会进步和人的全面发展。但是，这种创造活动是人的活动，与人当下的素质密不可分，受到参与实践活动的人制约。在这个意义上，中国特色社会主义文化建设与人的全面发展的关系是互为前提、相互制约的关系。

加强中国特色社会主义文化建设，创造人的全面发展的社会环境和氛围，实现社会进步与人的素质的提高，是中国特色社会主义现代化建设的重要内容。社会是由一个个的人组成的。马克思主义在从"现实的人"来阐述人的本质问题的同时，强调自由发展的个人是共产主义自由联合体的前提和基础，只有每个社

① 《马克思恩格斯选集》第4卷，人民出版社1995年版，第730页。

会成员的积极性都能得到充分的发挥，每个社会成员的潜能都能得到有效的释放，全社会各种积极性与创造力才能得到最大限度的激发，并通过每个人的自由创造达到社会的普遍繁荣与福祉。中国现代化发展的关键与目标是实现经济社会和人的全面发展。科学把握发展的价值目标，是现代化道路选择的关键因素。价值目标对于经济社会发展进程以及各个方面的发展起着统揽全局的作用。社会主义社会是逐步实现人的全面发展的过程，这就决定了必须把实现经济社会和人的全面发展作为发展的根本价值取向。推进人的全面发展，同推进经济社会的发展是互为前提和基础的。人越全面发展，社会的物质文化财富就会创造得越多；物质文化条件越充分，就越能推进人的全面发展。经济社会的发展水平是逐步提高、永无止境的历史过程，人的全面发展程度也是逐步提高、永无止境的历史过程，这两个过程应相互结合、相互促进地向前发展。

坚持把激发社会活力与实现社会公平有机地结合起来，形成社会合力。党的十七大指出，社会公平正义是社会和谐的基本条件。保持社会的公平正义与充满创造活力是辩证统一的。积极营造公平的社会环境，保障人民在政治、经济、文化、社会等方面的权利和利益，正确处理公平与效率的关系，使全体人民共享改革发展的成果。

在中国特色社会主义建设中实现人的全面发展，集中体现为提高人的科学文化水平、道德意识、法治观念、审美心态等，集中体现为人的素质的整体提高。我国目前尚处在社会主义初级阶段，还需要发展社会主义市场经济，还不能完全超越人对物的依赖。但是，社会主义的性质和价值目标，决定了我们必须把以人为本作为经济社会发展的本质理念，作为推进社会主义现代化的核心价值观。科学发展观深刻地体现和坚持了这个基本要求。坚持以人为本，就是坚持调动一切积极因素，依靠人民群众的智慧和力量促进经济社会发展。离开了广大人民群众的积极性和主体力量，发展就没有动力，文化建设就没有基础和目标。

人民群众在社会主义国家中的主人翁地位不仅体现在宪法所规定的各种民主权利上，而且体现在经济社会发展的过程中。以人为出发点谋求经济社会全面发展，制定任何指标、上任何项目，都必须以人民群众的实际承受能力为重要前提；任何方面的发展，都应充分倾听人民群众的意见，统筹兼顾人民群众各方面的利益，不仅使人民群众得到眼前的实惠，而且有利于长远发展；不仅使人民群众获得经济利益，而且有利于创造社会效益和生态效益。

一切发展都必须依托人的主动性。一切发展都必须以人为目的。一切发展都必须依靠人民，一切发展都必须为了人民。发展先进生产力、建设高度物质文明，目的是不断满足广大人民日益增长的物质生活需要，使全体人民逐步走向共同富裕；发展先进文化、建设高度精神文明，目的是不断满足广大人民日益增长的精神文化生活需要，实现人的全面发展；发展民主法制、建设高度政治文明，目的是切实保障人民的民主权利；不断解决发展中的矛盾与问题、构建和谐社会，目的是要实现好、维护好、发展好最广大人民的根本利益。是否对人民的利益实现有利，是判断发展正确与否的根本标准。以人为目的加快经济社会发展，要求把人民群众的长远利益与眼前利益结合起来，既注重维护人民群众的长远利益，又注重实现人民群众的眼前利益；要求把人民群众的经济利益与政治权益结合起来，既注重满足人民群众的物质文化利益，又切实保障人民群众的民主权利；要求把实现人民群众的根本利益与解决人民群众的实际困难结合起来，既注重经济社会发展，又解决人民群众的切身利益问题。

树立群众观点，坚持群众路线，始终代表中国最广大人民的根本利益，不仅是党领导中国人民夺取民主革命胜利的重要保证，而且是取得社会主义革命以及建设中国特色社会主义胜利的重要保证。最大多数人的利益和全社会全民族的积极性创造性，对党和国家事业的发展始终是最具有决定性的因素，必须把人民群众的根本利益作为党的一切工作的“最高标准”。

媒介伦理学研究的现实意义及理论价值

云南师范大学　侯雅涵

现实社会中，人们无时无刻不在进行着各种各样的传播活动。小到口头交谈，大到高科技交流；小到人与人接触，大到国与国接轨；小到现实生活，大到虚拟空间，传播无处不在，无时不有，“家世界”、“地球村”也在证明着通过传播，人与人之间的距离在不断缩短，联系在不断加强。当然，我们不应该仅仅是去进行传播，而且要争取进行有效传播，这就需要作为传播载体的媒介对人们传播活动的过程加以引导、监督，以促使人们进行有效、有意义的传播活动，以促进人类文明社会的顺利健康发展。

在大众媒介的功能里，有一个主要的功能就是娱乐受众，但是随后就还有一条功能是引导教育受众以及普及文化。现代的生活水平得到了空前的提高，但肯定不是绝后的。人们在满足了自己的物质生活之外，精神生活的充实变得至关重要，可是在当今的社会中，过半的人觉得自己的精神生活已经饱和，无须再去丰富，于是就把目光转移到了别人的生活世界，这既是一种关注，也是一种“窥视”。关注是对人类不同生活状态的认识，而“窥视”作为一种偷看行为，自然会引起我们伦理学上的考量。如果这种行为通过媒体大众化，我们就不仅应该从司法的角度去思考，作为行为自律，还必须思考媒体的伦理规范了。

媒体报道应该用事实说话，应该客观公正。新闻报道必须客观公正，应该对人类有最大的尊重态度，这种人本意识包含了基本的伦理尺度，既是对于报道对象的，也是对于社会公众的。这里就存在着一个新闻社会化与个人隐私，即记者与狗仔的悖论了。近年来不断发生的“艳照门”事件，让我们不得不质疑媒体的伦理准则，媒体是应该关注那些既能娱乐广大受众又能启迪教育受众的事件，还是“窥视”人家床上被窝里的事？媒体是否有权力进入别人的私人空间？不同的个体是否应该获得基本的社会保护？媒体的报道秩序是否应该得到规范？媒体作为大众化认识空间如何体现以人为本的精神？媒体是保护和赞美人性，还是一味地展现人性的原始冲动，从而既泯灭了人性，又糟蹋了人类自身？当然，媒体关注的往往是那些“特定”人群，娱乐明星们也存在自己的伦理抉择，即媒体和对象化个体在伦理抉择、道德规范上又存在着一种互动关系，从社会意义上看，应该共同建立并遵循一套常规的合理的伦理制度。

哲学家路易斯·W. 霍其斯曾经说：“缺乏某种程度的隐私，就不可能有文明的生活。”因此，个人和社会都需要隐私。我们个人需要隐私来发展一种自我感觉，人们需要隐私来“测试”新的姿态、未来的自我等等；而社会需要要用隐私来对抗国家权力，因为国家获得的关于公民的信息越多就越容易影响、操纵或是控制每一个人。隐私并非一种奢侈或是一个选项，它是民主政体的必要因素，诸如自由、个人尊严和自治等许多民主政体的价值观都以它为基础。隐私被视为一种权利，一种保护自己不受他人或者机构行为侵犯的方法。隐私承载着支配和受限访问的内涵。个人应当得到允许，支配可能拥有某类信息的人，以及那些信息出现的语境。

隐私权、行政以及媒体采访调查权和公众知情权是一个矛盾的几个方面，它们既互相交叉又相互对立。因此，个人隐私权的保护不仅是一种个体权力，而且是需要政府行政、媒体等舆论权力部门的共同努力，严格遵守法律道德以及法律底线，防止滥用言论行为自由和职权。隐私权主要包括个人生活隐私权，涵盖政治生活、社会生活和家庭生活中的隐私。任何人既是社会的一部分，又是独立的个体，不能以社会需要来过多地限制甚至剥夺个人的隐私权，即使是一个政治家、社会活动家也应该有他个人的隐私范围。

“艳照门事件”中的每个人虽然在伦理底线上存在着问题，但就人的本质属性来说，他（她）们都是普通的个体，其隐私被暴露无遗，个人的生存空间被彻底解构。但由此产生的问题是，完全是其个体的原因吗？是媒体的太过敬业吗？还是受众太过苛刻呢？这些个体难道不该得到媒体、社会、法律的保护吗？如果我们的媒体能够换位思考一下，明确不同的权利归属，也许情况会完全不同了，因为这种思考的基础，正是人类最基本的伦理道德标准。我们也需要更加冷静地思考媒体由社会责任所限定的行为准则、道德规范。

“艳照门事件”带给我们理论上的思考是，媒介作为社会化信息载体在引导监督人们进行传播活动时，自身首先要有一个基本的伦理道德底线，这便涉及媒介伦理的问题。研究媒介伦理学对于媒介真正起到舆论监督受众的作用有着巨大的现实意义，同时对于所涉及的各个学科包括边缘学科的建设和探索有着重要的理论价值。不过，任何学科的研究都要从其研究的对象出发来展开，新闻伦理学的研究同样也不例外。媒介作为社会化信息通道，其工具性决定了自身的机器属性，即媒介本身无伦理或非伦理意义。研究意义上的媒介伦理学，是对媒介进行了广义的定位，而伦理是就其行为内容而言的。所以，当我们确定具体研究对象时，必然会关注到媒介传播的基本内容要素——新闻，媒介伦理学的内容研究也必须从对新闻伦理学的研究开始。

新闻伦理学是一门研究新闻职业道德现象、本质、发展变化规律及其社会作用的科学。它是以社会主义新闻职业道德问题作为研究对象，并以其特有的研究对象和相对独立的理论体系而自立于新闻学术之林，成为新闻学的一门重要的分支学科，同时，新闻伦理学还是伦理学的一门分支学科，新闻伦理学的研究对象与伦理学的研究对象既有相同之处，又有不同之处。伦理学与新闻伦理学之间的关系是一般与个别、共性与个性的关系。新闻伦理学是以新闻职业生活中的道德问题作为专门的研究对象，虽然要以伦理学的一般理论、原理做基础，但却具有自己的特殊规定性，是伦理学的一般原理、理论在新闻职业道德活动中的特殊表现和进一步展开。新闻伦理学的研究，不仅可以检验伦理学的理论、原理的正确性，还可以促进这些理论、原理的丰富与发展。新闻伦理学的建立，是新闻职业活动发展到成熟阶段的产物，随着新闻职业活动的发展，新闻伦理学的地位日益突出，并受到新闻界内外人士的高度重视，在当今新闻职业活动高度发展之时，新闻职业活动中的各种关系更为复杂，一定的职业道德规范已经成为新闻职业活动正常运作的必要条件。重视对纷繁复杂的新闻职业道德现象、本质及其规律的研究，不断充实、丰富新闻伦理学的知识宝库，引导新闻从业人员自觉地遵循新闻职业道德的基本原则与规范，促进新闻从业人员确立正确的职业道德规范、完善职业道德品质，已是当务之急。

社会主义新闻伦理学是在马克思主义新闻观指导下，以社会主义新闻职业生活中的道德问题作为自己的研究对象，不仅对以往社会的新闻职业伦理思想以及职业道德规范加以批判地继承，而且还根据社会主义社会新闻职业道德状况的变化加以创新与发展。在“以人为本”的精神之下，促进社会主义精神文明与和谐社会的建设，对于激发新闻从业人员努力追求高尚的新闻职业道德情操，具有十分重要的意义。

媒介伦理学作为一门理论学科，决不是新闻职业现象的简单罗列和新闻职业道德规范的简单堆砌。新闻职业道德规范是具体的，它是多方面属性、特点和关系的统一体。因此，媒介伦理学必须以马克思主义的科学理论为指导思想，并借鉴社会科学各门学科的研究方法，以新闻职业生活的现实状况和新闻职业关系的发展变化为依据，研究各种新闻职业道德现象，揭示各种现象所蕴含的本质，找出其各个侧面的内在联系，并从历史上的新闻职业道德实践和新闻伦理思想中汲取营养，建立起一个完整的科学理论体系。那么，要彻底地研究媒介伦理学，除了明确其研究对象之外，对其理论框架的解读也是至关重要的，所以首先应该深入学习作为媒介传播的基本内容的新闻伦理的理论框架，新闻伦理学作为一个完整的科学理论体系，它的理论框架主要包括以下几个方面：

第一是新闻职业道德基本理论。主要包括新闻职业道德与社会经济基础、上层建筑及其他意识形态的关系问题；新闻职业道德关系，包括新闻职业内部关系、新闻职业服务对象即受众的关系、新闻职业与社会的关系以及新闻职业道德原则、规范之间的关系等等；新闻职业道德的起源与历史发展过程以及演进规律；新闻职业道德的基本特点、功能及社会作用问题等等。所以，媒介伦理学要努力研究在一定的经济基础上新闻职业与新闻职业道德的关系，阐明新闻职业道德的起源与发展、本质与作用，从中找出规律性的东西，使新闻职业道德导向建立在科学的基础上，成为一门真正具有学科意义的理论。对各种新闻职业道德现象进行理论上的研究，是新闻职业活动的需要，而且，媒介伦理学的形成与发展，也离不开理论的指导与支持。

第二是新闻职业道德规范理论。新闻职业道德，作为新闻从业人员在长期的职业活动中形成的关于善与恶、公正与偏私等观念以及相应的职业道德品质，是建立在新闻职业道德规范理论基础之上的。作为调节新闻职业内部、新闻职业与受众、新闻职业与社会等关系的社会科学知识体系，它又是一种具有严密结构和丰富内容的规范理论。新闻伦理学特别重视新闻职业道德规范理论的研究，并把新闻职业道德规范理论作为新闻伦理学理论框架的主干部分。

具体而言，新闻职业道德规范理论是要研究新闻职业道德规范的核心——新闻职业道德基本原则，要弄清新闻职业道德基本原则与社会道德基本原则的关系、新闻职业道德基本原则的特征和客观依据；还要研究新闻职业道德各项规范的基本内容、特点和结构以及产生与发展的历史过程。媒介伦理学的研究要特别注意，应该根据新闻职业的实际状况及其变化发展，不断总结新闻职业道德建设的新经验，概括新闻职业道德新规范，以促进新闻职业道德规范体系的完善。只有这样，媒介伦理学才能通过新闻职业道德规范理论对新闻职业道德规范体系作全面、系统的阐述，才能揭示新闻职业内部、新闻职业与受众、新闻职业与社会之间应该遵循哪些职业道德原则与规范，最终能够做到指出为什么要遵循这些原则与规范，如何使这些原则与规范转化成为新闻从业人员的职业道德信念，从而成为新闻从业人员从事其职业活动的准绳，有效地发挥其调节作用。

第三是新闻职业道德活动理论。媒介伦理学是一门实践伦理学，源于实践，服务于实践，在实践中产生，在实践中汲取丰富的营养，使自己不断发展和完善。离开了实践，离开了具体的新闻职业道德活动，媒介伦理学就失去了其自身存在的价值。所以，新闻职业道德活动理论又可以称为新闻职业道德实践理论，是媒介伦理学发挥其社会功能的不可或缺的部分。

新闻职业活动是多样的，因而新闻职业道德领域中的道德活动现象也是十分复杂的。新闻职业道德活动理论要从纷繁复杂的新闻职业道德现象中找出规律性的东西。还必须要研究如何通过新闻职业道德评价、新闻职业道德教育、新闻职业道德修养等具体的职业道德活动，引导新闻从业人员把职业道德原则与规范等转化为自身的职业道德认识、职业道德情感、职业道德意志、职业道德信念和职业道德行为习惯，从而在新闻职业活动中抑恶扬善，进行正确的职业道德品质的完善，塑造理想人格，达到新闻职业道德的理想境界。同时还必须探索如何通过新闻职业道德评价、教育与修养以及其他各项工作的紧密配合，抵制和消除旧有的思想道德意识的影响，加强新闻职业道德建设。培养具有良好的新闻职业道德品质修养的新闻职业从业人员是媒介伦理学的立足点和根本任务。媒介伦理学的研究应该注重探求如何通过职业道德教育，加强新闻职业道德建设，改善新闻行业之风，培养有道德、有理想与信念的新闻从业人员。并要探讨如何通过职业道德修养，形成良好的职业道德品质，使新闻从业人员的职业行为实现由“他律”向“自律”的转变，使整个新闻行业的职业道德水平实现由“现有”向“应有”的提高。最终有这样的高素质、高修养的新闻从业人员所组成的媒介队伍一定是一支能严格遵循媒介伦理要求、高水平的、能有效引导受众、监督媒介传播过程的新闻队伍。这也是媒介伦理学研究的现实意义之所在。

媒介伦理学是一门独立的、系统的科学知识，理所应当是要随着新闻职业道德在不同情况下的发展变化而不断发展并日趋完善的，但同时还有赖于无数新闻理论学家的创造性劳动。新闻职业道德产生于新闻职业活动之中，但它在一开始并非以完整成熟的理论形态出现，而是表现为比较朴素或模糊的职业道德意识，继之形成零碎的、不成系统的职业道德规范，而且这些规范还往往与其他行为规则混为一体。所以，一个明确、系统、科学的新闻职业道德理论体系的形成，是需要理论工作者付出辛勤的劳动的，需要有一批优秀的、具有较高伦理道德修养的新闻从业人员。同时对于媒介伦理研究的理论价值的要求也是至关重要的，一个完善的理论体系是需要有明确、严密、有意义的理论价值体系作支撑的。研究媒介伦理学的理论价值主要体现在以下几个方面。

第一，体现在对整个伦理学的学科理论创建方面。媒介伦理学是伦理学中的一个新兴的分支学科，必然也是一个正处于蓬勃发展中的学科。伦理学所揭示的道德关系、所阐释的道德原则与规范对于媒介伦理学具有重要的指导意义。但这对于要建立起真正意义上的媒介伦理理论，伦理学中的原则与规范是远远不够的，需要具有新闻道德修养的新闻从业人员根据新闻职业活动发展的需要，汲取并概括在平时的职业实践活动中形成的新闻职业道德思想和新闻职业道德实践经验，并通过全面而系统的分析研究，最终把感性的经验上升为理性的认识，形成科学的新闻职业道德理论体系。这样便会全面地体现出媒介伦理学研究的真正理论价值，使我们对新闻职业道德现象的认识更加接近于客观真理，从而使伦理学的研究能进一步地深化，达到新的深度和广度，促进伦理学，特别是职业伦理学的繁荣。媒介伦理学同样也是新闻学的新的分支学科，媒介伦理研究的建立与发展，同样也会促进新闻学研究的更加繁荣，拓宽新闻学理论研究的道路，使这个新闻学研究和伦理学研究都能在一个更高更好的层面得到进一步的深化。

第二，体现在对新闻从业人员的人格、素养塑造等方面。研究媒介职业道德理论，科学地阐明新闻职业道德的规范体系，指出遵循这些规范体系对于我国新闻从业人员的重要性和必要性，能很好地促进我国新闻从业人员加强自身教育和修养，使新闻职业道德的原则与规范真正能够转化为新闻从业人员的一种潜在的职业道德意识，并以此作为选择和评价自身的新闻职业道德行为的标准之一，塑造新闻从业人员的理想人格，营造新闻职业道德的理想境界，这也正是媒介伦理学研究的出发点和归宿。所以，在对媒介伦理学的研究过程中，是可以做到指出新闻职业道德教育和修养的途径与方法，并能揭示新闻从业人员职业道德品质的形成和发展的规律，还能阐释出新闻从业人员内心矛盾转化过程中的各种因素及其相互作用和联系的方式。最终，媒介伦理学的研究能够针对以上过程中的各个环节所出现或是可能出现的问题提出可供选择的各种解决方案，有助于新闻从业人员更加自觉地进行新闻职业道德修养，提高新闻职业道德素养，逐渐实现新闻从业人员人格、修养、素养等各方面的完善，加强我国新闻界高素质从业人员队伍的建设。

第三，体现在对我国新闻行业的全面、完善建设方面。媒介伦理的真正实现是由媒体内部及有关从业人员的整体伦理素质、修养所决定的，而媒介的伦理原则及规范是以实现高素质、高修养、严格遵循新闻职业道德伦理要求的新闻从业队伍为出发点和归宿的。因此，对于媒介伦理学的研究在完成了对其研究对象即新闻从业人员的新闻职业道德规范之后，由这些具有良好的新闻职业道德素养的高水准新闻从业人员所构成的新闻行业一定是能够满足现代受众、媒介伦理要求的真正意义上的新闻机构。由此以来，新闻行业会在这些新闻从业人员的努力下更加完善、更加健全、更加具有说服力，最终成为能够引导受众、监督政府机构和其他有关机构的现代型的新闻行业。

第四，体现在对社会全面健康发展的有利影响方面。媒介伦理学把如何加强新闻职业道德建设、促进新闻行业职业道德风尚的完善、推动整个社会的精神文明进步作为自己的研究重点，并努力在这方面发挥积极作用。媒介的从业人员是否具有正确的职业道德情感和意识，是否具有良好的职业道德品质和行为习惯，能否自觉地用新闻职业道德原则与规范去调节新闻职业内外的关系，选择符合新闻职业道德要求的新闻行为，对社会的进步和发展都具有明显的能动作用。新闻职业道德不仅能推动新闻从业人员去完成本职工作，而且还会给新闻行业风气乃至整个社会的道德风貌带来新的气象。可以说，新闻职业道德既是实现新闻行业所担负的社会责任的重要思想保证，更是强化社会经济基础、提高社会精神文明水平的强大动力。所以说，对于媒介伦理的研究显得尤为重要，其中对于新闻职业从业人员的道德伦理层面的要求与规范是研究的出发点和归宿，这对于整个研究的理论价值的全面体现起着至关重要的作用。

众所周知，任何一门系统学科的研究都是需要运用适当的研究方法，才能使研究更具有可行性和说服力。那么，对于媒介伦理学的研究同样也是要通过运用几种科学的研究方法才能使其更加完善、更加具有学科价值的。

媒介伦理学首先作为一门新闻学的新的分支学科，并且是要不断向着新的方向发展的学科，必须坚持马克思主义的世界观和方法论，坚持以马克思主义的辩证唯物主义和历史唯物主义为指导思想，从总体上把握新闻职业道德现象之间的关系。马克思主义的辩证唯物主义和历史唯物主义的世界观和方法论，规定着新闻职业道德研究的方向性和科学性，必须贯穿于媒介伦理学体系的各个部分。坚持马克思主义的世界观和方法论，就是要坚持历史分析的方法、社会分析的方法和理论联系实际的方法。

坚持历史分析的方法就是要把新闻职业道德现象置于一定的社会历史环境中，尤其是要与当时的经济条件相联系，要认识到经济条件对于新闻职业道德的决定性作用，经济关系、经济条件对新闻职业道德的本质的规定性，不能割裂了历史发展的链条。社会分析方法就是要把新闻职业道德现象与一定社会的基本构成联系起来加以考察，说明新闻职业道德是从社会利益中引申出来的，新闻职业道德是为社会利益、国家的政治路线服务的，有什么样的社会利益，就会有什么样的新闻职业道德。理论联系实际的方法就是要把新闻职业道德现象提高到理论高度予以认识与说明，把新闻职业道德的理论问题与提高新闻从业人员的职业道德风尚等实践问题结合起来，还要注意客观实际的发展，并及时反映客观实际，努力解答新闻实践活动中出现的新的职业道德问题，不断充实作为客观实际的一种反映的科学理论，使媒介伦理学成为一门充满活力的活的科学，并不断地向更好、更高、更完善的方向发展。

通过科学的研究方法，能够使媒介伦理学的研究充分地实现自身的现实意义和理论层面的价值。有了恰当、正确、科学的研究方法之外，还要确立合适的研究对象，找准研究的切入点展开研究，才能够不偏不倚地进行有效的研究。最后还是要建立起研究的理论框架，使对于媒介伦理学的研究首先能够站在一个有着系统理论体系的高度去进行研究，这样的研究才是全面的，才会具有其自身学科的现实意义和理论价值，也才会很好地、有效地引导受众的传播活动，以推动社会文明的全面健康发展。

媒体的迅速发展，特别是媒体的产业化，为媒体和受众都提供了更大的选择空间。当我们随手打开一张报纸时，分解后的经济新闻，是媒体包装后的商品诱惑，娱乐新闻，更多的是对明星隐私生活的爆料，被颠覆的恰恰是崛起的“民生”，倾斜的恰恰是振作起来的社会心理，这在我们对媒介伦理提出质疑的同时，也更加感觉到培养媒介伦理规范的必要。对此，理论研究与媒介实践接受着挑战。

对峙与整合：自由全面地发展与传统美德的教育

云南师范大学哲学与政法学院　宋锡辉　毕文胜

一、冲突与对峙

时下，不少人以当代人崇尚自由，张扬个性，追求自由全面的发展为由，以我不违法其奈我何为原则，反感道德教育，轻视道德规范的约束，鄙视传统道德的力量，推崇“进口”德育，[①] 赞美国外宗教，[②] 认为弘扬传统美德与个人发展无关，只不过是政治家、道学家们的一厢情愿。还有人论述：“政治的意识形态的控制迫使教育训练政治的工具人，它所强调的道德是一种实现政治同一性的模式化工具，它限制人们的道德判断力和自由度，灌输既定的道德知识、道德目标和道德理想，通过控制人们的精神、思想、个人和行动而达到政治的目的。这在一定程度上毁坏着日常生活的道德。”[③] 事实上，这些观点我们不难从西方人文主义教育思潮及各种颇具针对性的“理论”中寻出端倪。

---

① 开口就是：国外的“性教育”、“心理教育”、“价值中立”等。(作者注)

② 认为应该效仿外国人，在现实中遵守契约，在精神上崇尚宗教。(作者注)

③ 金生鈜：《消费主义意识形态下的道德教育困境》，详见 http：//www. nsd-dys. cn/second. asp? lb，无更新日期。

迄今为止，对“人文主义”一词，还没有一个确切、统一、公认的定义，“人道、人性、人文这三个词可以通用”。[①] 但使用这个概念的人们有共同之处，那就是泛指一切从人自身出发来研究人的本质、人与自然的关系以及人与人之间关系的理论。它的基本主张就是强调从人的需要出发，尊重人的个性、关注人的地位、尊严和幸福。当然，类似的观点，我们还可以从民主社会主义、新自由主义、历史虚无主义、拜金主义、公共知识分子论调等，特别是还可以从全盘否定传统教学重视知识的确定性和普遍性，注重分析和抽象，这些在人的全面发展过程中（特别是在学习阶段），以及建构主义理论[②]中看到其影响。可见，当多元价值出现在当代社会各个阶层面前时，对每个社会成员乃至整个社会而言，既意味着更多自主选择的机会，更意味着何去何从的困惑，同时也必然伴随出现社会转型期的价值失范，这就是德育工作者面临的局势。

对此，马克思早就论述过：“全面发展的个人（Die universal entwickelten Individuen）——他们的社会关系作为他们自己共同的关系，也是服从于他们自己的共同控制的——不是自然的产物，而是历史的产物。要使这种个性（diese Individualitaet）成为可能，能力的发展就要达到一定的程度和全面性，这正是以建立在交换价值基础上的生产为前提的，这种生产才在产生出个人同自己和同别人的普遍异化的同时，也产生出个人关系和个人能

① 高一飞：《高等教育改革与人性解放》，来源：光明网 2008 年 12 月 19 日 09：45。

② 当今的建构主义者主张，世界是客观存在的，但是对于世界的理解和赋予意义却是由每个人自己决定的。我们是以自己的经验为基础来建构事实，或者至少说是在解释事实，我们个人的经验世界是用我们个人的头脑创建的，由于我们的经验以及对经验的信念不同，于是我们对外部世界的理解便也迥异，所以他们更关注如何以原有的经验、心理结构和信念为基础来建构知识。

力的普遍性和全面性。”① 我们看到，马克思始终谈论的是“个人”的“全面发展”，而不是泛泛而论“人的全面发展”，因此，人的全面发展是指个人的全面发展，而个人的全面发展又是相对于他人的片面发展而言的，是指人的某些方面在个人那里的全面发展，而不是人以外的其他东西的发展。

人的能力的全面发展是人的全面发展理论的核心内容，而人的能力的全面发展，是指人的劳动力（包括体力和智力）、社会力、潜在力诸方面能力的全面性、普遍性发展。人的全面发展是与人的本质密切联系在一起的，对人或个人的本质特征认识到什么程度，对人的全面发展的规定就达到什么程度。马克思主义认为人的本质特征有三种：类特性、社会特性和个人特性。马克思正是基于对个人的这三种本质特征的认识，才发现个人的全面发展就是个人所具有的这三种基本特征在个人那里的全面发展。所以，个人的全面发展，尊重人的个性、关注人的地位、尊严和幸福，绝不是所谓的放弃道德追求，背弃束缚，抛弃传统，张扬个性，自由发展这么简单。

二、阐释与整合

个人作为人类的一分子，按其必然性来说，必须追求和实现类特性、社会特性、个人特性——只有这样，个人才能成其为人。

首先，个人的“类特性”体现在两个方面或两个层面上，一是体力和智力，二是劳动能力。人类的任何形式，任何内容的活动，都是对潜在于人体内的体力和智力的一般运用。劳动能力

① 《马克思恩格斯全集》第46卷（上），人民出版社1979年版，第108～109页。

是人类生存和发展的基本条件，劳动又是人获得发展的基本途径，因为劳动给每个人提供了全面发展并表现和证明自己的机会和场所，个人通过劳动才能使自己的本质力量外化为对象性产品，人的能力也才能得到确证和发展。因而，个人的全面发展最基本的内涵就是个人的体力和智力的应有发展以及劳动能力的获得与提高。可以断定的是，离开教育后这一获得与提高能力的进程将大大减慢。

其次，在谈到个人的“社会特性”在个人那里的全面发展时，马克思通过对社会分工和私有制的分析，认为旧的社会分工遏制了个人的全面发展，与私有制相适应，人的社会生活也体现出片面性。只有扬弃旧式分工，人的社会特性才能得到全面发展，所以说，个人社会特性的充分发展，也就是在特定历史时期社会关系的丰富和占有。个人的社会特性的充分发展有以下主要内容：第一，个人与他人发生相互关系。第二，在与他人的交往中，把他人当做发展自己力量所需要的对象，在这种关系中个人彼此交流丰富自己的经验和知识。第三，个人与社会的关系更加和谐。第四，个人在参加多种形式、多个领域的活动中摆脱了个人的个体、职业、民族、国家的局限性。可见，个人“社会特性”的全面发展既包含了人的社会化程度的提高，也包含着对政治社会化的适应。

最后，在谈到人的“个性”在个人那里充分发展时，马克思指出，个性的充分发展就是“一切天赋得到充分发展”。人的个性主要包括自然潜力、需要、心理、感觉、精神、道德、观念和思维等内容。也就是说，要充分发展人的潜力，充分满足人的需要，并使其不断由低层向高层发展，其终结追求包含着使个人的观念、道德和精神得以升华。

教育是社会有目的、有计划地传授知识和经验，培养人的“类特性”、“社会特性”、“个性”即生产适应该社会的人的一种社会实践，是培养全面发展的人的重要途径。道德教育在人的自由全面的发展中占有非同寻常的地位。现代社会的发展不断唤醒、强调、突出着人们的主体意识，社会法律体系、各种规章制度和规范、各种社会习俗等外部力量的约束，常使人感到主体性受抑制，并常常为此产生精神上的痛苦，而有了内心德性的引导，人们在调节自己的行为时就能感受到自由、尊严和幸福。道德规范不使用强制性力量为自己开辟道路，它更多地诉诸于人们内心信念的力量。它必须有人的内心的履行愿望才可能得到遵守。人最高层次的追求是发展、开发自己的潜能，发挥自己的聪明才智，在贡献社会的同时实现自我的价值，从这个角度讲，道德教育就成为人们通向自由、平等、幸福的必由之路。从道德教育的目的来看，它是属于人的最高需要的层次，当然，道德教育目的中显然也有其他层次的内容，因为对于阶级斗争的产物——国家、政党来讲，还要提供让社会中的大多数人在获取知识和自由创造中能够获得人作为高等动物的、其他动物所没有的特殊享受的条件，否则就是不道德的。在这里个人对自由全面发展的追求，不仅需要自由，需要个性张扬，重要的是还需要对道德的感悟。这种感悟的前提是知、情、意、信、行的完美结合，而这种结合从来就不是个人自发建构的，也不是上帝创造的，而是在一定的社会条件下，通过各种社会性活动不断地示范、引导、熏陶、培养逐渐养成的。不仅仅从行为层面上去评价人，而着重看行为之中的“悟”，这是道德教育与心理治疗的不同视角。诚然，当今世界，一方面，道德在国际关系中的地位问题日益受到国家利益的左右；[①] 另一方面，一个国家要维持正常的秩序，除了主要是要靠法律、军队、经济实力以外，不得不承认道德的力量同样是不可或缺的，道德对公民的教化作用，是法律的力量所

① 如动辄以他国是所谓“流氓国家”而入侵、封锁、制裁的做法。

不能够达到的。因此，一个社会要健康、稳定地发展，必定要重视和发展道德教育事业，使法治与德治相互结合，相得益彰。

在社会主义初级阶段的社会环境里，弘扬中华传统美德，依靠道德的力量，调整人与人之间的关系、人与社会之间的关系，维护正常的社会秩序，这是实现人自身的“类特性”、“社会特性”、“个性”即人的自由全面发展的重要现实路径。中国传统文化是人文主义的，宗教因素不是绝对没有，但从来就未曾占据主导地位，儒家的正统地位从来不曾动摇。儒家重现世人生，轻鬼神、不迷信的人文主义思想在中国传统道德教育中影响深远。① 他们教导人们，不要把精神浪费在彼岸世界的天国种种幻想上，而要在此岸世界，奋发向上，学做圣贤，经邦济世，建功立业。在今日中国，认真贯彻党的教育方针，重视受教育者的素质的提高、加强道德教育，推崇“教书育人，育人为本；德智体美，德育为先”与追求自由发展，张扬个性不仅不矛盾，而且是最大限度地尊重人性，是对人文主义思想的张扬。从西方社会的发展历程来看，其人权、平等、诚信、敬业、环保等道德理念的灌输就从未受到过轻视。正是由于这些道德理念的深入人心，才在一定程度上抵消了市场经济的负面效应。所以，问题的关键不在于道德教育，而是教育道德。即教育的道德也即怎样使道德教育成为符合道德的教育。历史证明，道德教育仅为政治服务，必然导致批判“智育第一”的不道德行为成为时尚，极易引发对弘扬传统美德的“革命”。仅强调道德教育为经济建设服务，或者实行所谓尊重受教育者让其自由选择道德教育内容和时空的道德教育，则必然导致“重物质、轻精神”，“重科技、轻人文”，“重智育、轻德育”，“重外语、轻母语”，进而导致人的

① 孔子说：“未能事人，焉能事鬼?”“未知生，焉知死。”（《论语·先进》）。“务民之义，敬鬼神而远之。”（《论语·雍也》）又说：“子不语怪、力、乱、神。”

“异化”、“工具化”。

三、只有民族的才是世界的

近年考古发现，中华文明不止五千年，还要更早些。这么悠久的历史，为什么能绵延不绝？古埃及文明、巴比伦文明、印度文明，都曾中断或灭绝，为什么独有中华文明傲然挺立在世界之上，且历久弥新？一个重要的因素就是我们拥有一种伟大的民族精神！中华传统美德就是这种民族精神的集中体现，是中华民族在悠悠岁月的文明发展中沉淀、流传下来的，具有影响，可以继承，有益于下一代的、优秀的、宝贵的道德文化遗产，她包含着优秀的民族品质、优良的民族精神、崇高的民族气节、高尚的民族情感、良好的民族礼仪等内容。它凝聚着中华民族的“形”与“魂”。它不仅包含古代传统美德，亦包含近代革命传统美德和当代英模美德。要使道德教育具有教育道德，就必须自觉承担起文化产品的生产与培养受教育者做人的双重任务，要在进行精神文化产品生产的基础上培育人，提高人，帮助人。在道德教育中弘扬中华传统美德的宗旨，就是为了在新的形势下继承、弘扬、提高和发展中华民族的传统美德，把我国的优秀文化和传统美德集中起来，并与革命传统相结合，赋予新的时代内容，容纳新的时代精神，达到承前启后，与时俱进，建立古为今用的具有中国特色的价值观、道德观和行为准则，为人的自由全面地发展创造条件。道德教育一旦离开民族文化的根，就会变成断了线的风筝，随“风”飘忽不定，最终成为不道德的教育。实事求是地说，五千多年的中华文明是“精华多于糟粕”，批判只是手段，传承才是目的，对文化“只能建设不能革命”，没有民族文化的传承，就难有真正意义上的民族的伟大复兴。

21 世纪的世界态势与格局，仍然是在民族文化与世界文化之间，强势文化与弱势文化之间，商品市场与文化市场之间，军事占领与文化侵略之间的不断冲突、对话与不同层面的融通与整合。君不见，在中国有三亿多人的“英语热”的同时，全球正在兴起一个如火如荼的“汉语热”——在中国以外，全世界现约有三千万人在不同地区的大学，接受正规的汉语和汉学的培训，有一亿人在通过各种形式学习汉语。教育部在世界各国相继开设了一批“孔子学院”。试想，当所有人都鄙视中国传统美德的时候，谁能成为这些学院的后继教育者和管理者？还会有多少人认同和传承中华文明？弘扬中华传统美德，培育受教育者的中华文化意识，提升其中华传统美德的素质，就是创造和发展符合道德的教育，就是创建社会主义现代新文明，就能促进社会主义和谐社会的建设。只有开辟出具有中国特色的社会主义道路，建成社会主义的和谐社会，为人的自由全面发展指引方向的公平正义、安定有序、和谐相处的和谐理念才会被更多的人所推崇和向往，才能在更大的范围内显现出道德的光辉。只有民族的才是世界的！

当下我国传媒伦理的理论与现实问题研究

云南师范大学　吕　萍

传媒伦理研究的重要性是显而易见的，对于民主社会来说，真正开放而自由的意见市场及有效的信息流通是至关重要的，大众传媒则恰是这二者最主要的提供者。不可否认，媒介违反道德的运作会导致人们对它的不信任并进而导致民主体系的瓦解崩溃。当前，一方面，我国正处于社会转型的关键时期，在全球一体化与市场经济环境下，社会主义现代化进程不断加快，新闻媒体业也得到了长足的发展，新闻工作人员的职业道德素质也在不断提高。但另一方面，由于经济、文化、制度等方面的原因，新闻腐败问题也日益突出。社会主义新闻事业作为党、政府和人民的耳目喉舌，在国家的政治、经济、文化和社会生活中承担着重要的使命，发挥着巨大的作用，因此，对传媒伦理的研究和探索具有非常大的理论和现实意义。

一、传媒伦理的理论问题研究

（一）研究之一：新闻自由与责任的博弈

新闻自由作为一个具有鲜明意识形态色彩的词汇，在不同的社会制度中，其内涵截然不同。一般说来，新闻自由主要会受到政治经济、文化思想、法律道德、宗教信仰等诸多因素的限制。一味地追求新闻自由，就会导致新闻自由的泛滥，导致新闻界对社会责任的流失。从20世纪上半期孕育而生的社会责任论就说明了新闻界不但需要有新闻自由，而且还需要有职业责任。社会主义新闻事业作为党、政府和人民的耳目喉舌，在国家的政治、经济、文化和社会生活中承担着重要的使命，发挥着巨大的作用。因此要求新闻媒介在享有新闻自由的同时，要恪尽对社会和公众的责任和义务。然而我国新闻媒介机构转型之后，现实迫使其更关注自己的经济利益，使新闻活动中商业性有时表现得十分突出。如搞有偿新闻、虚假新闻、广告新闻、黄色新闻等，致使越来越多的人虽然认为新闻媒介为我们提供大量新闻信息，但对其的信任度越来越低，媒体一时间成为浮躁与浅薄的代名词。在我国传媒市场繁荣发展的今天，对这一现象进行深刻反思的同时，积极努力地寻找一个能够促使新闻自由与新闻责任均衡发展的两全之策，应是我们当下最为紧迫的任务。

（二）研究之二：传媒伦理选择的矛盾

新闻伦理是业内适应新闻活动特点而形成的要求自己“应当如何”的自律规范，以及公众认为该行业在新闻活动中“应当如何”的观念和舆论约束。[①] 在多数人的认知中，新闻媒体是威力强大的社会公器，关涉社会各项议题的报道和言论，将对社会上的每一成员造成影响，因此，忠实地反映社会现况，持公正立场进行客观报道，也就成了媒体必须具备的基本责任。可是，当今世界是市场自由竞争的时代，媒体呈现多元化的景象，传播着多元的新闻信息，其介于商业和专业之间的双重形象，尤其使新闻工作者和公众人士更难对新闻工作的本质做出准确的界定。

---

① 丁柏全：《论新闻伦理对新闻活动的制约》，载《社会科学》2007年第5期。

诚如施拉姆所言："新闻事业是一种双重性格的事业。站在为公众提供普及教育的立场来说，大众传播是一所学校，但是，站在为投资者赚钱的目的而言，大众传播媒介是一家企业。任何传播媒介的负责人，如果一方面要尽校长之职，另一方面又要尽经理之职，便会陷入一种两难的处境，这两种职务很多时候是互相矛盾的。"① 作为社会公器，传媒在面对媒介利益与公众利益的博弈时，媒介能否承担社会责任则面临着更大的考验与挑战。

（三）研究之三：对于媒介功能的误解

关于媒体的社会功能，谭德礼认为有四项：传递信息、引导舆论、宣传教育、民主监督。李珂提出七项职能：传播信息、引导舆论、推动发展、推广知识、教化公众、舆论监督、社会预警。② 蔡佑民的观点则是：监视环境、社会协调、文化传递和大众娱乐。③

新闻传媒的重要功能，是通过事实的报道为受众提供信息，对社会进行瞭望，并以自己的方式恰当地干预社会生活。但有的传媒不顾社会效果，曲解传媒的社会功能，如一度产生了相当大影响的杨丽娟事件的报道就与某些传媒及从业者的导演和策划有很大的关系，某些传媒的做法在短时间内看似充满人情味，其实是一种不计后果、不负责任的表现，对事件的恶性发展起了推波助澜的作用，也在一定程度上助长了违反社会伦理道德的行为。在当今这个"娱乐至死"的年代，受众对表现出较强可读性

① 胡兴荣：《艰难中寻求新闻与伦理的共存》，载《国际新闻界》2003 年第 3 期。

② 潘忠宇：《我国媒体伦理研究的新进展——第五届全国引用伦理学研讨会述要》，《伦理学研究》2006 年第 1 期。

③ 罗以澄、侯迎忠：《新闻记者的角色冲突与道德失范——兼论记者的职业责任与社会责任》，载《武汉大学学报》（人文社科版）2006 年第 2 期。

(可看性、可听性)的软新闻产生了极为浓厚的兴趣，这本无可厚非，但传媒及其从业者显然在媒介伦理观念上产生了误读，片面地将“满足大多数人的需要”理解为“为使大多数人受益”，然而单纯的满足只是一味地迎合，这样的满足可能最终会被受众所抛弃。即使是纯娱乐性节目，也不能过于强调娱乐至上，为了娱乐而娱乐，这样就完全偏离了传媒传播新闻的本意，因为传媒不应放弃自己应当承担的社会责任，不能只讲娱乐，而将媒介伦理、新闻伦理置之不顾。

二、传媒伦理的实践意义研究

(一) 研究之一：新闻的真实性问题

保证信息的真实性是大众传播媒介首先要遵守的道德底线。真实是新闻的生命，追求新闻真实是每一位新闻从业人员的神圣使命。我国的社会主义市场经济需要新闻媒体提供真实的社会动态，需要新闻工作者以身作则维护新闻的生命。列宁在谈到新闻真实问题时曾说：“我们应当说真话，因为这是我们的力量所在。”报纸“要向公众作全面介绍，阐明真相，不吹嘘，不浮夸，也绝不散布谣言和传播见不得人的小道消息”。[①] 应该说，我国新闻媒体在坚持新闻的真实性原则方面总体上还是比较好的，这也是我国新闻媒体能繁荣发展的一个重要原因；但同时，我们也应该看到，在这个问题上还存在很多不足，部分媒体的报道还存在两种极端的倾向：一是新闻失实；二是把新闻真实性原则绝对化。新闻失实所造成的危害是显而易见的，它误导人们对客观事物的认知及相应的行为决策，导致新闻公信力的缺失，影

---

① 《列宁全集》中文2版，第11卷，人民出版社1987年版，第204、333页。

响新闻力量的发挥。而新闻真实性原则绝对化的现象则把新闻真实性原则理解为新闻应当报道所有真实的事实，即所谓的“有闻必录”。这种报道方式反映了新闻记者对于新闻工作的极其不严肃的态度，不论是新闻失实还是把新闻真实性原则绝对的报道方式都违背了新闻真实性原则，这既有违于新闻的职业要求，也有违于新闻的道德要求，两种报道方式同样也都势必影响到传媒功能的实现。

（二）研究之二：传媒娱乐化问题

我国近二十多年的传媒改革进程中，伴随着媒介市场化步伐的加快，产业性质日益凸显，特别是20世纪90年代以来，随着媒介大众化、市场化浪潮的勃兴，媒介市场与信息消费观念的兴起，我国传媒业在新闻理念、大众传播理念以及文化理念等方面都发生了极为重要的变化，这些变化在媒介实务上最为重要的影响就是催生了一股传媒娱乐化的热潮。[①] 在这股大潮中，我国的传媒体制也从过去的事业单位转变为事业单位企业化管理，即传媒开始走向在竞争中求生存的市场化发展道路。而在这种社会转型时期，传统的价值观念和道德体系受市场经济与外来文化的冲击被逐渐解构，而适应新形势发展要求的新的普遍价值观和主流道德体系尚未完全建立起来，此时社会心理是脆弱的，甚至是迷茫无助的，会产生诸如物欲化、粗俗化、冷漠化、躁动化、无责任化和浮夸虚假化的“病态社会心理”，在这种具有普遍性的社会心理的支配下，人们会强调感官刺激、消遣娱乐而无视净化精

① 参见郑根成《传媒娱乐化的伦理反思》，载《湖南师范大学社会科学学报》2006年第35卷第2期，第47～51页。

神，并进而对纯娱乐性的信息兴趣陡增。[①] 因此，娱乐节目日渐成为各大媒体和受众最为热衷和关心的主题之一，各类报纸娱乐新闻版、明星版，各家广播电视的娱乐节目种类繁多，热闹非凡。从平面媒体到电子媒体，娱乐性节目无处不在，无孔不入。为了吸引眼球，获得高收视率、高发行量，记者不惜抛职业伦理与社会道德原则于脑后，对娱乐新闻的报道捕风捉影，肆意炒作，使尽各种手段把明星的私生活及个人隐私暴露于公众眼前，这种唯收视率、唯利润率的市场竞争使娱乐节目一味地迎合大众，以满足人性中隐私的体验刺激和生理快感的欲望，对物质的狂热贪恋、对他人的偷窥欲望等人性中"恶"的存在，背离了大众传播者作为社会道德的守望者的职业操守的底线，更无益于实现我国精神文明的建设和和谐社会的构建的崇高使命。

（三）研究之三：传媒市场化问题

媒体市场化的过程，事实上就是媒体逐渐走向工业化的过程，而文化工业的运作逻辑就是：当媒体的文化追求和经济追求发生矛盾时，文化追求就要让位于利益追求，新闻在这个文化工业之中被商品化了，既然是商品，必然要求其在"市场中"利润最大化。正如法兰克福学派代表人物霍克海默和阿多诺所言："文化工业只承认效益。"从某种程度上说，虚假新闻的频频出现正是文化工业所带来的结果。[②] 商业化的运作带来了商业化的行为方式，商业媒体的最大目标就是在最短的时间内，争取更多的受众，从而争取更多的财源，就是在这样的商业利益的驱动下，媒体经济在某种程度上变成了"眼球经济"，为了赢得自身

① 参见郑根成《传媒娱乐化的伦理反思》，载《湖南师范大学社会科学学报》2006年第35卷第2期。

② 彭健：《虚假新闻的背后》，载《新闻爱好者》2004年第11期。

的经济利益，赢得收视率、收听率和占有市场份额，不惜损害媒体的公信力，使一些虚假新闻、有偿新闻、低俗报道充斥在各类媒体中，因此新闻行业应尽快建立成熟完善的行业规范和自律机制，唯此，行业在初次面对市场的残酷竞争和筛选的时候，才能把握住经济创收者和舆论引导者的双重身份不动摇，不迷失方向。

三、传媒伦理研究的社会功能探析

新闻传播伦理属于社会意识形态范畴。从新闻媒体所具有的职业属性来看，新闻传播伦理属于社会的意识形态范畴，在社会发展过程中，不可避免地具有促进社会成员价值观念的形成、传承社会文化等重要功能。

（一）认识教育功能

新闻传播伦理反映的是新闻传播活动主体间的利益关系，所以，对传媒伦理的研究一方面有助于传播主体和受众进一步理解和认识新闻媒体是为社会服务、为大众服务的“社会公器”，充当着社会的“守望者”和环境的监测者的角色，能够帮助人们正确认识环境变化的意义；另一方面，传媒伦理问题的研究有助于新闻从业人员厘清其职业界限，认识到新闻传播者的社会责任。

（二）对社会的调节控制功能

传媒伦理作为新闻道德的规范体系，对新闻传播活动起着一定的规范和控制作用。

1. 保护社会成员的权利

权利和义务是对立统一、相互依存的，作为社会规范，道德是从社会成员所具有的权利和义务的角度起调节作用的，也就是说，对社会成员权利的维护，是社会成员遵守一定职业道德的保障。

2. 制约社会成员的违规行为

传媒伦理道德对社会成员违规行为的制约与政策、法规的制约不同，传媒伦理道德的制约作用主要体现在社会舆论方面，“社会置身于舆论的氛围里，而所有的舆论又都是一种集体的形式，都是集体产生的结果”。[①] 在现代社会中，社会日益传媒化，新闻传播成了社会舆论聚合和发散的平台，对社会起着舆论监督的作用。

3. 道德示范功能

媒体是社会道德的守望者，代表了社会的良知，媒体通过传播活动和舆论功能的实施来维护社会最低的道德底线不被冲破。媒体是一种舆论机构，它既可以承载社会舆论，亦可以引导社会舆论，媒体对社会承担着道德责任，起着社会示范的作用。媒体一方面在事实的报道中不能违背真实客观的专业理念；一方面可以通过信息的选择和编码体现出一定的道德倾向。

四、结　语

以上从理论和实践两个方面对我国当下的传媒伦理问题进行了浅析，虽然此陋见远不能穷尽当今传媒业所面临的伦理失范的所有问题，如能进一步引起传媒业对此问题的反思，笔者就认为此文章发挥了它最大的作用了。毋庸讳言，当前我国新闻伦理失范的现象极其严重，新闻工作职业道德水平严重滑坡，影响了新

① ［美］约翰·罗尔斯著：《正义论》，何怀宏等译，中国社会科学出版社1997年10月版，第5页。

闻传播作为社会公器的形象以及新闻传播的社会公信力，如果任此现象发展，不仅会破坏新闻事业的声誉，干扰新闻传播秩序，影响新闻传播媒体及其从业人员的前途命运，还会严重扰乱社会道德秩序，助长社会不良风气蔓延。然而，解决这些问题仅把希望寄托于传媒业的自律是不够的，因为新闻媒体本身就是社会舆论监督的最强有力的工具，所谓“利斧不能自修”，传媒业还应该从新闻职业的外部环境、新闻业内部的制度与组织方面加强管理，一方面加强新闻业伦理道德制度的法制化、规范化，将道德的“软约束”转化为法规、制度为约束的“硬约束”，使其具有权威性和强制性；另一方面，要从外部环境入手，加强社会对媒体的舆论监督作用。唯有如此，才能减少新闻道德失范现象的发生，才能提高新闻业的社会信誉，从而推动整个国家新时期的精神文明建设。

参考文献

[1] 罗国杰:《伦理学》，人民出版社1989年版。

[2] 甄树青:《论表达自由》，社会科学出版社2000年版。

[3] [加] 麦克卢汉:《理解媒介——论人的延伸》，何道宽译，商务印书馆2000年版。

[4] 蓝鸿文等:《新闻伦理学简明教程》，中国人民大学出版社2001年版。

[5] 许启贤:《中国当代伦理问题》，教育科学出版社2000年版。

[6] 何怀宏:《伦理学是什么》，北京大学出版社2003年版。

[7]《列宁全集》中文2版，第11卷，人民出版社1987年版。

[8] [德] 施密特著:《全球化与道德重建》，柴方国译，社会科学文献出版社2001年版。

[9] 周泰颐：《新闻伦理学研究对象和研究范围辨析》，载《新闻学探讨与争鸣》1996 年第 2 期。

[10] 彭健：《虚假新闻的背后》，载《新闻爱好者》2004 年第 11 期。

[11] 郑根成：《传媒娱乐化的伦理反思》，载《湖南师范大学社会科学学报》2006 年第 35 卷第 2 期。

[12] 潘忠宇：《我国媒体伦理研究的新进展——第五届全国引用伦理学研讨会述要》，载《伦理学研究》2006 年第 1 期。

[13] 罗以澄、侯迎忠：《新闻记者的角色冲突与道德失范——兼论记者的职业责任与社会责任》，载《武汉大学学报》(人文社科版) 2006 年第 2 期。

[14] 丁柏全：《论新闻伦理对新闻活动的制约》，载《社会科学》，2007 年第 5 期。

[15] 胡兴荣：《艰难中寻求新闻与伦理的共存》，载《国际新闻界》2003 年第 3 期。

论少数民族伦理的宗教载体

云南师范大学哲学与政法学院　雷　希

引言：对民族宗教的再估计

如果继续“把宗教看成是超越一切时间、一切空间、一切条件而独立存在，或者看成是天赋的人类固有的本性，是一切有神论者的共同信念和教义”，① 那么，包括民族宗教在内的一切宗教归根到底都是不科学的，诚如恩格斯所说：“一切宗教都不过是支配着人们日常生活的外部力量在人们头脑中的幻想的反映，在这种反映中，人间的力量采取了超人间的力量的形式。在历史的初期，首先是自然力量获得了这样的反映，而在进一步的发展中，在不同的民族那里又经历了极为不同和极为复杂的人格化。”②

但是，如果我们把宗教的原生形态（而非后来西方列强用于殖民扩张的“鸦片”形态）看做人类文化的一种表现形态、人类精神的一种寄托形态，那么，宗教的一定程度的合情合理性就应得到肯定。相应的，如果我们看到那么多的少数民族把自己的宗教信仰视为命根子一样，像捍卫自己的脸面一样不容本民族

① 《中国大百科全书·民族卷》，中国大百科全书出版社1986年版，第517页。
② 恩格斯：《反杜林论》，人民出版社1970年版，第311页。

所信仰的神灵（这其实就是他们尊严、族格、理想的化身）受到亵渎，再想到民族宗教对各民族起到了如此巨大的凝聚抚慰作用，那么，我们就应当承认，少数民族宗教的一定意义上的合情合理性的确是存在的，其显著表现就在于它是少数民族伦理的强有力的载体。具体例证见如下所述。①

一、傣族南传上座部佛教对道德的运载

傣族佛教的信仰中，轮回、业报的思想较为突出，并贯穿在傣族视为“佛经”的一些著作、故事和格言中，例如共1 422行的宗教训诫诗《四方志》云：“十条佛戒要牢记，要当作座右铭。三宝五圣不践踏，赕佛修行不间断。以便明灯照前程，登天路上不离开。没有三宝携在身，怎能腾空上天国？只有汉雄才能上天国，没得到涅槃的人，只在人世轮回生。人人积德为后路，人人行善为下世。喂养牲畜勿践踏，所有动物勿欺压。杀生害命不吉利，仇缘结下转来世。来世道路还方长，两冤相遇必相报。不杀生，不害命，是戒律头一条。杀生害命结冤缘，转生来世仇必报。”② 其中“两冤必报”、“转生来世”的思想都不足取。但为了转生来世，强调人们要“不杀生”、“不害命”则在道德教化上是有许多积极内容的。这条现世修行之路也是可行的。总之，他们认为，人的身业（行动）、语业口业（语言）、意业（思想）皆分善恶，而不论善恶，皆有报应：善有善报、恶有恶报。尽管这种报应主要发生在死后或来生，但其道德震慑力都是可以明显地作用于现世众生的。

相应的，为了得到善报，避免恶报，傣族佛教广泛信仰

① 限于篇幅，本文对各民族宗教的一般情况一概从略。

② 转引自伍雄武《傣族哲学史》，民族出版社1997年版，第95页。

“赕”的观念。傣语“赕”字源于梵语 Dana，汉语音译为“檀”、“檀那”，意译为“布施”、“贡献”。[1] 这种观念通过佛经故事、寺庙图画等媒介广泛地向群众宣传：虔诚赕佛，能保护亲人，使子女健康、美丽、幸福，使父母死后在阴间吃穿不愁；虔诚赕佛，能使整个村寨安宁、兴旺。受此影响，傣族群众赕佛往往全力以赴、不惜一切代价，因此造成有些人家倾家荡产（不该倡扬）。由此从反面足见“赕”之道德感召的威力（可以改造）。

二、藏族本教及藏传佛教对道德的运载

在佛教传入藏区以前，藏族普遍信仰本教（即苯教）。“本教藏语称‘bon 本波’，汉文史书曾写作‘钵、本’，或作‘波、波本，俗称黑教’。”[2] 据《世代明镜》记载，黑教（即苯教）的创始人是聂直赞布。他登上王位后创立黑教，向人们宣传有关阴阳鬼神、天堂地狱的教义。“他向百姓说，只要信他的教的人就能降神伏鬼，能察知人的善恶。他宣传人要向善去恶，善者死后升入天堂，能享受无穷快乐；恶者死后打入地狱，遭受苦难”。[3]“因果循环、善恶报应”的思想仍贯穿其间，而信教能降神化鬼的思想诚然有“迷信”的成分，却比单纯的迷鬼信神的愚昧性强一些。而本教崇拜白石、山神、树神，在今天看来是不无环保伦理成分的。

① 参见伍雄武《中国少数民族哲学思想简史》，云南人民出版社 1996 年版，第 66 页。

② 肖万源等主编：《中国少数民族哲学·宗教·儒学》，当代中国出版社 1995 年版，第 174 页。

③ 肖万源等主编：《中国少数民族哲学·宗教·儒学》，当代中国出版社 1995 年版，第 175 页。

藏传佛教是一个博大精深的思想—信仰体系，本文不可能全面论及，只能就其中的伦理内蕴略陈一二。

西藏前弘期的密宗在佛性和成佛途径问题上，认为人心中本有“染”、“净”之分，染分为“心”、净分为“了”，而一切众生现前离垢的“空明觉了”即是人心中的清净化，它是生死涅槃一切法的本原，故名为“圆满”，明了此“空明觉了”就是解脱生死的最大方便，舍此别无更好途径，故其名为“大”（大圆满）。

“这就是说，众生身中无始本有的清净心性为大圆满。众生因迷此而流转生死，若能悟此就证得涅槃”。① 这些布道未免神秘，但驱“迷”觉“悟”之道还是比较有道德修养的现实性的。

西藏后弘期最著名、最重要的高僧八思巴也有诗云：“教有盛衰佛明训，有情安乐系自业。随类被机施教化，不解此理非学者。”另一名僧宗喀巴则认为一切业果等法须待众缘才生起，故其目性皆空，而缘起却实有。“这样，‘缘起有’和‘自性空’就统一起来了：由于自性空，才能缘起有；因是缘起有，所以自性空。”②

只不过自性空是就“胜必缔”而言的，缘起有是以“俗缔”上讲的。总之，世间万象虽无其名（性空）却有其实（缘起）。据此，他批判了与此相左的各种见解：有的执“性空”为“毕意无”从而否定善恶业果等法，认为它们本来是空；有的则走向另一极端，执法空为实有；“再有的，则主张一切法既非有，也非无，修行者不应作意于有我无我、是空非空，而要以‘不

① 引自中国佛教协会编《中国佛教》第1辑。

② 伍雄武：《中国少数民族哲学思想简史》，云南人民出版社1996年版，第60页。

作意'为修真性之法门"。[①] 剥去其重重叠叠的宗教语言外衣，仍可见其合理思想的闪光：肯定善恶业果的实有及其在宗教信仰中的地位。只不过这种闪光是透过思辨的缝隙弥漫出来的。

三、白族本主崇拜及佛教对道德的运载

本主崇拜是一种祖先崇拜，它由原始的自然崇拜和图腾崇拜发展而来，普遍盛行于白族中（甚至远在湖南省桑植县的白族也是全民信仰本主），从古至今，极大地影响了白族社会生活的方方面面，如果说白族人人信本主神、村村立本主庙，那是一点都不过分的。

"本主"，意即本乡本土的主宰者或主人，白语音为"本任尼"、"兜波尼"，汉语意为始祖。

白族本主信仰的最大特色就在于其显著的世俗性和广泛性，在诸多民族宗教形态中是最有生活气息和人情味的。本主群体中有帝王将相，有文人雅士，有平民百姓，可谓人文荟萃、仪态万方，但都有一个共同特征，即具有正义感和英雄气，都是符合中国传统的"立功、立德、立言""三不朽"要求的一部或全部的。例如为民除害、造福人民的平民英雄杜朝选、段赤诚，刚健有为的王侯将相细奴逻、阁罗凤、段宗牓、郑回、李宓、傅友德及《南诏德化碑》的书丹者杜光庭等都是白族地区著名的本主。[②]

白族人民对自己本主的崇拜是真心实意的，正是这些本主象

① 伍雄武：《中国少数民族哲学思想简史》，云南人民出版社 1996 年版，第 60 页。

② 参见肖万源等主编《中国少数民族哲学·宗教·儒学》，当代中国出版社 1995 年版，第 182～183 页。

征了这个民族道德的脊梁和价值的取向。而这些本主的精神力量对于历代白族群众的感化也有如春风化雨一般。对此，有学者说得好："白族本主则是本乡本土的主宰者，是人们的'主人'，在冥冥之中主宰人们生老病死、吉凶祸福的保护神。本主能赏善罚恶，耕云播雨，保佑人们清吉平安、五谷丰登、六畜兴旺，有神的威严，又有人的情欲，是主宰白族生活的超自然力量。"[①]千百年来，白族人民在洱海之滨、苍山脚下世代生息、繁衍，始终保持了良好的淳朴民风和和合的民族性格，这与本主教化的道德熏陶也是分不开的。

白族的佛教也别具一格，情理交融，意趣盎然。南诏和大理国时期，白族信仰阿吒力教，知识分子持积极入世的人生态度，如著名的《山花碑》写道：

> 成国家盖世功名，享朝廷尊贵爵禄；
> 慈悲治理众人民，才等周文武。
> 恪恭敬父母天地，孝养教子孙释儒；
> 礼佛不绝钟磬声，消灾难添福。[②]

这里，儒心释影，交相辉映，均予人们的冷暖以深切的关怀。这种交融状况在大理国时期更加深化，以至出现了一个名为"释儒"、"儒释"、"师僧"的士阶层，他们是精通儒学的僧人或深通佛理的儒生，他们既神往超尘脱凡之化境，又投身修齐治平之实地，既渴求涅槃、成佛，又接受王室的册封而出入仕途。这对白族乡风的深沉、淳厚无疑起到了融会作用。所以，大理在

① 肖万源等主编：《中国少数民族哲学·宗教·儒学》，当代中国出版社 1995 年版，第 184 页。

② 赵橹：《白文〈山花碑〉译释》，云南民族出版社 1988 年版，第 107 页。

滇地首先号称“文献名邦”，不是偶然的。

四、鄂伦春等族萨满教、朝鲜族天道教、纳西族东巴教、彝族毕教对道德的运载

鄂伦春、鄂温克、赫哲以及达斡尔等民族信仰过或仍在信仰的萨满教中有鬼神迷信、封建专制等不良成分，但也有一定的积极内容，即保持着对各种自然物的崇拜，如对火的崇拜，“它被认为是最神圣、最洁净、最亲切的，任何萨满教的仪式都离不开火，而且是仪式的中心”。① 而蒙古族“敖包是宗教仪式和各种集体活动的场所，是一种神圣信念的象征，人们平时过此定要下马，或洒祭酒食，叩头祈祷，或添上垒石，剪下马鬃毛及各色布条，系于敖包，以求安吉”。② 由此也可见天人之间的一种温馨之情。

朝鲜族天道教则更多地运载了现代历史的风风雨雨，具有强烈的反对日本侵略的倾向和传统，在日寇侵占朝鲜后，朝鲜族天道教提出“要争取民族独立，必须发展天道教”的口号。此外，天道教的反封建倾向也比较突出，有强烈的民族自由平等意识。“天道教公开反对传统朱子学的名分论以及封建等级特权和专制统治。它主张人人应‘平等无差别’，奴主、嫡庶、男女是平等的，‘人分为贵贱是违背了天意’，即使在天与人的关系上，它也认为‘主权在民’，‘不在天’。”③ 这种教化就已经达到启蒙与救亡的层次上了。

---

① 蔡家麒：《论原始宗教》，云南民族出版社 1988 年版，第 114 ~ 115 页。

② 蔡家麒：《论原始宗教》，云南民族出版社 1988 年版，第 115 页。

③ 金京振：《论朝鲜族天道教经典的内容及其思想来源》，载肖万源等主编《中国少数民族哲学·宗教·儒学》，当代中国出版社 1995 年版，第 195 页。

纳西族信仰“东巴教”。纳西语“东巴”意为“通经者”，即东巴教法事的主持者、宣教者，“东巴教”因此而得名，其经典俗称“东巴经”。东巴教是一个相当庞大、丰富的信仰体系，其中含有大量的关于事物两两对立和交互作用的思想，例如，它把“黑”与“白”作为一对基本的概念，认为“白”代表善良、圣洁、美好的东西，而邪恶、污秽、丑陋的东西则是“黑”的。由此足见纳西人民是黑白清楚、善恶分明的。

彝族普遍信仰毕教，毕教兴盛直至现代。它认为人死之后则魂归“漠密”（阴间、天堂）世界，与人世没有差别，在那里同样要男耕女织、吃饭穿衣、婚配成家、生儿育女。因此，毕教一方面主张对生前当世的留恋（基于世俗情感），“另一方面又认为，死亡不过是到另一个世界去过人世的生活，因此教导人们，当生则生，以求人世的生活价值；当死则坦然去死，去求死后的生活价值。这种生死观，虽然是一种虚幻的宗教观念，但是却也使得彝族群众以一种较坦然的态度去对待生死”。[①] 此外，占卜是毕教的重要宗教活动，其卜辞在看到天地、主客诸因素决定人事的同时，又强调当事人主观努力的作用。如占卜商务：“利弱主急，天佑地护，努力才得”；占卜战事：“敌众而乱”、“苦战可胜”、“互有胜负，不艰苦，有损。”[②] 归根到底还是倡导人们事在人为、勤劳勇敢、自强不息。

结语：对民族宗教的再设计

以上所述则足以证明民族宗教是有一定的合情合理性的，而

① 伍雄武：《中国少数民族哲学思想简史》，云南人民出版社 1996 年版，第 41 ~42 页。

② 岭光电译著：《凉山彝族习俗点滴》，转引自伍雄武《中国少数民族哲学思想简史》，云南人民出版社 1996 年版，第 42 ~ 44 页。

并非只是唯心主义神秘论铁板一块。所以我们不能把蒙昧主义、幻术迷信完全加于民族宗教，更不能把民族宗教直接等同于幻术迷信、蒙昧主义。

从以上天南地北生动的民族宗教事例我们不难看出：民族宗教具有强有力的运载道德的功能。由此而形成的道德感染、教化甚至比直接、单纯的道德说教还要有效，更能震慑人心，更能深入人心。激发人们发自内心的道德虔诚——或敬畏，或拜服，凡此种种，不一而足，这种道德心理效应对于民风的淳厚、民族的凝聚、社区的和睦的积极保障作用也是显而易见的。

有鉴于此，我们可以进一步设想：在我国少数民族地区进行社会主义道德文化建设的同时，如能与各民族宗教当中的合乎情理的成分（如某些教义、仪轨等等）有机地结合起来，通过后者的运载而广泛、深入地传播开去，成效可期，不妨一试。

坚定不移地走改革开放的道路

——纪念改革开放三十周年

昆明理工大学　贾　琦

1978年，我们党召开具有重大历史意义的十一届三中全会，开启了中国改革开放的历史新时期。中国的改革开放走过了三十年风雨兼程、波澜壮阔的胜利历程。这三十年以来，我国的改革开放取得了令世人瞩目的成就，即使是那些曾对中国的改革开放持怀疑或反对态度的人，也不得不承认，改革开放是继中国共产党领导全国各族人民推翻“三座大山”、建立新中国之后，中国共产党领导全国各族人民进行的又一次最深刻、最广泛的伟大的社会变革。正如党的十七大报告中指出的：“改革开放是决定当代中国命运的关键抉择，是发展中国特色社会主义、实现中华民族伟大复兴的必由之路；只有社会主义才能救中国，只有改革开放才能发展中国、发展社会主义、发展马克思主义。”[①] 今天，一个充满活力的社会主义中国巍然屹立在世界的东方。

---

① 胡锦涛：《高举中国特色社会主义伟大旗帜　为夺取全面建设小康社会新胜利而奋斗——在中国共产党第十七次全国代表大会上的报告》，人民出版社2007年版。

一、改革开放所经历的伟大历程

1978年12月18日，中共十一届三中全会在北京胜利召开。十一届三中全会是在党和国家一个重要的历史关头召开的一次全会，是新中国成立以来具有深远意义的伟大转折。它全面、认真地纠正了“文化大革命”中及其以前的“左”的错误，在思想、政治、组织上全面恢复和确立了马克思主义的正确路线，确定了解放思想、实事求是的思想路线，做出了把工作重点转移到社会主义现代化建设上来的战略决策，提出了改革开放的方针，拨转了中国历史前进的航向，开创了中国特色社会主义建设的新道路，引领中国发展步入快车道。

安徽省凤阳县小岗村18户21位农民在一张包产到户的约定上按上自己的手印，成为引发中国农村经济管理体制改革，继而成为诱发中国第二次革命——改革——的先声。长期在“左”的思想束缚下的广大农民率先冲破了人民公社体制，创造并推行了以家庭承包为基础的责任制和统分结合的双层经营体制，进而迸发出巨大的社会主义积极性。其后，农村经济向专业化、商品化、现代化迅速转变。农村改革的突破和成功，不仅扭转了农业生产的长期被动局面，极大地促进了农村经济的发展，而且对于全国的经济体制改革也提供了重要借鉴，更加坚定了全党和全国各族人民对改革开放的信心。农村改革还直接推进了城市改革，形成了第二次农村包围城市之势。

1984年10月20日十二届三中全会通过的《中共中央关于经济体制改革的决定》，标志着经济体制改革进入了以城市为中心的全面改革探索阶段。在这个阶段中，我们在若干个方面都取得了重大的突破：价格改革使原有的不合理的价格体系和价格管理体制发生了很大的变化；企业改革在继续扩大企业自主权的同时，积极推行承包制；所有制结构的改革迈出了坚实的步伐，以公有制为主体、多种经济成分并存的格局初步形成。同时在理论研究上也取得了进展：突破了把计划经济与商品经济对立起来的传统观念，提出我国的社会主义经济是在公有制基础上的有计划的商品经济，从而为经济体制改革提供了新的理论支持；比较系统地阐述了社会主义初级阶段理论，为开辟建设有中国特色的社会主义道路奠定了重要的理论基石。城市经济体制改革从所有制经济运行机制全方位多领域纵深发展，真正触动了长期僵化的计划经济的主体部分，为国民经济的发展注入了新的活力，更重要的是从整体上为建立社会主义市场经济作了思想上的准备。

1992 年 1 月 17 日，邓小平同志视察南方并发表了重要谈话，这是对马克思主义理论的又一次突破和发展，是中国改革开放历程中具有划时代意义的里程碑。同年召开党的第十四次全国代表大会，确立了邓小平建设有中国特色的社会主义理论在全国的指导地位，确定我国经济体制改革的目标是建立社会主义市场经济体制。这一时期的改革探索取得了显著的成效：在企业改革中，提出要进一步转换国有企业经营机制，建立适应市场经济要求；在宏观调控领域的改革中，加快财政、金融、投资体制改革，有效地缓解经济过热，增强防范和抗御金融风险的能力；粮食流通体制、住房制度、医疗制度、社会保障制度、政府机构等方面的改革也都取得了重大进展。通过这些改革，社会主义市场经济体制的基本框架已经初步形成。在理论上，“三个代表”重要思想继续为改革开放指明了方向。

2002 年 11 月 8 日在北京召开的党的十六大是在我国发展进程中具有重大历史意义的大会。十六大坚持以党的基本理论和基本路线为指导，总结了建设有中国特色社会主义的基本经验，确立了“三个代表”重要思想的指导地位，作出了全面建设小康社会的战略决策。十六大以来，我国坚持以邓小平理论和“三个代表”重要思想为指导，改革开放取得了一系列重大突破。农村综合改革逐步深化，国有企业和金融等领域改革取得显著进展。非公有制经济进一步发展。市场经济体系不断健全，宏观调控继续改善，政府职能加快转变。2003 年 10 月党的十六届三中全会通过的《中共中央关于完善社会主义市场经济体制若干问题的决定》，对完善社会主义市场经济体制和开放的经济体系作了全面部署，这是改革开放新阶段理论和实践创新的重大成果，对我国新阶段的改革开放产生了重大的影响。

二、改革开放所取得的辉煌成就

站在新的历史的起点上，回望改革开放三十年走过的路程，我们取得了各个方面的辉煌成就，特别是在经济建设上实现了快速发展，充分证明了中国特色社会主义的成功。

1. 成功实现了由计划经济体制向社会主义市场经济体制的转变

从新中国成立到 1978 年之前的这段时间，我国逐步建立了全国统一的计划经济体制，不可否认的是，计划经济体制在特定的条件下曾经发挥过积极的作用，但随着我国经济发展的规模不断扩大，其体制中的一些弊端也逐渐显露出来。经过了三十年的改革，原有的计划经济体制逐渐退出了历史舞台，社会主义市场经济初步建立起来。确立了社会主义初级阶段以公有制为主体、多种所有制经济共同发展的基本经济制度和以按劳分配为主体多种分配方式并存的分配制度；农村改革取得了突破性进展，实行家庭联产承包为基础、统分结合的双层经营体制，极大地调动了农民的积极性；现代企业制度的塑造增强了企业的活力和竞争力；政府职能转变；法制建设取得了重大进展。各个领域的改革都深入开展，其协调性不断增强。

2. 形成了全方位的开放格局，经济保持平稳快速发展

对外贸易的迅速发展，进出口总额从1978年的206.4亿美元增加到2007年的21 738亿美元；利用外资规模效果明显，自1993年以来，我国已经成为吸收外资最多的发展中国家；从改革开放之初的东部沿海到现今的西部大开发以及中部的崛起和振兴东北老工业基地战略，基本形成了多层次、多形式、宽领域、全方位的对外开放格局。三十年来，我国的GDP以年均接近10%的速度增长，总量由1978年的3 645.2亿元增加到2007年的246 619亿元，跃居世界第四，人民生活水平显著提高。①

3. 改革开放的历史性决策开辟了中国特色社会主义道路，推动了中国特色社会主义理论体系的形成

正如胡锦涛所指出的："中国特色社会主义道路，就是在中国共产党领导下，立足基本国情，以经济建设为中心，坚持四项基本原则，坚持改革开放，解放和发展社会生产力，巩固和完善社会主义制度，建设社会主义市场经济、社会主义民主政治、社会主义先进文化、社会主义和谐社会，建设富强民主文明和谐的社会主义现代化国家。中国特色社会主义道路之所以完全正确、之所以能够引领中国发展进步，关键在于我们既坚持了科学社会主义的基本原则，又根据我国实际和时代特征赋予其鲜明的中国特色。在当代中国，坚持中国特色社会主义道路，就是真正坚持社会主义。中国特色社会主义理论体系，就是包括邓小平理论、'三个代表'重要思想以及科学发展观等重大战略思想在内的科学理论体系。这个理论体系，坚持和发展了马克思列宁主义、毛泽东思想，凝结了几代中国共产党人带领人民不懈探索实践的智慧和心血，是马克思主义中国化最新成果，是党最可宝贵的政治和精神财富，是全国各族人民团结奋斗的共同思想基础。中国特

① 1978年数字来源：《中国统计年鉴2006》，中国统计出版社2007年版。

色社会主义理论体系是不断发展的开放的理论体系。《共产党宣言》发表以来近一百六十年的实践证明，马克思主义只有与本国国情相结合、与时代发展同进步、与人民群众同命运，才能焕发出强大的生命力、创造力、感召力。在当代中国，坚持中国特色社会主义理论体系，就是真正坚持马克思主义。"①

三、改革开放所获得的宝贵经验

一是要解放思想，实事求是，实现“十个结合”，走中国特色的改革开放的道路，“坚持把马克思主义基本原理同推进马克思主义中国化结合起来，把坚持四项基本原则同坚持改革开放结合起来，把尊重人民首创精神同加强和改善党的领导结合起来，把坚持社会主义基本制度同发展市场经济结合起来，把推动经济基础变革同推动上层建筑改革结合起来，把发展社会生产力同提高全民族文明素质结合起来，把提高效率同促进社会公平结合起来，把坚持独立自主同参与经济全球化结合起来，把促进改革发展同保持社会稳定结合起来，把推进中国特色社会主义伟大事业同推进执政党的建设新的伟大工程结合起来”。② 贯穿这“十个结合”的一个最本质的结合，就是把坚持科学社会主义基本原则同根据我国实际和时代特征赋予其鲜明的中国特色结合起来。从这一点来说，“十个结合”的宝贵经验，实际上阐述的是中国在改革开放中形成的超越于表面成就的更为本质的成就。也就是说，中国取得改革开放的成功，在本质上是一种制度文明的成功

① 胡锦涛：《高举中国特色社会主义伟大旗帜　为夺取全面建设小康社会新胜利而奋斗——在中国共产党第十七次全国代表大会上的报告》，人民出版社 2007 年版。

② 胡锦涛：《继续把改革开放的伟大事业推向前进》，载《求是》2008 年第 1 期。

和发展模式的成功，这种制度和模式就叫做中国特色社会主义。

二是改革开放要符合民心，顺应时代的潮流，坚持正确的发展方向。我国的改革开放是在取得社会主义建设的伟大成就和艰难摸索社会主义建设规律取得宝贵经验的基础上进行的，是在以计划经济体制为主导的条件下展开的。这样特殊的背景决定了我国的改革开放不可能一帆风顺，也不可能一蹴而就。但是只要我们发展的方向目标明确，就一定能使社会主义和马克思主义在中国大地上焕发出勃勃生机，给人民带来更多的福祉。坚持改革开放的方向不动摇，是三十年来改革开放所积累下来的宝贵经验，也是中国走向下一个胜利的宝贵财富。

三是三十年的改革开放的实践证明，坚持以中国特色社会主义理论体系为指导，坚定不移地走中国特色社会主义道路，首要的一点就是坚持一切从中国的实际出发。而我国最大的实际就是处于并将长期处于社会主义初级阶段，也就是不发达的社会主义阶段。我国的改革开放之所以能取得巨大的成功，最主要的一个原因就是克服了一些错误的观点和政策，及时抵制了曲解社会主义制度的错误观点。做到了这一点，才能使广大的人民群众脚踏实地地建设社会主义，使中华民族大踏步地赶上时代潮流。

改革开放是一场新的伟大革命，前进的道路上不可能一帆风顺，还会出现很多新的情况和问题需要我们去解决。但只要我们解放思想，实事求是，与时俱进，勇于创新，勇于变革，就一定能使一个充满活力的社会主义中国走向繁荣富强，迎来中华民族的伟大复兴。

“相濡以沫”还是“相忘于江湖”？

——两种境界的当代解读

昆明理工大学　任阿娟　张仲华

“相濡以沫”与“相忘于江湖”一般可以看做是儒道两家不同的道德价值诉求和社会关系的理想状态，表达了两种不同境遇中的不同道德取向，也蕴含了两家不同的社会理想追求路径。如果不看其所处的境域即前提条件，单看其道德取向孰优孰劣，人们一般还是更愿意倾向于前者。然而，如果进一步考量各自的前提条件及其相应的可能结果，人们又会更愿意选择后者。尤其是在市场经济条件下，人们大多会对后者寄予更大的好感。在今天看来，二者既具有不同的积极价值诉求，也各有其实践困境。在贯彻落实科学发展观、构建社会主义和谐社会的现代实践中，进一步解读和发掘其积极价值，依然会给当今的人们以启迪。

一、争执的焦点：仁爱救世，还是道法自然

春秋战国以降，诸子百家争鸣，从而为中国文明积蓄了开掘不尽的思想文化宝藏。儒道之争是最令后人受益的宝藏之一。其中“相濡以沫”与“相忘于江湖”，曾经两度出现在《庄子》一书中，一次在《庄子·外篇·天运第十四》中，记载孔子见老子而语仁义，老子给孔子讲述了一个故事：“泉涸，鱼相与处于陆，相呴以湿，相濡以沫，不如相忘于江湖。”一次在《庄

子·内篇·大宗师第六》中独立的一段文字，紧接上句之后还加了一句“与其誉尧而非桀也，不如两忘而化其道”。这引起许多读者的兴趣与不同的解读和意义的延伸。笔者以为，这可以看做是表达了儒道两家不同的道德价值诉求和治国理念——是在困境中相互支持，竭尽全力共渡难关，还是在顺境中自由自在，各奔东西。

在中国传统文化中，以孔孟为代表的儒家倡导“仁爱”“礼制”思想，被认为看重“相濡以沫”的道德境界与追求——群鱼被困于泉水干涸的池塘中，便用呼出的湿气湿润对方，用口中仅有的一点点唾沫涂抹于对方的体表，尽量使对方苟延残喘，尽可能地延长生命。在这种极端恶劣的生存环境里，在面临着灭顶之灾的情况下，能够尽自己所能相互救助，给其他鱼以一线生机。这样一种道德境界使仁义关怀达到了极致。“仁”者爱人，“义”者尽己所能最大限度地承担责任，这被看做是儒家的道德信念。“相濡以沫”可以说生动形象地诠释了这种道德信念，历经几千年，仍然能够给无数人带来心灵的温暖，能使人们体会到人性中最令人感动、最无私博大的互助、利他情怀，其崇高和伟大跃然其间。这就是许多人所理解的儒家的人文关怀，就是“仁爱”精神，就是身处绝境而自强不息、患难与共的集体主义精神。越是在艰难困苦的条件下，人们越是能够从中获得力量。孔子的“克己复礼，天下归仁”主张，也是围绕这种“仁爱”而展开的。

而道家以老庄为代表，力主“无为”、“自由”、“自然”。这种思想，则对儒家的仁义理念提出了质疑与挑战。老庄认为比“仁义”关怀更好的存在方式，是“相忘于江湖”。在江湖中生存的鱼，不会想到用“相呴以湿，相濡以沫”的方式关怀其他个体。人们从中可以看到道家更向往水源丰沛，鱼群在充盈的大江大湖中逍遥自在，不必为别的个体谋水也不必依赖别的个体提供的水，从而“相忘于江湖”。在一个顺应自然规律、生存状态良好的社会里，人们同样会忘掉“仁义”，因为任何人都生活得很好，不需要别人的关心帮助。这种状况初看起来似乎少了一些人情味，少了一些人际关怀，少了一种“患难真情”，少了一些社会责任，但如果仔细考察其前提条件，考察其前因后果，实际上道家向往的状态比“相濡以沫”要好很多很多，给人们展示的是一种生存资源充盈、富足而自由自在、超然洒脱的生存境域。这种状态中生存的可持续性，其前因后果的自由美好是显而易见的。

至于后一句中“与其誉尧而非桀也，不如两忘而化其道”，更显出道家的理想追求与治国发展理念同儒家的不同。儒家以“仁爱”为治国的核心理念，在春秋战国礼崩乐坏、诸侯争霸、战火连年、天下大乱的情况下，儒家竭力主张君王应该效仿上古的尧帝以行仁爱，而不要效仿桀帝施行暴虐，指望通过君王的模范道德行为恢复天下的秩序与太平。在这种以仁爱帝王为榜样的秩序中，老百姓也能够安贫乐道，安分守己，恪守其责，即使在极端恶劣的生存条件下，也能够“相濡以沫”，自强不息，达到天下太平的理想境地。道家则不以其然，认为与其称誉尧而谴责桀，不如“两忘而化其道”。道家历来主张“道法自然”，也就是说，不必强求今人刻意效仿谁，而应该进一步寻求如何才是符合人们生存的现实条件和理想状态。作为比喻中的鱼儿，江湖充裕的水资源才是其理想的生存环境，在大江大湖中自由自在地畅游而不必时刻惦记为别的鱼提供湿气、唾沫，任何鱼儿也不需要和依靠别的鱼儿的提供就能够欢畅地游弋、自在地生存。这就是道家的理念与追求。它认为应该追求自然之道，追求最适合生存的环境，就是道法自然。

可见，二者争鸣的焦点在于，一家主张仁爱救世，一家主张道法自然。

二、争执的实质：有为，还是无为

起码在有为还是无为这个问题的争论中，两种主张区别的实质在于，是在人的智慧与欲望主导下人为地勉强挣扎、构建等级秩序，还是按照"天道"即人的自然淳朴本性回归怡然自得的赤子般的本色生存。

儒家主张积极有为，甚至是"知其不可而为之"，主张通过"苦其心志，劳其筋骨，饿其体肤"，"艰难困苦，玉汝于成"，以达至修、齐、治、平的目的。贯穿其中的，就是这种"相呴以湿，相濡以沫"的至高道德境界以及"君君、臣臣、父父、子子"的等级秩序。

在道家看来，这种刻意雕饰、勉强为之的"仁爱"之举，根本不能解决"泉涸"这一生存危机。在"泉涸"的环境中，各自竭力施行"仁爱"、"等级"的结果，也难免必然一死。只有在江湖中，才是鱼儿们的唯一生路。在江湖之中，鱼儿们不具备"仁爱"品质，也不讲礼仪秩序，因为它们根本不需要"相呴以湿，相濡以沫"以求生存，也不必刻意雕饰自己的言行举止，只需回归淳朴自然的本色行为就足够了。因此，道家主张"相忘于江湖"的自由混沌境界。

今天看来，从道家的主张中，应该包含这几层意思：

一是应该由有道的圣人来治理天下，以避免"泉涸"这样的生存危机出现。之所以会出现"泉涸"这样的生存危机，除了"天灾"之外，主要源自于"人祸"，即统治者的巧取豪夺，穷奢极欲。老子在《道德经》写道："以正治国，以奇用兵，以无事取天下。……天下多忌讳，而民弥贫；人多利器，国家滋昏；人多伎巧，奇物滋起；法令滋彰，盗贼多有。故圣人云：'我无为，而民自化；我好静，而民自正；我无事，而民自富；

我无欲，而民自朴。'"就是说，以无为、清静之道去治理国家，以奇巧、诡秘的办法去用兵，以不扰害人民而治理天下。……天下的禁忌越多，老百姓就越陷于贫穷；人们的锐利武器越多，国家就越陷于混乱；人们的技巧越多，邪风怪事就越闹得厉害；法令越是森严，盗贼就越是不断地增加。所以有道的圣人说，我无为，人民就自我化育；我好静，人民就自然富足；我无欲，而人民就自然淳朴。而天下就应该由这样的圣人来治理，就可以避免"泉涸"的危机。

《道德经》还写道："民之饥，以其上食税之多，是以饥。民之难治，以其上之有为，是以难治。"这就是说，人民之所以遭受饥荒，是由于统治者吞吃赋税太多，所以人民才陷于饥饿。人民之所以难以统治，是由于统治者政令繁苛、喜欢有所作为，所以人民就难以统治。在老子看来："天之道，损有余而补不足。人之道，则不然：损不足以奉有余。孰能有余以奉天下？唯有道者。"即自然运行的规律，是减少有余的补给不足的。可是现在社会的法则却不是这样，是要减少不足的，来奉献给有余的人，这样就导致民不聊生。谁能避免这种不合理的现象，减少有余的，以补给天下人的不足呢？只有有道的人才可以做到。

所以，老子主张圣人按照"天道"治理国家，让民众生活在适合于他们生存的环境之中，如同鱼生活在江湖之中般自由自在。在这种社会里，因为不存在严重的生存危机，所以，人们无须"相呴以湿，相濡以沫"。

二是当"泉涸"这样的生存危机不幸降临时，有效的应对办法，是改变"泉涸"现状，返回江湖，才是根本的生机所在；"相呴以湿，相濡以沫"，是一种于事无补的无效行为，是没有希望的徒劳之举，不值得提倡，怎能够与"相忘于江湖"相提并论呢？至于怎样才能由"泉涸"达至"江湖"，道家所给的路径恐怕也是无济于事的——他们是想通过人们返回"结绳记事"

的更加远古的无欲无求、混沌未开的初始状态。

三、当代启示：道德关怀，还是行为自由；抑或二者之辩证超越

如果说在百家争鸣的时代及其后很长的一个以小农经济为主体的历史时期，生产的不发达、社会制度的不合理，导致生存资源短缺，生存环境严酷，天灾人祸频仍，内忧外患不断，使得民众每个人不得不竭尽全力才能够艰难地维持基本生存，需要“相濡以沫”的相互关怀、相互支撑才能温暖人间，儒家道德深入人心；而“相忘于江湖”既无法实现，还遥不可及，从而受到大众冷落的话，那么，在人们日益摆脱生存困境、摆脱生存资料短缺，拥有越来越强大的获取物质资料的能力和抵御各种灾害的能力，拥有变革和建构更加合理的制度的能力的情况下，对道家展示的这种境域的逐步认同、引申乃至向往，就是自然而然的事了。

事实上，人的现实生存的社会性、复杂性，乃至于在天灾人祸面前有时候表现出的脆弱性，使得逆境和顺境（相对意义的）这样两种境域不会是截然两分的，而更多时候是辩证交织的，有些时候侧重于顺境这种境域，有些时候则侧重于逆境那种境域，也相应地需要这两种不同的道德境界。比如富足祥和时多一些个体的自由洒脱，而遭遇不测的就需要“相濡以沫”。显而易见的是，中国在摆脱了农业经济条件下的贫困短缺，在现代化进程中实现了整体小康，在市场经济条件下进一步构建社会主义和谐社会，在这样的环境下，“相忘于江湖”已经成为现实的常态，而“相濡以沫”则主要成为一种值得珍藏和在非常的情况下才会需要的道德行为。

人们生存发展的理想状态和所追求的最终目的，不是获得仁

义关怀，当然更不是要返璞归真。但凡一个社会很需要人文关怀，很强调仁义之举，疾呼“相响以湿，相濡以沫”的时候，这个社会的生存条件一定出现了危机，人与人之间的关系一定极度紧张，甚至面临巨大的灾难；而如果人们淳朴若赤子，无知无识，无欲无求，互不往来，无牵无挂，这肯定是痴人说梦。只有在文明进步、制度昌明，社会经济繁荣发展，物质生产能力迅速提升，交往关系普遍发展，民主权利充分保障的条件下，人们各自做好自己的事情，生活得以殷实富足，并且能够生活得一天比一天好，在仁义方面虽然不必刻意强求，但人与人之间充满善意的温暖与足够的自由，这才是最理想的社会、最和谐的社会。当然，这样的社会既是对传统理想的延伸，更是在社会主义指引下的崭新构建。

显而易见的是，在现代社会中，科学技术、哲学智慧、人文精神、民主自由、公平正义在人们美好生活追求和现实中的地位和作用极大地提升，今非昔比，道德情怀和自由境界也远非儒道两家所能容纳。但无论在任何时候、任何情况下，道德的关怀、自由的行为依然是人们追求理想的生活所不可或缺的。

从中国传统思维方式到现代思维方式的对接

昆明理工大学社会科学学院　李　敏

思维是人类特有的最基本、最重要的意识活动。人类的文明、人类的进步、人类的一切创造离不开人类的思维活动。所谓思维方式，是指人们的理性认识方式，是人们按照一定的思维方法和思维程序反映客观世界的相对稳定的思维运行模式。它作为规范和引导人们认识和思维活动的一个范畴，在观念层面上反映了社会发展的特点、趋势和要求，同时也显现出自身存在的时代性、相对稳定性和群体性。可以说，世界各民族思维方式是社会历史和生产方式动态的定格，传统的思维方式是与该民族的原始背景结为一体的。从总体上讲，绵延中国几千年历史的过程、左右着世代炎黄子孙实践活动的中国传统思维方式，对今天从事现代化建设的中国人依然发挥着重要影响作用。然而作为中国现代化的发展，必须首先是现代思维的具备与发展。现代化不能局限于科学技术层面，更重要的是应该有文化深层的现代化相配合，其中包括价值观念、思维方式以及对我国传统历史文化的反思等。当然思维方式的现代化不可能完全抛开传统，而是对传统思维方式的扬弃，是批判继承和创新发展的统一。要批判继承中国传统思维方式，使其现代化，就必须对其进行理性的反思，辩证地分析其优劣，寻找传统思维向现代思维转化的内在契机，这样才能揭示传统思维现代化的创新发展之路。

一、中国传统思维方式的最主要特征

（一）整体性特征

在中国古代，人们强调人与自然、主体与客体、个人与社会、感性与理性的统一，尤其以“天人合一”的思想为代表。无论是儒家还是道家都认为天地（世界）是一个整体，人和自然界的万物也都是一个整体，整体是由许多部分组成的，其中各个部分之间是密切关联的。人和自然界、人和社会并不存在对抗性，而是相互贯通、互相依存、互相联系，浑然成为一个有机的整体的。人与自然界除了可以组成一个大系统外，还可以各自组成分系统，分系统还可以由许多更小的系统与部分组成，各组成部分之间是不可分割的，要了解部分，必须以了解整体为基础，不通过了解整体就无法把握部分。而如果这种整体性思维缺乏分析的前提，对事物的认识必然模糊、笼统，导致不能逻辑地运用思维，因此，在中国传统思维中往往忽视精确化、定量化，对概念的界定具有不确定性，所谓“道可道，非常道；名可名，非常名”。传统思维概念的不确定性和综合性显然阻碍了逻辑思维的发展，不仅如此，它还会通过模糊认识的所谓正确性，给人一种似是而非的满足，消解人们探求真理的努力。

（二）互补性特征

中国传统哲学的阴阳学说对互补性思维的影响与形成是最为主要与关键的。阴阳学说认为，任何事物都有阴阳，任何变化都离不开阴阳，阴阳相反相成。阴阳是中国宇宙论、本体论以及形而上学体系最基本的范畴。阴阳观对于中国古代科技、文化等等方面的影响是十分深刻的，由此便形成了有特色的传统辩证思维方式，这就是讲求和谐、共存的互补思维。一方面承认任何事物都包含有相互对立的两方面，另一方面又认为对立双方是相互依存、互为补充、互为转化的，应注重阴阳互补调和，求取对立双方的统一和谐，以达到保持事物稳定的目的，一切导致对立双方走向对抗斗争的行为和因素都是必须避免与消除的。这种事物间的互补特征，势必强调对立面之间的关系，这样就导致它们倾向于折中融合。对于天人关系，古代虽有荀子的“天人相分”之说，但总的倾向是“天人相与”、“天人合一”，强调人与天地的不可分离性。如庄子提出“天地与我并生，而万物与我为一”；程颢、程颐提出“天人本无二，不必言合”，“天、地、人只一道也”。孟子甚至把天人合一看做是理想的境界，认为人与天地相通，认识了人的善性，便能认识天，通过养性就能达到“上下与天地同流”。天人是合一的，其他对立事物也是和谐融合的，如“阴阳合而生五行”，“两者交通成和而物生焉”，主张要使乾坤“不失其和而久安”，必须“阳非孤阳，阴非寡阴，相函而成质”。至于《老子》的“有无相生。难易相成。长短相较。高下相倾。音声相和”，也无不强调对立面的融合。孔子主张“中庸之道”，对待事物、处理问题首先从正反或相对的两个方面进行分析，穷尽事物中各种可能的对立方面，这就是所谓的“我叩其端而竭焉”。在此基础上，则要“执两用中”，要在对立中把握统一，将对立或相对的两端相互结合调剂，以此之过，济彼不及，以此之长，补彼所短。所谓“过犹不及”，即“过”和“不及”是一样的，并不存在哪个稍好的问题，都是必须加以纠正的。孔子的“中庸之道”极力避免走极端，避免对抗性和斗争性，求和谐于对立，本质上是以防止矛盾激化、防止事物发生质变为己任的。儒家这种学说自创立起两千多年来，在中国历史上曾经一度得以独尊，因此，使讲求调和的思维方式深深扎根在中华民族之中，有着巨大的惯性力。然而，由于近代中国社会急剧转型，强调矛盾与斗争已成为政治斗争的客观需要，调和求稳的思维方式已经不能适应时代发展的需要，必然受到注重矛盾和斗争的西方哲学思维方式的冲击。

二、现代思维方式的特征

20世纪中叶以来，随着生产力的高速发展，现代科学体系逐渐形成，伴随现代科学的发展，与之相适应的独特、全新的思维方式也逐渐建立起来。所谓现代科学思维方式，是适应现代实践活动方式和现代科技革命而创立的方法体系，是对现代科学实践方式的反映，是科学技术革命的直接产物，是对世界整体性、复杂性和多样性的全面把握。现代科学思维方式是一个巨大的方法群，包括控制方法、信息方法、系统方法、结构—功能方法、模型化方法和理想化方法等。纵观各种现代思维方法，我们可以发现，现代科学思维方式有如下一些特征。

（一）综合性

随着科学的发展进步，人类社会走过农业时代、工业时代，已经步入信息和知识经济时代。随着经济社会的进步，科学的含义已经不再是传统意义上的单一的科学，而是外延扩大、内涵升华的科学，科学发展的综合性与整体化趋势越来越明显。而科学的综合性和交叉性发展，必然使思维方式的发展呈现出综合性发展的特征。人们将更注重整体与部分的综合、定性与定量的综合、精确性与模糊性的综合。

（二）灵活性和多样性

政治的多极化、经济的多元化、科学发展综合与分化的不断发展，使得当今世界的发展呈现出前所未有的复杂性。而社会存在的客观性必然在人们的意识形态中，包括思维方式的发展中表现出多样性。而这种多样性也让人们有必要和有可能从不同的角度、以不同的方式去看待问题和寻求问题的解决方法，也即要求思维具有更多的灵活性。

（三）创新性

创造本来是人类实践的内在要求，是人的主观能动性的最高体现。人类文明史某种意义上就是一部人类不断超越自身有限性的历史。只不过这种超越在今天显示出比以往任何时候更为主动、更为蓬勃的特征和风采，创新成为当今时代最强劲的音符。江泽民曾指出：“创新是一个民族进步的灵魂，是国家兴旺发达的不竭动力。一个没有创新能力的民族，难以屹立于世界先进民族之林。”而创新的核心是思维的创新。

（四）开放性

当今世界是一个开放的世界，新世纪全球一体化的大市场经济，把不同社会制度、不同经济结构、不同意识形态和不同宗教信仰的国家、民族联系起来，任何封闭、孤立自己和与世隔绝的做法都意味着自我淘汰。因此，现代科学思维必须保持良好的开放性，对不同地区、不同国家、不同民族的思想文化进行相互借鉴，取长补短，才能更好地协调、融合百家所长，更好更快地发展自我。

三、扬长避短，实现两种思维方式的结合

（一）由传统整体思维到现代整体思维

中国古代的整体思维是一种经验综合性的、直观的、朴素的整体思维，注重事物间的外部的联系而忽视整体内部各个个体的分析。现代整体思维，尤其是系统思维、结构—功能思维方法，是通过对系统内部各个要素之间的结构分析，来架构系统整体的功能。体现了整体性与分析性的统一，这是现代整体思维方式的精髓。由此可见，中国传统思维方式的整体思维特征与现代科学思维中某些强调主体参与的整体化趋势具有一定的内在契合性。在现代科学由近代分化研究阶段重新回到整体化研究阶段的今天，思维的整体化、系统化趋势也不可避免。中国传统的整体思维方式中朴素的系统论观念也与现代系统论科学的整体性理论有某些相通之处，成为现代系统整体性思维方式的源头。它立足整体，统筹全局，对我们在动态中把握和协调整体和部分的关系，从整体上寻找解决复杂系统问题的方法论原则，仍具有重要的现实指导意义。

（二）由封闭性思维到开放性思维

当今世界，不同国家、不同地区的交流日益广泛，世界的发展呈现出经济一体化、文化多元化等全球化发展趋势，开放成为信息交流和实践交往的必要条件，因而开放性成为现代思维方式的突出特征。中国传统的内省、封闭的思维方式，使人们长期孤立、静止、保守、消极地看待问题，难以适应现代社会发展，不仅导致了近代中国的闭关自守，而且使我国在新中国建立后相当一段时间内在政治、经济、文化等方面处于封闭状态，影响了中

国改革开放的进程。封闭性思维固然有自主、独立等自我保护功能，但更多的是阻碍了本国与世界发展趋势接轨，阻碍了科学、技术、文化和经济的发展。而现代思维方式，如信息思维方法、系统思维方法等，更强调思维的开放性。开放性思维要求人们不断拓展思维空间，转换思维视点，多角度、多方位地观察思考问题，实现从单一、直线性思维到多元、发散性的非线性思维的转化。因此，只有确立开放性思维方式才能大量吸纳信息，扩大思维视野，消除盲目自大、墨守成规、排斥异己的病态心理；才能博采众长，以远大的目光、豁达的胸怀面对开放变革的世界；才能在更广阔的时空范围内吸收和借鉴一切有利于自身发展的积极因素，以加速自身的发展。

（三）由保守思维到创新思维

20世纪中叶以来，科技发展日新月异，新旧知识更替频繁，全球变革节奏加快，一成不变的思维模式已不再适应现代社会发展的要求，创造性成为国家、企业乃至个人生存的最基本的原则。任何一个国家和民族都只有在吸收、继承、利用前人的优秀文化成果的基础上，又具有开拓进取的创新精神、掌握创新性思维方式，才不会被时代所抛弃。而中国传统思维中求稳怕变、中庸保守、害怕矛盾、小心谨慎、循规蹈矩的思维方式严重压抑了个性，束缚了人们的思想活力和创造力，成为制约创新性思维方式形成的瓶颈，与现代实践的要求和现代思维的特征相背离。当今时代的发展，要求人们不仅要参照过去、注重现在，更要关注未来，加强思维的创新性和前瞻性。对于一个积极参与新世纪竞争的民族，必须适应现代化的需要，不断优化自我的思维方式，具备创新思维的能力，才能应对新世纪的一切挑战，使自己在多元关系世界中立于不败之地，持续健康发展，实现民族的昌盛和文化的繁荣。

（四）从模糊到精确再到二者的统一

模糊是指事物所固有的不确定性、不清楚性，越是复杂多变的事物，其模糊性就越大。模糊思维不追求条理清晰地反映对象，而着眼于事物的本质和整体特征，用近似的方法勾勒事物的轮廓，预测事物的发展方向，作出近似的、灵活性的结论。在研究中人们逐步发现，对一些事物进行弹性的模糊控制要比精确的刚性控制更优越。由于数学的发展，尤其是近代以后，人们越来越习惯以精确的计量方式认知事物。在东西方思维差异性的比较中，中国传统思维也往往由于其不确定性和模糊性，受到许多的抨击和责难，然而由于模糊数学的出现，使人们认识到精确与模糊是一对辩证统一的范畴，是对事物进行可操作性把握时的共用方法。

历史上任何一种特定的思维方式都只能属于自己的时代，中国传统思维方式亦如此。尽管在现代化建设中，中国传统思维方式显示出它不足的一面，但它毕竟在创造持久而灿烂的中国古代文明中发挥过积极作用，对人类文明的发展作出了重要贡献，而且今天中国传统思维方式中的精华和优秀成果仍在为我们所用。因此，清醒、正确地估量中国传统思维方式，寻求传统思维方式与现代思维方式的结合，才有助于我们在东西方思维方式交流和碰撞中创造出更有活力的新时代思维方式和智慧。总之，让我们扬弃传统、面向现代，综合创新出具有中国和时代特色的思维方式才是我们的应有之举。

参考文献

［1］汤一介：《中国传统文化中的儒道释》，中国和平出版社1988年版，第256页。

［2］刘长林：《中国系统思维》，中国社会科学院1990年版。

[3] 中村元：《东方民族的思维方法》，浙江人民出版社 1989 年版。

[4] 黄辉：《思维科学概论》，电子科技大学出版社 1992 年版。

[5] 黄麟维：《高科技时代与思维方式》，天津科学技术出版社 2001 年版。

[6] 陈中立等：《思维方式与社会发展》，社会科学出版社 2001 年版。

试论中国传统道德的现代价值

昆明理工大学社会科学学院　潘伟华

中国传统道德是中华民族思想文化传统的重要组成部分，是中国古代思想家对中华民族道德实践经验的总结，是中华民族在长期的社会实践中逐渐形成并凝聚起来的民族精神的重要内容。它对于中国传统文化、对于中华民族心理、对于以往社会的发展产生了巨大的影响和作用，也是当代社会主义道德理论和道德规范体系的重要历史来源。

众所周知，中国的传统道德思想内容丰富，异彩纷呈，良莠并存。其中既有反映中华民族道德上的文明进步、体现全人类道德文明的具有长久思想价值的道德智慧，又有受到一定历史的、阶级的和社会的局限的道德旧观念。要从中国传统道德思想中汲取有益的道德智慧，就应当以历史唯物主义的理论为指导，从有利于建设有中国特色的社会主义新道德的目的出发，对中国传统道德思想进行梳理，坚持批判地继承，吸取精华，弃其糟粕，古为今用，善于创新。

翻开中国传统道德的历史画卷，我们可以发现：在历史长河中所凝聚成的许多优秀传统道德思想和精神，不仅在古代曾经哺育了无数英雄豪杰和仁人志士，为民族和国家的发展作出了巨大的贡献，而且在当代依然具有强大的生命力，对当代中国的道德建设具有重要的价值。

一、注重整体精神，强调为社会、为民族、为国家而奋斗的爱国主义思想

中国传统道德思想，始终贯穿着一种可以称之为“公忠”的道德精神。从《诗经》提出的“夙夜在公”，《书经·周官》提出的“以公灭私，民其允怀”，到王夫之的“以身任天下”、孙中山的“天下为公”、“替众人服务”，都奔涌着“国而忘家，公而忘私”，为国家、民族而献身的精神。正是在重视整体精神的影响下，出现了“先天下之忧而忧，后天下之乐而乐”、“天下兴亡，匹夫有责”的为国为民为整体的利益不息奋斗的崇高爱国主义精神。中华民族在自己的五千年文明史上，之所以能历经磨难，长兴不衰，具有强大的民族凝聚力和坚忍不拔的民族伟力，就在于我们民族有着这种“廓然大公”、爱国、爱民的崇高道德情操。

正是这种重视整体利益，把国家、民族利益放在首要位置的根本道德价值取向，中国传统道德在个人与他人、个人与群体、个人与社会的关系问题上，始终强调“舍己从人”、“先人后己”、“舍己为群”。在“义”与“利”的关系上，把代表整体利益的“义”，放在代表个人利益的“利”之上，强调“义以为上”、“先义后利”、“义然后取”，主张“见得思义”、“见利思义”，反对“见利忘义”。尽管董仲舒和宋明理学对先秦儒家的“义利之辩”进行歪曲，主张“重义轻利”、“贵义贱利”，但中国传统道德的基本精神却是主张在个人利益与整体利益发生矛盾冲突时，应以义为重，以国家、民族之大义为先，牺牲个人的私利。中国传统道德中的“重义轻利”、重道义轻利益的倾向当然是应当予以克服的，但重视国家、民族的整体利益这种价值取向，则应当积极地予以继承和发扬。

在当前，要把相对贫穷落后的中国，建设成为一个富强、文明、民主的社会主义现代化国家，我们只有在全民族中发扬“天下兴亡，匹夫有责”的崇高爱国主义精神，倡导重视整体利益，把国家的进步、民族的繁荣、社会的发展、人民的幸福放在个人利益、个人享受之上，才能提高民族的自尊心和自信心，增强民族的向心力和凝聚力。只有发扬重视整体利益的道德精神，发挥道义的巨大力量，才能帮助人们克服在市场经济条件下斤斤计较个人私利、见利忘义、“一切向钱看”的倾向，自觉关心他人、集体和国家的利益，鼓励“先富”帮“后富”，“先发展”带“后发展”，走“共同富裕”的民族振兴之路。

二、推崇仁爱原则，强调建立“厚德载物”的和谐人际关系

在中国传统道德中，以儒家为代表的“仁爱”思想，是一种对于协调人际关系具有积极意义的重要道德精神。“仁爱”既是一种人际关系的道德准则，又是建立和谐的人际关系的重要道德智慧。孔子说，仁者“爱人”，要“己所不欲，勿施于人”(《论语·卫灵公》)。“夫仁者，己欲立而立人，己欲达而达人。”要做到“仁”，就应当做到“恭”、“宽”、“信”、“敏”、“惠”。传统的“仁爱”思想，要求人们替别人着想、同情人、敬重人、相信人、关心人、帮助人、以诚待人、施人以惠，这是一种非常可贵的道德精神。尽管在存在阶级对立的情况下，普遍的“人类之爱”只是一种美好的幻想，但是，这种“仁爱”精神作为一种积极健康的道德信念，在人类社会文明进步的历史长河中，起着协调人际关系、缓和社会矛盾、维护社会秩序稳定的积极作用。

中国传统道德中的“仁爱”精神是一种具有人类普遍意义的人道精神。它与“人对人是狼”、“他人是地狱”的西方利己

主义思潮是根本对立的。它要求人们在社会生活中互助、互爱，与人为友，与天地万物为友，和谐共处。在现代生活中，人与人之间的利益矛盾、经济竞争、贫富差距等会不可避免地引起人与人之间关系的紧张。因此，在社会生活中积极发扬中国人传统的“仁爱”精神，倡导“仁者爱人”、“厚德载物”、“民胞物与”的道德，有益于创造出同情弱者、友爱互助、帮穷济困、“我为人人、人人为我”的和谐友爱的新型人际关系。

三、提倡人伦价值，强调尊老爱幼、孝敬父母的美德

中国传统道德历来十分重视人伦关系的道德价值，强调每个人在人伦关系中的应有道德义务。《尚书》提出“五教”，即“父义”、“母慈”、“兄友”、“弟恭”、“子孝”。孟子提出“五伦”，即“父子有亲，君臣有义，夫妇有别，长幼有序，朋友有信”。《礼记·礼运》主张“十义”，即“父慈、子孝、兄良、弟悌、夫义、妇贞、长惠、幼顺、君仁、臣忠”。这些都从人与人之间关系的不同角度，规定了每个人为维护良好的人伦关系应当遵守的基本道德准则。在这里，传统人伦关系中维护封建等级关系的糟粕无疑是应当予以批判和剔除的，但其中包含的有益因素，只要能赋予符合时代要求的崭新含义，对于改善当今家庭与社会的人伦关系，建立良好的社会公德、家庭美德、职业道德，维护良好的社会秩序，仍有积极的重要作用。

中国传统的人伦思想强调个人在不同的关系中应当遵守相应的道德义务。儒家特别重视家庭伦理关系的和谐有序。“孝”即尊敬、善待父母，“悌”即关心、爱护兄弟，被认为是一切道德的根本。不仅如此，儒家认为，一个有道德的人不但要孝敬自己的父母，爱护自己的兄弟姐妹，还要推及他人。孟子说“老吾老，以及人之老；幼吾幼，以及人之幼”，这是十分崇高的人伦

精神。在现代家庭与社会、人伦关系中，我们应当大力倡导敬老爱幼、孝敬父母、夫妇有情、朋友有信等美德，使中国传统道德中一切有价值的人伦道德精神在新时代得以发扬。

四、追求高尚的精神境界，向往理想的道德人格

在中国传统道德中有一种非常可贵的道德精神，那就是主张人们在满足基本物质需要的情况下，追求崇高的精神境界，把“富贵不能淫，贫贱不能移，威武不能屈”的“大丈夫”和爱国爱民、无私奉献、舍生取义的“君子”作为一切有道德进取心的人们心目中的理想道德人格。不论是“天下有道，以道殉身；天下无道，以身殉道”的执著道德精神，还是“为天地立心，为生民立命，为往圣继绝学，为万世开太平”的高尚道德理想，其核心思想，都是要求人们超越个人的私利、私欲，以国家、民族和人民的正义事业作为个人行为的最高准绳。《易传》提出的“天行健，君子以自强不息”，孔子指出的“逝者如斯夫，不舍昼夜”，孟子提出的“居天下之广居，立天下之正位，行天下之大道；得志，与民由之；不得志，独行其道”，历来为仁人志士所推崇。

中华道德历来重视将道德理论与道德实践的统一作为自身的根本追求。首先它充分肯定个人作为道德主体的能动性，强调任何人只要立志向善，就一定能够成就一个道德高尚的人。其次它十分重视个体的修养实践，强调要将道德认识见之于生活行动，提倡“身体力行”、“躬行实践”。《大学》中明确提出：“自天子以至于庶人，壹是皆以修身为本。”正因为这样，讲道德就渗透于传统中国人生活的方方面面，做人讲道德有“不识一个字亦须堂堂正正做个人”的说法；做文章讲道德有“文以载道”的说法；政治上讲道德有“为政以德”的说法；教育讲道德有

“德教为先”的说法；经商讲道德有“道德经商”的说法。最后它指出修养是一个不断接近道德理想人格的永无止境的过程。由于将重视修养实践、崇尚理想人格作为根本追求，从而使得中国传统道德具有实践的品格和旺盛的生命力。

中国传统伦理道德中这种鼓励人们追求高尚的精神境界，向往理想道德人格的思想，在今天的社会主义道德建设中，仍然具有重要现实意义。在传统走向现代的社会转型过程中，有些人已经变成视道德精神为草芥，私心膨胀，物欲横流，在“一切向钱看”的歪风中成为利欲熏心、丧失人格、国格的势利之人。理想道德人格是国民道德精神的一面镜子。一个国家的民众的普遍道德精神面貌，直接决定着一个国家精神文明的今天和明天。中国的现代化事业和精神文明建设正呼唤我们在继承中国传统道德宝贵遗产的基础上，在现实生活中提高民众的社会主义道德精神境界，重新确立新型的具有现代思想特征的理想道德人格。

弘扬中华传统美德是影响中华民族千秋伟业的工程

昆明理工大学　赵永健

一、党中央为何要提出建设和谐文化的目标

一个国家、一个社会，没有文化，就等于没有灵魂，就会失去凝聚力和生命力。一段时间以来，文化及道德出现了断层现象，一些不正常、不和谐的现象在社会上蔓延。“社会成员诚信缺失、道德失范……一些领域的腐败现象仍然比较严重；敌对势力的渗透破坏活动危及国家安全和社会稳定。”（《关于构建社会主义和谐社会若干重大问题的决定》）在此情况下，党的十六届六中全会提出的建设和谐文化的目标就显得尤为重要、及时。这证明了以胡锦涛为总书记的党中央的高瞻远瞩。

建设和谐文化必须以“社会主义核心价值体系”为根本，“弘扬民族优秀文化传统，借鉴人类有益文明成果”，这为我们理解社会主义和谐文化指明了方向。社会主义核心价值体系是和谐文化的灵魂，它引领和主导和谐文化建设；传统的民族优秀文化是和谐文化的思想渊源，它为和谐文化建设提供着文化资源。

构建社会主义和谐社会，要有物质条件、政治保障，还要有良好的思想文化基础。党的十六届六中全会《关于构建社会主义和谐社会若干重大问题的决定》提出：“建设和谐文化是构建

社会主义和谐社会的重要任务。”这是以胡锦涛同志为总书记的党中央着眼新时期我国经济体制深刻变革、社会结构深刻变动、利益格局深刻调整、思想观念深刻变化，从加快推进中国特色社会主义事业全局出发提出的一项重大战略任务，是我们党的又一次重大的理论创新。

以胡锦涛为总书记的党中央提出的“立党为公，执政为民，依法治国”、“以人为本，以德治国，构建和谐社会”及“八荣八耻”的理念，充满着以德治天下的思想。古人云：以法治国为智，以德治国为慧。法治与德治完美结合的治国方略，就是以大智、大慧治天下。这一思想的提出把中华道德文化和马列主义、毛泽东思想完美地结合在一起，将彪炳万世，开启中华民族的新纪元。

二、和谐社会就是要构建社会主义核心价值体系

我们需要什么样的文化？以什么样的文化作为统一的主导的文化？这是建设和谐文化的关键问题。

和谐社会必须要有统一的、为全社会所推崇所接受的文化作为价值导向、思维认可。这个文化，就是把中华道德文化和马列主义、毛泽东思想完美地结合在一起。这个文化，就是我们要构建的社会主义核心价值体系的和谐文化。

党的十六届六中全会《决定》指出：“社会主义核心价值体系是建设和谐文化的根本。必须坚持马克思主义在意识形态领域的指导地位，牢牢把握社会主义先进文化的前进方向，弘扬民族优秀文化传统，借鉴人类有益文明成果，倡导和谐理念，培育和谐精神，进一步形成全社会共同的理想信念和道德规范，打牢全党全国各族人民团结奋斗的思想道德基础。”

胡锦涛同志在省部级主要领导干部提高构建社会主义和谐社

会能力专题研讨班上的讲话中指出："一个社会能否和谐，一个国家能否长治久安，很大程度上取决于全体社会成员的思想道德素质。没有共同的理想信念，没有良好的道德规范，是无法实现社会和谐的。要切实加强社会主义先进文化建设，不断增强人们的精神力量，不断丰富人们的精神世界。"

胡锦涛同志的讲话，为我们指明了要建设什么样的和谐文化和这样的和谐文化在建设和谐社会中的重要地位和作用。《决定》强调"社会主义核心价值体系是建设和谐文化的根本"；同时指出："马克思主义指导思想，中国特色社会主义共同理想，以爱国主义为核心的民族精神和以改革创新为核心的时代精神，社会主义荣辱观，构成社会主义核心价值体系的基本内容。"这就科学地揭示了社会主义核心价值体系的深刻内涵及其在构建和谐社会、建设和谐文化中的引领和主导作用。

任何国家在一定的历史阶段上都必须要有统一的文化作为指导思想。在中国，春秋之前的周礼文化作为那个时代统一的文化指导了那个时代几百年，孔子的儒家文化又引导了中国社会近两千年。同样，欧洲也是如此，柏拉图、亚里士多德的文化影响了古希腊、古罗马，基督教文化影响了欧洲的整个中世纪。

现在的中国是到了要建立一个统一的、为全社会所推崇所接受的文化，并以此文化作为价值导向、思维认可，从而指导我们事业前进的时候了。

有了统一的、和谐的文化，人心才会稳定，才会拧成一根绳、凝聚为一股洪流朝着一个目标前进，国家才有希望。文化是一个民族的灵魂，是一个民族凝聚的稳定剂。构建社会主义和谐社会需要形成民族凝聚力。我国是统一的、多民族的国家，如果没有民族凝聚力，就会成为一盘散沙，就更谈不上构建和谐社会。和谐文化是维系民族团结、形成民族凝聚力的思想基础，是维护国家稳定、推动经济发展、促进社会和谐的精神纽带，古今中外的历史无一不证明了这一道理。

实现社会和谐，建设美好家园，是人类孜孜以求的社会理想。人是社会发展的主体，人的和谐是社会和谐发展的前提。要造就人的个体的和谐，就是要使一个人有健全的人格，有正确的世界观和人生观，能合理、正确地处理个人与自然、个人与社会的关系。

几千年来，多少仁人志士都在追求着一个为全社会所推崇的和谐文化。西周末年史伯就提出了“和实生物，同则不继”的儒家尤其重视人的和谐，提出“和为贵”，强调实现人格的完美，讲求修齐治平，讲求仁爱、慎独，讲求己所不欲勿施于人，讲求推己及人，讲求老吾老以及人之老、幼吾幼以及人之幼。现代社会也是一样，单个人的素质提高了，整个社会才能和谐进步。

“和谐文化”的提出，既是对传统和合文化的继承，又是对马克思关于社会主义文化理论的丰富和发展。马克思在《共产党宣言》中明确指出：“代替那存在着阶级和阶级对立的资产阶级旧社会的，将是这样一个联合体，在那里，每个人的自由发展是一切人的自由发展的条件。”党的十六届四中全会提出的构建“和谐社会”、十六届六中全会提出的构建“和谐文化”，就是要把马克思的科学论述逐步变成现实，它完全符合人类历史发展规律的要求，是我们党在新时期推进伟大事业的又一个重大的理论创新。马克思关于“自由人联合体”和“人的自由而全面发展”的表述，指出了未来社会包括和谐社会的目标模式。我们党提出关于建设社会主义和谐文化的思想，遵循了马克思主义基本原理，顺应了人类文明历史潮流，把马克思主义关于未来社会的科学构想与中国实际成功结合，逐步将其变成社会文明发展的现实目标和具体措施，符合人类文明发展的规律。我们所要建立的和谐文化是建立在社会主义经济基础之上的和谐文化，是与社会主义上层建筑相配套的和谐文化。要建立这样一个统一的为全社会所推崇所接受的作为价值导向的和谐文化，就必须坚持马克思主义在意识形态领域的指导地位，把握社会主义先进文化和弘扬民族优秀文化传统，借鉴人类有益的文明成果，倡导和谐理念与和谐精神，形成全社会共同的理想信念、道德规范和思维认可。

这样一个和谐文化一旦建立并形成绝大多数人所推崇所接受的文化，那么国家就有了凝聚力，就可以为和谐社会提供强大的精神支撑和智力支持，就能够增强党的阶级基础和扩大党的群众基础；也只有把和谐文化建设搞好了，社会的发展和国家的长治久安才会有保障。

三、和谐文化是社会主义核心价值体系中的主导文化

建设和谐文化，要坚持以社会主义核心价值体系引领社会思潮，尊重差异，包容多样，最大限度地形成社会思想共识。在社会主义核心价值体系引领整合下的和谐文化，具有差异性、包容性、互补性、平衡性等特征。和谐文化倡导“多音和鸣”、“琴瑟和谐”，主张“一主多样”，强调多样和谐，追求共存共生。

在建设和谐文化的过程中，一定要处理好这种在差异中追求和谐、在和谐中允许差异的关系，这就是和谐文化中的“一”和“多”的关系。从党和国家的根本利益上看，我们的文化必须是一元的；但从国内、国际的现实看，由于有多样的经济和政治主体存在，社会文化实际上又是多元的。在“一”和“多”的问题上，我们既要反对取消多样文化的单一文化论，又要反对文化多元均衡论。

重和谐，求同存异，是中国传统文化中的思想精华，在强调“大同世界”、“天下为公”、“崇文好学”、“秉守礼仪”、“和睦家庭”、“睦邻交友”、“以宽厚处世、协和人我”、“协和万邦”、“天人合一”、“天时不如地利、地利不如人和”等中国传统和谐

思想的同时，还强调“和而不同”。和谐，求以共生共长；不同，求以相辅相成。在和谐中实现共同的发展，在不同中相互吸收对方的长处。中国传统文化中的这种和谐思想，为我们建设和谐文化提供了借鉴，对于建设和谐文化有着十分重要的作用。

我们要借鉴、吸收世界各国的文明成果，使其融入和谐文化建设之中，这是建设和谐文化的一个途径。西方文化对个性精神的强调、对科学理性的重视、对民主法治的追求等等内容，是我们建设和谐文化值得借鉴的。在交融中学习、借鉴，才有助于我们和谐文化的丰富发展。

四、和谐文化的建设，是影响中华民族、彪炳万世的大事

和谐文化的建设为社会主义核心价值体系奠定了基础，形成了价值导向、思维认可。建设和谐社会，把我国建设成为富强、民主、文明、和谐的社会主义现代化国家，是人民的共同理想。社会主义核心价值体系这一共同理想，是引导全国各族人民团结奋斗的一面旗帜，是实现全体人民在政治上、道义上和精神上团结一致的重要保证，有利于经济、政治、社会的科学发展。和谐文化包含着协调发展的思想，和谐文化倡导的发展，包括经济、社会、文化、生态等诸多因素，它提倡的是经济与社会的协调发展、整个社会的全面进步，而不是某个单一方面的发展。建设和谐文化，有助于培育经济社会协调发展的思想意识、思维方式，使人们在关注经济建设的同时，更加重视社会的全面发展，实现社会的全面进步，从而促进社会的和谐发展。

和谐文化是凝聚人心、化解矛盾的利器。求同存异、团结友爱、和睦相处是和谐文化强调的重心，它的这一具有弘扬正气、凝聚人心，沟通感情、增进融合的功能，能够起到化解矛盾、调和社会关系的作用。和谐社会承认有社会利益的冲突，也承认社

会充满矛盾。建设社会主义和谐社会就是通过调整各种利益关系、处理各种社会矛盾来实现社会的和谐与融洽。调整利益关系，化解社会矛盾，需要相应的社会机制、相应的社会文化作为支撑。社会向多样化的发展，就需要发挥文化的调节作用、整合作用。这种文化调节和整合的过程，就是构建和谐社会的过程。伴随着改革的深入、经济的发展，各种利益关系和社会矛盾更会凸显，人们的思想观念也更会随之发生深刻的变化。建设和谐文化，就是要让人们用正确的立场、观点和方法去观察社会，用宽容的态度看待和处理各类问题，避免思想认识上的片面性、行动上的极端化。让全社会形成尊重劳动、关爱他人、维护公平、相互关爱、团结互助的社会风尚。

建设和谐文化是长期的战略任务，是紧迫的现实课题。要科学地把握社会转型时期引发的思想意识的新特点，要以培育和谐精神、树立和谐理念为根本，从建设社会主义核心价值体系、培育文明道德风尚、营造良好的思想舆论氛围、丰富社会文化生活等方面持续不断地加以推进。任重道远，我们要调动全社会的一切力量，弘扬中华传统美德，践行科学发展观，完成这一艰巨的工程，实现中华民族的千秋伟业。

价值观的理性转变：构筑和谐社会的基础

昆明理工大学社会科学学院　夏红雨

当前中国社会遭遇的“失序”现象，有其产生的价值观根源。各种价值观的相互冲突以及社会价值体系的严重失衡乃至断裂，是社会不和谐的重要表现，也是社会不和谐的重要根源。构筑和谐社会离不开价值观的建设，构筑和谐社会的目标的提出，表明了处于社会转型期的中国需要引导人们的价值观产生理性的转变。

一、价值体系的失衡是社会不和谐的重要表现和重要根源

近代以来，西方现代性价值体系出现了内在的失衡和断裂现象：人们崇尚个人利益至上原则，物质主义价值观渗透社会生活的各个方面，人与自我分离，人与社会、自然分离。这一“现代性问题”在今天中国社会的现代化进程中也明显表现出来了，越来越多的人把经济利益的实现视为幸福的绝对尺度，金钱成为人们疯狂追逐的对象，物质利益成为人们行动的最直接动力，个人欲望的满足成为普遍追求的目标，而情感在人们生活中的作用不断下降；许多人只信奉“自扫门前雪”的处世原则，传统文化中的许多美德日益淡化，无私奉献被个人中心主义价值观所消解；人的道德感在下降，道德冷漠在社会生活中扩展和蔓延。

如果一个社会盛行的是“高尚是高尚者的墓志铭，卑劣是卑劣者的通行证”，那么，崇高的价值理念和高尚的道德行为就只能成为社会的奢侈品，甚至成为社会的嘲讽品，而不能成为社会的财富，这样的社会，不可能拥有良好的社会风尚和和谐的社会秩序，生活在这样的社会中，人不可能拥有真正的意义感和幸福感。从人类社会自身的客观演进及其内在要求来看，西方现代性价值观不足以显示人类文化精神和价值观的全部内容，对于处在现代化进程入口处的中国来说，必须前瞻性地避免西方现代性价值体系的单向性和片面性，促成人们价值观的理性转变，建立一种更加合理、完善的价值体系。

二、和谐社会的构想是为促成价值观转变而对价值实践活动目标所做的超前的理性设计

马克思认为，价值是一个主体自为性的范畴，它关注于人处理自身与世界的关系活动中的人的生存和发展。所以，价值理性主要回答了人类世界“应当是什么”、“怎样才更好”的问题，换句话说，也就是要对未来价值实践活动的目标和手段做出超前的理性设计。

和谐社会状态作为人类价值理性追求的目标，是中西方古已有之的一种构想未来美好社会的理想。我国传统文化和哲学思想中不乏有关对和谐观念或和谐社会状态的憧憬。孔子所言的“和为贵”，道家主张的“合异以为同”，张载表述的“天人合一”，康有为的大同社会理想，孙中山的主观社会主义构想，如此等等，都表明和谐状态向来就是中华民族价值追求的重要组成部分。不可否认，传统思想家们的和谐社会观念在一定意义上是对特定历史条件下人们所希冀的和谐状态的反映，在他们的思想中都把人的理性首先理解为价值理性。

“和谐”作为社会状态，在马克思、恩格斯那里是包括社会主义社会发展阶段在内的共产主义社会本质的一种表征。马克思在《1844年经济学哲学手稿》中就把共产主义定义为“人和自然界之间、人和人之间的矛盾的真正解决”，它是这样一个联合体，即“在那里，每个人的自由发展是一切人的自由发展的条件”。恩格斯在《政治经济学批判大纲》中也把共产主义称为“人类同自然的和解以及人类本身的和解”。由此可见，马克思主义的共产主义理想区别于传统和谐社会的空想型设计，它既充分体现了无产阶级和广大人民群众对和谐社会的追求，又扩大了和谐社会的内涵，触及了科学理性在解决人类终极价值问题上的局限性。

我党在新时期提出的社会主义和谐社会的构想，实际上是及时地对未来价值实践活动目标所做的超前的理性设计。这一理性设计，既体现了传统文化和哲学思想中有关对和谐状态价值追求的精髓，又在很大程度上引导着社会转型期人们价值观的理性转变，具有深远的理论意义和现实意义。主要表现在如下方面。

（一）社会主义和谐社会构想的提出是对传统文化和马克思主义学说中和谐社会理论的继承与发展

传统的和谐社会理论体现了人类超越有限、追求终极意义上的存在价值的渴望，虽然有诸多局限，但为今天构筑和谐社会提供了重要的思想资源。而马克思主义的和谐社会理论则表明，构建和谐社会以及提高党在此方面的执政能力，实际上是社会主义本质的内在要求，是与人类社会发展规律以及社会主义建设规律相适应的。当然，和谐社会观念作为一个历史范畴，应该在新的历史时期具有新的具体的内涵。大致来说，社会主义和谐社会的构想应该注意两点：（1）从宽泛的意义上说，当前构筑和谐社会虽然仍是指人与自然、人与社会、人自身三大矛盾的全面和谐的社会，但是联系当前社会转型时期的现实，又可以细化为一些具体的指标，诸如：如何实现社会主义市场经济条件下人的身体与精神、能力与品德、言论与行为等的和谐发展，如何实现社会转型时期社会成员之间、群体之间、阶层与组织之间、区域与部门之间、经济政治文化之间、国家民族种族之间的和谐发展，如何实现我国现代化进程中人口、资源和环境之间的和谐发展，等等。(2) 应该从两个层次上把握新时期的和谐社会理念。其一，作为近期价值目标的和谐社会，即执政党通过加强执政能力建设，形成一个不断解决矛盾而且能够解决矛盾的相对和谐的社会。其二，作为终极价值目标的和谐社会，即马克思所预言的共产主义社会，到那时，没有了阶级，没有了国家，物质产品、精神生活极其丰富，社会环境、生态环境极其优良，人得到全面自由发展，愿意各尽所能，可以各取所需。当然，作为终极价值目标的和谐社会，也许是人类永远值得追求但难以达到的目标，但设定这一理想目标对于人类来说又是相当必要的。因为崇高的理想作为人类理性的终极价值追求，体现了人类对自身存在的意义和世界终极命运的关怀，它可以在一定程度上抑制人类在实践过程中主体利益的过度膨胀。

（二）社会主义和谐社会构想的提出是对当代科学理性的尴尬和人类生存和发展困境的理性回应

西方的现代化过程证明了科学理性的巨大力量，但同时也表明，缺少价值理性指引的科学理性也可能成为一种盲目的力量，这种力量破坏了人与自然的关系，也破坏了人之所以为人的高贵与尊严。那么，应该如何为我国的现代化价值实践活动设计一个理想蓝图呢？社会主义和谐社会的构想表明，我们应该确立一种正确的发展道路，在弘扬价值理性的前提下，大力发展科学技术及其理性，但不可因我们需要更多的科学理性而走人科技至上的极端。我们应当保持价值追求方面的清醒，使中国文化在价值理性和科学理性之间，始终保持适度的张力。

（三）社会主义和谐社会构想的提出是对我国转型时期社会现实矛盾的理性回应

我国目前正处在体制转换、结构调整和社会变革的过程中，下岗就业问题、“三农”问题、贫富差距问题、城乡差别问题、弱势群体问题、社会公正问题、政治腐败问题、信仰危机问题、道德失范问题、生态环境问题等，已成为当前人民群众关注的热点问题。如果这些问题和矛盾不加以重视和解决，就难以确保国家的长治久安与和谐发展。

三、诚信建设是为确保和谐社会价值目标的实现而对价值手段和方法所做的理性筹划

价值目标的实现离不开价值手段和方法的选择。从某种意义上说，价值手段和方法的选择更为重要，因为离开了它，价值目标的实现就有可能成为一句空话。需要注意的是，当前的诚信建设只是为确保和谐社会价值目标实现的手段和方法之一，而不是全部。和谐社会的构筑是一个全面的系统工程，它要求执政党全面协调地推进物质文明、政治文明、精神文明建设，关键是要从转型期制度的完善和创新入手。而制度既包括有形制度，如政策、法律、法规等，也包括无形制度，如风俗、风尚、习制等。所以说，制度创新应该从法治、纪治、德治、习制等方面入手。在这两者当中，法治是基础，德治是保障。和谐社会应该既是一个法制完善的社会，同时又是一个道德完善的社会。因此，当前和谐社会的构筑不但不能忽视诚信建设，而且还必须把它视为建构和谐社会的重要手段和方法之一。

从中华民族的传统文化看，诚信修为在个体生活领域尤其具有独特的价值，它能够为个体心性的和谐提供有力的保障。千百年来，诚信一直是中华民族最基本的传统道德要求，它强调的是主体自身的道德修为，其目的是造就和提升个体的人格。所谓诚，就是真真切切对事，实实在在做人，不自欺欺人。所谓信，是指讲究信用、信守诺言、不说假话，一个人如果能够长期地坚持以诚信待人处世，就能达到身心统一、言行一致，从而形成诚信的人格及和谐的个性。社会和谐的根本前提实际上是人的个性的和谐。因为，人与自然和谐的实现只有在人与人和谐得以实现的前提下才有可能，人与自然的不和谐是人与人之间不和谐的结果和反映，而人与人关系的根本变革的实现又需要人内心世界的根本变革来启动和巩固。诚信修为作为主体内在的道德精神与心性修养的价值追求，决定了它能够成为当前构筑和谐社会的有力保障，同时也决定了社会对于个体诚信价值导引、教育与塑造的重要性。当然，现代社会环境中的诚信价值教育与建设，应该是以维系社会公共生活之需的信守契约、践履公约的“法治精神”的教育与权利和义务平衡的公民道德人格塑造。概言之，在当前的诚信建设中，我们固然需要倡扬对崇高德性的追求，但更吁求日常社会的理性与规范。

从当代社会现实看，诚信在公共生活领域中的价值表现得尤为突出，诚信建设能够为经济、政治领域的和谐提供有力的保障。当代世界是一个多元化的世界，同时又是一个人与人之间的联系更加紧密的世界，个人几乎不能离开公共生活领域而存在。公共生活领域的伦理关系不仅比私人领域的伦理关系更宽广，而且更为复杂。家庭内部的关系，是靠亲情来维系的，而社会上的各种关系，是靠信义来维系的。诚信建设的目标之一就是要实现主体间的相互理解和沟通，实现人与人、人与社会之间的和谐，实现社会经济、政治等公共生活领域的和谐。当前我国社会的不和谐，主要体现为经济、政治领域的不和谐，而经济、政治领域的不和谐除了制度和政策的不完善外，从伦理道德的角度看，主要是由于“诚信”的欠缺。因此，加强诚信建设，是实现经济、政治领域和谐的道德突破口。

总之，随着社会的进步，价值观对人的思维、行为的影响越来越大，价值体系的失衡，无论对个人还是对社会都是不利的，在强调和谐社会的今天，唯有着力于人们价值观的理性转变，才能使个人价值的实现与社会的发展统一起来，才能求得个人追求与社会进步的相得益彰。

儒家的生命观在当代教育中的意义

昆明理工大学　刘正平　杨晋祥

一个国家或民族的生活在时间延绵中的积淀和演变，便形成独特的文化。文化浸润在历史发展长河中，是一个国家或民族生生不已的生命。在儒家哲学占主导地位的中国文化中，“生”一直是哲学的一个核心问题。《易传》说“生生之谓易”，“天地之大德曰生”，儒家是把生命放在生生不息、与时偕行的时间之流中进行认识和诠释的。“生”既有生命的意思，又有生存和生活的意思，这三层意义是融合在完整的生命意义当中的。生命是砥砺人格的精神之道，这不仅包括对个人和他人生命的尊重和爱惜，更重要的是体悟生命之德性，成就乐天知命达观的人文生命精神。生命是人生的精神内涵，而生存和生活则是生命的外在形式，表现为日常的工作和各种群体关系。生命内在的精神主体，是通过外在形式之用而体现的。

儒家的整体生命观是把生命贯穿于生存和生活之中的，这对于当代教育中存在的道德教育和知识技能教育相分离的状况有着重要的指导意义。本文拟以《论语》和《大学》为主要文本基础，对儒家的生命观进行论述，并对当代生命教育进行探讨。

一、生命涵养与人格砥砺

儒家的生命观，在以孔子和《论语》为代表的先秦儒家那里，即是“仁”与“礼”。“仁”是儒家的生命根底，是自我生命涵养之道，也是砥砺个体精神生命之道。而“礼”则是外在的行为规范，是通过日常生活和生存体现生命之仁道。“仁”和“礼”构成了儒家的整体生命观，在《大学》中则展开为“修身、齐家、治国、平天下”。

“仁”在《论语》中共出现109次，是孔子儒学的核心思想。仁作为“人之所以为人”的生命内涵，涉及为仁的基础、为仁的方法以及仁道的生命境界，三个方面统合在一起，展现出儒家哲学生命成长的历程和境界。

生命的涵养起始于自觉地认知内在生命中真诚的一面，这是为仁的基础。

“刚毅木讷近仁。”（《论语·子路》）

“巧言令色，鲜矣仁。”（《论语·学而》）

“刚毅木讷”代表的是人本性中“直”的一面，精神培养首先是发现为仁的基础，亦即仁之端。人必须有真性情，这种真性情来自于自然生命的本真，这种本真虽然还未达到人文生命的内省自觉，但孔子认为这近乎仁，是为仁的基础，而人文生命的内省就发端于这种“直”。和“直”相对的是“伪”，那些巧言令色的人以外在的伪装掩饰自己，表面上装作善良但内心充满诡诈，这种“伪”是远离仁之端的。

《论语》中举了两个例子来说明“直”和“伪”。在《子路》篇中，一个人的父亲偷了别人的羊，他儿子不愿意自己父亲所做的坏事被人知道，就帮他隐瞒了。孔子认为隐瞒父亲的过错这是作为儿子的真性本然，这是“直”。同样的事情，叶公认为儿子站出来指证自己父亲偷羊是“直”，孔子认为那是“伪”，是“罔”。虽然从今天的法律规范来看，儿子为父亲隐瞒偷羊这件事是不符合法的，但孔子认为在这种情形下指证是出自非本性的，而隐瞒是出自于本性的。

另一个故事是在《公冶长》篇中，有人向微生高借东西，微生高家里没有，他向邻人借来又转借给别人，孔子认为这也是“伪”。微生高自己没有，应直接告诉借者，这就是“直”。没有却向人借，这里就有“伪”的成分在里面，这样做事就不是出自本真。孔子强调，为仁之端需要从本真的一面去寻找。

同样的道理，“樊迟问仁”，孔子回答：“爱人。”（《论语·颜渊》）这种爱也是出自人伦关系中父子、兄弟、朋友之间自然生命本真之爱，由这种爱推广出去，才能成就人文生命之博爱。爱的培养是由身边开始的。

后来曾参在《大学》中把孔子所说的自然生命之本真称之为“明德”。“明德”是自然显明的生命本真，发扬和扩展此生命本真即称为“明明德”。孟子进一步把此“明德”细化为“四端”：“恻隐之心，仁之端也；羞恶之心，义之端也；辞让之心，礼之端也；是非之心，智之端也。”（《孟子·公孙丑上》）四端是人之为人的本真规定性，缺乏这些“明德”的规定性，人就不能区别于动物。不断地在生活和生存中显扬这些“明德”就是成就人文生命的“至善”，知道了何谓“明德”、何谓“至善”，就知道了生命内省之所“止”。

知道了所“止”是人文生命之发端，而追求“至善”则需要在生命成长中不断地砥砺人格至于完善。“至善”之道即是为仁之方法，孔子把它凝练为“忠恕”二字。孔子告诉他的学生曾参说：“吾道一以贯之”，其他学生问是什么意思，曾参说：“夫子之道，忠恕而已矣。”（《论语·里仁》）

何谓忠恕？《论语》中的两段话可以看做是对忠恕的解释：

“己所不欲，勿施于人。”（《论语·颜渊》）

“己欲立而立人，己欲达而达人，能近取譬，可谓仁之方也已。”（《论语·雍也》）

自己不想要的，不想别人施加在自己身上的，从自身的角度换位思考，就不要施加于别人身上了；自己期望得到的需求，在满足自己的同时，要想办法使得别人也能够满足同样的需求。这是从自身出发换位思考，拓展“明德”的方法。《大学》对此进一步解释说：

“所恶于上，毋以使下。所恶于下，毋以事上。所恶于前，毋以先后。所恶于后，毋以从前。所恶于右，毋以交于左。所恶于左，毋以交于右。此之谓絜矩之道。”（《大学·传文十章》）

自己不愿意上级对自己的方式，就不要以这种方式对付自己的下级了。不愿意下级对自己的欺瞒，就不要以此欺瞒对付上级。前后左右处事无不如此，即是夫子所说的“一以贯之”。朱熹进一步把“一”解释为尽己和推己，尽己之谓忠，推己之谓恕。从生命的体用方面来说，尽己是内省仁道生命之体，而推己是通过生活中的具体事项体现仁道生命之用，以用显体达到“止于至善”。

在为仁之方的精神砥砺过程中，孔子强调中庸之道。中庸是为人处世的方法，是经由智慧对于事物的一种权衡，是仁道在具体事物中的体现。首先，儒家讲的中庸并非是好好先生那种毫无原则的、不分是非的“乡愿”之爱，而是依从大众的普遍道德而建立好恶。“乡人之善者好之，其不善者恶之”。“唯仁者能好人，能恶人。”（《论语·里仁》）中庸之道必须明确善恶，只有“泛爱”而没有恶就不是仁爱，中庸就是扬善抑恶。

其次，中庸强调处理事物的权衡。衡犹如一把秤的横杆，权如同秤锤，要保持秤的平衡，锤的重量必须根据所秤之物的重量而变化。

> “可以共学，未可与适道。可与适道，未可与立。可与立，未可与权。”（《论语·子罕》）

有些人志于学，但所学未必是仁道。有些人学习仁道，但未必能在礼中实践仁道。有些人实践仁道，但把礼当做死规矩，用死办法应付一切事情，这就是“未可与权”。中庸不是一个不变的原则，而是根据具体事件采取不同的处理方式，孔子所说的“允执其中”、“执其两端而用其中于民”是“执中”，是通过知人、知事权衡后得出的对事物的判断，是一个动态的分析认识过程，而非对不同意见静态地折中。

再者，对中庸的评价是“极高明而道中庸”。朱熹说：“中者，不偏不倚、无过不及之名。”（《中庸章句》）过和不及都不是处理事物的最佳方式，而最佳的方式是“高明”，这种评价必须是出自民众。对于中庸的评价，最终取决于民众的评价。这是处世“民本”的中庸，而非个人独断的中庸。

《论语》并没有详述中庸之道的精神修养次第，《大学》则在这方面进行了详细的次第说明。

> “知止而后有定，定而后能静，静而后能安，安而后能虑，虑而后能得。物有本末，事有终始。知所先后，则近道矣。”（《大学·经文章》）

知道精神修养之道所应止，心中就有了确定的志向，志向清晰就不会被其他的说法所干扰，内心自然清静；以清净心处世自然泰然安稳，安稳才能行事思虑周详，经过周详思虑才能权衡事物，才能有得。明白事物的本末，了解事物发生的起始原因和结果，分析事物的先后次序，掌握了这三个环节，中庸之道自然显现。《大学》所论述的精神修养之道，即使在今天，依然是极具价值的处世之道。

二、人文生命的精神境界

“为仁由己，而由人乎哉?”人文生命的内省是“由己”的，通过砥砺人格达到的结果是“成人”，即道德生命的“至善”。

> 子路问“成人”。子曰：“若臧武仲之知，公绰之不欲，卞庄子之勇，冉求之艺，文之以礼乐，亦可以为成人矣。”曰：“今之成人者，何必然？见利思义，见危授命，久要不忘平生之言，亦可以为成人矣。”（《论语·宪问》）

在孔子看来，“成人”的理想标准是兼具臧武仲的智慧、公绰的寡欲、卞庄子的勇猛、冉求的才艺。兼此四子之长，则能穷理尽性，寡欲养心，勇猛力行，应事才艺，又节之以礼，和之以乐，这样就能德成于内而文见于外。人文生命的仁道体用结合，成就道德的“至善”。退而求其次，也应该见利而考虑合理与否，见危难而肯挺身而出乃至付出生命，久贫而不忘记平生的承诺，能够做到如此，在孔子看来，就是君子了。

从利与义、危难与命、贫与志的关系来看，孔子儒学始终是把人的德性生命放在自然生命之上，在任何情形下都必须坚守德性生命的原则。在利与义上，首先考虑的是义。

“富与贵，是人之所欲也；不以其道得之，不处也。贫与贱，是人之所恶也；不以其道得之，不去也。君子去仁，恶乎成名？君子无终食之间违仁，造次必于是，颠沛必于是。”（《论语·里仁》）

富贵是人之所欲，然而君子是不会利用不正当的手段去得到它的；贫困是人之所不欲，然而君子是不会利用不正当的手段去极力摆脱困境的。是否把德性生命之义放在首位，是孔子区分小人和君子的标准。君子即使是吃饭的工夫也不会离于仁，即使是仓促匆忙、颠沛流离之际也不会离于仁。在食与道、贫与道之间，君子是“谋道不谋食”，“忧道不忧食”。（《论语·卫灵公》）对于那些有心志于道而又耻恶衣恶食者，孔子认为这类人是不足与论道的。

仁道是内化的德性生命之体，是贯穿于自然生命之中的。“三军可夺其帅，匹夫不可夺其志也。”（《论语·子罕》）对于德性生命的这种志向，君子是不会动摇的，即便是身陷困境，依然矢志不渝。

“在陈绝粮，从者病，莫能兴。子路愠见曰：‘君子亦有穷乎？’子曰：‘君子固穷，小人穷斯滥矣’。”（《论语·卫灵公》）

“文王既没，文不在兹乎？天之将丧斯文也，后死者不得与于斯文也；天之未丧斯文也，匡人其如予何？”（《论语·子罕》）

孔子在陈国粮食都吃光了，随从也病了，子路不满地问“君子也要如此受穷么?”孔子告诉子路，君子即便身处困境，仁道不失。孔子被囚于匡地，孔子自信天道流行德行在身，匡人又怎么能奈何他呢！这是孔子对仁道的自任和自负。另一次孔子路过宋国时，桓魋误认为孔子是阳虎就把他抓起来了，并声称要杀了他，孔子说：“天生德于予，桓魋其如予何?”（《论语·述而》）

这里表现的是德性生命在困顿中显现出的乐观的生命境界，这种境界来自于仁道的自觉、自任和践行仁道的坚定志向。德性生命是对于自然生命的超越，当自然生命受到威胁时，即便是“杀身成仁”，也必须维护德性生命的尊严。

德性生命的这种超越还体现在颜回穷居陋巷的自得其乐之中。

“贤哉回也！居陋巷，一箪食，一瓢饮，人不堪其忧，回也不改其乐。贤哉回也！”（《论语·雍也》）

“饭疏食饮水，曲肱而枕之，乐亦在其中矣。”（《论语·述而》）

“贫而无怨难，富而无骄易。”（《论语·子路》）“孔颜之乐”是宋代理学家们讨论的一个重要公案，程颐和程颢两兄弟一道向周敦颐学习时，周敦颐常常追问他们何为孔子和颜回之乐。颜回居住在陋巷，每日粗茶淡饭，别人都无法忍受，颜回为何能不改其乐？有人认为颜子是以“道”为乐，有人认为颜子是以“心中天理流行”为乐，还有人认为颜子是以“乐天知命”为乐。公案教育并非是要提供一个对象化的知识答案，儒家重视的是践行，通过践行若能体悟到德性生命超越于自然生命，公案自然就有了答案，处处无非是仁道之流行，无论是身处困顿还是安逸。

理解了“孔颜之乐”，对于孔子激赏曾点之志，并赞叹“吾与点也”也就不难理解了。

> “莫春者，春服既成。冠者五六人，童子六七人，浴乎沂，风乎舞雩，咏而归。”夫子喟然叹曰：“吾与点也!”（《论语·先进》）

前者是颜子在贫困中表现出的超脱，而此用诗意的语言勾勒出的是另一幅安逸生活的自在超脱画卷。二者从不同的层面刻画出了儒家尽心、知性而知天的仁道人文生命。自觉、自识、安于仁道的儒者可以参赞天地之化育，极高明而道中庸，这是人的生命独特而崇高的意义与价值之所在。

三、生存共建与人伦和谐

仁道重在人文生命的内省与提升，知仁之所止而后达于至善。而礼是仁的具体落实之处，是从外在行为中体现仁道。仁是生命之体，礼则是生命之用，具体表现在生存共建和人伦生活和谐之中。

礼是作用于社会人伦和民瘼生活中的，礼的运用构成了人自身的生存空间。孔子儒家很少谈论物质性的外在空间，其所说的空间不是物理学意义上的空间，而更多是人文社会意义上的空间，是由伦理关系构成的生存空间。这种生存空间是由文化之礼形成的内在于事物的空间，是通过人伦和谐体现仁道的各种社会关系构成的。

这种生存空间在孔子时代表现为“君、臣、父、子、兄、弟、朋友”。个人总是生活在一定的社会关系之中的，不能离开社会而单独存在，这即是人的社会性，儒家考察的生存空间主要是基于人的社会关系这方面。毋庸置疑，孔子所说的社会性是有其历史局限性的，但我们必须以历史的眼光来看待这种局限性。孔子生活的时代是“礼崩乐坏”的时代，周代的分封制度正在走向瓦解，不仅下层社会的人经常犯上作乱，即使是上层社会的人也经常不按照礼制行事，周公制定的礼制不断被诸侯公卿僭越。社会的和谐与稳定必须以一定的秩序作为保证，礼的价值正在于社会秩序化的稳定。而在孔子看来，当时能够恢复社会稳定的只有周礼。

> “周监于二代，郁郁乎文哉！吾从周。”（《论语·八佾》）

> “殷因于夏礼，所损益可知也。周因于殷礼，所损益可知也。其或继周者，虽百世可知也。”（《论语·为政》）

孔子希望继承周礼以恢复社会秩序的稳定，但他也并非只是一味地因循守旧，而是因于周礼而对周礼又有所损益。《论语》中并没有明确说明孔子对周礼是如何变革的，但他这种随时代损益变革的思想影响着后代儒家，荀子“法后王”的思想即是孔子“因”与“革”思想的继承和发展。

《大学》进一步把儒家的生存空间规定为“家、国、天下”，并把这一次第纳入整体修学。儒家的生存空间是随着个人修养和能力的拓展而拓展的。

> “身修而后家齐，家齐而后国治，国治而后天下平。”（《大学·经文章》）

先秦时代封建的分封制度还没有完全瓦解，一个大国是由一些小邦组成的，小邦的领导者依然还是由大国宗主的兄弟们担当，家、国、天下从血缘上来说是同宗的，从制度上来说，家、国、天下是同构的。秦以后，分封制逐渐为郡县制所替代，家、国、天下的概念已经发生了变化，但家、国、天下的为学次第在儒家看来仍然没有变。我们这个时代，国家制度同封建时代相比早已有了质的变化，但从治理国家的角度来看，个人能力的拓展依然需要从治理一个小的单位开始，逐渐扩大到省、国家。

“君、臣、父、子、兄、弟、朋友”和“家、国、天下”构成了儒家的人伦生存空间，在这些人伦关系中具体产生作用的就是礼。人伦和谐、国家平治必须建立礼治的秩序。

> “颜渊问仁。子曰：‘克己复礼为仁。一日克己复礼，天下归仁焉。’”（《论语·颜渊》）

> “道之以政，齐之以刑，民免而无耻；道之以德，齐之以礼，有耻且格。”（《论语·为政》）

社会的混乱源于个人欲望无节制地膨胀，而礼制正是通过道德自律的克己回复正常的人伦秩序。礼依靠的是自身的道德自律，克己就是去除那些个人的私欲，遵从社会历史积淀而成的公共道德和社会行为规范。克己即是复礼，公共道德和规范的建立即是成就天下归仁的社会和谐。从政治刑罚和道德礼教的关系来说，孔子认为，若仅仅依靠严酷的刑罚来规范治理社会，必然使民众丧失道德感，仅仅依靠外在的约束，社会必然会失序；若以仁德来引导民众修身，以礼教来治理国家，则能使民众建立道德意识，社会秩序自然得到规范。

礼作为一种有等级的外在的社会规范，代表的是尊卑有别、长幼有序的社会秩序。社会的规范基于礼的等级性和差别性。哀公问政，孔子回答说：

> “仁者人也，亲亲为大。义者宜也，尊贤为大。亲亲之杀，尊贤之等，礼所生也。”（《中庸·第二十章》）

“仁”作为人之所以为人的本质，是基于亲爱自己亲人的内在道德意识。“义”是合宜、恰当，尊重贤人最为重要，尊重必须以合宜的方式。“杀”是远近差别的意思，“等”是等级差别的意思。“亲亲之杀”是说亲爱有亲疏近远的差别，“尊贤之等”是说“尊贤”在德才禄位上安立尊卑高下的等级。朱熹说礼就是制度品节，就是“亲亲之杀”和“尊贤之等”的形式化落实。

从尽己和推己的修养功夫看，儒家非常重视从孝悌着手。孝悌是以家为最小单位的身边最基本的礼，孝悌从孝顺自己的父母、悌爱自己的兄长做起，是从“仁之端”发起的真诚。这种真诚是体现仁道的最基本的礼，也是人伦社会秩序最重要的基础。

> “弟子入则孝，出则悌，谨而信，泛爱众而亲仁。”（《论语·学而》）

> “其为人也孝悌，而好犯上者，鲜矣；不好犯上，而好作乱者，未之有也。君子务本，本立而道生。孝悌也者，其为仁之本与！”（《论语·学而》）

礼是从爱亲人做起，孝悌是本，本立而道生，从自己身边的人爱起，进而爱社会、爱国人，由尽己到推己扩大礼的范围，即是仁道的不断拓展和完善。

"所谓治国，必先齐其家者，其家不可教而能教人者，无之。故君子不出家而成教于国。孝者，所以事君也；弟者，所以事长也；慈者，所以使众也。"（《大学·释"齐家治国"章》）

"所谓平天下，在治其国者：上老老而民兴孝；上长长而民兴弟：上恤孤而民不倍。是以君子有絜矩之道。"（《大学·释"治国平天下"章》）

从齐家到治国、平天下，礼的范围扩大了，而礼所体现的仁德是不变的，在家侍奉父母的仁德，即是侍奉国君的仁德；在家尊敬兄长的仁德，即是尊敬长官的仁德；在家慈爱子女的仁德，即是父母官慈爱百姓的仁德。仁德之风推广至国家，国君敬长、爱幼、尊贤、恤孤，民众自然会效仿学习，礼制社会也就树立了。

礼制的确立，根本还是在于仁道。仁道是礼的依据，是内在德性之体，而礼是仁道外在形式的落实，是人伦社会和谐之用。仁是礼的内核，没有内核的礼只能是徒具形式，反之，对于礼的僭越最终会导致仁道德性丧失。

孔子谓季氏："八佾舞于庭，是可忍也，孰不可忍也？"（《论语·八佾》）

名器礼乐代表的是伦理制度，佾是舞乐中的队列，天子八，诸侯六，大夫四，士二。季氏以大夫而僭用天子之乐，孔子认为这是对礼的破坏，是对仁道的蔑视，如果这也能被允许，那么仁道也就不复存在了。

从人伦社会秩序来说，礼的最终作用在于人伦和谐。

“有子曰：礼之用，和为贵。先王之道，斯为美；小人由之。有所不行，知和而知，不以礼节之，亦不可行也。”（《论语·学而》）

有子说先王治国之妙，在于礼的运用以处理事情恰到好处为贵，小事大事都要依此原则而施行。礼是以一定的制度规范来节制人的行为，协调人际间各种矛盾冲突，调和国与国之间、邦与邦之间各种利害关系，处理这些人事和国事关系的评价标准是“和”。“和”并非有一个固定的标准，而是需要根据复杂的关系作出合适的礼。“和”是与“权”相对应的概念，“权”是内在的德性和智慧，而“和”则是这种智慧在具体事物上以礼的形式的体现。儒家的“和谐”理念倡导的正是这样一种以生命的德性智慧贯穿于人伦社会，以仁道之“权”统合礼乐制度之“和”，其最终的价值取向是希望在和谐生活中体现生命之仁。

四、儒家生命观对当代教育的启示

生命之生生不已源于仁道之广大精微，儒家的整体生命观是以人文德性生命贯穿于人伦社会生活中的。这种对生命的认识方式同西方哲学主客二分的思维传统不同。

首先，西方哲学自启蒙运动以来过分强调人的主体性，在这种认知体系下，世界和物相对于人是外在的，人与世界、物质构成征服和被征服、利用和被利用关系。人由于过分强调利用技术对自然和他人的征服而被物化，如何解决技术统治对人本身的压抑，这就成为西方后现代哲学重要任务。

其次，在技术统治下，道德和技术是相脱离的，道德是外在于技术的。教育更多地表现为一种技术教育，一种获得生存手段的教育，其目的是为了在激烈的生存竞争和市场竞争中击败对手。知识成了某种为了资本积累和社会地位提升所必备的武装，人们运用知识不断地在各个领域同他者进行战斗。道德成为技术主流的一种补充，甚至道德也被技术化了。人们在哲学和宗教领域保持道德，似乎是为了让道德成为技术运转的润滑剂，让自己在各种战斗的间歇中松弛精神，以便技术的齿轮更高效地运转。国家的政治、经济、文化制度在很大程度上都是为了保证技术的这种高效运转。虽然，后现代哲学正在试图克服技术统治带来的现代性病症，但现代性的强势使得现代教育的本质在很大程度上还是表现为替技术战争提供服务。

从克服现代性危机的角度来看，儒家的整体生命观同后现代哲学有着某些共同点。儒家的生命价值和使命不在于征服他人和自然、主宰世界。儒家哲学所说的他人、物、世界并非是外在于人文生命之外的存在，而是仁道生命的不断拓展。在孔子儒学看来，国家的政治、经济、文化制度作为礼的表现形式，都是为了体现人文生命仁道的落实。“和”是生命的“至善”表现形态，这个生命不是个体私有之生命，而是人类社会之共同生命。

在儒家生命观体系下，技术作为一种知识，应该是服务于人伦社会的仁道的体现，德性生命和技术是统一的。技术作为提升生活品质的手段，应该以德性为体，以生存空间的“和谐”为用。在此意义下，这个时代教育的重心更应该强调儒家生命观的重要意义。

参考文献

［1］朱熹：《四书章句集注》，上海书局1987年版。
［2］冯友兰：《中国哲学史新编》，人民出版社1998年版。
［3］苑淑娅编：《中国观念史》，中州古籍出版社2005年版。

简论优秀传统文化对当前社会主义价值实践的重要意义

昆明理工大学社会科学学院　白利鹏　王　雷

毛泽东同志在《中国共产党在民族战争中的地位》中明确指出："从孔夫子到孙中山，我们应当给以总结，承继这一份珍贵的遗产。""学习我们的历史遗产，用马克思主义的方法给以批判地总结，是我们学习的另一任务。我们这个民族有数千年的历史，有它的特点，有它的许多珍贵品质。"① 可以说，泱泱中华悠久、深湛的民族文化，是人类精神殿堂当中最为光彩夺目的部分，尤其是其中关于道德修养的远见卓识，至今仍闪烁着饱经历史沧桑淬炼、磨砺的真理光辉，并且已经沉淀和内化为中国人甚至东方人的精神特质和思维模式。中国共产党作为人民福祉和民族利益的忠实代表，在社会主义市场经济条件下，在改革开放向纵深发展的今天，更有其必要予以积极地批判和大力地弘扬。

（一）社会主义价值实践，必须与对传统文化精华的吸收相辅相成

将马克思主义普遍原理与中国革命的具体实践相结合，至少有两方面的含义：一是运用马克思主义的立场、观点和方法，分析研究中国的传统文化，取其精华、弃其糟粕，以适应新时代、

① 《毛泽东选集》第2卷，人民出版社1991年版，第534页。

新社会的要求；二是通过批判、继承、弘扬传统文化的优秀品质，丰富和发展社会主义价值实践的现实内涵。马克思主义价值观是马克思主义科学世界观和历史观在道德领域的应用，原则上应当是对人类历史一切优良道德传统的批判继承所形成的新道德体系。列宁也说过："马克思主义这一革命无产阶级的思想体系赢得了世界历史性的意义，是因为它并没有抛弃资产阶级时代最宝贵的成就，相反却吸收改造了两千多年来人类思想和文化发展中一切有价值的东西。"① 可见，马克思主义在中国当代价值实践中的具体运用与对中国传统文化精华的淬取，不仅具有内在的一致性，而且也高度切合社会主义事业不断发展的客观需要。事实上，在新民主主义革命到社会主义建设几十年的伟大历程中，马克思主义普遍真理与中国传统文化的结合始终未曾停止过，刘少奇同志的《论共产党员的修养》，堪称这一结合的典范。修养，是中国传统道德思想中的内容，少奇同志赋予它马克思主义的新内涵，用以作为对共产党员的要求。他要求党员必须具备对"一切同志、革命者、劳动人民表示他的忠诚热爱，无条件地帮助他们，平等地看待他们，不肯为自己的利益去损害他们中的任何人"。② 这种境界，大大超出了孔子的"爱人"思想的历史局限性和阶级局限性；他把孟子的"富贵不能淫、贫贱不能移、威武不能屈"改造成共产党员的"革命坚定性和革命气节"。学习雷锋是新中国建立后马列主义与中国传统道德相结合的实际范例，在雷锋身上表现出来的全心全意为人民服务的精神，既体现出共产主义精神，又是对传统文化中"仁爱"思想的发扬。在发展社会主义市场经济中，更需要把传统文化作为建设社会主义价值观的重要内容，这样才能让社会主义市场经济在建设和谐社

① 《列宁选集》第4卷，人民出版社1960年版，第362页。

② 刘少奇：《论共产党员的修养》，人民出版社1962年版，第45页。

会中发挥基础性、结构性的积极作用。

（二）以优秀传统文化为必要基础，从总体上优化社会风气

传统道德观作为传统文化的一个组成部分，是中华民族生存智慧的结晶，长期以来，被思想家们总结、扬弃、信仰、推广，已为广大人民群众所接受，形成了中华民族特有的思维方式和行为方式，如“尊老爱幼”、“仁义”、“爱人”、“己所不欲，勿施于人”的思想和为人处世的中庸之道等，永远都有弥足珍贵的优秀特质和普世价值。无论社会环境怎样变化，甚至朝代如何更替，中国人总体上的精神气质都没有改变，相反，总是渗透、沉淀和发挥到各个方面和各种细节当中，担当着净化社会风气的重要功能。

改革开放三十年来，思想观念之门也豁然打开，必然鱼龙混杂；市场经济浪潮滚滚，难免泥沙俱下。少数人在经济、政治、社会活动中，在个人利益与职责、权力的关系上大行不正之风、大谋一己之私，这绝对不是一个简单的个人迷失价值方向的问题，更是一个有可能动摇民族精神之本的严重问题。因此，绝不能允许少数腐败分子泛滥成灾，必须大力强化传统民族精神的道德根本，让优秀的传统文化在抵御腐化没落思想和资本主义的自私理念上发挥巨大的作用。

在弘扬民族优秀道德文化的同时，尤其要赋予两千年来一直占据主流地位的儒家文化以新的时代意义和时代精神，即站在马克思主义的立场上，剔除其中包含的“抽象人性论”的糟粕，让“抽象人”到活生生的现实中来，把封建道德扬弃改造为民族的、大众的社会主义道德，并特别强调儒家思想中对道德理想的执著追求和在道德层面的自身修养问题。孔子说：“朝闻道，夕死可矣。”“三军可夺帅也，匹夫不可夺其志也。”这些深刻见解，都可以在鼓舞道德志气、弘扬道德精神方面获得具有重要现实意义的诠释与理解。孔子还提出加强修养的两条途径：自省与思过。例如："见贤思齐焉，见不贤而内自省也。"要求人们反省自己，勇于发现自身的缺点与不足。当前，伴随市场经济体制的全方位推进，社会风气的局部下降也有可能弥漫化为相对普遍的社会心理，并在某种程度上酿成具有一定历史阶段性的恶性循环。因此，依托优秀传统文化精髓来加强全社会的修养教育，过去是、现在是、将来仍然是摆在我们面前的艰巨任务和必要主题之一。

（三）以优秀传统文化为重要旨归，在实践中振奋民族精神

民族精神就是民族文化的基本内核，就是一个民族直接源于以往传统的精神特质，其实质也可以理解为民族文化传统中的精粹部分。民族精神是一个历史概念，同时又具有可触可摸的现实性，它与民族成员的、总体上的社会实践同步发展，在不同时期有不同的具体表征和实际意义。民族精神与传统文化精华应当是水乳交融的关系，在当前，有必要在以下五个方面弘扬传统文化精粹，进而塑造更加强大的民族精神。

一是重德精神。重视道德自觉和人格完美是中华民族精神的固有内涵。古人强调人格，崇尚气节。儒家特别重视道德人格价值；强调人人应有独立人格，不屈服于外部压力。这些主张铸就了中华民族的精神品格，培育了中国人自尊自强的心态和刚直不阿的正义感。在当今，追求道德人格的进步乃至完美，仍然是中华民族振兴发展的重要标度之一。

二是务实精神。儒家文化的理性主义和人文主义精神，以及无神论传统，形成了一种务实精神。中国人讲求入世，不重出世；重视德育，轻视宗教；崇尚经验，疏离神异；崇尚王权，限抑神权，其实用理性、生活智慧总体上始终具有压倒宗教迷乱的比较优势。这种务实精神推动了中国封建文化达到古代世界文化

的顶峰，但它又是以日常经验为基础的，缺乏现代科学精神。而今天我们所倡导的“实事求是”、“一切从实际出发”的马克思主义精髓，既是对古代传统务实精神的继承，又是经过科学诠释、理性升华的理论，作为根本原则，足以疗救传统务实精神在科学理性层面的匮乏或不足。

三是自强精神。积极向上，永不停止，刚健有力，所谓“天行健，君子以自强不息”的古老宣言，集中反映了中华民族朝气蓬勃的顽强生命力，表现了中华民族百折不挠的开拓进取精神和反抗邪恶的豪迈斗志。不自强无以自立，用小平同志的话说，就是“发展才是硬道理”，这对于国家民族乃至个人前途都是至理名言。

四是宽容精神。孔子的“仁”、“爱人”，孟子的“爱物”观点，集中表现了兼容并包的精神，能够理性对待“大地母亲”（指自然环境，借鉴汤因比的说法）、团结各个方面的人，胸襟开阔，雍容大度，这种精神对于当今人类社会的可持续发展、环境保护、生态平衡、人类与自然和谐共处、发展内外关系、处理民族纠纷等方面都有潜移默化的积极影响。

五是爱国精神。关心社稷民生、维护民族独立，为“报国”而献身的精神品格，是中华民族的优秀传统，这种传统是中华民族内在凝聚力与向心力的结晶。“天下兴亡、匹夫有责”，“人生自古谁无死？留取丹心照汗青”等，都是真诚炽烈的爱国主义精神的光辉体现，其实质是肯定个体与国家民族的统一性，并在此基础上倡行高尚的社会责任感和历史使命感。当今形势下，弘扬爱国主义精神，对于维护各民族大家庭团结，完成祖国统一大业，捍卫国家主权仍将起到巨大作用。

浅论科学发展观中的伦理精神

昆明理工大学社会科学学院 杨晋祥 刘正平

我国第十一个五年规划纲要提出全面贯彻落实科学发展观，表现出这一战略思想由理念到实践的转化，在这关键时期，深入而正确地把握科学发展观的理论内涵和精神实质，认真研究科学发展观中的人文伦理精神，对于深化科学发展观的认识，自觉而坚定地用科学发展观统领经济社会发展全局，具有十分重要的意义。

实际上，千百年来，作为中国传统精神文化核心的伦理道德，在社会精神文明建设中占有十分重要的地位。在社会活动中居于主体地位的人来说，总要处理人与人、人与社会、人与自然的种种关系，在处理这些关系的过程中，主体的社会思想及行为目的便显现出来。伦理关系作为一种价值关系，其核心是怎样推进人—社会—自然系统的协调发展，以及如何促进人的全面发展和完善，集中体现了人在社会、自然中的地位和应担负的道德使命、道德义务、道德责任。

与传统发展观相比，科学发展观揭示了我国全面建设小康社会过程中的伦理关系，在对待人与物、人与人、人与自然的关系等问题上有着新的认识，体现了以人为本，促进全面协调可持续发展的伦理精神。

一、在对待人与物的关系上，科学发展观体现了以人为本的伦理精神

如何认识和处理发展过程中人与物的关系，是任何一种发展观念模式都要首先回答的基本问题，也是界定传统发展观与科学发展观的分水岭。关于这一问题主要有两种观点：一种是以物为本的发展观，一种是以人为本的发展观。“以物为本”中的“物”主要是指由经济增长而带来的物质的扩充、量的增加，“物”既区别于作为发展主体和发展目的的人，也区别于作为精神形式存在的思想文化，其根本特征就是把经济增长作为发展的根本目的，偏重于社会财富的增长，即所谓的“唯 GDP 论”、“唯财富论”。“以人为本”的发展观，包含着深刻的人文精神。“以人为本”的要义，就是让人民从经济和社会发展中得到更多的实惠。马克思主义在论述社会生产方式的本质时指出，在资本主义生产方式中，人的关系被物的关系所掩盖，人从属于物，劳动者从属于资本，劳动力从属于剩余价值。社会主义的科学发展观，就是将那种被颠倒的关系改正过来，社会主义的发展可以利用市场机制，但市场机制不能成为统治人民的枷锁。人是社会的主体，人民是社会的主人，市场经济要为人民的需要和人自身的发展服务，发展的成果要惠及全体人民，建设中国特色社会主义的根本目的是不断实现、维护和发展最广大人民的根本利益。只有这样，才能调动全体劳动者的积极性和创造性，提高发展效率。因此，无论是宏观上的发展战略，还是微观的具体政策措施，“以人为本”的发展观都是把最广大人民群众的生存和发展作为发展的最高价值目标，最终实现人的全面发展。

人的自由发展是作为主体的人的自觉、自愿、自主的发展，是没有外在强制压力的、是人自身人格的发展和完善；人的全面

发展，是人的各种需要、素质能力、社会交往关系的协调发展；人的充分发展是人在摆脱了各种盲目力量的束缚，使自己的各种需要得到最大限度的满足；人的和谐发展是指人与自然、人与社会、人与他人以及人自身各方面关系的协调。促进人的自由而全面的发展，使人的各种需要得到满足，人的尊严、自由得到充分实现，这就是“以人为本”的科学发展观所蕴含的伦理精神和价值导向。

二、在对待人与人的关系上，科学发展观体现的是追求公平的伦理精神

如何处理发展过程中人与人的关系，也是任何一种发展模式无法回避的问题。当然，发展过程中人与人的关系不仅存在于个体的人与人之间，也包括处于区域、城乡、不同利益集团之间人与人的关系。认识和处理人与人的关系，实际上就是要处理好公平与效率之间的关系。在经济关系中，公平是一种分配原则，保证主体获得应享有的经济利益；在伦理关系中，公平则是作为社会伦理道德原则，同法律体系、政策体系，以及社会舆论氛围等一起维护和保证人们在社会生活中享有的平等地位和合理利益。一般来说，传统的发展观在认识和处理人与人的关系时，注重的是效率，而忽视地域性、资源性、政策性等原因所导致的社会分配不公。在这方面，国际“拉美现象”是值得警醒的：即拉美的一些国家，社会两极分化严重，贫困人口占总人口数1/3以上，财富高度集中在少数人手中，一面实现了经济的高速增长，一面却产生了大量的穷人。实际上，我国在处理发展过程中人与人之间的关系上也是有教训的。党的十一届三中全会以后，邓小平提出“允许一部分人、一部分地区先富起来”的主张，这一主张，遵循的就是效率原则和非均衡发展原则，是符合实际的、可尽快

解决温饱问题的有效途径。实际上，邓小平同时认为，允许一部分人先富起来，但不能允许贫富差距过于悬殊，先富的目的是为了达到共富。他反复强调，共同富裕是社会主义的最大优越性，体现了社会主义的本质。当前在发展社会主义市场经济的过程中，出现了城乡之间、区域之间、行业之间以及占有资源不同的人群之间的收入差距拉大的现象，据权威调查数据显示，贫富悬殊已成为当前中国严重的社会问题。我们应当在收入分配调节中，坚持初次分配重效率，再次分配重公平的原则，发挥市场的作用，创造公平的竞争环境，实现机会均等；加强政府对收入分配的调节职能，兼顾各阶层的群众利益，缩小收入差距，实现合理的收入分配，坚持“共同发展、共同分享、共同富裕”的原则。

科学发展观正视发展过程中的社会公平问题，在认识和处理中国社会发展过程中人与人的关系上，坚持效率与公平统一的基本原则，在注重效率的同时，维护社会公平。科学发展观符合社会主义本质的要求，它体现和蕴含了全社会关心、爱护、帮助困难群众，尽可能使弱势群体享有平等的医疗、教育、就业等机会，尽可能使绝大多数人生活幸福的伦理精神和道德原则。

三、在对待人与自然的关系上，科学发展观体现的是和谐共处的生态伦理精神

我国第十一个五年规划纲要指出：“科学发展观是全面协调可持续的发展观，是全面建设小康社会和实现社会主义现代化的客观要求和根本指针，是实现经济持续、快速、协调健康发展和社会全面进步的指导思想。”这充分体现了作为主体的人，在人与人、人与社会以及在自然系统中的地位和应担负的道德使命、道德义务和道德责任。

自工业革命以来，人类在征服自然、改造自然的过程中取得巨大成功的同时，也酿成了严重的生态危机。对此，恩格斯早就告诫过人们，不要过分地陶醉于人类对自然界的胜利，对于每一次这样的胜利，自然界都会报复。如何对待发展过程中人与自然的问题是任何一种发展观都要回答的基本问题。

传统发展观在认识和处理人与自然的关系上持人类中心主义观点，这是植根于西方工业文明的基本价值观念，它意味着人类可以随意支配、主宰自然，意味着人类可以通过对自然的征服来满足自身的物质需求。与西方工业文明对人与自然的关系的认识相比较，中国传统伦理思想是值得很好借鉴的。中国传统伦理思想在人与自然的关系上，追求“天人合一”、人与自然和谐的境界。一方面，这肯定了人在自然中的重要地位，不仅把天、地、人看成是共存共荣的重要实体，而且把人看做万物的灵长、宇宙的精华；另一方面，它又肯定人与自然天地之间存在着不可分割的内在联系，“天人合一”中，“合”是符合、结合。“合一”是指对立的双方有着密切的联系。认为自然是人存在和发展的基础，人应当尊重自然，顺应自然规律，达到“天人合一”的境界。“天人合一”是中国传统文化在深入思考人与自然的关系时提出的极其重要的伦理思想，是中国传统伦理道德追求的最高境界。“范围天地之化而不过、曲成万物而不遗，通平昼夜之通而知”，这是说既要遵循天地运行的规律，又要发挥人的主观能动作用，使人与自然之间存在一种和谐的状态。科学发展观在认识和处理人与自然的关系中，依照的就是人与自然的和谐共存、可持续发展的准则。正如胡锦涛总书记深刻指出的：“自然界是包括人类在内的一切生物的摇篮，是人类赖以生存和发展的基本条件。”对自然界不能只讲索取，不讲投人，只讲利用，不讲建设，要建立和维护人与自然相对平衡的关系，人与自然要和谐相处，互动共存。

论中国传统道德中感恩意识的缺失与重建

昆明理工大学社会科学学院　孟　瑾　蔡春玲

“感恩”一词在西方与基督教的感恩节（ThanksgiVing Day）密切相关，《牛津字典》对“感恩”给出的定义是：“乐于把得到好处的感激呈现出来且回馈他人。”在中国文字中“恩”蕴含这样的意味：从心、从因，因从口大，乃就其口而扩大之意，亦含有相赖相亲之意，心之所赖所亲者，彼此必有厚德至谊，即他人给我或我给他人之情谊。《现代汉语词典》对“感恩”的解释是：“对别人所给的帮助表示感激。”在道德领域，感恩是因人对他人、社会和自然给予自己带来的恩惠和方便而在心里产生的一种认同感并意欲回馈的道德意识。

感恩作为富有意识与情感的人发自内心的一种心灵认同，在人类文明发展史上源远流长。西方历史上著名的《希波克拉底誓言》中认定医生职业道德标准中的第一条就是：“对知识传授者要保持感恩之心。”从西方宗教史上溯源，感恩的本义是感谢上帝赐予人类以生存的食物，为此历史上众多的教徒在自己的伦理观念与日常生活中因对上帝心存感激，多愿以自己虔诚的劳绩回报上帝的恩宠。以至于从17世纪起，有了年年狂欢的“感恩节”（ThanksgiVing Day）。

我国历史上一直占主流地位的儒家文化中也充满着丰富的感恩内容。在我国，虽然没有专门表达感恩之情的节日，但感恩教育却是源远流长的。古人历来重视道德修养和文明礼貌，自古就有“施恩不图报”的美德，也有“知恩不报非君子”的古训；更有“吃水不忘掘井人”的处世信条。

一、感恩意识在传统道德中的价值意蕴

感恩意识是指人们感激他人对自己所施的恩惠并设法报答的内在心理要求，是一种普遍存在于人类社会中的行为规范，也是任何文化公认的基本道德律。在中国传统文化里，感恩思想一直占有主流地位。“滴水之恩，当涌泉相报”、“谁言寸草心，报得三春晖”等动人诗句，是中华民族引以为自豪的佳句。因此，中华民族向来被看做是最懂得感恩的民族。“乌鸦有反哺之恩，羊羔有跪乳之德”，“知恩图报”一直是中华民族千年传承的道德准则。自古以来，人类感恩的美德一直在延续。懂得感恩是一个人最起码的道德品质，能知恩感恩也是懂得真善美、分辨是非的最起码的觉悟要求。“一日为师，终身为父”，讲的是对老师的感恩；“士为知己者死”，讲的是知遇之恩；“与朋友交，言而有信”，讲的是朋友间的诚信之恩；“谁言寸草心，报得三春晖”，是对父母的感恩；“谁知盘中餐，粒粒皆辛苦”，是对广大农夫的感恩，这些诗句告诉我们的哲理，就是感恩。“投之以桃，报之以李”、“衔环结草，以恩报德”，这些成语典故告诉我们的同样是感恩。

在中华民族悠远厚重的文化演进中，先辈们便早知感恩的重要性。他们深知：一个人从呱呱坠地起，就沐浴了太多的恩情：父母的养育呵护，师长的传道授业，夫妻的相濡以沫，朋友的意气相投，邻里的真情帮扶，素昧平生者的无私援助，更有社会提供给你的良好生存环境和发展机遇，乃至大自然的阳光雨露、春华秋实，他们深信：一个人只有知恩方能感恩，一个人如果有了

一颗感恩的心，才会发现这个世界从此不再昏暗，一切都充满了希望与美好。

所以，在中国传统的结婚仪式上，有严格的拜堂程序，即：一拜天地、二拜高堂、三夫妻对拜。为何要拜天地呢？就是培养你对自然界的感恩之心，让你明白要与自然和谐相处，不要对抗；为何要拜高堂（也就是父母）呢？就是要让你明白，你是父母养大的，你现在长大了，不可忘记父母的养育之恩；那么，为何还要夫妻对拜呢？就是要让新婚夫妻明白，对方会嫁给你或者娶了你，都是一种恩德，对方对你的爱，是值得你感谢的，同时，也要让你明白，只有相互感激、相互尊重、相亲相爱，才能有幸福美满的日子。所以，无论是古今中外，都有着“用感恩的心去做人”的教化思想的。

感恩本是古今社会主流文化中共同倡导的美德，扶危济困和知恩图报从来就被视为是仁者所为。在人类共同体的生活过程中，由于个人、组织或者社会群体受到各种侵害而处于危难之时，就需要一些组织或个人伸出援手，这种施恩行为正是人类文明进步的重要表现。感恩则意味着受恩者在享受他人恩泽之后，在没有外在强加压力下自己意识到为他人承担的一份回报责任，由此体现出互助相帮的人性美德。也就是说，是人类共同体的互济共生环境需要决定了人应存感恩之心和感恩之行。

感恩是中华民族的传统美德，是人类精神生活中的重要主题，是一种处世哲学，是一个人正常的、被世俗社会所认可的一种思想感情状态。然而，在市场经济大潮的冲击下，处在社会转型期的中国社会，感恩文化面临着巨大的危机。我们虽然不能一言以蔽之说，我们生活在一个感恩匮乏的时代，但是某些时候感恩的缺失确实给我们带来了深深的困惑、悲伤、愤怒和叹息，值得我们重视和思考。

二、感恩意识在现实生活中的缺失表现

人具有感恩意识本是一个人努力实现自我人格之善的基础和美德，同时也可说是人类高尚道德精神的体现。诚如法国学者安德烈·孔特所言："感谢或许是一种义务，无论如何是一种美德……感激与忘恩负义的不同之处，恰恰在于它懂得从别人的身上看到他喜悦的原因，因此，忘恩负义是不道德的，因此感激是高尚的，并且使人高尚。"① 然而，如果社会处在价值取向多元化、人们利益获得不公正和不对称的境况下，就会产生泛化的知恩不报、"忘恩负义" 等感恩意识缺失的现象。

近年来，我国传统道德出现了明显的断层，感恩缺失、"感恩冷漠" 成为一个难以回避的社会现实。在年轻人中间，这种现象更为普遍。面对父母的辛勤哺育，孝心和赡养观念在许多人的心中已很淡漠，只知受惠，不知感恩；享受着别人带给自己的快乐，只知收获，不知奉献；处理人际关系中唯 "我" 为中心，人情味淡薄，不能与人为善，只知被爱，不知回报；在祖国的滋养中成长，对国家、社会给予的关爱认为理所当然，只知接受，不知责任；享受着大自然赐予的阳光雨露，却又肆意破坏着朝夕相处的环境，只知索取，不知保护……感恩意识在人们的意识中逐渐淡化，甚至已经淡化到匮乏的程度。那么到底是什么原因使我们失去了感恩之心呢？

第一，中华民族传统精神与美德被淡忘和受到一定冲击。随着市场经济体制的建立和改革开放的深入，在新的科学技术被引进的同时，西方一些不良的思想、意识形态也涌入我国，对人们

① ［法］安德烈·孔特，斯蓬维尔：《小爱大德：人类的 18 种美德》，中央编译出版社 1998 年版。

的健康成长造成了一定的冲击。西方享乐主义、个人主义及拜金主义思潮影响了年青一代正确人生观、世界观、价值观的形成，致使部分人凡事以得失来衡量，个人利益高于一切，同时受多元文化的影响，一些人追求西方的所谓“个性”和“自由”，认为人的自由就是单纯的个体化，将“张扬个性”扩大化，一切以“自我”为中心，不在意与别人的关系，也不在意社会的发展，信奉自由自在、无牵无挂，因此一些基本的人之常情在道德缺失的境况下遭到了挑战，使“感恩”一词在有些人看来已经过时。

第二，学校教育的错位。我们的教育过于功利性，过于侧重功能性的学习。我们教育孩子学知识、学技能、学本领，但不大注重教育孩子学做人、学生活、学处世；我们教育孩子如何与人竞争，但不大教育孩子应如何与人相处：我们重视孩子的智商培育，教他们如何做更聪明、做更成功的人，但我们不大重视孩子的情商培育，不习惯教他们如何拥有和表达自己的情感，做更受欢迎的人。学校的德育教育使孩子们对身边的生活与小事缺乏真实感受，体验不到“感恩”的情绪。在评价学生时，我们往往只注重学习成绩，情感教育变得微不足道，这些都使学生的价值取向受到影响。没有在孩子们的心中播下对身边的人与事感恩的种子，这样长大的孩子，没有机会学会为他人着想、关心他人，当然也就难以具备感恩之心。

第三，家庭教育的偏差。家长是人生的第一任老师，他们对学生人生观的形成有着重要的作用。然而目前我国家庭教育中普遍存在一些偏差，主要表现为重智轻德、只顾眼前利益。现在学生大部分是独生子女，自幼娇生惯养，是全体长辈关注、宠溺的中心，权利无限。长辈一味无条件地给予：好吃的留着，文具给备好，书包替他们背着，家务从不让碰，从而养成了他们对现有的条件不珍惜，认为父母奉献、自身索取乃理所当然，丝毫没有内疚之感，觉得别人为自己做的一切都是理所应当的，也根本就没有感恩之类的情感体验；在应试教育的环境中，孩子的考试成绩一俊遮百丑，只要学习成绩好，只要能上重点、读名牌、成大业，其他事情父母都可以代劳，“宁可自己千辛万苦，再穷也不能苦孩子”，从而造成少数孩子形成以自我为中心、唯我独尊、目中无人的心态和习惯，甚至有的还恩将仇报。在现实生活中，有不少小皇帝心安理得地大把挥霍父母的血汗钱，偶尔不如意，就对父母施以脸色，甚至以出走、自杀相威胁。久而久之，家庭小环境促成了孩子们感恩意识的缺失。

三、重建感恩意识的正确途径

感恩意识的缺失同当下的中国构建社会主义和谐社会的目标是格格不入的，拒绝感恩是一个社会和国家道德失落和不文明的表现。长期以来，我们的传统道德教育常常远离社会的现实生活，忽视个体道德的完善，最终使感恩教育与现实渐行渐远。

现在，我们不能忽略对人类最基本的道德素养——感恩意识——的教育，不能忽略对和谐社会建设要求的人与自然、人与人之间要和谐相处的基础——人与世界相容共生的感恩情怀的培养。可以试想，一个对父母、老师都不会感恩的人，如何能产生对他人、对社会、对国家的感恩意识？怎能想到将来感恩社会、报效祖国呢？因此，重建和培养感恩意识至关重要。

首先，感恩意识的重建应该从传统文化中汲取养分，从认知层面点拨人的感恩情怀。道德认知是对外部规则的建构，具有感恩意识的前提是要让人们了解“恩”，体会“恩”，要让他们认识到所获得的一切并非是天经地义、理所当然的；明白大而言之，大自然的赐予、社会的氛围、祖国的培养；小而言之，父母的养育、师长的教导、大众朋友的帮助和付出，点点滴滴都是无功利地给予的。在学校教育中，教师可通过品德与社会、语文、历史等教材，发挥课堂主渠道作用，挖掘教材里蕴含的感恩思想，提炼、归纳、表扬那些历史上动人的感恩故事和人物，把感恩教育融入教学中；通过情境再现、故事讲述、踏访遗迹、查阅资料、唤醒记忆、换位思考等途径，点拨学生的知恩意识，引导学生捕捉日常生活中受到的恩惠。

其次，感恩意识的重建要从孩子着手。父母作为孩子的第一任老师，在培养感恩意识方面，起着学校和社会道德教育无法代替的作用，一是家长要做到以身作则，感情移入，做感恩的示范。在日常生活中，家长本身就必须是一个懂得感恩的人，让孩子从父母日常生活的言行中潜移默化地学会感恩。如家长自己做到孝敬老人，善待邻里，关爱周围的人，拥有积极向上的生活态度，这些都对孩子有一定的熏陶作用，从而给孩子做出好的示范。二是家长要培养出知书达理的孩子，培养出不会忘记感谢父母和家人、不会忘记感谢老师和他人、不会忘记感谢祖国和社会的孩子。另外，在学校教育中，要切实地把感恩教育纳入德育的范畴，有针对性地补上感恩教育这一课，让道德教育回归生活，引导学生形成知恩、感恩的良好道德品质和行为习惯。通过感恩教育，让学生明白，人的社会生活存在离不开家庭和社会，在公共生活领域，人有心存感恩、知恩图报之心，才可以做到立足社会。要让学生知道：人的道德是有层次的，感恩道德事实上并不是道德层次中的高境界，却是人实现道德价值的起点。要从学生学习与生活的小事抓起，如中小学校可以从要求学生主动帮助父母做家务、帮助老师擦黑板、关心周围的同学、爱护自己的生活环境入手来培养他们的感恩意识。

再次，感恩意识的重建需营造一个有利于感恩意识成长的社会环境。一是全社会都要形成一个有利于感恩意识成长的社会环境。要利用好电视、广播、报刊、网络等传媒工具，大力宣传感恩教育，报道开展感恩教育的情况，对一些典型事例进行推广和宣传，对一些知恩不报、忘恩负义的典型也要适当曝光，在社会中形成一种大力弘扬感恩精神的良好氛围；二是强化社会的感恩奖罚机制。社会应当致力于改变道德权利与道德义务相脱离的现象，在人的奉献与回报之间建立一个良性的社会机制，使尽义务的人得到公正评价和回报，使不尽义务的人受到谴责和惩处。基于此，可以考虑建立一种权责利相对清晰的社会契约，即对一定客体的行为或品质施加报偿或惩罚的手段来完善感恩道德的强化机制，通过社会赏罚分明的强化作用使每一个自主的个体知道哪些是自己应得、少得的，哪些是自己真正受惠于世道人心与这个时代的，从而培育人的感恩道德。

重建感恩意识是一个社会系统工程，家庭、学校、社会要全力构建良好的道德环境，让感恩教育走进生活，愿感恩之花常开，感恩之树常青，感恩之心代代相传。

传统的和谐文化在云南防艾禁毒工作中的作用

昆明理工大学　周惠仙　秦成逊

一、对和谐文化的理解

（一）对文化的理解

广义的文化，是指人类改造客观世界和主观世界的活动及其成果的总和。它包括物质文化和精神文化两大类。物质文化是通过物质活动及其成果来体现的人类文化，如建筑、道路、文物、机器、设备等一切已经人化的自然；而精神文化，则是通过人的精神活动及其成果来体现，或者虽在物质活动中产生但主要表现在精神层面的人类文化。这大致相当于中文化。中文化再分，又包括语言文字文化、思想道德文化、科学理性文化、文学艺术文化、社会习俗文化以及制度体系文化等不同的类型。至于小文化，主要指语言文字文化、文学艺术文化等，它的范围就更小一些了。按照这样的界定，每一类文化，都有其特定的领域和范围，有其相对稳定的主体和内容。而“和谐”，只是一个形容词，表述的是某种事物的性质和特点，并不是作为名词来界定和命名一种文化实体。文化也可以有另外一种分类的方法。比如，我们经常讲的“先进文化”，就是指某种文化具有符合历史发展方向、健康、积极、文明的性质和特点。它是对多种类型的实体文化所做的价值判断，而不是直接给某种特定范围的文化实体命名。这种根据某个方面的性质、特点所划分的文化还有若干，如所谓“亚文化”、“反文化”等，就是对某些与先进文化相对立的、具有落后或不当性质的文化现象的概括。

（二）对和谐文化的理解

和谐文化，是指一种以和谐为思想内核和价值取向，以倡导、研究、阐释、传播、实施、奉行和谐理念为主要内容的文化形态、文化现象和文化性状。它包括思想观念、价值体系、行为规范、文化产品、社会风尚、制度体制等多种存在方式。和谐文化最核心的内容是崇尚和谐理念，体现和谐精神，大力倡导社会和谐的理想信念，坚持和实行互助、合作、团结、稳定、有序的社会准则。也就是以和谐理念贯穿于相关的文化形态和文化现象之中，以和谐作为该类文化的基本价值取向，并以此影响其他各种文化形式，促进整个和谐社会的建设。

和谐文化不是没有个性，而是要充分发挥多种元素的个性。和谐文化使和谐社会更加丰富多彩；与此同时，和谐社会正在为和谐文化的进一步发展提供条件。和谐文化就不能搞处处一个样、无差别、一刀切，否则即使是实现了所谓“和谐”，那也是虚假的和谐、短暂的和谐。和谐不仅表现为矛盾的同一性，同时也体现为矛盾的差异性。文化的差异性具有普遍性，民族文化有差异，地区文化有差异，职业文化也有差异。对差异要能做到“求大同存小异”。有些差异是对抗性的差异，有些差异不是对抗性的差异，有些差异是大同之中的小异，有些差异是大异之中的小同。在非对立的差异当中我们还要研究差距。差距不能过大。社会学把各类文化之间的差距过大称之为“文化堕距”。为了防止出现“文化堕距”，就要求文化体系的各部分、各分支、各子系统之间要肩并肩、手拉手，大体同步向前进。不同步、差距大，会导致社会解组。不必讳言，是文化堕距在呼唤和谐文化。子曰："君子和而不同，小人同而不和。"和谐文化贵在"和而不同"。"社会以人为本"与"人以社会为本"相结合，及"我为人人、人人为我"是和谐文化的核心。

（三）和谐文化与和谐社会的关系

构建社会主义和谐社会，是建设中国特色社会主义总体布局中的一项重大战略任务，也是涉及社会生活许多方面和领域的一项系统工程。和谐社会与和谐文化有着紧密的联系。和谐文化，是和谐社会的基本条件和重要内容，建设和谐社会，必须建设和谐文化；建设和谐文化，可以为推进社会主义现代化建设、构建社会主义和谐社会提供精神动力、思想保证、舆论支持和文化条件。

1. 和谐社会是和谐文化的源泉、动力和基础

存在决定意识，物质决定精神。文化作为一种精神现象，它的最终源泉在于社会生活，尤其来自于社会的物质生产活动。虽然由于社会分工的发展，社会分化出愈益增多的人专门从事文化生产，造成了文化与物质生产界限的模糊，但从最终的根源和基础看，文化依然是社会生活、社会存在的反映，它的创造和发展的源泉在社会生活，它的生命之根在社会生活。它与社会生活之间，根本上依然是物质与精神、存在与意识之间那种反映与被反映的关系。

我们所要建设的社会主义和谐社会，是民主法治、公平正义、诚信友爱、充满活力、安定有序、人与自然和谐相处的社会。这样的一些性质和特点不同程度地存在于现实的社会关系、社会体制、社会行为、社会生活之中，它们必然会以各种方式在思想文化领域表现出来，成为和谐文化的基础和源泉。与此同

时，社会生活的发展变化、和谐与不和谐的矛盾冲突，还会不断提出建设和扩展和谐因素的要求，从而成为和谐文化发展的动力，促进和谐文化的不断发展和繁荣。没有和谐的社会现实，就不会有和谐文化；没有现实对于和谐的追求，也不会有和谐文化。和谐社会越发展，和谐文化就越发达。

2. *和谐文化是和谐社会的价值导向和精神支撑*

和谐文化以社会现实为基础，但并不是完全被动地反映和跟在社会现实后面。如同精神对物质的反作用一样，和谐文化对于现实的社会生活有着巨大的影响和推动作用。和谐文化可以在一定程度上独立、超前于社会生活的发展，对社会和谐发挥方向引导、思想保证和精神支撑的作用。这种作用具体表现在：

作为一种信仰和理想，它指明社会发展的方向，支撑起人们的精神世界，给人们以建设和谐社会、和谐世界的目标和力量；引领现实社会的人们向着更加和谐的方向发展。

作为一种价值体系，它对社会生活发挥着评判功能、凝聚功能、教化功能和定向功能，给和谐以肯定、赞扬、褒奖和倡导，鼓励一切和谐事物的发展，促进各种和谐因素的增长。

作为一种规范体系，它对制度、法律、道德的建构发挥着灵魂和指导的作用，约束和规范着社会生活的秩序，促进各种制度机制的优化，保障现实社会在愈益和谐的轨道上运行。特别是使法律之外的隐形的伦理道德规范得到有效的施行要靠人们的和谐文化来建树。

作为一种文化形式和文化产品，它又能通过有血有肉、生动感人的艺术形象真实地反映丰富的社会生活，表现时代前进的要求和历史发展的趋势，不仅给人们以美的享受，而且能用和谐之美陶冶人们的心灵，激发人们建设和谐社会的热情。

正因为和谐社会与和谐文化之间存在着这种相互联系、相互促进的辩证关系，所以，建设和谐文化，既是构建和谐社会的重要内容，又是构建和谐社会的必要条件。建设和谐文化对于我们加强社会主义和谐社会的建设起着巨大的促进作用，特别是对遭遇毒品、艾滋病侵害的贫困落后的少数民族地区，建设和谐文化对建设和谐社会就显得更加关键。

二、云南少数民族地区艾滋病传播的特点及成因

（一）云南少数民族地区艾滋病传播的特点

一是少数民族受毒品伤害面广，伤害程度深。据公安部门统计，边疆民族地区吸毒贩毒人员中，零星贩毒、以贩养吸的现象非常突出。这种吸毒和贩毒方式，使毒品在民间广为扩散，青少年、社会闲散人员往往成为直接受害者。在云南许多乡村，零星售卖的毒品价格一般在5~10元之间，最便宜的还有2~3元一小包的。零星售卖不仅使一般人都能买得起，大大扩大了危害面，而且也使这些毒贩子逃脱了法律的惩罚，因为每次从他们身上搜到的毒品都够不上量刑量，有关部门只好罚款放人。在云南，人们“谈毒色变”，德宏傣族景颇族自治州州政府所在地潞西市，全市15个乡镇84个村民委员会964个自然村中，至2004年3月，仅有1个乡没有发现吸毒人员，有74个村民委员会588个自然村受到毒品危害，吸毒贩毒相当突出的村就有42个。其中比较典型的一个自然村，36户167人中，吸毒人员38人，因贩毒被判刑的8人，吸毒贩毒者占全村人口的28%。梁河县某镇，全镇10个村委会65个自然村中，76.6%的村寨发现存在吸毒人员。一些少数民族都程度不同地受到毒品伤害，其中傣族、景颇族、阿昌族等受害最深。在云南省，这些少数民族居住地恰恰位于毒品贩运的主要通道上，这就增加了毒品控制的难度。傣族社区情况也很危急，一些家庭为了让孩子能够健康成长，不受

毒品危害，把孩子送到寺院；过去不大过问俗世事务的佛爷们，最近也不得不出面协助政府说服傣族群众远离毒品。

二是吸毒贩毒分布区域相对集中。在边境一线口岸、城镇周边地区、交通沿线和历史上吸毒贩运比较集中的地区，毒品危害最为猖獗，吸毒贩毒人员最为集中。云南的保山、德宏、临沧、思茅和西双版纳都是东南亚进入我国的大通道，是艾滋病的重灾区。

三是吸毒贩毒人员趋于低龄化。17～36岁的吸毒人员占吸毒者总数的65%，有的地方则高达75%，极端吸毒年龄只有8岁。

四是毒品种类日趋多样化。20世纪80年代，毒品主要是鸦片。90年代，由于边境一线大量铲除鸦片，海洛因开始大量流行。90年代后期以来，冰毒、摇头丸等泛滥。毒品种类还有区域差别，西双版纳、思茅的吸毒者以吸食鸦片为主；临沧、德宏的吸毒者以吸食海洛因为主。

五是与毒品有直接联系的艾滋病不断蔓延扩散。据不完全统计，从1989年德宏傣族景颇族自治州发现第一例艾滋病感染者起，到2003年底，云南累计监测高危和普通常规人群43万人次，发现HIV和艾滋病感染者12 182例，16个地（州、市）均有感染者，德宏、红河、临沧、大理超过千人。其中少数民族患者3 200例，占感染总数的26%，而边境地区患者占到82.78%。回、傣、彝、景颇、白、壮、佤、哈尼、拉祜等少数民族患者所占比例较高。从性别看，男性明显高于女性；从年龄结构看，主要以青壮年为主，20～50岁的占67%；从社会背景看，感染者以吸毒群体、城镇和农村流动人口、社会闲散人员为主：从传播途径看，血液传播、性传播、母婴传播三种并存，其中吸毒人员共用注射器传播和性传播占感染总数的95%；西双版纳州和思茅市的艾滋病感染者性传播占70%以上，德宏、临沧地区通过注射器传播占70%。目前HIV和艾滋病由吸毒者、不洁性行为者等高危人群向普通人群扩散之势仍然未得到有效的遏制。传播地区由边境沿线、城镇向内地和农村蔓延。值得特别关注的是，国家公务员、医务人员、教师、部队士兵等人群的感染案例也陆续被发现。据专家估计，云南实际感染者人数比监测统计数高1~3倍。

（二）云南少数民族地区艾滋病传播特点的成因分析

以上这些特点形成的主要原因是：一是这些少数民族地区正好处在毒品的贩运要道上，比较容易受毒品的毒害。为了“培养”买方市场，毒贩甚至给人免费吸食毒品，一旦上瘾即开始向其销售。而毒品上瘾者为了维持吸食毒品的经济需求，必然向身边人群不遗余力地兜售。这种状况循环往复后，零星贩毒和吸食毒品者就会像滚雪球一样地不断增加。二是新中国建立前一些少数民族地区长期缺衣少药，历史上就有用毒品镇痛、治病的习惯，吸食鸦片的现象也较普遍。三是少数民族地区一般而言不少群众受教育程度较低，青少年辍学率较高，不懂得采取有效措施保护自己，结果在茫然不知之间就产生了严重的后果。

三、促建和谐文化，提升少数民族文化素养，变消极防禁为积极防禁

俗话说，一把钥匙开一把锁，具体问题要具体分析。如果说云南的扶贫道路走的是素质扶贫之路的话，那么今天我们面临的禁防问题的解决途径依然要走素质扶贫之路，说到底就是要走和谐民族文化之路。这是一条一举多得的禁毒防艾之路，更是云南人民共创和谐云南的必然选择。该怎么做呢？笔者提出了一些拙见，望同仁批评。

首先，运用少数民族自治区的立法权来促建和谐民族文化。

在少数民族地区一以贯之地实施保证男女平等享受义务教育的法律。把义务教育上升到法律的高度。禁防工作从娃娃抓起，为根除青少年涉毒做好基础工作。据中华人民共和国立法法（依照宪法、民族区域自治法和其他法律的规定，除行使一般地方国家机关的职权外，还可以根据当地民族的政治、经济和文化的特点行使自治权。主要包括行使立法权力），各少数民族地方人民代表大会可以制定适用于本区域范围内的条例、单行条例，可把本民族的习惯直接上升到当地地方立法，即根据《民族区域自治法》，直接发挥法律的作用，以此来确保少数民族子女能依法上学，能完成国家义务教育的基本教育课程，使那些阻碍孩子上学的家长受到相应的法律惩治。这些法律也可以变通执行上位法或根据法定程序、权限进行必要的创制，促进本地方法制建设。比如，比如对毒品数量达不到量刑数量的毒贩专搞“蚂蚁搬家”的行为，当地政府就可采取毒品累计量刑的办法；对于艾滋病感染者该怎么对他们实施关怀，公共医疗在其中起什么作用，对艾滋病人其身份应不应该公开，不公开其“四免一关怀”怎么执行，对那些得了病的人的恶意传播怎么办等等问题都应该制定明确的法律条文来依法管理，使我们的禁防工作有法可依，达到两害相较取其轻的效果，同时又不失对患者的人文关怀，最终达到患者与当地人民的和谐相处。但是，少数民族习惯法文化是各少数民族在长期的历史发展和社会生活中改造客观世界和主观世界的成果，从少数民族地区的大量实例可以看出，习惯法由禁忌、习俗发展到习惯再到习惯法进而上升为国家制定法的演变运行过程，我们只能一步一步来，不可能搞一步到位。只能把禁毒防艾工作与少数民族传统文化的扬弃过程统一起来，强化、利用优秀部分，并吸取有益的外来文化因素，同时逐步淡化、淘汰那些与社会安定有序要求相违背的落后部分，营造更能协调个人与社会、个人与群体关系的新型法律文化氛围。

其次，通过教育普及来提高少数民族青少年的文化素质，增强少数民族地区人民群众对艾滋病的防范意识，抵制毒品对各民族的侵害。

再次，鼓励外省的人才、省内的人才到少数民族地区工作，实现文化融合。省内各大院校要加大对民族地区少数民族学生的招生量，并要求他们毕业后回乡就业，把外面改革发展的信息、新的与市场经济相适应的价值观念传递进来，打破这些地区的封闭状态，使这些地区的信息鲜活起来，改变人们的旧观念，推动改革浪潮对这些地区的冲击，形成新的与社会主义现代化相融合的和谐的民族文化。

最后，把民间文化系统及宗教信仰中的有利于禁防工作的因素与和谐文化相结合，使民族传统文化与现实社会更贴近、更和谐，更利于做好禁防工作。云南少数民族地区由于长期处于相对封闭、落后的环境之中，早已形成的权威印象系统和信任（认知）系统短时间内并不会随着新中国带来的各民族的平等状况而改变，传统身份带来的权威地位仍然给某些社会成员对其他社会成员发挥影响力提供方便。例如，傣族地区几乎全民信仰南传上座部佛教。傣族男性在其幼年时期必须进入佛寺学习经文才能为社会所认可。从某种程度上可以说，南传上座部佛教的戒令就是傣族地区的道德规范，它能直接地影响傣族人民的生产生活。南传上座部佛教对傣族教民的行为约束功能一方面体现在其戒条和律令上，包括五戒、八戒、十戒等，涉及不杀生、不说诳、不玩女人、不吸烟喝酒等内容；这些戒律与和谐社会建设的要求部分是相吻合的，可以用来为防禁工作服务。

另外，南传上座部佛教还有着一系列的经典、教义、佛事活动等，以此来约束傣族人民群众的行为，对教民的生命周期、教育、社会化、社会角色规范等造成了深远的影响。澜沧江流域传统傣族家庭、村寨用不成文的法律即习惯法来规范和约束人们的行为，久而久之，便用文字的形式将其书写下来，成为成文法。云南傣族习惯法中较为稳定的主要有：寨子里有事要叩拜“寨神”；公共事宜（包括佛事）全寨子老少都要出钱出力，否则予以处罚；乡里邻居家中有事每户都要有人去帮忙；偷窃行为分情节轻重处以罚款或洗寨子；有夫之妇及有妇之夫发生不正当关系要从严惩处等。此外，云南傣族地区还有一系列完备的成文法。其内容涉及对杀人、伤人以及斗殴、破坏公共财产、偷窃、强奸、通奸等行为的惩罚。再者，还有一些行为规范以道德训条的形式存在，如西双版纳四大道德训条即《土司对百姓的训条》、《爷爷教育子孙的训条》、《父亲教育儿子的训条》以及《教育女人做媳妇的训条》被称为西双版纳傣族四部伦理道德教科书。这些习惯法和成文法着重于为整个傣族社会提供一种伦理道德观念和行为规范，其约束功能的对象包括老人、小孩、未婚男女青年、已婚男女、佛爷和尚、百姓和官家等，对澜沧江流域傣族地区产生了巨大的规范教育作用。这些条文对约束人们的不安全性行为、帮助受艾滋病困扰的人、关爱艾滋孤儿等起到了很大的积极作用，应该结合少数民族地区的现实情况来丰富和完善它们，使其为民族和谐文化建设所用，达到润物细无声的功效。

从孔子与柏拉图收徒标准看中西思维方式

——重伦理与重数理

昆明理工大学　于　波　罗　芸

导　言

中华民族是一个伦理主义至上的民族。以“仁爱”为核心的儒家思想是中华文化的主脉。但在古代中国，两千多年的人间的伦理则往往依靠天上的规则，以天理的形式广布于天下，以实现天道与人道的统一，借助天道以行人道。地上建造紫禁城，那是因为天上有个紫金宫，人间讲求仁义礼智信，那是因为天上具有金木水火土。天人相感，天人合一，凡此种种，不一而足。与欧洲民族相比，中华民族的文化内核可谓更多地关心的是现世、今生、此岸、当下。而欧洲文化的内核最关心的则是与人无关的自在的天地、自然。古希腊文化后虽然基督文明也成为欧洲文化的另外一个内核，但按照伽利略的解释，上帝写了两本书，一本是《圣经》，一本是《宇宙》，《圣经》是写给普通人看的，而《宇宙》则是写给哲人看的。《圣经》是用浅易的语言，用比喻、童话的手法向芸芸众生讲述宇宙、自然之奥秘，而《宇宙》则是用数学的语言揭示宇宙的奥秘。我们不能不为这位近代西方科学的奠基人之一，物理学之父的精辟解释而叹服。但殊不知，此语的思想源头则是来自于与中国的孔子同时代的柏拉图，这位站在西方理性主义源头、影响西方文化至今的巨人甚至还具体地指出，写就大自然的数学语言只是两个图形，就是直角三角形和等边三角形。

柏拉图和孔子都是生活在德国哲学家雅斯贝尔斯所称的人类文化的轴心时代。这个时代，印度民族、中华民族、欧洲民族、犹太民族都产生了自己的思想领袖、精神导师。印度出现了释迦牟尼，中国出现了孔子，希腊出现了苏格拉底，在犹太世界则出现了耶稣。柏拉图的经历和孔子十分相似。但是二人也有完全不同的地方。孔子的招收门徒的原则是“有教无类”；柏拉图的原则则是“不懂数学者请勿入内”。从这两个深深影响了各自民族文化内核与性格特征贤哲的收徒标准，我们可以看出，中西文化中一个重要区别，那就是中国文化的特点是重伦理，而西方文化的特点则是重数理。也正是这个差异，直接影响了两个民族思维方式与科学的发展，进而导引出中华民族与西方民族的不同的近代命运。这就是本文所着力论证的核心论点。

柏拉图

波普尔说，回到前苏格拉底时代可能更能看出科学是怎么产生的，因为那时候的哲学天然去雕饰，最能揭示希腊民族的个性与思维方式。这种理性更加朴实无华。轴心时代的希腊开创了两个哲学传统，一个是泰勒斯的传统，一个是毕达哥拉斯书本主义传统。泰勒斯作为第一个自然哲学家留下一句名言：“万物源于水。”其意义在于：(1) 他追求万物共同的本质，这是哲学思维的开始，也是科学地对待自然界的第一个原则。科学从具体多样的现象中找出共同的原理，再从原理中解释、说明、预言更多的现象。(2) 他开创了唯物主义的传统，他所找到的本原是物质性的本原，而不是精神性的本原；他力求从自然界本身说明自然界，而不是求助非自然界的事物。“万物源于水”虽然粗糙朴素，但说话的方式是完全新的，对后世科学和哲学的发展均有导向性作用。毕达哥拉斯则开创了西方的数理传统，提出了数本主义的和谐美。数既是质料因，也是形式因。万物由数组成。每一事物都对应于一个数，如爱情对应8，理性对应1，正义对应4，一个数等于它的因子的和，如6=1+2+3，它就是完美数；如果一个数是另外一个数的因子的和，这两个数就是亲善数。他给数字赋予许多神秘的意义，认为由数派生出来的世界应该是和谐的。认为数即是万物当然是荒谬的，但若说事物所遵循的规律是数学的，则是相当正确的。近代科学正是在追寻自然界的数学规律中发展起来的。而且可以说，许多次重大的突破都是由于发现了新的数学规律。毕达哥拉斯主义的传统确实是最富有生命力的思想传统。毕达哥拉斯奠定了希腊天文学的基础，第一次提出了作为圆球的地球概念，这在两千五百年前是具有革命意义的。近代哥白尼的思想某种意义上也只是毕达哥拉斯思想的延续。毕达哥拉斯定理即勾股定理。

柏拉图成长的年代，正是雅典与斯巴达卷入多年的伯罗奔尼撒战争期间，雅典的民主政治正从鼎盛转入衰落的年代。卓越的政治家波里克利已经逝世。到公元前399年，苏格拉底又横遭诬陷被处死。柏拉图自己的经历和孔子十分相似。他早年就放弃了在雅典从政的梦想，像孔子周游列国一样，游历了希腊各个城邦以实现自己的政治理想。但也是壮志未酬。晚年他创办学园，与朋友们切磋学问，并潜心著述，深入思考国家城邦的性质、政治的性质，乃至于人类的本性，也思考其中只占很少数的哲学的性质和使命。也还是和孔子一样，他的思想在他生前并未得到重视，而在他死后，却深深地影响了后世。

柏拉图和亚里士多德更多的是从哲学方法的角度进行研究，

从科学史方面研究的不多。柏拉图年轻时很有抱负，但却正值雅典走向衰落，柏拉图将失败的原因归咎于民主制。他晚年开门收徒，讲授和研究政治、伦理以及自然哲学，核心是理念论。他认为定义不能适用于感官感知的东西。定义只能对理念进行定义。这对数学发展很有帮助。比如概念、命题、定理被理念赋予确定性。数学表现出了数学上的确定性和精确性。他在教育中重视数学、精密科学，强调要花十年来打基础，认为只有这样才能理解只有思想才能理解的关系。而且十年结束后要再学习五年的辩证法。他所讲的不是今天说的辩证法，而是一种思维方式，即怎样提问、回答问题，怎样辩论。柏拉图写了一本书叫《辩证法》，讲的是逻辑，对以数学为工具的学科有很大的影响。他在这本书中用物理学的方法解释了灵魂是如何推动宇宙的本体的。即神用元素合成了灵魂的本体，又用和谐的数字对之进行分割，使之对和谐有着天性的直觉，使得灵魂的运动能够比较和谐地进行。如把直线弯曲为曲线，再使得曲线变成圆，如此创造出星体运行的轨迹。柏拉图的宇宙论要点认为，世界是神按照永恒的模型（理念）创造出来的，是上帝用理性把只具备中性的质料因按照理念创造出来的，所以是和谐的。球形的世界既有身体又有灵魂。所有的东西都有灵魂，有起点而无终点，因为它是和谐完美的。而最本原的东西是三角板。他把四种元素分成：火是正四面体；土是正六面体，气是正八面体，水是正二十面体。和毕达哥拉斯不同的是，毕达哥拉斯认为数既是质料因，又是形式因，柏拉图认为理念是形式，另外还有中性的质料。科学史家萨顿对此作出了高度的评价，认为柏拉图把神学、宇宙学、几何学联系起来。柏拉图还认为，时间也是被创造出来的。太阳创造出来后有了天，月亮创造出来后有了月，其他星体也都有时间意义，只是离我们比较远，我们不理解。有了日月星辰，有了自然更迭，也就有了计算它们的数学，以及概括它们的规律的哲学。

柏拉图学院人才辈出，在科学史上出了很多天文学家和数学家。如欧多克斯提出了同心球的宇宙模型，赫拉克里特提出了地球会自转的观念，提出了金星和水星是绕太阳运动的观点。这是日心说的先声。

孔　子

中华文化的根是在《周易》。从一开始，《周易》古经以它特有的表达方式，充分注意到了从整体的角度去认识和把握世界，把人和自然看做是一个相互对应的有机整体，八卦及六十四卦是构成这一整体的基本框架。思维方式可以简单地理解成通过形象、概念进行推理的方式。柏拉图提出了从概念（理念）进行推理的思维方式，其形式是数学，而作为中华民族文化源头的《周易》则是通过形象进行思维的。“仰则观象于天，俯则观法于地，观鸟兽之文与地之宜，近取诸身，远取诸物，于是始作八卦”。[①] 也就是取象比类。即认为自然与人事之间只要存在一个相似点就可以表达一个抽象判断了。它给了我们这个民族立象尽意的思维方式。“夫象者，出意者也，言者，明象者也。尽意莫若象，尽象，莫若言”。[②] 语言、具体的天象、意三者的关系是这样的：用语言来表现象，用象来表现意。即追求象所表达的言外之意。如看到“枯杨生梯”（即枯老的杨树发芽了），就附会地认为它所表达的言外之意为“老夫得其女妻”（老男子娶了一个年轻的妻子），“无不利”（没有什么不好）。“枯杨生华”（枯萎的杨树发芽了），就附会地认为它所表达的言外之意为“老妇得其士夫”（老妇人嫁给了一个年轻小伙子），“无咎无誉”（不

---

① 《周易·系辞》。

② 王弼：《易略例》。

存在褒贬毁誉问题)。《周易》在古代是一种预知未来的工具。古人依据其变异的法则来推断未来。从天象到人事吉凶，这种将自然现象与人事联系起来进行推断的过程，也正是《周易》的思维方式。它不是对客观事物的解释，而是在于自己从客观事物中感悟到了什么。如当古人看到松树，不是想象它的叶子为什么是针叶，这种结构与它冬天不落叶有何关系，而是想到了它的坚强的品格。勉励自己向松树学习。这种思维就引导人们或者从自然来悟人事（天行健，君子当自强不息）；或者从自己的道德需要到自然当中去找依据。这种被法国语言学家列维布留尔称作“天人互渗”的思维,[①] 在中国古人那里就叫“格物”。格物是中国古人的一种重要的学习方式。格物致知，修身、齐家、治国、平天下。一切从格物开始。公元前 551 年（鲁襄公二十二年)，孔子生于鲁国陬邑昌平乡（今山东曲阜城东南)。因父母曾为生子而祷于尼丘山，故名丘，字仲尼。正如柏拉图的思想源自毕达哥拉斯一样，孔子的思想源自深厚的齐鲁文化。[②] 孔子生活的时代，施行的是天子、诸侯、大夫和士执掌国家的世袭制度和宗法制度。士首先要修身，德性修炼到一定程度则可协助大夫齐家，再提高到一定程度，则可协助诸侯治国。最高的境界是能够协助天子平天下。这是就有地位、有身份的人而言，而就普通百姓而言，家是人人劳动后可安歇的基本单元。百姓生活赖以依靠、感情赖以依托的家庭里又该怎样呢？就是“父为子纲、夫为妻纲”。为子、为妻的必须绝对服从于父、夫，同时也要求父、夫为子、妻做出表率。这里反映了封建社会中父子、夫妇之间的一种特殊的道德关系。“事父母，能竭其力”。善事父母曰孝，善事兄长曰悌。子女对待父母的正确态度是孝；弟弟对待兄长的正确

① 详见列维布留尔《原始思维》。

② 详见刘宗贤《鲁文化研究》，齐鲁书社 2007 年 1 月版。

态度是悌。孝、悌是孔子和儒家特别提倡的两个基本道德规范。至于个人，则以五常，即仁、义、礼、智、信来调整、规范君臣、父子、兄弟、夫妇、朋友等人伦关系。这一整套的纲常伦理，决定了中华民族两千多年的价值观念、审美情趣以及思维方式，起到了一定的维护社会秩序、规范人际关系的作用。

孔子生活在一个礼坏乐崩的时代。就像希腊的民主政治走向了穷途末路一样，同时代的中国礼乐维系的西周文明也走向了衰败。为了维护这套纲常伦理，孔子从道德伦理出发提出“仁”的学说。《论语》中孔子回答颜渊问仁的一段话，说明了孔子“仁”的学说的基本内容。“颜渊问仁。子曰：克己复礼为仁。一日克己复礼，天下归仁焉。”意思是说，一个人若能做到约束自己，使自己的行为符合礼的原则就是仁。颜渊又进一步问孔子何谓仁，孔子回答说：“非礼勿视，非礼勿听，非礼勿言，非礼勿动。”① 在孔子看来，“复礼”是“仁”的出发点和归宿。“仁”是孔子学说的核心。孔子看来实行“仁”并不难。“仁远乎哉？我欲仁，斯仁至矣。”② 意思是说只要我想行“仁”，“仁”就会到来。正是这样一个最高的道德范畴和最容易做到的道德行为，孔子把他的子民们引导到了“非礼勿视，非礼勿听，非礼勿言，非礼勿动”的人生规范中来了。试想，这样一种做人规范与好奇、求真为特征的科学品质有多大的距离呢？

在孔子从政做官的时候，有一次他下朝回到家，突然家人跑来报告说马厩失火了。他只问一句话：“有人受伤吗？”他并不关心是否有马受伤。可见虽然孔子提倡一个等级森严的宗法制社会，但在他眼里，在马厩干活的下等人也是人，只要是人，就都有平等的权利。比如学习的权利，修养德性的权利，在人的尊

① 《论语·颜渊》。
② 《论语·述而》。

严、生命的尊严上，无论贫富贵贱都是平等的。所以他在教育上提出的口号或者说他自己招收门徒的标准就是“有教无类”。

那么，孔子的教育又是一种怎样的教育呢？从“弟子入则孝，出则悌，谨而信，泛爱众而亲仁，行有余力，则以学文”的话来看，孔子显然是把学会做人作为德育的基础，也作为教育的基础。但也正是由于这样，孔子把教育的主要目标就放在了道德伦理而非自然科学上，放在做人的方法而非放在自然的方法上。当然，并不是说孔子完全忽视自然知识教育。“六艺”之一的“书”其实也就是包括了自然科学知识的。孔子还亲自多次向弟子们传授包括天文、历法、动物植物、地理、古生物等多方面的自然知识。《国语·鲁语下》中就有不少这样的事例记载。只是与柏拉图相比，则完全是另外一种思维方式和价值定位。

结 论

综上所述，同时代的柏拉图和孔子生活于东西两个文化渊源完全不同的民族，有着完全不同的思维方式。正像释迦牟尼的出现将等级人群变成众生皆有佛性的平等世界、耶稣的出现把基督教从律法变成慈爱、仁爱的普适宗教一样，柏拉图的出现则在其老师苏格拉底的基础上，发展出西方的哲学传统和知识传统。两位先哲都对自己的子民有着深刻的文化影响力。我们不可能将生活在水里和海里的两条鱼机械作比一样，柏拉图与孔子是在完全不同的两种文化中生活的人。我们只是从近代科学的诞生所必需的数学、实验这两块基石来看两位同时代却文化背景不同的先哲对其后的民族发展导向的影响。“有教无类”说明孔子理念所蕴含其间的文化是一个重伦理的文化；柏拉图理念所蕴含其间的文化是重数理的文化。

试论构建和谐社会的诚信建设

昆明理工大学　李　琦

诚信是中华民族的传统美德，也是我们每个人成长路上的道德基石。有了它，才能站得稳，行得正；才能叫得响，喊得亮。有了它，才能堂堂正正做人。然而，由于利益的驱动和体制、法律尚未健全等诸多原因，传统诚信道德遭到了严重的挑战与冲击，诚信缺失已成为当今社会关注的重要问题之一，构建和谐社会，建立诚信体系就显得尤为重要。

一、诚信是中华民族的传统美德

我国素有“文明古国、礼仪之邦”之称，素以诚信著称于世。在古代汉语中，“诚信”有着丰富的内涵。在语义上，“诚信”两字是互通的，许慎的《说文解字》就说：“诚，信也”；“信，诚也。”诚实与守信两者有着密切联系，诚实是守信的思想基础，守信是诚实的外在表现，只有内心诚实，待人诚恳真挚，做事才能有信用、有信誉。在思想内容上，“诚信”概念大致有四层含义：一是言而有信，说话算数，所谓“一言既出，驷马难追”，“言必信，行必果”。二是守约，“有所许诺，纤毫必偿；有所期约，时刻不易，所谓信也”。三是表里一致，不自欺，不欺人，内心纯正。四是不忘本，“不背本，仁也；不忘旧，信也；无私，忠也；尊君，敏也”。在中国传统文化中，视诚信为“敬德修业之本”、“利人之道”和“立政之本”，认为“祸莫大于无信”。两千多年以来，诚信一直是中国人民颂扬和恪守的美德。

（一）诚信是立身处世之本

在中国古代文化中，做人的诚信问题受到重视，认为这不仅关系到人的品格和境界，甚至还涉及人之为人的根本大义，可以说，没有诚信的人，是不配做人的。两千多年以前，古代伟大的教育家、儒家创始人孔子倡导诚信：“人之所以立，信、知、勇也。”孔子认为，诚信是放之四海而皆准的做人的道理，他用了一个生动的比喻诠释这一意蕴：“人而无信，不知其可也。大车无輗，小车无軏，其何以行之哉?”车无軏不可行，人无信则不可立，不讲诚信，寸步难行。诚信是君子必备的品行，是人人应遵守的行为准则，也是人的安身立命之本。说老实话，做老实人，是传统文化非常看重的为人品德。

（二）诚信是人与人交往的基本准则

中国古代思想家们极为重视以诚待人的问题，孔子不厌其烦地一再予以强调，说话要“谨而信”，“与朋友交，言而有信”。曾子“吾日三省吾身”中，其间一项就是：“与人交而不信乎?”孟子在其所宣扬的“五伦”中，也有意突出了“朋友有信”。后世智者承孔孟之道，反复申论诚信是人际往来的前提与基础，缺少诚信，交往是无法进行的，所谓“祸莫大于无信”。

（三）诚信是治理国家的基本准则

取信于民，是从政、执政的基本要求。水能载舟，也能覆舟，得民心者得天下，靠什么得民心呢?“自古皆有死，民无信不立”。孟子说：“得其民有道，得其心，斯得民矣。”显然，诚信，就政府而言，它是高度的效能；就国家而言，它是良好的国际形象。

古往今来，中华民族视不讲诚信、弄虚作假是可耻和可悲的事情，诚信之美德感染过一代又一代的中国人，但在今天，这一向来被奉为圭臬的诚信道德像一条遍体鳞伤、备受侵蚀的大堤，正面临前所未有的冲击和考验。

二、诚信缺失的危害及其原因

改革开放以来，我国的经济和社会发展都取得了举世瞩目的成就，但是社会上也存在着比较严重的诚信缺失现象。诚信缺失犹如毒瘤正在日益严重地侵蚀着我们国家和社会的肌体。建设全面小康社会、构建和谐社会都离不开社会诚信这一重要保障。诚信缺失已经成为我国当前迫切需要解决的一个重要问题。

（一）当今社会诚信缺失的表现

首先，在经济生活中不诚信的现象最为突出，无论在产品信用、商业信用还是金融信用上，皆有种种恶劣的表现：企业不守信用，恶意逃废银行债务；企业不讲信誉，相互之间拖欠货款；企业合同违约严重，利用合同进行欺诈；企业财务信息严重失真；假冒伪劣盛行，制假贩假猖獗。这些现象已造成经济领域的混乱，严重扰乱了市场经济发展的正常秩序。

其次，在政治生活领域的诚信缺失，既表现在领导决策及其执行过程中，也体现在党政机关及其公务员的思想作风上。在社会政策的制定执行和政府行为上，一些党政机关还存在随意性大、政策多变、不守承诺、暗箱操作、缺乏程序规范和严格的法治意识等问题，导致出现诸多失信于民的现象。一些干部特别是部分领导干部工作上耍花架子、搞形式主义、浮夸虚报，搞欺骗和弄虚作假。“政绩工程”、“升迁工程”和“数字出官”、“官出数字”的事屡见不鲜。值得指出的是，政治生活领域的这种不诚信现象常常与官僚主义、腐败现象如影随形。在政治文明建设中，政府应把“不讲真话”当做一个严重的问题来解决。

除此之外，不诚信现象在社会生活的各个领域都有相应的表现：在职业领域，敬业精神与诚实劳动在相当一部分人中失去了以往的崇高价值；在个人生活领域，许多人在市场经济的大潮中迷失了自我，急功近利，言而无信。总之，有各种形形色色的造假现象存在。

（二）社会诚信缺失的危害

当前社会中存在的诚信缺失现象已经干扰了正常的经济、政治、社会生活秩序，导致人与人之间的关系出现诸多问题，一旦这种现象滋长蔓延，必将进一步损害社会的可持续发展，影响和谐社会的建设。

首先，诚信缺失严重影响了我国市场经济的健康运行。经过30年的改革开放，我国的计划经济转变为市场经济。市场经济是法制经济，也是信用经济，法制和信用是市场经济的两大基石。在自然经济条件下，人与人之间的关系因为交往活动少、活动地域窄、生产规模小，基本是“熟人关系”，一般不会担心相互失信。但在市场经济的环境中，随着生产规模、市场范围、交往层次和交换频率的迅速地扩大与增加，信用作为一切交易活动的基础，必然要求被人们共同遵守。只有建立在相互信任基础上的承诺和践诺，才能促进经济的发展。而诚信的缺失，带来的是许多消极的效应：干扰了正常的市场经济秩序；增加了市场经济的交易成本；影响了市场经济的可持续发展。有一句很形象的话：“商海无桥信作舟”，说明丧失诚信，就会失去市场。

其次，诚信缺失严重地影响社会的稳定。假冒伪劣、坑蒙拐骗，造成无数个人身心受到伤害、多少家庭家破人亡、大量企业举步维艰；失信使经济秩序遭到严重破坏，广大消费者的生命安全和财产安全得不到保证，使得消费者对社会和政府失去信心、信任；失信使一些人靠骗人暴富，也加剧了社会财富分配不公。

再次，诚信缺失败坏社会风气。社会诚信缺失造成人与人之间互不信任、相互提防，使得人际交流和沟通变得更加困难。更为严重的是，失信行为得不到有效制止，使得许多诚实守信的人的利益受到损害，认为“老实人吃亏”的思想占了主导，这就使整个社会的道德风险加大，道德水平下降。当人们在社会交往中因为怀疑、戒备而使得真诚、友善荡然无存时，这不能不说是最大的悲哀！

最后，诚信缺失严重地影响我国的国际竞争力，损害国家的声誉。据统计，国际贸易中我国现汇交易达到80%，信用交易方式仅占20%左右。落后的结算方式严重阻碍了贸易的扩大和企业的发展，使我国企业的竞争力大大减弱。另外，由于我国一些企业和个人制假贩假，使得一些国家对我国商品心存疑虑，予以抵制，极大地损害了我国的国际形象。世贸组织总干事穆尔曾尖锐地指出，中国加入世贸组织后，从长远看，最缺乏的不是资金、技术和人才，而是信用以及建立和完善信用体系的机制。

政治生活中的不诚信不仅严重地影响了政府的公众形象和威信，而且它所产生的负面效应也不仅仅局限在政治生活领域内。如果党和政府失去了广大人民群众的信任，也就失去了广大人民的支持，我们的事业就不可能取得成功。如果政治生活中的不诚信现象任其发展，就使得不诚信在某种程度上将成为一种社会生存环境，那将是一个非常糟糕的局面。

（三）社会诚信缺失原因探究

我们正处在改革发展的关键时期，社会呈现出日益复杂而深刻的变化，在实际工作过程中，人们往往比较看重物质效益、经济效益，而精神效益、社会效益被摆在第二位，社会责任意识、道德要求常常是被忽略的。因此，社会诚信缺失既有客观因素，也有主观原因；既有历史的根源，更有现实的社会土壤。

首先是市场经济体制不完善。这源于我国信用制度和信用管理体系基础建设薄弱，社会规范和制度建设不成熟、不合理。由于市场经济活动数量大、变化快，流动性大，加之信息的公开公正和迅速有效传递尚未实现，使信息严重不对称，给失信和欺诈行为提供了可乘之机。而我们没有完善的管理信用立法、有效的失信约束和惩罚机制，没有开展有关信用管理的全民教育，更没有形成一个完善的国家信用管理体系，失信行为的成本远低于其收益。信用优良得不到相应的鼓励和待遇，必然会导致劣质驱逐良质。这正是我国不能从根本上解决信用失范问题的关键原因。

其次是思想道德教育滞后。传统的诚信道德主要停留在道德层面上，强调注重个人自觉自省，而对实践层面和社会约束方面的要求不足，从而导致了诚信教育的苍白无力。特别是市场经济环境下的诚信教育的薄弱欠缺和社会舆论媒介的引导和监督的乏力偏失。“狼来了”、“烽火戏诸侯”等教导人们不说谎、不作假的故事，谁也没有真正拿它当回事。当今思想道德教育，包括诚信教育，很多时候也还是局限于泛泛而谈，流于形式，缺乏实质内容，缺乏针对性，缺少有力和有效的措施，与实践严重脱节，这必将造成长期的诚信教育失效，大大地削弱了教育的效果。

再次是个人主义膨胀，利欲熏心。在计划经济时代，强调的是“一大二公”、“毫不利己，专门利人”，改革开放以来，确立了社会主义市场经济体制，人们获得了独立的经济地位，在不损害公共利益、国家利益的前提下，个人利益最大化成为人们遵循的原则和追求的目标。一些人拜金主义、个人主义膨胀起来，为追求一己私利不惜弄虚作假、坑蒙拐骗，由此产生了利益最大化原则与伦理道德观念的矛盾和冲突，使社会诚信受到严重冲击。

最后是法律不健全，对失信者打击不力。国外许多国家都有完善的法律法规，打击失信者。据有关资料介绍，在美国，有关诚信方面的法律有十多部，对不同方面、不同环节的信用要求都有明确具体的法律规定，还制定了严厉的惩罚措施。如对造假，在美国可以最高处罚500万美金，加上10年徒刑，而我国《消费者权益保护法》对造假处罚只有两倍的赔偿，明显乏力。我国在市场经济立法方面近年来做了大量努力，也取得了明显进展，但是还不够完善和具体，特别是对于社会失信行为的打击处罚力度不够，使得失信者敢于违法。

三、构建和谐社会的诚信对策

诚信建设与和谐社会的建构联系密切，但目前诚信建设十分乏力，以致漏洞丛生，对它的拯危解困，并非易事。建立和培养诚信品德将是一个长期、复杂、艰巨的任务。

首先，构筑和谐社会下的信用体系。和谐社会应当是一个建立在诚信基础上的法制健全、道德良好、人际关系融洽的社会，是一个公平公正的社会。建立起一个健全的社会信用体系，是构建和谐社会的支柱。一要建立起经济主体信用档案，建好信用管理平台；二要加强信用中介发展，提倡建立商业化的信用服务体系；三是政府在建立社会信用体系中应该起宏观引导的作用。

其次，加强道德教育，加强精神文明建设。国家要把“明礼诚信”作为社会道德建设的重要内容，作为构建和谐社会的重要条件；社会要广泛开展新道德教育，提高人们的道德认识，提高辨别善恶是非的能力，激发人们的道德情感，形成扬善抑恶、爱憎分明的社会氛围；每个人从我做起，从现在做起，共铸诚信社会。通过各种有效方式，教育和帮助全体公民牢固树立诚实信用是一种财富的理念，使人们真正认识到诚心诚意、说话算数是现代人应当具备的基本素质和品格，真正理解在市场经济条件下，只有树立起真诚守信的道德品质，才能适应社会生活的要求并实现自己的人生价值，真正把诚信的要求视为一种谋利和促进发展的手段，视为一种神圣的使命和内在的义务。确立道德信念，提高道德境界，完善道德人格。

第三，健全法制，加大惩处力度，使失信者无利可图。防范和治理失信仅仅靠道德规范是不够的，还必须建立起一整套管理的法律、法规、制度、准则，把社会诚信纳入法制的轨道，形成有法可依、违法必究、执法必严的法制环境，维护和培育良好的市场信用秩序。建立和完善失信惩戒机制，加大对失信的惩处力度，通过严厉的制裁措施，加大失信者的经济成本，使其无利可图，加大失信者的道德成本，使其成为“过街老鼠”，人人喊打，身败名裂，以起到震慑作用。通过对诚信者的社会褒扬和对失信者的舆论谴责，促进社会形成更好的诚信氛围。

第四，建立和完善政府诚信制度。政府诚信是社会诚信的核心和关键，是构建和谐社会的重要组成部分。政府的公信力对全社会影响极大，要社会讲诚信，首先政府要做好表率，领导要以身作则。任何政府和制度都要按照诚信的原则来组织和建构，各级干部都应按照诚信的原则行使其职权。各级政府及政府有关部门要树立起“政府诚信无小事”，讲究政府诚信，爱惜、珍惜政府诚信的观念。要充分意识到一旦背离了诚信的原则和精神，政府就会失信于民，造成的后果必将是难以估量的。

诚信作为一个科学的道德范畴，是现代社会的产物，在当今经济全球化、政治民主化、文化多元化和交往现代化的浪潮下，其凸显出十分重要的价值，要求每一个人都要认真而严格地践行。加强诚信建设要靠教育，也要靠法制，但更重要的是靠全社会实践。和谐社会，诚信为首。

试论大学生诚信养成的外在机制

昆明理工大学　李喜景　白志红

近年来，大学生的诚信屡遭非议，大学生诚信养成已成为一个急迫的现实要求。寻找更有效的养成机制是本文的追求。本文力图从诚信养成的外在机制入手，为大学生诚信养成探索一条可行之路。

一般认为，大学生诚信养成是其内心自觉与外在强力约束的结果。本文将诚信养成的外在强力视为外在机制。它包括：学校教育、传统文化及一系列相关制度等。

一、大学生诚信养成的现状及其原因

目前，大学生在现实生活中的诚信养成不尽如人意，具体表现如下。

（一）高校诚信教育偏重学生内在自觉性，忽视外在机制的强制性，难以防止大学生的失信行为

大学的诚信教育主要集中于理论课领域。思想理论课从人与动物的区分出发把握人的主体性，强调人的思维、意识、理性在诚信养成中的自觉性。现实中高校的诚信教育一直坚持依靠学生的觉悟和自觉养成，然而却屡屡碰壁。究其原因，高校诚信教育偏重学生的内在自觉性而忽视外在机制的强制性是一个不可否认

的缺陷。我们常常看到，在国内，当大学生面对各种利益诱惑时，单一的内在自觉性很难让其坚守诚信的底线。但是，当其到国外留学，面对完善的制度时，同样的人群则极少跨越诚信的底线。同一主体不同的诚信行为表明：只有当主体的自觉与外在的强制结合时，诚信的养成和坚守才是现实的。可见国内大学诚信养成偏重内在自觉性，忽视外在机制强制性是大学生在国内失信的重要原因。

（二）中国传统文化中的二重诚信因素影响着大学生诚信养成

刘雪梅等认为，中国文化中存在着不诚信的基因。他们的研究表明，中国文化中的诚信有人际上的、地域上的亲疏、远近之别。即对人际关系亲的、地域近的讲诚信，对人际关系疏的、地域远的则常常失信。[①] 笔者将这种内外有别、远近有异的诚信视为二重诚信。在大学生中大量存在着此类诚信。学生们对相互了解、知根知底的人基本不敢失信，对一次性交往、相互不了解的人则极可能失信。他们在诚信与否的问题上遵循着人际亲疏、地域远近有别的原则，表现出二重特征。大学生表现出的诚信与失信在同一时空上的并存性现象恰恰是中国传统文化中二重诚信因素的现实化、具体化。

（三）失信制约机制的欠缺影响着大学生诚信养成

在中国当今失信问题研究中，一个值得注意的现实是：西方跨国公司在其本国极少触犯商业伦理底线，而在其他国家，特别是在发展中国家则轻而易举地突破这一底线。对此，普遍的观点

① 刘雪梅、张振国：《中国农村诚信缺失的文化溯源与路径选择》，载《道德与文明》2008 年第 3 期。

认为原因是在于发展中国家失信成本的低廉、相关制约机制的欠缺。作为社会的成员，大学生复制着几乎相同的行为模式：在西方发达国家不敢失信，而在国内则放手失信。这印证了现代心理学的一个基本观点：人的行为受动机支配，动机由内外驱动性动机组成。其中，外驱动性动机指外部刺激对人们诱发的推动力，如风险、效益、奖惩等。现实情况表明，市场经济条件下人们常基于个体的目标和利害关系选择其行为模式。因此，大学生诚信与否一定程度上取决于对其诚信后果的预期。如果其守信却常常使个人利益受损，那么诚信的积极性会随之降低。即一旦某种行为模式经常损害其行为主体，无论它在社会推崇的价值体系中具有多高的位置，其潜在的负价值都会消融人们践行的积极性。①反之，如果其诚信能获得利益或至少不损害其利益，则其诚信的积极性会随之提高。据此可知，大学生诚信的养成一定程度上依赖于社会对于失信行为制约机制的建立和完善，而这一点在今天的中国刚刚起步。不完善、有缺陷的失信制约机制影响着大学生诚信的养成。

（四）道德软弱性影响大学生诚信养成

道德软弱性指：第一，由于道德原则的抽象性导致的对道德主体约束的一般性常使道德沦为空泛的说教而难以养成具体的道德行为。第二，由于道德要求的非强制性，为道德主体提供了多样的选择空间而使道德要求流于可能而非必须。

大学生诚信作为道德的基本内容之一，具有同样的软弱性。调查显示，大学生一般在理论上认可诚信原则，同意学校教育中提倡的诚信价值、规范，但同时在诚信实践中违背自己认可的、同意的原则和规范。现实中他们常表现出：理论上对诚信认可与

① 王淑芹：《论公民道德建设的外在机制》，载《道德与文明》2008 年第 1 期。

生活中诚信丧失同时存在，而且对此毫无道德困惑感。这种由道德软弱性导致的诚信软弱性影响了大学生诚信的养成。

综上所述，大学生诚信养成欠缺外在机制，从外在机制入手，有利于大学生诚信的养成。

二、完善大学生诚信养成的外在机制，支持大学生诚信养成

目前，大学生诚信养成的外在机制已经开始建立，问题在于此类机制尚不完善，不足以支持大学生诚信的养成。因此，完善大学生诚信养成的外在机制是其诚信养成的基本途径。具体而言，应当从如下方面入手。

（一）完善高校诚信教育机制

高校是大学生诚信养成的重要环节。在学校中诚信养成良好的学生，毕业后不易产生失信行为。完善高校诚信教育机制，是大学生诚信养成的基础。

众所周知，高校诚信教育已实施多年却效果不佳。笔者认为一个重要原因在于高校教育偏重于学生的内在自觉性而忽视外在机制的强制性。因此，完善高校诚信养成机制应当从制度建设入手。第一，完善学校各项规章制度，为诚信养成提供外在环境，以制度蕴含的价值评价和追求引导学生诚信养成；第二，强化各项规章制度的执行力度，以规章制度养成行为模式，保障学生诚信养成的正确方向；第三，树立学生诚信楷模，以榜样的力量为诚信养成提供现实可能，把大学生培养成有诚信能力的人。

（二）完善中国诚信文化

文化是一个人成长的重要环境，现实中文化不仅造就了民族，还决定着个体的价值选择和行为模式。一种文化不仅是个体

行为的养成环境，而且提供了个体行为的养成模式。完善一种文化，意味着完善个体行为养成模式。

如前所述，中国文化本身内含着失信与诚信基因，是一种二重诚信文化。完善这一文化，是大学生诚信养成的重要途径。具体而言就是完善标准唯一的诚信文化。这一文化的唯一性体现在如下几个方面：第一，建立诚信价值评价的唯一标准，以此评价、判断个人行为诚信与否；第二，建立诚信行为模式规范，以此约束个人行为，规避失信行为；第三，批判继承传统文化，剔除其人际、地域因素，建立新型诚信文化。

（三）完善失信制约外在机制

如前所述，失信的一个重要原因在于失信制约外在机制的欠缺。这种欠缺影响了大学生诚信的养成，因此，建立失信制约外在机制是大学生诚信养成的重要条件。这一机制包括：第一，完善诚信养成的社会环境，在大学生与社会环境的互动中实现环境造人，完成诚信养成；第二，完善诚信管理规范，细化诚信管理规范，提高诚信规范的实践性；第三，完善奖惩制度，重奖诚信的大学生，严惩失信的大学生，用奖惩转变大学生诚信认知行为模式，将大学生的经济利益诉求引向诚信的范围；第四，建立诚信养成的法律制度。借鉴国外经验，以法律的权威拓展诚信的空间。通过完善高校诚信教育机制，完善失信制约的外在机制，保障大学生诚信的养成。

高校思想道德教育应加强传统道德教育

昆明理工大学社会发展学院 刘 杨

大学生是十分宝贵的人才资源，他们的思想道德素质如何，直接关系到中国特色社会主义事业的兴衰成败，关系到全面建设小康社会和中华民族伟大复兴目标的实现。随着改革开放的深入和经济全球化的迅猛发展，当代大学生的成长环境已经发生了深刻的变化，西方文化思潮和价值观念的冲击，深刻地影响着大学生的道德品质和思想境界。面对新的复杂形势，在高校加强对大学生进行传统道德教育，通过中华民族的优良传统道德教育提高大学生的思想道德素质是非常必要的。

一、开展传统道德教育的意义

现代大学生生长于改革开放的年代，社会大环境的变迁引致外部文化环境和道德环境的变更，尤其受市场经济和西方文化的影响，西方道德观、价值观已经呈现出对传统道德准则与价值取向冲击的态势。从当代相当一部分大学生身上，可透见传统道德文化的疏离征兆，主要表现在社会公德心不强、生活作风散漫、精神境界空虚、缺乏理想和追求、价值观庸俗等等上。正因如此，我们应重视在现代大学生中加强传统道德教育，这是弘扬和培育中华民族精神、建设社会主义精神文明、促进大学生思想道德体系建设的客观需要。

加强传统道德教育有利于完善大学生思想道德体系。目前，我国正处于极为重要的社会转型期，社会道德观念、道德规范都在发展和转变。党的十六大报告提出，要建立与社会主义市场经济相适应、与社会主义法律规范相协调、与中华民族传统美德相承接的社会主义思想道德体系。开展传统道德教育，就是要在汲取中国传统思想观念、伦理道德的精华的同时，结合社会发展实际和我国国情进行新的创造，加快传统道德在新时代的扬弃与发展，促进中国传统美德和时代精神的完美结合，从而形成具有鲜明时代特色的传统道德教育内容，使传统道德成为大学生思想道德体系的重要组成部分。

加强传统道德教育有利于在大学生中弘扬民族精神。民族精神作为民族文化的核心，是一个民族赖以生存和发展的精神支撑，具有对内凝聚民族力量、对外展示民族形象的重要功能，是衡量一个国家综合国力强弱的重要尺度，是一个国家自立于世界民族之林的显著标志。千百年来，无数仁人志士为了追求真善美，弘扬社会正气，披肝沥胆，殚精竭虑，体现了中华优秀儿女情感之真诚、襟怀之博大、气节之刚烈，中华民族的民族精神是深深植根于五千年传统道德的沃土之中的。高校通过加强传统道德教育，引导大学生主动从传统道德资源中汲取营养，有利于在大学生中培育和弘扬“以爱国主义为核心的团结统一、爱好和平、勤劳勇敢、自强不息的民族精神”，以及中华民族爱好和平、勤劳勇敢、自强不息的伟大民族精神，凝聚、鼓励、引导大学生为实现中华民族的伟大复兴而奋斗。

二、开展传统道德教育的方式

春风化雨，润物无声。只有把传统道德教育与学校思想道德教育有机结合，与文化课程的学习有机结合，与大学生的校园文化活动有机结合，才能真正做到全程育人，使大学生在学习生活中充分汲取中国传统道德的精华，全面提高当代大学生的思想道德素质。

（一）在思想道德教育中加强对于传统道德的宣传教育

当前，各高校普遍加大了思想道德教育力度，广泛开展了各种形式的思想道德教育。源远流长的传统道德中，蕴含了大量合理、有益的因素，值得我们弘扬和继承；公民道德的培养，共同道德价值观的确定，也需要我们从传统道德中汲取营养。因此，高校应该把传统道德教育作为社会主义基本道德规范教育的有力补充和开展公民道德教育的重要环节，特别是要切实把传统道德教育作为大学生思想道德建设的重要内容，贯穿于思想道德建设的全过程，并且不断丰富教育内涵、拓展教育途径、增强教育效果。高校应采取各种大学生喜闻乐见的形式开展传统道德教育，可以充分利用高校中随处可见的黑板报和阅报栏、覆盖面广的校园广播、用户众多的校园网络，制作宣传传统道德的专题，播讲弘扬传统道德的故事和格言。通过广泛的宣传教育活动，使大学生领会传统道德的基本内容、科学内涵和现实意义，有助于大学生树立正确的思想观念，培养良好的道德风尚，增强明辨是非的能力。

（二）传统道德教育要与课堂教学紧密结合

中华民族的传统道德在几千年的发展过程中，创造了丰富的有价值的道德文化成果，留下了极为宝贵的民族道德观念，但同时也积累沉淀了不少封建剥削阶级和宗教迷信思想的糟粕。为了有效地帮助大学生批判地继承传统道德，要注意给予正确的指导，开设以传统道德教育为主要内容的选修课是一种必要的教育手段。高校应选派综合素质较高的教师担任传统道德教育课程的专职教师，在授课中要结合大学生的思想实际进行针对性的讲授，对于社会普遍关注的道德热点问题及时进行评述，使传统道德教育课程充分发挥出启迪思想、陶冶情操、传授知识、鼓舞人心的积极作用，帮助大学生塑造自尊自信、理性平和、积极向上的心态。同时，在教学中应增加幻灯、投影、录像、电影、网络等现代化教学手段，提高传统道德教育的时效性和时代感，增强传统道德教育的感染力、说服力和影响力，以取得更好的教育教学效果。

（三）传统道德教育要与积极开展校园文化活动相结合

进行传统道德教育的目的，不是让大学生停留在对一系列传统道德规范的教条式掌握上，而是使大学生成为具有正确的世界观、人生观、价值观和良好道德品质的人。实践证明，校园文化活动是学生进行自我教育、自我管理、自我服务的有效形式，也是开展思想道德教育，提升学生个人和整个学校精神文明建设水平的有效途径。因此，在进行传统道德教育时，要充分发挥学生的主体作用，支持他们开展有关于传统道德教育的校园文化活动，在活动中进行传统道德思想渗透，使大学生在活动中强化传统道德意识，在潜移默化中得到熏染，接受传统美德并转化为其品格，最终形成良好的思想道德品质。比如，开展以“仁者无敌”、“以德服人”等传统道德规范为辩题的辩论赛，开展以传统道德为主题的演讲比赛，组织外语社团用外语表演传统美德小故事，扩大传统道德的影响力，加深大学生对于传统道德的理解。学校还应不失时机地创设一些有利的传统道德教育情境，诸如利用“教师节”、“重阳节”等节日，强化大学生的感恩意识和敬老观念，引导他们在学习生活中践行传统美德。总之，要根据时代的变化和学生不断发展的思想实际，开展更多的有助于提高学生传统道德水平的校园文化活动，活动要丰富多彩，要通过各种活动把广大同学的注意力吸引过来、积极性调动起来，使学生的心灵得到净化，思想道德水平得到提升。

三、传统道德教育需要注意的问题

（一）传统道德教育要坚持批判继承的原则

我国传统道德博大精深，全盘否定固然不对，照单全收也失之偏颇。开展传统道德教育，必须坚持批判继承的原则，按照“古为今用”、“取其精华，去其糟粕”和符合时代发展精神的要求，合理继承、科学转化和有效利用并举，在深厚的中华传统道德积淀中发掘和汲取中华传统美德，弘扬和培育民族精神。例如“三纲五常”是中国封建社会的基本道德原则和规范，是封建社会中不可挑战的金科玉律。“三纲”是指“君为臣纲、父为子纲、夫为妻纲”，要求为臣、为子、为妻的必须绝对服从于君、父、夫;“五常”是指“仁、义、礼、智、信”，要求做人必须懂仁爱、有忠义、知礼节、学智慧、讲信用。从社会主义精神文明建设的角度来看，“三纲”无疑是应该批判的封建糟粕，而“五常”则对提高个人修养和综合素质具有积极的意义。因此，高校在开展传统道德教育时，应该从繁多而复杂的传统道德中甄别出优秀的传统道德，并引导学生正确区分和对待传统道德中的精华与糟粕，这是开展传统道德教育的首要任务。

（二）传统道德教育要与社会主义思想道德建设结合

传统道德教育的最终目的是为建设有中国特色的社会主义的思想道德体系服务。因此，在开展传统道德教育时，必须坚持以“三个代表”重要思想和社会主义荣辱观为指导，坚持中国先进文化的前进方向；在正确认识我国国情和正确处理经济、政治、文化关系的基础上，按照“古为今用”的原则，对传统道德进行历史唯物主义的分析，并结合时代精神，对传统道德加以改造、创新、继承和发展，使其成为社会主义道德体系的构成要素，努力建立与社会主义市场经济相适应、与社会主义法律规范相协调的传统道德教育。比如，传统道德中的精华可以用“诚、信、礼、义、忠、孝、廉、耻”来表述，这八个方面的内容是对传统道德扬弃的产物，既保持了民族性又体现了时代性。高校在开展传统道德教育时，可以将这八个方面的内容与“八荣八耻”的社会主义荣辱观相结合，赋予其新的内涵：诚、信、义对应“以诚实守信为荣、以见利忘义为耻，以团结互助为荣、以损人利己为耻”；忠对应“以热爱祖国为荣、以危害祖国为耻，以服务人民为荣、以背离人民为耻”；廉对应“以遵纪守法为荣、以违法乱纪为耻，以艰苦奋斗为荣、以骄奢淫逸为耻”，等等。在开展传统道德教育时，应从我国全面建设小康社会的新情况、新特点、新要求出发，结合当前社会现状分析现实意义，根据现实加以分析、补充和更新，让大学生感到传统道德贴近自己的生活，使传统道德教育成为大学生生动的道德实践。

（三）传统道德教育要以全员育人为保障

古人认为：“其身正，不令而行，其身不正，虽令不从”，因此，在开展传统道德教育时，教师的言传身教就显得尤为重要，教师所具备的传统道德水准影响着学生对传统道德教育的接受程度，影响着传统道德教育的过程，在很大程度上决定着传统道德教育的质量和效果。在传统道德教育中，要充分发挥全体教师的育人功能，以师德师风建设为载体，引导全体教师注重品德修养，追求学术创新，讲究学术道德和节操，带头实践传统美德，构建完善的传统道德教育工作格局。高校的所有教师都肩负着育人职责，广大教师要以高度负责的态度，率先垂范、言传身教，以良好的思想、道德、品质和人格给大学生以潜移默化的影响，把传统道德教育融入大学生专业学习的各个环节，渗透到教学、科研和社会服务各个方面，使学生自觉加强思想道德修养，使传统道德教育更有成效。

胡锦涛同志指出："一个有远见的民族，总是把关注的目光投向青年；一个有远见的政党，总是把青年看作推动历史发展和社会前进的重要力量。"加强高校的传统道德教育，引导大学生发掘传统道德的精神内涵，应该作为高校思想道德教育的一项重要任务。相信通过持之以恒的传统道德教育，新时代的大学生必将具备更高的思想道德素质，成为和谐社会的主要建设者和社会主义事业的可靠接班人！

反思与启示

——儒家“和”文化与构建和谐社会

昆明理工大学社会科学学院　刘　凯　樊　勇

一、反思儒家思想中的“和”文化

和谐社会就是让社会各成员、群体、阶层、集团之间的关系融洽、协调，没有根本的利害冲突，社会公平，行为公正，人与人之间相互尊重、相互信任和互相帮助，形成良好的社会氛围。

和谐文化作为社会主义和谐社会的重要组成部分，包含着人与人的和谐、人与自然的和谐、人与社会和谐三个方面，共同构成了社会主义和谐社会的思想根基。要建设和谐文化，离不开对中国传统文化中的和谐思想观念的继承和发扬。在构建社会主义和谐社会过程中，我们应该继承、发扬这种崇尚和谐的文化精华，充分发掘其理念蕴含的当代价值，使之成为和谐文化的重要内涵，努力促使人类实现与自然、与他人、与社会的真正和谐。

儒家思想是中华民族文化遗产中重要的组成部分，儒家“和”文化是规范，是两千多年来中华民族恪守的道德准则，对于当今构建和谐社会具有一定的借鉴和现实意义。中国是最早提倡“和”崇尚“和谐”的国家。早在西周末年，周太史史伯就提出“和实生物、同则不继”等和谐思想。这比古希腊的毕达哥拉斯提出“整个的天是一个和谐”、“美在和谐”的思想要早两百多年。极能体现和谐之意的“和而不同”一语，记载见于《国语·郑语》，西周太史史伯认为：“和实生物，同则不继。以他平他谓之和，故能丰长而物归之；若以同裨同，尽乃弃矣。”史伯在这里区分了“和”与“同”的不同内涵对事物生成发展的不同作用。而春秋战国后期著名政治家晏婴继承了史伯的思想，晏婴在回答齐侯“和与同异乎”这一问题时说：“异和如羹焉，和羹必备五味。”即要烹制出美味的羹汤，必须具备多种原料。乐师要融合不同的音乐元素，协同不同特色的声音，才能创造出美妙的音乐。“声亦如味，一气、二体、三类、四物、五声、六律、七音、八风、九歌，以相成也。清浊、大小、短长、疾徐、哀乐、刚柔、迟速、高下、出入、同流，以相继也。”“若琴瑟之专一，谁能听之?”（《左传·昭公二十年》）。而孔子在《论语·子路》中指出的“君子和而不同，小人同而不和”的著名论断与之一脉相承。而其“和而不同”的观点则充分显现出和谐之中认可差异性和尊重创造性的思想。启示我们，只有善于处理各种错综复杂的矛盾，广泛参考、借鉴不同意见，兼收并蓄，博采众长，才能达到理想的状态——和谐。一种声音谈不上动听，一种颜色构不成五彩，一种味道构不成美味，一种事物则无法比较。只有承认不同，才能“相成”和“相继”。而最为经典的则莫过于孔子的“和为贵”的主张和孟子的“人和”思想，其堪称为中国传统“和”文化的浓缩，且已上升到“高于天时，凌于地利”的认识高度。

儒家文化非常重视人际关系和谐，主张贵和持中，和谐中庸，强调矛盾的统一与均衡，通过事物之度的把握以获得人际关系的和谐，避免和克服人与人之间的对立和冲突，为此提出维持和谐的人际关系所应遵守的价值原则：其一，重“和”。孟子讲“天时不如地利，地利不如人和”（《孟子·公孙丑下》），认为人和与否是胜负的决定因素。中国人把“和”作为待人处世的基本原则，极力追求人与人之间的和睦、和平与和谐，“和”既是人际行为的价值尺度，又是人际交往的目标。其二，贵“仁爱”。孔子讲“仁者爱人，泛爱众，而亲仁”（《论语·学而》），其学生又说：“四海之内皆兄弟”（《论语·颜渊》），把普天之下的和谐友爱作为自己的奋斗目标。由此引申出的仁义礼智信亦成为儒家伦理思想的核心和基础。当今，在社会经济快速发展的同时，社会风气却未同步及协调发展，人与人之间的关系趋于紧张，感情变得淡漠，因此，就更应该弘扬传统的“和”文化，以“仁爱”强化和谐文化，努力改良社会风气，增进和谐氛围。其三，讲“恕道”。孔子强调“己欲立而立人，己欲达而达人”（《论语·雍也》），“己所不欲，勿施于人”（《论语·卫灵公》）。行忠恕之道，就是要推己及人，由己心推知人心，设身处地为他人着想，许多社会矛盾就不会发生，即使产生了矛盾也很容易化解。其四，显“宽厚”。强调在处理人际关系、待人接物方面要宽宏大量，与人为善，不刻薄，能容人。《周易》云：“坤厚载物，德合无疆，含宏光大，品物咸亨”；“君子以厚德载物”（《易传·坤》）。其五，道“礼让”。这里的“礼”既是指人们行为的规范、法则、仪式，又指礼貌、礼节、礼仪等，“让”是指不争，儒家认为只有以礼待人，才能形成温馨和谐的人际关系。孟子言：“有礼者敬人。”而“敬人者人恒敬之”（《孟子·公孙丑下》）。在现实社会生活中，只有尊重别人，才会赢得别人的尊重。

儒家思想还十分重视人与自然的和谐。儒家在处理人与自然的关系上主张“天人合一”。儒家思想肯定人与自然的统一，强调人类应当认识自然、尊重自然、保护自然，而不能破坏自然，反对一味地向自然界索取，反对片面地利用自然与征服自然。儒家对天人合一观念进行了许多阐发。孔子主张以“仁”待人，也以“仁”待物，即所谓“推己及人”，“成物成己”。《中庸》

说："致中和，天地位焉，万物育焉。"这都是在强调天、地、人的和谐发展。孟子提出："尽其心者，知其性也；知其性，则知天矣。"（《孟子·尽心上》）他所追求的是通过"尽心知性知天"的途径，达到"上下与天地同流"的境界。他还提出"亲亲"、"仁民"、"爱物"等主张，也就是要扩展"爱"，由己及人，由人及物，把仁爱精神扩展到宇宙万物。认为天与人、万物与人类本质上是一致的。孔子在《论语·述而》中还提出"钓而不纲，弋不射宿"。主张只用渔竿钓鱼，不用大网拦河捕鱼，并反对射猎夜宿之鸟。孟子曰："数罟不入池，鱼鳖不可胜食也。斧斤以时入山林，木材不可胜用也。"意为禁止用过于细密的渔网捕鱼，即捕大鱼，留小鱼，鱼鳖资源也就源源不断，永不枯竭；到山林里砍柴要适时和得当，则树木必将茂盛，柴木就取之不尽。这生动地体现出人与自然和谐相处的深刻哲理。

二、儒家思想中的"和"文化对构建和谐社会、发展和谐文化的启示

儒家文化中蕴含的思想瑰宝——"和"文化，对于我们构建和谐社会具有重要的意义。现代社会的发展需要与之相适应的道德规范为支撑，社会主义市场经济的运行需要良好的社会秩序作保证。儒家思想中闪耀出的深邃的"和"文化理念，对于和谐当今各种社会关系和缓解社会矛盾等可以起到特殊而重要的作用。儒家重群体、重情谊、重人际关系的和谐的价值理念对克服技术时代和市场经济中出现的个人主义、利己主义和不公正行为有现实的指导意义。今天在建设社会主义和谐社会的过程中，应当充分吸收儒家文化中强调"合力"、注重"凝聚力"的思想精华。构建和谐社会的主体是人，和谐社会是人的和谐社会，人的和谐社会是普遍拥有和谐理念与行为的人的社会。

受启示于儒家思想中的“和”文化理念，在构建社会主义和谐社会的实践中，在“和谐社会是多元的社会”的现实中，应当推崇“和而不同”，反对“同而不和”。理想的和谐社会绝非无差异、少差别的社会境界，相反，我们所要和所应构建的和谐社会是从单一走向多样、由一元发展为多元的和谐社会，是和谐因素多样性的统一的和谐社会。没有多样、多元，就没有必要讲和谐。故而，当今时代所指向的和谐社会，不仅是多元文化的交融与和谐，也是多种体制和机制的协调与和谐，更是社会主体间的最终的和谐共处。

不同社会制度和不同社会发展阶段，社会内部矛盾冲突的性质和表现形式是不同的，因而构建和谐社会所面临的问题、社会和谐所能达到的程度、范围和表现形式也有所不同，达到和谐社会的途径、手段更是各异。所以，和谐社会不应是机械的和抽象的，不存在放之四海而皆准的构建和谐社会的模式和途径。社会主义和谐社会不是无差别、无矛盾的社会，相反，作为社会发展新阶段的和谐社会，是具有更多新问题、新差别和新矛盾的社会，是具有鲜明特点和个性的社会，因此我们就要重视孔子提出的“和而不同”的思想，正视差异性和尊重创造性，继承中国传统文化的中“和”文化，创新其功能，形成具有中国特色的和谐社会构建之道，呈现“和谐而又不千篇一律，不同而又不彼此冲突；和谐以共生共长，不同以相辅相成”的境况。

现代社会发展过程中暴露出的人与自然的尖锐矛盾，揭示出构建和谐社会的必要性和紧迫性。儒家思想中“天人合一”的理念，即要求以和善、友爱的态度对待自然万物。善待鸟、兽、草、木和保护自然资源的思想在当今被赋予了新的时代意义。恩格斯说过：“我们不要过分陶醉于我们人类对自然界的胜利。对于每一次这样的胜利，自然界都会对人们进行报复。”这就告诉我们，自然界遭到破坏的原因是人类没有遵循自然生态的规律，没有处理好人与自然的关系，由此遭到了大自然的报复实属必然。反思以往，我们应依据“天人合一”的生态伦理观来审视、评判和协调人与自然的道德伦理和价值选择的关系。随着社会经济的不断发展和生产力水平的不断提高，我们在处理人与自然的关系时，理应充分发挥自身的能动性和创造性，努力追求人天和谐的理想境界，实现人与自然相处为安、和谐同生，再现儒家“和”文化中“天人合一”的思想境界。

孔子道德人格学说对高校德育的启示

昆明理工大学社会科学学院　王海云
云南民族大学　鲁建彪
昆明理工大学社会科学学院　赵海芳

孔子终其毕生精力于培养君子，教人怎样使自己成为严格意义上具有道德人格的人。孔子认为，“为人”必须做到“内圣外王”。“内圣”就是要加强自己的道德修养；“外王”就是能经世治国，只有先达到“内圣”的境界才能“外王”。他所建构的道德人格范畴包括：忠恕、信、孝弟（悌）、勇、刚、毅、正、直、修、让、恭、敬等，剔除其封建糟粕，其中很多内容仍是我们社会主义国家高校德育的重要内容。下面仅把孔子道德人格学说中的四个主要范畴与我国高校德育内容进行比较，讨论其在当今教育中的适用性。

一、诚信是国民公德的一项最基本的原则

“诚”字，《尔雅》、《广雅》都训信，《说文》言部则诚、信互训。孔子没有专门阐述“诚”，只是提到，他所说的“诚”可谓“真实”之义。他说：“‘善人为邦百年，亦可以胜残去杀矣。’诚哉是言也！”① 孟子也专门谈论了“诚”。孟子说：“诚

① 《论语·子路》。

者天之道也，思诚者人之道也。至诚而不动者，未之有也；不诚未有能动者也。”① 孟子所讲的“诚”体现出真实不欺的意思。朱熹说：“诚者，真实无妄之谓，天理之本然也。”② 张岱年先生在《中国哲学史大纲》中指出：“诚字指谓，可分为二层言之，一诚即有常而不已。二诚亦即自然与当然之合一。”

“信”是指守信、信誉，它是人之为人的最基本、最起码的道德准则之一。孔子从个体“为人”的角度论述了“信”。在他看来，“信”是自己对他人的一种承诺，它是人之所以成为人的最基本的道德准则。因为“人而无信，不知其可也。大车无輗，小车无軏，其何以行之哉？”③ 孔子说：“言必信，行必果。”④ 有子曰：“信近于义，言可复也。”⑤

可见诚信自古以来就是社会公德的一项最基本的原则，而在我们今天的《公民道德建设基本纲要》及“社会主义荣辱观”中对此都有明确要求，它是全体公民在社会交往和公共生活中应该遵循的行为准则，涵盖了人与人、人与社会之间的关系。它是每一个大学生都必须具备的社会最基本的道德原则，是社会成员必须遵守的行为规范。正如李泽厚先生所言：“守信为《论语》所多次提到，正如康德将‘不说谎’作为普遍道德律一样。守信大概是任何社会群体所必然要求个体遵行的普遍礼俗和‘道德’法规。否则社会不能维系，它并非‘先验’，而是为了人类总体的生存。”⑥ 人必须恪守这一游戏规则，否则会寸步难行。

在高校德育中，加强社会公德教育无疑是其中一项重要的内

---

① 《孟子·离娄》。
② 朱熹：《中庸章句》。
③ 《论语·为政》。
④ 《论语·子路》。
⑤ 《论语·学而》。
⑥ 李泽厚：《论语今读》，安徽文艺出版社 1998 年版。

容，针对大学中存在的一些现实问题有效地利用传统道德资源进行诚信教育在建立社会信用体系中就显得尤为重要。

首先，教师要做诚信的表率。师者，传道授业解惑也。如果为人师表者能够在言行中都向学生传递诚信的信念意识，那对学生诚信品德的建立将是有益的。否则将会对学生产生不可估量的消极的影响。

其次，同学之间要以诚相待，守信用，团结互助。同学是除家庭关系之外又一重要关系，很多时候这种学缘关系将会伴随一个人一生中很长的时期，良好的学缘关系对一个人的学习、事业、工作可以带来极大的帮助，所以它应该是一种真挚诚信、永恒的情义。

再次，学习上必须讲诚信。学习是每一位大学生的首要任务，要做到知之为知之，不知为不知，做到考试时、学术上不舞弊。现在大学校园里还是经常可以看到有关考试或论文“枪手”的广告，这在一定程度上严重损坏了大学及大学生的形象，人们不禁会问，难道大学就这样培养人才？这样的虚假难道不会危害国家、社会吗？这也证明在高校德育中诚信教育应当摆在首位。

二、勇与见义勇为教育

勇，气也。[①] “勇，在先哲们的著述中，有褒义与贬义两种理解：一方面，是指果敢、勇敢，是一种美德。如：“知死不辟，勇也”；[②] “勇，文之帅也。”[③] 孔子说：“见义不为，无勇

① 许慎：《说文解字》，中华书局 1963 年 1 月版。

② 《左传·昭公二十年》。

③ 《国语·周语》。

也。"[1] 又说："知者不惑，仁者不忧，勇者不惧。"墨子说："勇，志之所以敢也。"[2] 从以上解释可以看出，勇，是君子道德人格的一个重要因素，是一种美德。它往往是与知（智）、仁一道，表示仁者智勇双全。另一方面，是指勇猛而有勇无谋。《吕氏春秋·论威》就指出："勇，天下之凶德也。"庄子也说："勇悍果敢，取众率兵，此卜德也。"从中不难看出"勇"，有时是鲁莽的同义词。但见义勇为一直是中华民族的传统美德。我们要继承并弘扬孔子道德人格说中的有关"勇"的合理成分，在高校德育工作中加以渗透，使大学生不但要在思想意识上认同见义勇为，而且在关键时刻要拿出行动来。

如何才能培育出大学生见义勇为的高尚品质呢？

首先，通过教学与实践的结合，加强对他们的正确的世界观、人生观和价值观的教育，铸就见义勇为精神。没有正确而坚定的信念，就不可能有勇气和勇敢的行动。学校要通过教育引导，不断锻造大学生坚持真理、见义勇为的信念，使他们在关键时刻做出见义勇的行动。

其次，要用见义勇为的事迹去激励他们。"榜样的力量是无穷的，先进典型具有强大的说服力。好典型、好榜样对广大群众来说，是非常现实、十分直观的教育和引导，是激励鞭策人们努力进取的直接动力。"[3] 精选优秀、典型的英雄见义勇为事迹作为德育内容可以激励、鼓舞学生，但在树榜样、典型时，要注意两点：一方面，见义勇为事迹要力求事迹的生动性、崇高性，力戒迂腐的老生常谈；另一方面，我们要注意把主人公当人看，不能神化，要贴近实际生活，使之具有可信性。

---

① 《论语·为政》。

② 《墨子·经上》。

③ 郑永廷：《思想政治教育方法论》，高等教育出版社。

三、孝弟（悌）与家庭美德教育

孝与悌常一起使用，孝就是对长辈的“无违”和依“礼”而“敬”。孔子在回答弟子问孝时说：“无违。”什么是无违？孔子认为：“生，事之以礼；死，葬之以礼，祭之以礼。”① 孔子认为要做到“孝”更重要的是要尊敬长辈，所以他说：“色难。有是事，弟子服其劳，有酒食，先生馔，曾是以为孝乎？”② 否则，与动物无所区别。“至于犬马，皆能有养。不敬，何以别乎？”③ 悌是指兄弟之间的敬爱关系。悌，善兄弟也。汉贾谊在《道术》中说：“弟爱兄谓之悌。”孔子说：“弟子入则孝，出则悌，谨而信，泛爱众，而亲仁。”④ 就是说在家要学会孝敬父母，出门要尊敬兄长，然后推之社会，必须爱集体、爱群众。恩格斯曾指出，一定历史时代和一定地区内的人们生活于其下的社会制度，受着两种生产的制约：一方面受劳动的发展阶段的制约，另一方面受家庭的发展阶段的制约。家庭作为社会的基本单位，是人类社会生活的基础组织形式。家庭环境往往影响到一个人的成长、发展。家庭既是美德教育的最初场所，同时也是社会思想道德实践的重要领域。

孔子道德人格学说里的孝悌，是祖先留给我们的珍宝，剔除其中男尊女卑的封建糟粕，对高校德育以及社会主义家庭美德教育具有极高的借鉴价值。因为，孝悌所主张的长幼之间、平辈之间的职责、规范与礼仪，能够成为一种使亲情之间更加和谐的胶

---

① 《论语·为政》。
② 《论语·为政》。
③ 《论语·为政》。
④ 《论语·学而》。

合剂，与在学校提倡尊师重教、同学友爱可谓有异曲同工之妙。现在一些高校也纷纷把国学开为选修或必修课，让学生更多地了解其中所包含的精华；有些学校则在课外实践中加入了让学生孝敬父母、为家人做有益的事情等内容。高校德育应当自觉用传统美德引导学生自觉在家庭中践行家庭美德，大力倡导尊老爱幼、男女平等、夫妻和睦、勤俭持家、邻里团结，鼓励人们首先“在家庭里做一个好成员”，[①] 进而把良好的习惯和德行推广到社会，促成全社会的和谐。

四、忠与爱国主义教育

“忠”就是忠诚无私，尽心竭力。司马光在《四言铭系述》中说：“尽心于人曰忠，不欺于己曰信。”孔子认为“忠”是指对国君或执政者的一种忠贞、忠诚，可以体现出君子的道德品质。他说：“君使臣以礼，臣事君以忠。”[②] 过去“忠”往往是指对国君的忠诚，“忠”被打上时代的烙印，这应该是封建社会爱国主义的特色。因为，当时国君就是“天子”，国家也不过是他的私有财产，所谓的“家天下”，正是其恰当的表述。所以说忠君爱国思想有其特定的历史合理性，在王权作为中国多民族国家的统一象征时，爱国的历史形态也只能如此。

今天我国是自由、平等、民主的社会主义国家，社会主义核心价值理念强调“以爱国主义为主的民族精神”，那么，我们就应该以“忠”所体现的忠诚无私、尽心竭力的精神，去爱我们伟大的社会主义祖国。在今天，爱国的内容和对象发生了重大的变化，高校德育在培养、教育大学生精忠报国时，也要根据现实

① 《公民道德建设实施纲要》，人民出版社2001年版。

② 《论语·八佾》。

的国情赋予爱国主义以时代内容，那就是：第一，必须坚持以建设中国特色社会主义为主题。如今，爱国就是爱我们伟大的祖国、爱中国特色的社会主义。第二，坚持爱国主义就是要维护国家安定、民族团结、祖国统一。爱国不能只是空泛的口号，而应该付诸行动。第三，坚持爱国主义，就是要维护祖国的尊严。国格和人格是相互统一的，没有国家的尊严，就根本谈不上人权与人格。第四，坚持爱国主义，就是要群策群力，为把我国建设成为富强、民主、文明的社会主义强国而努力奋斗、终生不渝。

1998 年，世界各国诺贝尔奖得主在法国巴黎集会，会后发表的《共同宣言》中提到：“人类要在 21 世纪生存下去，必须回到2530 年前中国的孔子那里去找智慧。”这里我们仅仅透过孔子道德人格学说与高校德育这个小小的视角，就已经感受到了中国传统道德所蕴含的恒久魅力，也从中领悟到孔子道德人格学说中的一些主要范畴，至今仍然闪烁着智慧之光，从内容到方法论仍然具有极大的合理性，只要我们结合现实加以扬弃，对我们当前的高校德育工作仍有很大的启发和借鉴意义。

弘扬传统文化
构建社会主义核心价值体系

云南省委党校哲学教研部　黄　静

民族精神和时代精神，是构建社会主义核心价值体系不可缺少的部分，民族精神和时代精神是一个民族自立于世界民族之林，生存和不断发展的精神支撑。把握了以爱国主义为核心的民族精神和以改革创新为核心的时代精神，就把握了社会主义核心价值体系的精髓。

一、民族精神是中国几千年传统文化的积淀

民族精神是一个民族在长期共同的社会实践中形成的民族意识、民族心理、民族品格、民族气质的总和，是民族文化中固有的并且绵延不断的一种历史文化传统，是民族文化最本质、最集中的体现。一个民族，没有振奋的精神和高尚的品格，就失去了赖以生存和发展的根基。

中国传统文化是中国人民在长期的认识和实践活动中创造出来的，是中国人民力量和智慧的结晶，是我们祖先能动地改造自然、改造社会的产物。传统文化的精华塑造了我们的民族精神，传统文化的弱点造就了我们的“国民劣根性”。民族精神是民族文化的精髓，任何民族精神都是民族文化的产物。中华民族的民族精神主要体现为如下方面。

（一）坚韧不拔、自强不息的主体精神

“天行健，君子以自强不息”是中华民族的民族心态。儒家关注现实社会生活，强调人要投身现实，有所作为。在孔子看来，真正有理想有抱负的知识分子应该走向社会，服务于社会，而决不可以饱食终日，无所用心。“学而优则仕”，可以看做是儒家入世和用世的最通俗的表达。由于儒家强调社会实践，注重力行，因此表现出一种锲而不舍、知难而进的进取精神。“天行健，君子以自强不息”，正是这种刚健、进取精神的写照，对一般民众的生活方式产生了深远而巨大的影响。正是依靠这种精神，中华民族无论在什么条件下也没有丧失自信心，即使在近代屡遭强敌侵略的时候，也仍然保持着顽强不屈的斗志，最终维护了民族的独立与尊严。

（二）浓厚的伦理道德价值取向

孟德斯鸠曾说过：“中国人把整个青年时代用在学习这种礼教上，并把一生用在实践这种礼教上。”黑格尔也指出：“在中国人那里，道德义务的本身就是法律、法规、命令的规定。”（《哲学史讲演录·中国哲学》）在伦理型的价值取向观念下，人们的一切事实判断活动都被纳入伦理道德规范模式中，人们复杂的思想、行为活动都必须符合伦理道德标准，并由此做出是非善恶、真假美丑等道德判断。于是乎，无论是客观事物、认知主体，还是社会现象、历史事实，无论是政治的、经济的、法律的，还是艺术的、道德的、观念的……统统打上了道德的印记，用伦理道德的原则包容一切、解释一切，成为无所不在、无所不能的“灵丹妙药”。

（三）崇尚和谐统一的民族心理

“和”是中国传统文化的主导意识，强调多元的和谐、异质的协调与对立的消解，于有限中呈现无限，无限而又回归有限，追求至真至善至美的圆融。

中国文化相信“和而不同”，主张“和而不同”。“和而不同”也构成了中国人的传统思维方式。早在西周末年，郑国的史伯就提出了“和实生物、同则不继”的思想。到了春秋末期，齐国思想家晏婴进一步指明“和”与“同”的差异，认为从日常生活到国家大事，都是靠不同的物事不同的意见“相成”、“相济”，形成和的局面，方能生存发展；如果拒斥不同，追求一律，只能一事无成。与晏婴同时代的孔子，更把“和”、“同”思想提炼为道德箴言，叫做“君子和而不同，小人同而不和”，指导人们如何处理人际关系，如何对待不同意见。

传统文化中的“和”，还表现为“大一统”思想，用孔子的话说就是“天下有道，则礼乐征伐自天子出”（《论语·季氏》），即坚决维护在君主专制之下的集权政治，坚决反对地方主义的分权政治，坚决维护国家的统一局面。政治上的大一统是华夏族赖以生存下去的先决条件，保卫华夏文化就要坚决维护政治上的大一统。这种思想甚至在长期的社会生活中已经演化成我们民族的心理定式。而正是这种牢固的心理定式使我们在历史上多次战胜分裂，维护了统一与强大。

直到今天，维护民族团结和统一仍被视为名垂千古的高尚行为，而制造分裂被视为是遗臭万年的犯罪勾当。

（四）重义轻利、顾全大局的行为规范

孔子主张“君子义以为上”，将正义作为君子的最高行为标准。有人将儒家说成只要义不要利，而商人只要利不要义，互不

相容。这完全是一种误解。儒家的以义制利将这两者很好地统一起来，当“义”和“利”发生矛盾时，应该把“义”放在首位，不能取不义之财，不能为了个人私利而不顾社会的整体利益。儒家倡导在符合“义”的前提下去获取利，儒商行为要有利于人类社会，以社会公共利益为重。从重义轻利看，在追求物质利益的时候把“义”原则作为标准，把义作为最高的价值原则和价值目标，铸造了中华民族重德贵义的民族精神，并且有利于形成良好的社会秩序与经济秩序。这种重义轻利、顾全大局的精神，对于中华民族的长期稳定和团结起了十分重要的历史作用。

二、弘扬传统文化是马克思主义中国化的必然要求

马克思主义中国化是我们党创造的宝贵经验。几十年来我们党领导中国人民创造了丰功伟绩，并经过风吹雨打，至今立于不败之地，根源在于把马克思主义与中国实际相结合，与中国传统文化相结合，形成了中国化的马克思主义。

（一）马克思主义要与传统文化相结合

越是民族的，就越是世界的。因此，把握传统文化，弘扬传统文化，吸取民族智慧的精华，推进马克思主义的中国化是十分重要的。马克思主义传入中国，为中国人民所接受，其中的文化必然就是马克思主义的共产主义理想与传统文化中对大同世界的向往有着某种契合，马克思主义对现实世界真实性的肯定与关注与传统的人文价值同样有着某种契合。

马克思主义的中国化，也是马克思主义的内在要求。恩格斯曾明确指出：“马克思主义的整个世界观不是教义，而是方法。它提供的不是现成的教条，而是进一步研究的出发点和供这种研

究使用的方法。”[①] 各国马克思主义者的任务就是结合各个国家不同时期的具体实际，将马克思主义进一步加以民族化、具体化。

每个民族都有构成本民族精神凝聚力的文化传统，都有自己文化的价值取向。马克思主义中国化就是把马克思主义植根于中国的优秀文化之中。这也就是毛泽东强调的要使马克思主义“和民族的特点相结合，经过一定的形式”[②] 表现出来。马克思主义作为一种外来思想文化传入中国，要使它为中国人民广泛接受，并在实践中发挥指导作用，就必须寻找到一种为中国人民所理解和接受的民族形式。马克思主义中国化既不是对马克思主义的照搬，也不是对中国文化的复制，而是将马克思主义的基本原理同中国文化中的优秀成分结合进而达到融合。只有这样，中华民族才能以崭新的面貌自立于世界民族之林。

（二）传统文化要与马克思主义相结合

传统文化如果没有随着时代的发展而发展，它就没有了生命力。中国的传统文化从产生起就不断发展，不断以新的姿态出现，从诸子之学到魏晋玄学、隋唐佛学、宋明理学再到新儒学产生，无不是在发展。到了现代，传统文化只有同马克思主义相结合才有生命力。马克思主义与中国传统文化结合的过程，实际上也就是检验与发展传统文化的过程，传统文化只有与马克思主义相结合，并且在实践中获得新的时代精神，才能做到推陈出新。

在今天的社会中，只要注入时代精神，并加以现代转换，对传统文化进行现代诠释，并与马克思主义相结合，完全可以实现传统文化的现代化。

① 《马克思恩格斯选集》第 4 卷，人民出版社 1995 年版，第 742 ~ 743 页。
② 《毛泽东选集》第 2 卷，人民出版社 1991 年版，第 707 页。

三、继承中国传统美德，树立社会主义荣辱观

继承传统美德，不仅对于增强民族自尊心、自信心具有重要意义，而且对于构建社会主义核心价值体系具有直接的借鉴作用。

（一）中国传统美德的主要特征

中国传统道德内容十分丰富，且具有多层次性。从道德规范的层次考察，主要有仁、义、礼、智、信、忠、孝、节、廉等。“仁”，居于中国传统道德的核心地位，“仁”，包含着以人为本的主张，把人作为道德的出发点，把增进人生的幸福作为道德的基本目的，把人生幸福理解为与他人和谐相处。不同时代不同民族有不同的荣辱观，就个人而言，“荣”是自尊的心理感受，“耻”是自愧的心理感受；就社会而言，“荣”是社会对人们思想和行为的褒奖，“耻”则是社会对人们思想和行为的贬斥。

“义”，其本义有适宜、应当、公正、正义等多种含义，是指每个人要遵守自己名分下所应当遵守的道德规范。要求人们随时随地注意自己行为的正当性和情理性，在社会生活中不要“见利忘义”，在恶行面前要“见义勇为”，在是非面前要“仗义执言”，在不公正面前要“申明大义”，为正义的事业而不惜“舍生取义”等等。

“礼”最早是祭祀的仪式，到了周代转向人事。管仲把“礼”作为道德的准则，解释为上下、贵贱、长幼、贫富的尊卑等级制度，即所谓八礼。“礼”作为中国的传统道德规范，调节人与人之间的相互关系、相互接待的礼节内容。中国素有“礼仪之邦”之称。

“智”其本义是指一种判断是非曲直的能力，是人性结构中

的重要组成部分。“智”在认识论上是指对事物的认识，在伦理学上是指对道德的认识。“智”是知、情、意、行等活动中的表现特征。

“信”五常中的最后一个范畴，意指诚实。在中国传统道德中，“信”有两层含义：一是指诚实、不欺。二是指凭证、承诺，即作为人性修养的一个重要方面，要求在待人处世中做到“言必信，行必果”，反求诸己，推及他人。

“忠”，就其本义是“尽己之心”，指待人待物要尽心竭力，这是从普遍的人际关系来阐明对个体的道德要求。

“节”既是节约之意，也是节操之意。在生活中节约，在政治上和道德上有坚定性和责任心。当国家和民族遭到外来侵犯时，能够挺身而出捍卫国家和民族的利益与尊严。

“孝”，在家庭伦理范围内包含“尊老”、“敬老”、“养老”的内容。其实质是一种善良的道德本性。

“廉”，为高洁、俭约、不苟取、明察等意思。《周礼》中提出与廉有关的六个方面作为考察群吏的治绩标准。

（二）社会主义荣辱观是中华民族传统美德的系统总结与升华

构建社会主义核心价值体系，就要在吸收古今中外文化优秀成果特别是中国传统文化优秀成果的基础上，建立适应社会主义需要的文化。

社会主义荣辱观具有深邃的历史底蕴，根植于源远流长的中华民族精神。春秋时期管仲提出：“礼义廉耻，国之四维。四维不张，国乃灭亡。”知荣辱是中华传统道德的基本规范之一，是与国家兴亡相关的伦理要求。管子把知耻之心放在国家治理中，把“耻”提到关乎国家生死存亡的高度，把“耻”规定为“不从枉”。知耻也就是不随从邪枉，不追随不正，羞于为非。孔子也要求人们“行己有耻”，即一个人出言行事应有知耻之心。孟子则把“羞恶之心”视为人之为人的依据，强调羞耻感对个人的意义，“人不可以无耻，无耻之耻，无耻矣”，认为没有羞耻感是一个人最大的耻辱，没有羞耻感的人是恬不知耻的无耻之徒。

战国时期的荀子在《荣辱》篇中以道德准则来衡量荣辱，从个人的品德修养和外在的社会因素区分了荣辱的不同类型。他把“荣”、“辱”分为“两端”，认为修炼意志、明辨善恶、德行良好而得到的荣誉为“义荣”，由于官爵利禄、权势地位而得到的荣誉为“势荣”；由于人们践踏伦理道德、淫乱邪恶、骄暴贪利而给人格造成的侮辱是“义辱”，由于外力所迫，被人诬陷以至刑而给个人造成的侮辱是“势辱”。荀子还提出了荣辱之分的标准：“荣辱之大分，安危利害之常体，先义而后利者荣，先利而后义者辱。”

在义利观方面，孔子认为要“见利思义”，孟子认为“何必曰利，亦有仁义而已矣”，荀子认为“先义而后利者荣，先利而后义者辱”，董仲舒认为“正其谊不谋其利，明其道不计其功”。这些思想家的思想虽各有差异，但不可否认的是，都认为以见利忘义为有悖中国的传统文化。

我国各少数民族传统道德中也蕴含着丰富的荣辱观念，哈萨克族谚语“愚昧是男人的耻辱，懒惰是青年的耻辱”，表达了追求知识、热爱劳动的思想。藏族《礼仪问答写卷》讲：“有廉耻者，做任何事皆能办成。若做自己办不成之事，比无廉耻还坏。”我国各民族以恪守道德义务、热爱劳动、尊老敬贤、家庭和睦幸福为荣，也以个人诚实善良、勇敢勤劳为荣，以违背道德要求、好吃懒做、懦弱胆小为耻。继承和弘扬传统美德中的荣辱观，有助于树立和坚持社会主义荣辱观。

传统文化以伦理道德为核心，提出了许多关于人、人与人的关系的最一般的价值观念，儒家推崇的价值观支配着整个中华民族的价值选择和价值导向，儒家注重群体、重义轻利的价值观等这些内容经过现代性的阐释是完全可以融入社会主义道德建设体系中的。儒家关注现实的人，对个人的价值总是放在群体中，个人的价值最终体现为家庭尽责、对社会和他人作贡献，这种注重群体的价值观一方面培养了中华民族的乐群精神，强化了民族的向心力和凝聚力，促进了民族团结与国家统一，另一方面却束缚了个性的丰富与发展。

以德治国是柔性治国方略，主要靠教育说服、环境熏陶、榜样感染，靠人的内心信念来维系，从历史上看，法治可以让人身服，德治则可以让人心服。“以德治国”就是要提高全社会成员特别是各级领导干部和执法队伍的素质，各级干部素质高了，就可以更好地为人民服务，“以德治国”，就是要在社会上形成正理、正气占主导地位的局面。在一定社会中，如果正气、正理得不到很好的提倡，歪风邪气必然猖獗。提倡“以德治国”，大力加强社会主义精神文明建设，就会使各种歪风邪气、歪理邪说没有市场，从而实现社会的长治久安。所以要大力倡导文明礼貌、助人为乐、爱护公物、保护环境、遵纪守法的社会公德，大力倡导爱岗敬业、诚实守信、办事公道、服务群众、奉献社会的职业道德，大力倡导尊老爱幼、男女平等、夫妻和睦、勤俭持家、邻里团结的家庭美德，在全社会形成团结互助、平等友爱、共同前进的人际关系。

弘扬儒家道德思想精华
加强大学生道德教育

云南省委党校哲学教研部　苏咏喜

中国封建社会之所以能够延续发展几千年，除经济社会原因外，它的社会意识形态未尝不曾起着重要的作用。在中国古代社会发展中，儒家的伦理道德思想总是占据着主导地位。我们应该承认，儒家的伦理道德的大部分内容还是有益、有用的，可以说是中华民族优秀传统文化的精华。在建设中国特色社会主义的新时期，当代大学生面临着各种思潮的冲击、各种价值观念的冲突以及各种社会现象和现实矛盾的影响，积极开展中华民族优秀道德传统的教育，发挥儒家道德思想精华在大学生道德教育中的作用，对当代大学生的成长具有积极意义。

一、当代大学生的道德现状

当代大学生是在改革开放和市场经济环境下成长起来的年青一代，在他们身上既有新时期可贵的道德品质，也存在道德缺失的现象。

1. 当代大学生道德的积极面

近几年来，关于大学生道德的调研、讨论和评价始终没有停止过。大家的普遍认识是，大学生群体的整体道德水准在全社会范围内处于较高层面，当代大学生道德的主流是积极、良好的。

其主要表现为：第一，在爱国情感上拥有较强的爱国意识。当代大学生从小生活在改革开放的年代，对祖国怀有深深的感情，特别是近年来随着我国综合国力和国际地位的快速提升，这种爱国情感更加高涨。第二，他们对社会主义市场经济的道德要求，如诚实守信、办事公道、敬业勤业等基本道德原则是推崇的，道德要求是强烈的，希望建立一个公平、公正、高效的社会，很多大学生希望自己做一个“道德高尚”、“有健全人格”的人，“向往崇高”是很多大学生追求的一种人生境界。第三，他们对社会上存在的道德失范现象反应强烈，对唯利是图、坑蒙拐骗、假冒伪劣、钱权交易等社会丑恶现象深恶痛绝。第四，他们对自我的认识与评价趋于客观，危机与竞争意识增强。在行为准则和生活态度上，呈现务实、宽容和多样化的发展趋势，对自身素质要求较高，立志在建设中国特色社会主义事业中实现自身价值。

2. 当代大学生道德的消极面

就大学生群体本身来说，其道德状况也存在着一些不容忽视的问题。主要表现在：第一，其道德观念日趋模糊。面对纷繁复杂的社会生活，面对各种以“新派”自居的言论和行为，不少学生陷入困惑和迷惘，是非、善恶难以分清。如考试舞弊在不少大学生的心目中不再是那么不光彩的事，一些大学生在恋爱中缺乏道德责任感，“不求天长地久，但求曾经拥有”，寻求感官刺激，行为轻率。第二，理想信念模糊，世界观、人生观、价值观有些扭曲。比如缺乏社会责任感和全心全意为人民服务的意识等。第三，其道德评价采取双重标准。突出表现是考虑自己多、考虑别人少；讲求权利多、讲求义务少；要求别人高、要求自己低。第四，在知行关系上，道德认知与道德实践脱节。在理论上认同的道德规范，常常不能变为大学生实实在在的道德行为，不能从自己做起是大学生道德上知行脱节的一个突出表现。第五，在道德追求上，降低标准。大学生认为应该讲道德，但较多地局限在道德对社会关系、人际关系的协调功能的认知上，而忽视道德对人的心灵净化、人格提升的教化作用。一部分大学生对一些基本的道德规范都不愿遵循，连一些起码的文明用语、文明举止和社会公德都需要重新补课。

二、儒家传统道德思想的精华

在儒家的道德思想精华中，与人的道德修养相关的有以下几个方面：人与家庭的关系；人与社会的关系；人与国家的关系；个人的道德职责。

儒家道德思想精华的第一个方面是对于家庭的观念。它的具体内容一是提倡对父母尽孝。这一思想在古代的道德实践中尽管不乏“愚孝”的封建糟粕，但这主要是由于古人的思想受到了当时科学水平与政治制度的局限。从今天来看，“孝”的人道主义积极因素多于它的消极因素。儒家“孝”的观念是当今中国需要加以继承的传统道德观念之一。二是对兄长，儒家主张“悌”。“悌”的意思是：弟妹对兄姐应有谦让精神。这一精神只要在符合国家利益的前提下提倡，对社会应该是有益无害的。三是对于夫妇关系，虽然儒家提倡男尊女卑，“夫为妇纲”。这种男女不平等的思想是儒家道德思想的糟粕所在必须批判。但需要指出的是：儒家夫妇观念中强调情感专一，夫妇白头偕老，这一爱情专一的精神值得继承。

儒家道德思想精华的第二个方面是对于社会的观念。它的核心精神是“仁”与“恕”的观念。“仁”是孔子哲学思想的核心概念，也是孔子伦理思想的核心内容。那么什么是仁呢？用孔子的话来说是“仁者爱人”。怎样才是爱人？那就是使言语行动都合乎礼，这就是仁。“恕”是“仁”的精神的体现形式之一，它具体指人的利他与谦让精神。“己欲立而立人、己欲达而达人”这一观念在事实上与“毫不利已、专门利人”的共产主义道德观念是相通的。因此就儒家的社会道德观念而言，今人需要继承的成分应多于批判的成分。

儒家道德思想精华的第三个方面是对于国家的道德观念。其核心思想是“忠”。“忠”是尽其在我，对人要尽自己的一切能力，孔子提倡“与人忠”，反对“为人谋而不忠”。儒家“忠”的观念除了其“愚忠”的封建主义成分需要加以批判外，它还包括两重含义，即：一是恪尽职守。其思想范例有诸葛亮的“鞠躬尽瘁，死而后已”等等。二是“精忠报国”，这以岳飞为国献身的事迹为典范。据吴玉章回忆：他正是看了《宋史·岳飞传》受到鼓舞后，才参加了中国同盟会的。可见儒家“忠”的观念内涵实为中国古代的爱国主义思想之源。因此对于儒家“忠”的观念的积极成分，我们今天仍应继承。

儒家道德思想精华的第四个方面是个人应承担道德职责。《中庸·问政章》孔子有这样一段话：“好学近乎知，力行近乎仁，知耻近乎勇。知斯三者，则知所以修身；知所以修身，则知所以治人，则知所以治天下国家矣。”这体现了儒家对于个人道德责任的政治认定。儒家这一观念的可贵之处在于：它并非把道德当成口头宣教，作为束缚他人的手段，而是强调从自己做起。此外，儒家强调“慎独”，亦即主张不论在有人时还是没有人时，都应始终如一地保持道德行为。儒家这一思想，实践证明是正确的，因而成为中国历代仁人志士修身养性的信条。

三、以儒家道德思想精华加强对当代大学生的道德教育

一是倡导崇德重义的人生准则，增强大学生的文明意识。崇尚道德，注重人品是我们的优良传统，中国古代的教育从一开始就不是单纯的知识教育，而是把对人的道德习惯、人生理想的培

养放在首位。孔子是中国历史上平民教育的首创者，他要求学生终身奉行“己所不欲，勿施于人”的信条，这是一条处理人与人、人与社会之间关系的道德准则。我们要引导学生从传统道德中吸取精华，教育他们处理好自己与他人、与社会的关系，告诫他们时时处处用道德规范约束自己，严于、善于自我批评，学会理解人、体谅人、谅解人、容忍人、公正平等待人等等。还要培养学生具有恻隐之心、羞恶之心、恭敬之心、是非之心、爱人之心，这是一个人完善自我、成就事业、造福社会的基点，也是一个人应有的最基础的道德文明。

二是倡导自省与知行统一，提高大学生的道德境界。一个人良好品格的形成，一方面要通过社会的道德教育，另一方面要通过个人自觉的道德修养。我国古代的思想家，从老子、孔子开始，就非常重视道德修养，提出了大量有关修养的主张。两千多年前孔子的弟子曾参曰：“吾日三省吾身，为人谋而不忠乎？与朋友交而不信乎？传不习乎？”强调反省自己的思想和行为，无情地自我解剖，严格地自我批评，及时地改正自己的过错，把过错消灭于萌芽状态。儒家伦理还主张人们“行善积德”“勿因善小而不为，勿因恶小而为之”，要求人们做好事、善事，要从一点一滴做起。对于青年学生来说，如何做人集中反映着一个人的人生态度和理想人格追求。我们要引导大学生继承修身养性的传统道德，把做人放在第一位，在实践中重视学习为人之道，做人既要重大节，又不能轻视小节，做到公德、私德的完美统一。

三是倡导重视整体利益，增强大学生的社会责任感。大学阶段是人生的主体意识发展、成熟时期，也是人的社会责任感形成确立的时期。作为一个社会的人，只有当他自觉承担起一定社会角色，尽到对社会的责任和义务时，才意味着他成为一个真正意义上的人。要努力培养大学生首先对自己负责，对自己所从事的事业负责，对集体负责的精神，逐步确立起对国家、对民族的责任心和义务感。在中国的传统道德中，一贯重视个人、家庭和国家三者之间的关系。孟子讲过："天下之本在国，国之本在家，家之本在身。"曾子在《大学》中也讲过："修身、齐家、治国、平天下。"我们就是要用这些优秀的历史传统和民族精神，帮助大学生树立主人翁责任感和使命感，引导大学生把主体意识、人生价值追求同社会责任感紧密联系在一起，逐步达到做人的理性自觉。

四是"倡导天人合一"、"和合为贵"的理念，培养大学生的兼容品格。我们所说的"和合"，其中包括个人身心之和，人际、群际之和，以及人与自然之和。这是中国传统道德中的重要组成部分，是中华民族独创的哲学观念和文化精粹。把"和""合"联系在一起，形成一个概念，是中华文化所特有的，它有力地推动了中华民族的融合发展，在解决人与自然界、人与人的矛盾中发挥着重要的作用。如"和合"突出强调了不同性质的因素的融合和凝聚，对自然界强调"天人合一"，天地人和谐，有利于环境保护，改善人类生存、发展的处境；对人类社会强调"和合"，则体现为倡导热爱和平、崇尚团结的观念，这就有利于我们睦邻友好，处理好人际关系、国际关系。

五是倡导"自强不息、锐意进取"，培养大学生的创新品格。创新是一个民族的灵魂，是一个国家兴旺发达的不竭动力，也是一个政党永葆生机的源泉。只有敢于创新，善于创新，才能积极推进理论创新、体制创新、科技创新和其他各个方面的创新，有效地解决前进道路上遇到的新问题，推动我国改革开放和社会主义现代化建设事业不断向前发展。当今，创新能力已成为国际竞争成败的关键，成为经济与社会发展的根本动力和决定性因素。一个人如果失去了创新能力，就将一事无成；一个企业如果缺乏创新能力，就将丧失存在的根基。中华民族素有朝气蓬勃、奋进努力、永不停息的坚强意志力和顽强生命力，以及百折不挠、锐意进取的能动精神。中华传统美德的自强精神还内含着自新、革新的思想观念。不仅如此，还把日日更新、革故鼎新、除旧立新看做是自然界和社会的法则。自强精神是以一种积极、乐观、有为、奋进的精神来主导人的生活态度，它集中体现了中华民族百折不挠的开拓精神，这些对我们培养大学生的良好品格都具有积极的借鉴意义。

科学发展观与民族生态伦理初探

云南省委党校哲学部　苏迎春　黄　静

党的十六大召开以来，以胡锦涛同志为总书记的党中央从新世纪新阶段党和人民事业发展的全局出发，提出科学发展观等重大战略思想。科学发展观是我们党对社会主义现代化建设规律认识的进一步深化。科学发展观不是远离社会生活的书斋理论，它深深植根于实践、服务于实践，又在实践中不断发展，它在指导我国经济社会发展的实践过程中实现我们党的伟大使命，又在这种实践过程中使自身不断经受检验、不断获得丰富和发展。其中，科学发展观十分强调社会和自然相统一，开拓了唯物史观关于人与自然关系思想的新视野。

一

生态学是研究生物之间、生物和非生物环境之间的相互关系和保护、恢复、改善人类周围环境的学科。需要指出的是，这里，“非生物环境”、“人类周围环境”即包含着人的社会环境、文化环境、精神道德环境。因此，生态学不只是研究自然、生物环境的保护和改善问题，同时也应研究社会文化环境的保护和改善问题。对于人的生命来说，由人的祖先的文化和他本身所创造的环境即文化环境，是很重要的。如果说自然环境对人的生物活体是必需的，那么，文化环境对人的精神生活、道德生命也是必需的。保护文化环境的任务和保护自然环境的任务，对人类具有同等重要的意义。

如此看来，生态学应包括两个相互区分而又相互联系的领域：生物生态学和文化生态学。文化生态学或称精神道德生态学。生态学有着一般的共同的规律，生物生态学和文化生态学又有各自的特殊规律。人们能够认识这些规律，顺应它们，利用它们为自己服务，而不能和它们相对抗，企图用强力控制它们、改变它们。只有在认识、顺应、利用生态学规律的情况下，人们的活动才是自觉、自主的、于己有益无害的社会实践，人类才能谈得上人的自由全面的发展。相反，如果违背这些规律，人类将面临严重的后果：违背生物生态学规律，可使人的生物活体至死；违背文化生态学规律，可使人的精神泯灭、道德沦丧。

发展是现代社会的基本价值取向，是“硬道理”。对于发展中国家和地区更是如此。然而发展必须建立在科学的基础之上。按照生态学观点，自然界和人类社会的发展，应该建立在生物环境内部、文化环境内部、生物环境和文化环境之间的协调、平衡、和谐的关系之上。发展必须遵循生态学这一基本规律。发展应当是生物生态、文化生态得到有效保护和不断改善的发展，应当是人的“生物性”和“社会性”免受危害和威胁的发展，应当是人和自然和谐相处、经济社会和人的全面、协调、可持续的发展。这是科学发展观的基本内涵和要求。

起源于“二战”结束后初期西方特定制度环境、为后现代化社会所尊奉的“发展主义”将发展归结为经济增长，认为工业现代化是一个国家、一个地区经济活动的基本内容，经济增长是一个国家、一个地区发展状况的基本标志；国内生产总值是衡量一个国家、一个地区经济发展水平的基本尺度。“发展主义”论者以为只要经济增长了，什么问题都可迎刃而解，因而主张在实践中通过尽量使用技术、控制自然、牺牲生态环境来追求

“效率”的提高、“现代化”的提速，把“高效率”和“现代化”（实际上是片面的工业现代化）作为其最重要的价值标准。实践已经证明，以经济增长为核心和目的的发展观，对促进经济增长、迅速积累财富，起了积极的作用。但是，由于单纯的经济增长并不能体现收入分配、资源流向的改善和社会公平机制的完善，并不能反映科学技术进步对经济社会的客观的全面的要求，并不能代表人类赖以生存发展的自然环境和文化环境的实际状态即人的生存方式和生活质量，并没有给人们带来所期望的幸福。人们发现，极力推行“发展主义”的国家和地区，在经济增长的同时，在生产着一种不均衡的经济结构、不合理的交换—分配关系、不公平的社会机制和大量腐朽的文化“垃圾”，破坏着资源日益减少的自然环境和日益复杂的社会环境，使得生物生态和文化生态越来越脆弱，威胁着人的生存和经济社会的发展。“发展主义”作为一种国际性思潮，对于我国社会主义现代化建设的消极影响不可小视。

因此，我们树立和落实科学发展观，重要的是要尊重生态学规律，正确处理经济增长和发展两者之间的关系。增长是发展的基础，没有经济的增长，没有物质财富的积累，就没有发展。但是，发展不等同于经济增长。发展的内涵比经济增长要丰富、生动、复杂得多，在实践中要难把握得多。发展包括了经济、社会、政治和文化的协调共进，人与自然关系的合理调整，包括了经济的健康繁荣、社会的安定团结、文化的丰富多彩。如果为了追求经济增长，只抓经济建设，忽视抓民主政治、先进文化的建设，忽视抓各项社会事业的发展，忽视抓生态环境的保护，忽视抓民生、民主、民权、民治等各种问题的解决，就会出现经济畸形、社会撕裂、文化衰败的局面，人们付出的代价就将是惨重的。因此，讲发展，必须十分注重宏观调控、统筹兼顾、综合平衡、以人为本、生态保护和质量效益。

二

在对民族生态伦理的研究探讨中，我们看到，少数民族的生存方式正好给现代人类提供了一个独特视角，为我们解决当今人类自身发展的基础问题提供了一剂清醒的药方。在我国的少数民族中，几乎都保存有一些与现代生态环保理念有关的生态伦理意识。这种伦理意识包容在他们的生产、生活方式以及图腾崇拜、创世神话中。这是一种原始的、原生态的文化，它深刻地体现了少数民族生存方式中的生态伦理智慧。概括起来，主要表现为以下几个方面。

首先，善待植物。少数民族的文明是一种农业文明、狩猎文明。他们采集、捕鱼、狩猎等生产活动，对自然的依赖性很大，因此这就决定了他们对待自然的态度，使他们形成了对自然恩赐的感恩情怀，萌发了崇拜自然的意识。如在西双版纳傣族的生态意识中，森林具有至上的地位，它是人类生存之本。因为没有森林就没有水，没有水就没有稻田，没有稻田就没有粮食，没有粮食就没有人类。因此傣族历来善待植物，爱护森林，从来不乱砍伐森林。同时，西双版纳的傣族又是信奉南传上座部佛教的民族，佛教从本质上就十分强调人与自然的和谐，把植物看做是人类的朋友。西双版纳现有的许多植物物种如菩提树、大青树、贝叶棕等都是在佛教影响下传入的。据统计，西双版纳的植物与佛教活动密切相关的达 100 种之多，而且多数栽培在佛寺庭园中。全州共有 558 座佛寺、150 座佛塔，佛寺、佛塔周围都有许多按照宗教仪轨种植的植物，就如同一个个小型的植物园一般，对整个区域的生态环境发挥了积极的作用。

其次，善待动物。少数民族长期同自然打交道的结果，使他们对自身和动物的关系有着独特的认识，甚至把这种关系提升到人和神的关系的层面，赋予了动物以某种神灵的象征。云南的山地民族不肆意捕杀猎物，从不会对动物赶尽杀绝，在动物的哺养期，很多山地民族都禁止上山捕猎，以保护幼小的动物。这种生态观事实上就是根源于动物有灵这样一种认识之上。丽江纳西族把人和动植物的关系视为兄弟关系，把善恶的观念延伸到自然界，认为自然界的一切生物，不仅动物甚至植物都具有同人一样的灵魂，是不能够随便伤害的。东巴经中就明确地告诉人们，人类与“署”（即自然）是同父异母的兄弟关系，因此，我们同自然应当和谐相处，互惠互利，这种古老而神秘的道德观念，使纳西族形成了一套完整的处理人和自然关系的道德规范，强化了他们敬重自然的道德意识，这同西方文明把人和自然的关系视为征服与被征服的关系有着本质的不同。

最后，善待土地和水。云南的大多数少数民族都是背山而居、临水而住的。例如，傣族视水为生命，认为水是万物之源，是生命的血缘、孕育万物的乳汁。笔者在西双版纳进行调查中，曾听到这样的谚语：“水创世，世靠水。”“泡沫跟着波浪漂，傣家跟着流水走。”由此可见这个民族和水的关系。傣族十分理解水同他们生活的关系。“寨前渔，寨后猎，依山傍水把寨立”，“无山不狩猎，无河不建寨”。傣族法典中也规定：“建勐要有千条河。”傣族对于水的认识已经具有形而上的特征。在傣族创世史诗《巴塔麻嘎捧尚罗》中，就有开天辟地的英叭天神用水混合其他物质形成地的说法，傣族的医学书籍《回塔五蕴》中，把“巴他维塔都”（土）、“阿波塔都”（水）、“爹卓塔都”（火）、“佤约塔都”（风）解释为人体的物质本源，水在其中起胶合作用。他们认为水不仅有饮用、洗涤、灌溉、航运、消暑等作用，水还孕育了万物。正是基于这样一种认识，所以决定了他们对待水的态度。他们对水的利用和处理具有科学和合理的成分，根据不同的水质，他们把水的功用作了明确的划分。他们用河水来种稻、沐浴、洗涤等，井水用来饮用，不许人们污染，而且为了防止对水的污染，他们在井上建井塔、井栏、井屋，对水给予很高的敬意。认为水具有灵性，在傣族的《教规》中，有“不在水沟里大便”的训条；在家里，饮水（“喃京”）和用水（“喃萨火”）也分得很清楚，“喃京”往往被放在较高的地方，人们绝不会用“喃萨火”来做饭、烧开水、煮汤。这与现代人类对于水的科学利用具有本质上的一致性。哈尼族也有一整套系统的生态伦理思想，哈尼梯田可以说是他们导源于生态伦理思想基础上的认识天地自然本质、处理天人关系、维系人地良性互动关系，有效地保护本民族生存区域的原始植被的完整的一个实例。它保证了梯田稻作文明世代相传的水源基础。哈尼族的生态伦理思想对于解决目前全人类面临的生态危机具有积极的启发意义。

通过对少数民族生存方式的解读，我们不难发现他们特有的文化中所蕴含着的生态智慧的现代价值。特有的民族生存方式孕育着特有的民族生态意识，而这种特殊的生态意识又体现出民族对待自然特有的方式，在工业文明给人类带来生态危机的21世纪，少数民族处理人与自然关系的方式无疑能给予我们许多有益的启示。

三

生态环境问题是困扰当代人类发展的一个两难问题。从表层看，生态环境问题是一个技术问题，但事实上，从深层来看，它却是一个人类文化和生存方式取向的问题。要解决生态环境问题，有必要对人与自然的关系全面进行重新审视，超越人类中心主义的生命价值观本身存在着的诸多观念上的误区。这一切都需要在人类的文化观念和生存方式中来寻求解决的方案，从而达到对人类总体行为方式的自觉。

唯物史观中包含着对人与自然关系的关注。马克思认为“人靠自然界生活”。人类必须保护自然、合理地利用自然。如果说，在马克思所处的时代，自然生态系统的平衡被打破还是一个局部现象，人与自然的关系还未全面恶化的话，那么，在当代，由于科学技术的高速发展，人类征服自然的能力达到前所未有的广度和深度。这一方面带来了生产力的极大发展，社会物质财富的极大增加；另一方面，则激化了人与自然的矛盾，危及人类生存的极限。

当今的世界面临着很多难题，人口增长、土地沙化、环境恶化、水土流失、生态危机的加剧等，使得生态伦理问题成为人类日益关注的热点。现代科技的发展，使人们把人与自然的关系理解为一种人对自然的征服和改造，把人文世界理解为人改造自然世界的成就，在现代人类的意识和潜意识中，基本上是用一种物我对立的意识来理解人与自然的关系，强调自然的人为性和为人性，人是自然的主人，人是世界的主体，自然是人认识和改造的对象和客体，人类的目的就是要征服自然来实现自身的发展，在这种观念的支配下，人类以一种近乎疯狂的行为来掠夺自然，致使自然遭到了前所未有的破坏，世界和中国近代以来的经济发展大都是建立在使自然遭到严重破坏为代价的基础上的。这场生态危机妨碍了人类以实践的方式来维持自身生存发展的历史进程，妨碍了人类直接从自然界中取得维持生存发展的物质资料，也妨碍着人类与自然之间物质和能量的循环。

同马克思的时代更大不同的是，我国社会主义制度已经建立，工人阶级政党取得了长期执政地位，使马克思所期盼的人与自然、人与社会的矛盾的真正解决具备了现实的社会条件。我们党所提出的科学发展观正是立足于当代变化了的历史条件，把自然环境与社会发展统一起来，从我国社会发展的全面、协调、可持续要求出发，强调人与自然共生和谐，从而拓展了唯物史观研究和运用的视野。

科学发展观认为，自然环境是人类赖以存在和发展的前提和基础，它对生产力的制约作用永远存在，同时又随生产力的发展而变化。人类生产力的发展是无限的，这是就其不断突破现有状态的趋势而言的，就其每一步实现的程度和可能性而言，它必然要受到人类所处的自然生态系统的制约。如果人类毫无节制地向大自然索取资源，又肆无忌惮地向大自然抛撒废物，就会造成人类生存环境的崩溃。到那时，所有的社会发展就都谈不上了。科学发展观确立的“自然与社会相统一”的理论视野，对于我国的发展实践具有重大的指导意义。它强调我们要把发展生产力与保护生态环境、自然资源的永续利用统一起来，把人类需要的内在尺度与生态环境规律的外在尺度结合起来，提高人类利用自然的科学性和道德性，坚持环境、经济和社会的可持续发展，建立起人与自然全面的和谐关系，走人类文明发展之路。

科技的发展使地球遭到了前所未有的破坏，然而技术问题只是环境问题的表层原因，其实质是文化、价值取向和生产方式的问题。狭隘的人类中心主义是导致环境问题的深层根源。今天，我们有必要对人与自然的关系做一个认真的思考，敬重土地、敬畏自然不只是一种良知，更是一种美德。正像美国环境保护主义的领军人物莱斯特·布朗（Lester Brown）所认为的那样：“要想使环境在将来持续地发展下去，我们就必须调整全球经济格局，改变人类的再生产行为，并且对价值观念和生活方式作一次剧烈的变革。”“我们每个人都应该慎重评价自己与自然界的关系，并且充分发挥个人德行中最诚实廉正的一面，重建同自然界之间的一种全新关系。”可见，要拯救人类就必须转变我们的价值观念和生活方式，纠正人类中心主义的做法，寻求人与自然平衡的精神支点。少数民族生存方式中所隐含的生态价值观念在对待人与自然的关系问题上，犹如一面镜子，折射出我们价值观的优劣，为我们提供了一个重新审视自身环境行为的参照系。

鉴于此，民族生态伦理的建构，必然以人与自然平等的道德原则为基础。在现今人类所有的文化样式和生存方式中，少数民族生态伦理文化作为中华文化的一部分，的确为我们提供了人类认识和处理自身同环境关系的新视角，人不是世界的主宰，不论是价值观或是具体的道德规范上，人都是自然的一部分，是一种“晚出”的生物，人并没有什么优越性，相反，人同自然是不可分离的整体，我们不能凌驾于自然之上，而应当同它们和谐相处，把动植物看做人类的朋友，尊重它们的权利。唯有如此，我们才能不再为自身的价值观和生存方式付出代价，重新同自然界之间建立起一种全新的关系。

建构生态伦理，是可持续发展的需要，是人类社会发展的必然。因此，认真清理、深刻总结中国民族文化中丰富的传统生态伦理理念资源，有助于建构以至丰富和发展21世纪人类的生态伦理，少数民族的生态智慧当然不是济世的灵丹妙药，但是他们对人与环境的认识和处理方式，却有着自身特有的价值。对少数民族生态伦理观念的探讨，目的在于寻找它与现代生态文明的转化机制，从而为我们提供一种纠正人与自然二元对立、人是自然的主宰的错误观念的药方。

21世纪生态危机发展的事态已经表明：人类在地球上的生存有了危险，人类再一次面临着生存危机，生存危机必须加以解决，否则灾难就会十分深重；它不能拖延解决，否则代价太大，到头来可供选择的余地愈来愈小；它不能按照老规矩去解决，人类价值观的改变已经不可避免。人类价值观必须来一次新的根本性的改变，从整体上重新优化人类与自然界之间进行能量、物质交换的方式，给自然再生过程以足够的时间，去医治人类给地球所造成的创伤，以及大自然的反作用给人类及其社会留下的创伤，从根本上协调人类与环境的相互关系。正如美国华盛顿的世界观察研究所（World watch Institute）的名誉所长莱斯特·勃朗（L. R. Brown）所说，世界正处在历史的转折点上，一个新的时代即将来临。在这个历史的新时代，“拯救地球的战斗将成为建立世界新秩序的主旋律”。

司马迁的道德思想

云南省委党校　陈文兴

司马迁出身于史官世家，良好的家风和敬业的传统使得他对传统道德规范的正当性笃信不疑。所以在李陵失败投降的消息传来，汉武帝极度愤怒，汉室文武百官没有表现出一点担当时，他凭着对李陵的了解和对朝廷的忠诚，义无反顾地站出来，为"素非能相善"，"趋舍异路，未尝衔杯酒，接殷勤之余欢"的李陵说话。受刑后，他一度伤心欲绝，"肠一日而九回，居则忽忽若有所亡，出则不知其所往。每念斯耻，汗未尝不发背而沾衣"。一旦痛定之后，他开始究天人之际，通古今之变，重新思考宇宙、生命和人生，在道德问题上提出了一些即使过了两千多年仍具有无限生命力的思考。本文将对其做一些概括。

一、善是多元的

司马迁生于汉朝逐渐走向鼎盛的一段历史上最好的发展期。这一时期，汉朝统治集团在对秦朝的暴政进行拨乱反正的同时，在以"清静无为"为特征的黄老学说指导下，采取轻徭薄赋、宽刑省法、休养生息的政策，使经济社会有了一个比较宽松的发展环境，而人的思想、行为和价值观念也相对多元化。在这样一个环境里，司马迁除广读诗书外，在很年轻的时候，就到辽阔的祖国大地做了充分的游历。这些游历，开阔了他的视野，提炼了他的品德，形成了他一生敢于直面任何困境的底气。

司马迁出身世代史家，其远祖在周宣王时便充任史官。父司马谈担任汉朝太史，向当时的著名学者唐都、杨何、黄子学过天文、易学、道学，对先秦流传下来的阴阳、儒、墨、名、法、道德诸家有过深入研究和精辟评价。司马谈对儿子寄有厚望，期盼司马迁做一个有担当、有作为，能继承周公、孔子那样“为天地立心，为生民立命，为先圣继绝言”的良史，所以从小就对其加以培养。

春秋以来，虽然社会激烈动荡，但史家仍然保持着良好的传统，许多人属于随波逐流时代少有的使命感极强的人。他们希望把经过自己充分确认的事实（这些事实包括了美好的和丑恶的）加上自己根据良心和道义所做的评论，通过自己的笔记载下来，传给后人，供后人评说。一些好的史官，只忠于事实，不惧怕任何干扰，并为此献出宝贵的生命。其中，最具典型性的就是后来文天祥《正气歌》中写到的晋董狐和齐太史。《左传》宣公二年记载，晋灵公夷皋聚敛民财，残害臣民，举国上下为之不安。作为正卿的执政大臣赵盾多次苦心劝谏，灵公非但不改，反而肆意加害他。先派人刺杀，未遂，又于宴会上伏甲兵袭杀，未果。赵盾被逼无奈，只好出逃。当逃到晋国边境时，听说灵公已被其族弟赵穿带兵杀死，于是返回晋都，继续执政。董狐以“赵盾弑其君”记载此事，并宣示于朝臣，以示笔伐。赵盾辩解，说是赵穿所杀，不是他的罪。董狐申明理由说，“子为正卿，亡不越境，反不讨贼，非子而谁?”意思是他作为执政大臣，在逃亡未过国境时，原有的君臣之义就没有断绝，回到朝中，就应当组织人马讨伐乱臣，不讨伐就未尽到职责，因此，“弑君”之名应由他承当。《左传·襄公二十五年》载齐崔杼弑其君庄公：“太史书曰：‘崔杼弑其君。’崔子杀之。其弟嗣书，而死者二人。其弟又书，乃舍之。南史氏闻太史尽死，执简以往，闻既书矣，乃还。”对几位史官，孔子赞叹不已，并继承他们的笔法写了令“乱臣贼子惧”的《春秋》。

在汉初特有的环境里，在父亲的言传身教和史官特有的文化熏陶下，司马迁对道德有特殊的看法和操行。年轻时，他把维护正义和公道看成是自己的神圣职责，所以，当关系并不密切的为汉朝立下汗马功劳的李陵在汉匈战争中力竭投降，汉武帝要拿其家属出气，曾经为其唱过无数赞歌的百官无一人为他说句公道话时，他挺身而出，最终遭受了最惨的腐刑。

在为李陵案付出沉重代价后，他对道德的思索变得更加深沉和持久。他认为人的生命是短暂的，所以人生意义的最高境界是立名，“立名者，行之极也”，作为像他自己这样的文人，最耻辱的事情是“没世而文采不表于后世”，但他并不否认那些仅为自己的理念而不在乎名的人。这当然继承于孔子的“君子疾没世而名不称焉”之说。这说明他很好地继承了中华民族特有的人文精神。中国精英头脑里的神被春秋战国时期的思想解放运动赶跑了，但这也使他们必须面对一个如何才能永恒的问题，而在所有回答中，“立名”是首选，司马迁的特别在于他尊重那些并不为名利的人，如那些“不矜其能，羞伐其德……千里诵义，为死不顾世”的侠客，“亦有所长，非苟而已也”。他认为人最基本的品德就是能立身，他提出，对人生来说，“富为上，贵次之；既贵，各学一技以立其身”。他不鄙视靠技术立身的人，他指出，像黄直、陈君夫那样的相马人，张仲、曲成侯那样的剑客，荥阳褚氏那样专门识别猪、牛的师傅，其实“皆有高士绝人之风”。他还认为经商并不是卑贱的事，认为“智不足以权变，勇不足以决断，仁不能以取予，强不能有所守”的人，还学不了这门本事，而使“孔子名布扬于天下者，（是因为不愿做官而去经商的）子贡先后之也”。也许受他此思想的熏陶，他的女婿杨恽一度就去做了一位出色的商人。特殊的经历，还使司马迁对逆境中的“善”进行了特别的思考。他深深体会到，在逆境中的人极度脆弱，特别是在他那种状态下，“重为乡党所笑，以污辱先人”，无面目上父母之丘墓，死，就像“九牛亡一毛，与蝼蚁何以异”，而且心中的痛苦根本没有办法向别人诉说，“事未易一二为俗人言也”，如不能有一个道义充沛的理由，说服自己活下去，则很容易永远复归于寂灭。此时最大的善，就是和命运抗争，在抗争中成为“倜傥非常之人”，奏出生命的音响，放射出夺目的光华。

二、德的约束力不是来自对世间有报应的恐惧

靠因果报应说、天堂地狱说、追求长生不老说等，使现世的人对前生和后世有更多的解释和遐想，关怀每个人的终极价值问题，从而使他们对宗教戒律和世俗规范保持必要的敬畏和操持，达到教化目的，是宗教培育道德的途径。基督教教义充满规则，而能让人们遵守的根本在于信，信和上帝的约定，信上帝“必快来。凡遵守这书上的预言的就有福了”，“赏罚在我（上帝）。要照各人所行的报应他”。佛教很重要的“业报轮回”说（曾是早期佛教的核心）认为“过去的一生行为，决定今世一生的状况；今世一生的行为，决定来世一生的状况”。但生活于除佛教外的当今世界主要宗教产生之前、受过中国春秋战国思想解放遗风熏育、遭遇过悲惨命运又在占有无比丰富的历史现实资料的基础上，对宇宙人生问题作过长期的完全独立思考的司马迁，对此有着非常理性的看法，他不相信善有善报，也不相信来世。

这一点在《史记·伯夷列传》中论述得很清楚。伯夷和他的弟弟叔齐是商末小国孤竹国国君的两个儿子。按长子继承的传统，伯夷应当国君，但其父希望叔齐继位。伯夷为了满足父亲的愿望，离开了家，不知躲到何处，叔齐也不愿干，躲了起来。后

来周武王伐商，本欲到周去找口养老饭吃的两个年迈之人，即奋不顾身地拦住武王，指责他父死不葬就动干戈是不孝，以地方攻打中央是不忠，气得武王部下想流鼻血，要杀掉这一对糟老头。其不争权位、不畏强暴的风骨，备受孔子称赞，《论语》中记载了孔子对二人的高度评价。《宪问》篇记载，孔子说“贤者避世，其次辟地，其次辟色，其次辟言”，做到这一点的只有包括此两兄弟在内的七人；《述而》篇记载，孔子的弟子子冉有希望知道孔子是否会支持和父亲争王位的卫出公，同学子贡自告奋勇地去打听。见到孔子后，子贡委婉地问：“叔齐、伯夷何人也?”孔子说：“古之贤人也。”子贡又问他们不争王位，宁愿采薇，不食周粟，饿死在首阳山是否“怨乎”，孔子说：“求仁而得仁，又何怨乎。”孔子还称赞他们“不念旧恶，怨用是稀”。司马迁也认为他们是善人，“积仁洁行如此”，但对他们饿死在首阳山一事，司马迁在表示深切同情的同时，对很久就流传着的、老子推崇不已的“天道无亲，常与善人”的古老定律充满了怀疑。同传中，司马迁还质疑，孔子屡加表扬的颜回应算善人，却“糟糠不厌，而卒早夭”，被称为盗的柳下跖“日杀不辜，肝人之肉，暴戾恣睢”，却以寿终。而人们日常所看到的一些人“横行不轨、专犯忌讳，而终身逸乐，富贵累世”，那些谨小慎微，遵纪守法，品行毫无瑕疵，“行不由径，非公正不发愤”却不断遭遇灾祸的人却不可胜数，他不知道天为什么对好人那么坏，对坏人却那么仁慈。因此，他得出结论：“余甚惑焉，倘所谓天道，是也，非也?”他对官方迷信五行说充满鄙视，在《史记》中他记载了汉武帝时以幽明、神异事为业，让五行、堪舆、建除、丛辰、历家、天人、太一诸家争一日是否宜婚嫁，汉武帝裁决以五行家为准的闹剧，揭示出这些人的荒谬和其帮闲嘴脸，当然也批判了汉武帝的迷信。

既然天道不可信，没有足够的理由说明冥冥中有天理、有轮回、因果报应，现实中为非作歹者又常常交上好运，而人们要使社会变得美好些、安全些，也不能缺少对道德规则的尊重和遵守，那么，用什么东西来说服人们呢？司马迁在总结历史经验的基础上，站在世俗的立场上对此进行了深入的思考。认为天道有常，春夏秋冬按顺序过渡更替，万物按其规律生老病死兴衰荣枯，是自然现象，为善也好，为恶也罢，不会受到神秘力量的奖惩，但“天道恢恢，岂不大哉；言谈微重。亦可以解纷”，能把天道说透，也会产生说服力。而把天道说透，未必只有义正词严，对于不同受众，只能采用不同的语言和途径。道德培育必须清楚“非其地，树之不生；非其意，教之不成”，故当对受者“视其所以好，好含苟生活之道，因而成之”。所以卜者，“法天地，象四时，顺于仁义，分策定卦，按式正棋，然后言天地之利害，事之成败”，指导人们有所为有所不为，这对于没有足够理性辨别力的一些人不失为一个有效的途径。

三、德的培育是有规律的

既然没有办法说明这个世界有神灵，有轮回、因果报应，而道德又必须培育，那只有将道德作为一种社会物质现象，探讨并尊重其培育规律，按规律办事。司马迁不是一个纯粹的伦理学家或哲学家，而中国学术也没有分科进行专门研究的传统，所以，司马迁当然没有严格按照学科要求进行系统规范的论述，但在叙述历史上的人和事的过程中，还是较为清楚地反映出他的一系列直到今天依然能给人许多启示的观点。

首先，道德与人的生命自觉紧紧地连在一起。司马迁认为，对于那些受过系统的传统教育，理性已经占据上风，不能够形成严格意义上的对神、对宗教的信仰的一群人来说，道德约束力最基础的东西便是这些人对生命有限性的严肃思考。司马迁说，“人固有一死”，但“人情莫不贪生恶死，念父母，顾妻子”，因此，就有了一个死的意义的问题。由于活法不同，“用之所趋异”，同样是死，却“或重于泰山，或轻于鸿毛”。为了让自己的死不至于轻如鸿毛，使自己在死亡降临时没有过多的遗憾，就必须把生命存续期间该干的事情干好，使生命尽可能地奏出华美的音响和放射出光华。因此，即使在活得极度艰难、死亡甚至有某种诱惑力的情况下，也不能轻易地选择死，而应该选择和命运抗争。他歌颂那些不屈地和命运抗争，使生命显得无比壮丽的前辈英豪，如被囚禁于狱中却把《易经》重新加以阐释的周文王；充满仁政理想并有卓越的实践能力，在外奔波数十年却找不到一个建功立业场所，且多次被人围困差点饿死，但不仅从晚年丧子的悲痛中走出来，还撰写了史家经典《春秋》的孔子；忠心耿耿却被流放到湘沅两岸、为秦国立下汗马功劳却阖族被驱赶到卑湿的蜀地的吕不韦，还有失明的左丘明，以及受膑刑的孙膑。司马迁从这些人的抗争精神中获得生命启示，使他在肠一日九回，“居则忽忽若有所亡，出则不知其所往。每念斯耻，汗未尝不发背沾衣”的悲痛时刻，明知自己再怎样努力，很多正义的事也只“可为智者道，难为流俗人言”，却依然坚信自己的确找准了生命的支点，为了一个崭新的正义目标去默默地工作、默默地呕心沥血。

其次，道德的培育必须服从自然法则。司马迁坚信富足与向善有着相关关系。司马迁痛苦地感到，自己得罪汉武帝后，拳拳之忠无法诉说明白，被当做犯上抓起来判罪处罚，其中一个重要原因是“家贫，货赂不足以自赎”，又多次说过，“千金之子，不死于市”，对此，班固认为：“司马迁是非颇谬于圣人，论大道则先黄老而后六经，序游侠则退处士而进奸雄，述货殖则崇财利而羞贫贱。此其所蔽也。”但这正是司马迁的卓越之处。对历史事实了如指掌的司马迁，早在受刑之前就草创了《太史公书》，接受了管仲“仓廪足而知礼节，衣食足而知荣辱”的观点，所以，在《游侠列传》中他说过：“鄙人有言曰：‘何知仁义，以飨其利者为有德。’”后来他进一步强化了这种认知。《史记》中司马迁对这一思想做过充分的论述。他说，至少在有文字记载的历史时期，老子说的小国寡民社会从未出现过，人们的耳目都极度喜好声色，口腔都喜欢吞食美味，身体贪图安逸享乐，精神上认定了财富可以带来无比光荣，而最终，“君子富，好行其德；小人富，以适其力……人富而仁义附焉”。因此，在人民的品德培育中，光靠说服是不够的，而实际能做到的是“善者因之，其次利导之，其次教诲之，其次整齐之，最下与之争”，只有让人民“各任其能，竭其力，以得其所欲……各劝其业，乐其事”，让人们在逐利中积累经验教训，学习自责自律，道德的积累才会“如水之趋下，昼夜无休时，不招而自来”。这种带有明显的商业精神的道德思想，在中国这个特别注重名节的国度算是凤毛麟角，但的确为我们研究社会主义市场经济条件下的思想道德建设提供了一个本土资源，使我们的文明更容易、更恰当地理解和接受产生于新环境，属于新社会、新人群的道德，并引导其为社会和谐出力。司马迁坚信人最基本的品德就是能立身，他提出：“富为上，贵次之；既贵，各学一技以立其身。”但在培育立身能力和品行时，必须跟受者的禀赋连在一起：“非其地，树之不生；非其意，教之不成。”拘于乡土社会的视阈，司马迁认为，德行的培育应以家庭为核心：“夫家之教子孙，当视其所以好，好含苟生活之道，因而成之。”“制宅命子，足以观人，子有处所可谓贤人。”

再次，给予那些在善的促成和积累中有过卓越的、建设性的贡献而自己没有能力立言的人以青史垂名机会。司马迁坚信“士节不可不勉励”，而最勉励人者不外乎名和利，名中最使人感受到荣耀的是被历史记住，但被历史记住的人很少，“古者富贵而名磨灭者不可胜记”，“天下君王，至于贤人，众矣，当时则荣，没则已焉”，常常“唯倜傥非常之人称焉”。所谓倜傥非常之人，这些人心中堆积着无数抱负，但找不到或暂时找不到出路，且有能力“述往事，思来者”，“退而论书册，以舒其愤，思垂空文以自见”。但社会上的确有一群人，他们做了无数的好事，使社会的每个成员在绝境中不至于绝望，在独处时不至于过分放纵，有名垂青史的贡献和意义却不易引起官方的注意，或做这一切仅出于良心和理念并以隐为荣。但在一个人们普遍更关注名利的社会，不给这些人以应有的旌表，则无以促使人们向善。因此，司马迁认为，有美行而无美言者也应有美名，而能美言者有义务去帮他们传美名，写史的权利不能垄断于官方。所以，他虽然是太史公，但他的《太史公书》并不属于官方，所以，写好后，“藏之名山，传之后人”，而不是藏于国史馆。他根据自己的独立思考和判断，列传记歌颂被当时社会讥讽为“以武乱禁”的郭解那样的“状貌不及中人，言语不足采者”，赞扬“其言必信，其行必果。已诺必诚，不爱其躯……不矜其能，羞伐其德”的美德，把其美名传下来。还记载了做卜者、能言善道的司马季主及虽为世俗看成唯利是图的商人却对商道有独立思考和真知灼见的白圭等不入流的人，使后世思考许多问题时有一些另类的参照物，不会完全被密如蛛网的官方意识形态禁锢住。

参考文献

[1] 司马迁：《报任安书》。

[2]《圣经·启示录》。

[3] 杜继文主编：《佛教史》，江苏人民出版社2006年版，第17页。

[4] 司马迁：《史记·游侠列传》、《史记·龟策列传》、《史记·日者列传》、《史记·货殖列传》、《史记·太史公自序》、《史记·仲尼弟子列传》、《史记·伯夷列传》。

在学习实践科学发展观中认真继承弘扬中华传统美德

云南省委党校 朱 玲

科学发展观的基本内涵是“坚持以人为本，树立全面、协调、可持续的发展观，促进经济社会和人的全面发展”，坚持“统筹城乡发展、统筹区域发展、统筹经济社会发展、统筹人与自然和谐发展、统筹国内发展和对外开放的要求”。

科学发展观涵盖了爱国主义、集体主义和社会主义思想，体现了中华民族传统美德和时代要求，是社会主义核心价值体系的重要内容。科学发展观的提出，完全符合我国实际及时代要求，具有很强的思想性、指导性和现实针对性，在全党全社会引起了强烈的反响；对中国社会产生了重大而深远的影响。现在，科学发展观已经成为新形势下进行社会主义思想道德建设的重要指导方针和构建社会主义和谐社会的重要思想基础。

一、中华民族传统美德是我们生存发展的根基和重要精神支柱

中国是文明古国、礼仪之邦，重德行、贵礼仪，在世界上素来享有盛誉。自古以来，中华民族传统美德始终是中华民族赖以生存和发展的重要精神支柱和精神动力。中华民族传统美德的形成和发展已经有几千年的历史，从口头传承到文字记载，内容博

大而精深。但归纳起来，在历史典籍里加以明确、历朝历代基本形成共识的内容主要是“仁、义、礼、智、信”五个要素。当然，在传统道德方面还有很多表述，但大部分都包含在这五大要素之中，或者是这五要素的延伸、丰富和发展。

中国古代儒家提出并归纳的“仁、义、礼、智、信”这五种重要的道德规范，从文字记载来看距今已有两千五百多年历史，从口头传播来看，还要早得多。在漫长的历史进程中，随着社会演变和文明的推进，逐渐得到明确、规范、升华、丰富和发展。这五种重要的道德规范间相互关联、相互依存、相互支撑，共同构成了中华民族传统道德大厦的根基，也可以说是道德大厦的支柱。从基本内涵来看，“仁”主要是人与人之间互相关怀、互相尊重和互相爱护的情感，是世间万物共生、和谐相处、协调发展的一种道德规范；“义”是超越自我、正视现实、仗义公道的做人态度；“礼”是建立人际关系、社会秩序的一种标准和规则；“智”是人认识自己、了解社会、解决矛盾、处理问题的眼光和能力；“信”是人们交往和处世的道德准则。“仁、义、礼、智、信”是中华民族传统美德的核心价值理念和基本要求，是我们要遵循的、最重要的五种道德规范，在道德建设中具有基础性地位。从中华民族传统美德的产生、发展的历史来看，“仁、义、礼、智、信”在中华民族道德建设的长河中具有本源的地位。从中华民族传统美德丰富多彩的庞大体系来看，“仁、义、礼、智、信”具有主导地位。从中华民族传统美德对社会进步所产生的广泛性、深远性影响来看，“仁、义、礼、智、信”带动整个社会道德体系的发展和社会道德水平的提升，在整个中华民族传统美德中具有重要地位。

中国共产党人传承文明，开拓未来，用自己特有的世界观看待历史，观察现实，展望未来，把马克思主义与中国实际结合起来，提出对古代思想文化要批判地继承的思想。毛泽东同志指出：“我们是马克思主义的历史主义者，我们不应当割断历史。从孔夫子到孙中山，我们应当给以总结，承继这一份珍贵的遗产。”邓小平同志也多次强调，要继承中华民族历史上一切优秀的思想道德和文化成果，取其精华、弃其糟粕，古为今用、推陈出新，建立与新时代相适应的社会主义思想道德体系。胡锦涛同志把中华民族传统美德和时代精神相结合，提出了要以“以人为本为核心，第一要素是发展，基本要求是全面协调可持续，根本方法是统筹兼顾”的科学发展观。这些都表明了中国共产党人继承和发扬中华民族传统道德的正确态度和与时俱进的精神风貌。

二、科学发展观是对中华民族传统美德的弘扬和超越

科学发展观以中华民族传统美德为道德基础，注入了以人为本的时代精神。以人为本、改革创新是道德建设新发展的显著特征。科学发展观，是对党的三代中央领导集体关于发展的重要思想的继承和发展，是马克思主义关于发展的世界观和方法论的集中体现，是同马克思列宁主义、毛泽东思想、邓小平理论和“三个代表”重要思想一脉相承又与时俱进的科学理论，是我国经济社会发展的重要指导方针，是发展中国特色社会主义必须坚持和贯彻的重大战略思想。其内容全面、系统而且精练、准确，立足于社会主义初级阶段基本国情，总结我国发展的实践经验，借鉴国外的发展经验，适应新的发展要求。它涵盖了从生产力到生产关系、从经济基础到上层建筑、从社会主义初级阶段的基本国情到人民群众日益增长的物质文化需要的主要社会矛盾，从我国发展的阶段性特征到认清社会主义初级阶段的基本国情，既不妄自菲薄、自甘落后，也不脱离实际、急于求成，坚持把推进改革、谋划发展作为根本依据，从科学分析我国全面参与经济全球

化的新机遇，到全面认识工业化、信息化、城镇化、市场化、国际化深入发展的新形势新任务，深刻地把握我国发展面临的新课题、新矛盾等方方面面的内容，为中国更加自觉地走科学发展道路，奋力开拓中国特色社会主义更为广阔的发展前景提供了明确而清晰的指南。科学发展观以中华民族传统美德为基础，在继承传统美德的前提下，注入了以改革创新为核心的时代精神，体现了鲜明的时代特征，实现了对传统美德的发展和超越。树立科学发展观，对夯实全国人民团结奋斗的共同思想基础，形成强大的民族凝聚力，具有重大的现实意义和深远的历史意义。

现在我们已经进入改革开放的新时代，随着经济体制深刻变革、社会结构深刻变动、利益格局深刻调整、思想观念深刻变化，加之改革开放以来中西方文化的相互激荡，人们的思想观念、生活方式和价值取向也日益多样化。要建立社会主义市场经济，要面对全球化推进现代化建设，要坚持科学发展和构建社会主义和谐社会，都需要研究中华民族应该用什么样的方式方法推进时代发展，以确立在当今世界上逐渐崛起的大国地位，造就和培养新的民族精神和时代精神。

三、中华民族传统美德是科学发展观的重要来源和基础之一

中华民族在几千年的历史进程中，形成了光辉灿烂的文化，这种文化博大精深，是民族之根，与灿烂文化相共生。中华民族同样形成了代代传承的美德，如：天下兴亡、匹夫有责的爱国情操，自强不息、艰苦奋斗的昂扬锐气，厚德载物、道济天下的广阔胸襟，奋不顾身、舍生取义的英雄气概，尊老爱幼、扶贫济困的关爱精神，公道正派、仗义执言的正直品格，等等。科学发展观承载着历史与传统的血脉，在结合时代特点和我国经济社会发

展的现实需要的前提下对传统美德加以发展，使之源于中华传统美德，同时又高于传统美德，比中华民族传统美德更鲜明、更新颖、更全面、更深刻、更具体。

首先，科学发展观坚持把发展作为党执政兴国的第一要务，是继承吸收了传统“仁、义、礼、智、信”五要素中“智”的精华。“智”是指辨是非、明善恶和知己识人这样的能力，即“智谋之力”。“智”作为中华传统美德的基本要素之一，很早就出现在文字记载里。孔子常说：“君子道有三：仁者不忧，智者不虑，勇者不惧。”《中庸》云：“智仁勇三者，天下之大德。”孔子、孟子在继承和发展唐尧、禹舜、商汤等关于认识自我、认识社会、认识是非、认识善恶这样的智慧思想的基础上，丰富了“智”的具体思想内容，提升了“智”在道德规范中的地位。而科学发展观以发展为第一要素，对于全面建设小康社会、加快推进社会主义现代化，具有决定性意义。牢牢扭住经济建设这个中心，坚持聚精会神搞建设、一心一意谋发展，不断解放和发展社会生产力。更好实施科教兴国战略、人才强国战略、可持续发展战略，着力把握发展规律、创新发展理念、转变发展方式、破解发展难题，提高发展的质量和效益，实现又好又快发展，为发展中国特色社会主义打下坚实的基础。努力实现以人为本、全面协调可持续的科学发展，实现各方面事业的有机统一、社会成员团结和睦、和谐发展，实现既通过维护世界和平发展自己、又通过自身发展维护世界和平的发展。以发展为第一要素的主要内容继承和吸收了中华传统美德“智”的优秀成分，体现了对优秀文化遗产的传承，具有深厚的传统文化底蕴。谈到发展，它是一个以人的全面发展为主线的社会整体进化过程，它远远超过“满足人类生存”这一简单的道德诉求，而“发展越来越被看做是社会灵魂的一种觉醒”。一个政党能有如此之远见，不能不说是大智！

其次，科学发展观坚持以人为本，则和中华民族传统美德中的“仁”有着密切关系。“仁”，是指同情、关心和爱护这样的心态，即“仁爱之心”。关于“仁”，最早出自《尚书》“克宽克仁，彰信兆民”，意思是说当年商汤用宽恕仁爱之德明信于天下的百姓。“仁”最早的含义是“亲人”的意思，《说文解字》说：“亲，仁也”，又说：“仁，亲也。”主要指家庭成员间、民族亲人间要“亲爱”，这种仁爱之情，仅仅局限于家族亲属之间，但随着历史演变，“仁”的含义得到了进一步扩展。老子说：“与，善仁。”意思是与人交往要友爱、真诚、无私。孔子说过：“志士仁人，无求生以害仁，有杀身以成仁。”这里“仁”已成为人生道德的最高境界，为了维护“仁”，可以“杀身”，即可以牺牲自己的生命来维护这一道德理念。而科学发展观中的核心“以人为本”，又将“仁”的“和谐相处、协调发展”的道德规范提升到了一个新的层面。中国共产党把全心全意为人民服务作为党的根本宗旨，党的一切奋斗和工作都是为了造福于人民。要始终把实现好、维护好、发展好最广大人民的根本利益作为党和国家一切工作的出发点和落脚点，尊重人民的主体地位，发挥人民的首创精神，保障人民的各项权益，走共同富裕道路，促进人的全面发展，做到发展为了人民、发展依靠人民、发展成果由人民共享。坚持以人为本是科学发展观的核心，它继承了“仁”的合理内核，推陈出新，具有很强的民族性和历史传承性。构成了继承与发展的关系。可以说，以人为本与中华民族传统美德中的第一要素“仁”紧密相连，中华民族传统美德是科学发展观的基础和重要来源。一个政党能有如此之观念，不能不说是大仁！

再次，科学发展观的基本要求是全面协调可持续发展，根本方法是统筹兼顾，这给中华民族传统美德赋予了新的时代内涵，使之有了质的升华。科学发展观是置身在中华文明历史长河中去芜取菁，运用马克思主义扬弃的观点批判地继承传统美德的基础上形成的，具有鲜明的继承性、创新性和时代性。可持续发展提出要按照中国特色社会主义事业的总体布局，全面推进经济建设、政治建设、文化建设、社会建设，促进现代化建设各个环节、各个方面相协调，促进生产关系与生产力、上层建筑与经济基础相协调。坚持生产发展、生活富裕、生态良好的文明发展道路，建设资源节约型、环境友好型社会，实现速度和结构质量效益相统一、经济发展与人口资源环境相协调，使人民在良好的生态环境中生产生活，实现经济社会永续发展。而统筹兼顾则要正确认识和妥善处理中国特色社会主义事业中的重大关系，统筹城乡发展、区域发展、经济社会发展、人与自然和谐发展、国内发展和对外开放，统筹中央和地方的关系，统筹个人利益和集体利益、局部利益和整体利益、当前利益和长远利益，充分调动各方面的积极性。统筹国内国际两个大局，树立世界眼光，加强战略思维，善于从国际形势发展变化中把握发展机遇、应对风险挑战，营造良好的国际环境。既要总揽全局、统筹规划，又要抓住牵动全局的主要工作、事关群众利益的突出问题着力推进、重点突破。因此，科学发展观是对中华传统美德的发展和创新、弘扬和超越，是我们在新世纪的新旗帜、新方向。

科学认识初步小康到全面小康的历史发展进程

云南民族大学哲学学院　陈国林
昆明理工大学社会科学学院　杨迎朝

中国共产党确定社会主义现代化建设进程中的第二步战略目标是到20世纪末使全国人民达到小康生活水平。从整体上看，2000年我国已基本达到了小康社会的各项指标，迈进了小康社会的门槛；2007年，我国GDP总量达24.66万亿元人民币，综合国力明显增强，人民生活显著改善，但人均GDP仅2 000多美元，与中等发达国家相比水平还比较低。我们应当清醒地看到，我们现在所达到的小康只是初步的小康，有着地区发展不平衡、领域发展不协调等特点。全面建设小康社会必然是一个分地区、分领域的发展过程。我国广大农村，尤其是中西部农村，其中特别是边疆少数民族农村地区还没有完全进入小康社会。目前，除"农村列入低保的2 000多万贫困人口外，还有几千万处于低水平温饱，列入城市低保范围的贫困人口也有2 000多万人"。[①] 从生产领域看，我们虽然已经拥有了一些先进的生产部门，如电子信息、冶金、汽车制造、生物医药、航空航天等，但在大部分生产领域，我国的生产技术与国外先进国家比较还有相当大的差

① 王梦奎：《社会主义初级阶段基本国情和我国当前发展的段性特征》，载《十七大报告辅导读本》，人民出版社2007年10月版。

距，有的生产领域，如农业，基本是以手工劳动为主。我们只是刚刚跨进了小康社会历史阶段的大门，处于小康社会的初期。现在所达到的小康是低水平、不全面的小康。虽然我国经济总量已达到一定规模，但人民的发展性消费还没有得到有效的满足；自主创新能力不强，缺乏核心技术，缺少自主知识产权。2006 年美国《商业周刊》和国际品牌公司公布的 100 个世界名牌中，中国一个也没有；社会保障机制还不够健全，保障的面还比较小，保障的水平还比较低；2006 年高等教育的规模已达 2 500 万人，为世界第一，但高等学校毛入学率还比较低，仅为 22%，与发达国家相比有较大差距；环境污染问题还未从根本上得到解决。要经过全面小康社会这个历史阶段，达到中等发达国家的发展水平，还需要我们几十年甚至更长时间的努力奋斗。因此，要紧紧抓住这十几年宝贵时间，加快建设全面小康社会，进一步提高综合国力和人民的生活水平，迈向共同富裕，完成历史赋予我们的伟大使命。

党的十六大报告总结了建设小康社会的经验，分析了中国小康社会的现状，提出了全面建设小康社会的奋斗目标。

江泽民在十六大报告中指出，我们要在本世纪头 20 年，集中力量，全面建设更高水平的小康社会，使经济更好发展、民主更加健全、科教更加进步、文化更加繁荣、社会更加和谐，人民生活更加富裕。这里提出的全面小康社会是针对存在的低水平的、不全面的、发展不平衡的小康水平提出来的。为此，十六大报告第一次提出了全面建设小康社会在经济、政治、文化和可持续发展四个方面的奋斗目标。

全面建设小康社会将使 13 亿人口的中国在政治、经济、文化、生态建设与环境保护等方面跃上一个新的台阶，这是一项伟大而艰巨的历史任务，是实现中华民族伟大复兴的必经之路。

在中国这样一个有 13 亿人口、960 万平方公里的国土面积，经济、文化发展极不平衡的发展中大国，全面建设小康社会，向更加富裕的小康生活迈进，是一项千秋伟业。世界各国经济发展的历史证明，一个国家经过一段持续的经济增长，必然会出现社会发展的质的飞跃。全面建设小康社会将会更加有力地推进社会主义现代化建设，创造新的起点，为实现中华民族的伟大复兴奠定坚实的基础。社会主义现代化建设是一个循序渐进的发展过程，全面建设小康是中国实现现代化的阶段性目标，也是实现现代化的必由之路。我国在全面建设小康社会的历史进程中，取得了举世瞩目的成就，但也出现了一些问题。具体表现为：地区间发展极不平衡，东部地区已基本上达到了富裕的小康生活水平，部分发达地区已明确提出了要率先于全国实现现代化的目标。与此同时，西部相当一部分农村和少数民族地区距离小康生活水平还有较大的差距，极少数地区连温饱都还没有解决；收入差距进一步拉大，贫富分化严重。因此，对小康建设已取得的成绩，我们不能有丝毫的自满情绪，对于全面建设小康道路上将要面临的诸多困难，我们要有充分、清醒的认识。

中国全面建设小康社会之所以难度极大，关键在于五方面的问题：第一，我国是一个具有两千多年封建统治历史的国家，封建残余根深蒂固，小农经济、裙带关系、任人唯亲、贪污腐败等许多现实社会问题都可以从封建残余思想中找到它的根源，封建残余思想和传统对现代化建设的阻碍作用非常大。对此，我们绝不能掉以轻心。第二，中国是一个发展中的大国，发展中的国家普遍存在的政治、经济、社会问题在我国都有不同程度的表现，如失业问题、三农问题、地区收入差距问题、经济结构问题、可持续发展问题、腐败问题等。第三，我国是一个从计划经济向市场经济转轨的国家，计划经济的惯性难以一下子消失，计划经济又和社会上不同利益阶层相联系。因此，存在着国有企业经营机制、计划管理体制、政府运行机制、城乡二元社会结构等一系列问题。第四，我们现在处在区域经济一体化、世界经济全球化的大时代背景下，必须面对来自世界的竞争，尤其是来自发达国家的竞争。因此，在发展中要充分考虑国家的经济安全，特别是国家金融和资源安全问题。第五，中国是一个人口大国，但人均资源占有量较低，石油、土地、矿产、淡水等资源的不足严重制约着中国经济的快速发展。这五类问题交织在一起，使全面建设小康社会的困难更大、矛盾更突出。

全面建设小康社会是中国特色社会主义的一个必经的发展阶段。小康社会的基本精神和原则应该是“和而不同”，即在坚持社会主义的根本制度和基本原则的前提下，承认社会经济和文化发展上存在的差异和矛盾的现实，这是由我国社会的历史与现实所决定的。在经济制度上，调整和完善所有制结构，坚持公有制为主体，多种所有制经济共同发展的基本经济制度；在分配制度上，坚持效率优先、兼顾公平的原则，实行以按劳分配为主体、多种分配方式并存的分配制度，确立劳动、资本、技术、信息和管理等生产要素按贡献参与分配的原则；在精神文明建设上，小康社会的伦理和文化应该是有限目标与崇高理想相结合，保持现实与理想之间的必要张力，实现优秀传统文化与现代文化之间的良性衔接；在资源开发利用与环境保护建设上，坚持可持续发展的基本方针，充分考虑资源的有限性和人类建设可能对环境带来的负面影响。

全面建设小康社会对社会主义事业的发展意义重大。邓小平的小康社会理论包含两个基本指标，即人民生活水平和国民经济发展水平，前者在于富民，后者在于强国。世界各国经济发展的历史表明，跨越式发展是一条普遍规律，在每一个历史时期总有一些国家抓住历史机遇，实现国家经济、政治与文化的跨越式发展。在知识经济时代和经济全球化的条件下，全面建设小康社会的发展战略要求我们能够利用难得的和平与发展为主题的国际形势，利用自己的后发优势，利用当今现代科学技术，通过跨越式发展的道路尽快达到中等发达国家的现代化水平。在当代，经济的发展速度日益加快，经济发展的不均衡性也日见突出。因此，通过区域创新和科技创新，如建立经济特区和在高新技术发展领域占有一席之地等方式使中国接近世界先进水平的努力取得了一定的成绩。1997年党的十五大首次提出了跨越式发展的思路，《中华人民共和国国民经济和社会发展第十个五年计划纲要》明确提出了“以信息化带动工业化，发挥后发优势，实现社会生产力跨越式发展”的战略目标。在科教兴国、可持续发展和西部大开发三大战略中，核心思想和目标实际上就是为了实现中国的跨越式发展。这种跨越式发展不仅是必要的，也是可能的。反之，社会主义制度的优越性无从谈起。党的十六大作出了全面建设小康社会的战略决策。党的十七大进一步提出：“必须坚持把发展作为党执政兴国的第一要务。发展对于全面建设小康社会、加快推进社会主义现代化，具有决定性意义。要牢牢扭住经济建设这个中心，坚持聚精会神搞建设、一心一意谋发展，不断解放和发展生产力。”并且，在党的十六大确立的全面建设小康社会目标的基础上，对我国的经济社会发展提出新的更高要求：一是要增强发展的协调性，努力实现经济又好又快发展；二是要扩大社会主义民主，更好地保障人民权益和社会公平正义；三是要加强文化建设，明显提高全民族文明素质；四是加快发展社会事业，全面改善人民生活；五是建设生态文明，基本形成节约能源资源和保护生态环境的产业结构、增长方式、消费模式。

中国进入全面小康社会，国家综合实力将进一步增强，人民生活将更加富足，中国的国际地位将进一步提高，中国对发展中国家的支援也会更多，社会主义制度的优势性也将进一步体现出来。中国进入全面小康社会，无论对于中国，还是对于世界，其意义都是巨大而深远的。

总之，全面建设小康社会，加快社会主义现代化建设，把我国建设成为一个富强、文明、民主的社会主义现代化强国，代表了中国最广大人民的根本利益，顺应了世界历史潮流的发展，也是中国最广大人民的根本利益的客观要求和综合体现。

参考文献

[1]《江泽民在中国共产党第十五次全国代表大会上的报告》，1997 年 9 月 12 日。

[2]《江泽民在中国共产党第十六次全国代表大会上的报告》，2002 年 11 月 8 日。

[3]《胡锦涛在中国共产党第十七次全国代表大会上的报告》，2007 年 10 月 15 日。

[4]《中华人民共和国国民经济和社会发展第十个五年计划纲要》，2001 年 3 月 15 日。

[5] 宋泽滨：《社会全面进步研究》，人民出版社 2001 年 12 月版。

[6] 莱斯特·布朗：《生态经济》，东方出版社 2002 年 5 月版。

[7] 李君如主编：《小康中国》，浙江人民出版社 2003 年 1 月版。

[8] 本书编写组编：《十七大报告辅导读本》，人民出版社 2007 年 10 月版。

构建社会主义和谐社会的路径探讨

西南林学院社科系　郭佩惠

党的十六大提出把“社会更加和谐”作为全面建设小康社会的目标之一，党的十六届四中全会又明确地提出把“提高构建社会主义和谐社会的能力”作为党执政能力的一个重要方面，党的十七大又指出了：“社会和谐是中国特色社会主义的本质属性。”这一重要论断的提出，是对马克思主义重要理论的丰富和发展，是我们党对什么是社会主义、怎样建设社会主义的又一次理论升华。深刻理解和正确把握构建社会主义和谐社会的丰富内涵，对于我们全面落实科学发展观，促进我国经济社会全面协调发展，以及实现建设小康社会宏伟目标有着重大意义。

党中央提出构建社会主义和谐社会，使我国的社会主义现代化建设总体布局由发展社会主义市场经济、社会主义民主政治和社会主义先进文化三位一体，扩展为包括社会主义和谐社会内容，实现了四位一体的飞跃。构建社会主义和谐社会是我们党顺应历史发展变化，为推进中国特色社会主义伟大事业作出的重大战略举措，是我国处于体制转轨、社会转型这一特殊历史时期经济社会发展的必然要求；是满足人民群众不断增长的物质文化需要的必然要求；是巩固我党执政之社会基础的必然要求；是全面落实科学发展观、实现全面建设小康社会宏伟目标的必然要求。

一、社会主义和谐社会的科学内涵

社会主义和谐社会的内容广泛，它首先指的是人与人之间的和谐。在社会主义条件下，每个社会成员在根本利益上是一致的，但在具体利益上还将存在矛盾和差别。特别是随着改革开放的深入和社会主义市场经济的发展，社会利益关系更加复杂。因此，追求并实现人与人之间的和谐，是构建社会主义和谐社会的重要任务和必要条件。从一定意义上看，构建社会主义和谐社会的过程，就是实现人与人之间和谐的过程，就是每个人的主体意识、他人意识、公民意识不断觉醒和生成的过程。其次指的是个人与社会之间的和谐。在我们国家，社会主义为实现个人与社会的和谐创造了制度条件，但个人与社会之间仍然不可避免地会产生这样那样的矛盾。社会主义社会的发展进步最终都应体现和落实在每个社会成员的发展和完善上，也只有不断地给予每个社会成员更多的关怀，尊重个人在社会发展进程中的地位、价值和尊严，社会自身才能够不断发展进步。构建社会主义和谐社会，就是要不断促进人与社会的和谐。第三指的是人与自然的和谐。人与自然的和谐问题，是一个古老而又永恒的话题。社会主义在发展进步的过程中，同样面临着环境污染、生态脆弱、能源危机等问题的困扰。如果对自然界采取无休止的索取和征服的做法，将会导致灾难性的后果。因此，追求人与自然的和谐相处，是社会主义和谐社会的重要特征之一。只有追求人与自然的和谐相处，才能真正体现科学发展观以人为本、全面协调可持续的理念。

我们所要建设的社会主义和谐社会，应该是民主法治、公平正义、诚信友爱、充满活力、安定有序、人与自然和谐相处的社会。民主法治，就是社会主义民主得到充分发扬，依法治国基本方略得到切实落实，各方面积极因素得到广泛调动；公平正义，就是社会各方面的利益关系得到妥善协调，人民内部矛盾和其他社会矛盾得到正确处理，社会公平和正义得到切实维护和实现；诚信友爱，就是全社会互帮互助、诚实守信，全体人民平等友爱、融洽相处。充满活力，就是能够使一切有利于社会进步的创造愿望得到尊重，创造活力得到支持，创造才能得到发挥，创造成果得到肯定；安定有序，就是社会组织机制健全，社会管理完善，社会秩序良好，人民群众安居乐业，社会保持安定团结；人与自然和谐相处，就是生产发展，生活富裕，生态良好。

二、构建社会主义和谐社会过程中的不和谐因素分析

从总体上来看，目前我国社会主义社会还是比较和谐的，但在建立社会主义市场经济体制的转型时期，在部分地区、部分单位仍然存在一些不和谐因素，具体表现如下。

第一，社会发展相对滞后，公共资源分布不均衡。经过三十年的改革开放，中国的经济高速发展，GDP 总量增长了十几倍，平均发展速度为百分之九点几，是世界上发展速度最快的国家之一，这也是世界经济史上的一个奇迹。但与此同时，中国的社会发展相对滞后，这种滞后在 2003 年抗击“非典”的考验中暴露无遗，可以看出城乡差距拉大问题和公共医疗资源短缺问题亟待解决。

第二，城乡差距、地区差距仍在扩大，分配不公矛盾凸显。有学者指出，如果将城乡居民收入的计算方式、税负负担、社会保障、基础设施等因素综合考虑，城乡差距就远不是三倍，而可能会有六倍以上。从地区差距来看，尽管相继实施了西部大开发、中部崛起、振兴东北老工业基地等战略，但是东中西部的相对差距仍呈扩大的趋势。有学者指出，现代社会中收入差距肯定是存在的，关键是要保证它处在一个可控的范围内。虽然目前收

入差距拉大的问题，是前进中存在的问题，但是如果不能够予以正确解决，也会危及社会的稳定。比如收入差距拉大的问题，关键在于分配不公。目前我国存在一些非法致富现象，一些人靠钻政策和体制的漏洞而牟取利润，一些部门和单位靠垄断而获得超额利润，这对群众的情绪是一种严重的挫伤。

第三，一些群体为社会发展作出的贡献与应得到的补偿不对等。这些群体主要指农民和工人，到目前为止，农民的人均收入还很低，负担很重。改革开放三十年取得的成绩，农民并没有能够充分享受其成果。工人阶级是中国共产党依靠的阶级，由于中国实行经济体制改革，对国民经济做出战略性调整，在这个过程中国企改制、搞活，致使大批产业工人下岗。这些在计划经济时代作出了重要贡献的产业工人以及无地农民、失地农民获得的补偿显然是不对等的。利益失衡导致的心理失衡，是当前社会情绪的一个重要诱发因素。

第四，新形势下，人民内部利益矛盾错综复杂。现阶段的人民内部矛盾主要指各阶层、各方面的利益矛盾。这类矛盾在社会经济转型期纵横交织，盘根错节，异常复杂。可以说，目前中国各社会阶层之间、社会阶层内部，地区之间、地区内部，长远利益和眼前利益、群体利益和个人利益之间等都存在着这样或那样的利益矛盾。这些因素都会诱发各种社会矛盾的产生，危及社会的和谐与稳定。

在当前，我们应该如何消除这些阻碍社会主义和谐社会实现的负面因素，推动和谐社会的建设呢？我想，应该做到以下几点。

（一）加速推进工业化进程，为构建和谐社会增强经济实力

要正确理解和认真贯彻落实国家宏观调控政策，坚持走新型的工业化道路，着力解决好工业经济运行中的主要矛盾和问题，

努力提高全市工业经济的发展水平。要进一步加快项目开发建设，对在建的重点项目要加大推进力度，搞好服务，确保项目按时建成投产。要集中精力抓好重点企业的生产运行。对重点企业，要切实搞好服务，帮助企业协调解决生产经营中的困难和问题，促其最大限度地取得经济效益和社会效益。要加大技术改造力度，加快企业改制步伐，规范操作程序，积极筹措改制成本，切实保障职工合法权益。同时要强化安全生产管理，为经济发展提供安全保障。

（二）切实促进农民增收，为构建和谐社会夯实基础

要全面贯彻中央1号文件精神，坚持一手抓粮食生产，一手抓农民增收，推动农业和农村经济全面发展。要依托资源优势，重点开发建设具有各地特色的优质粮、优质畜（牧）产品和特色农产品三大产业带。要坚持用工业化思维谋划农业发展，按照“大规模、高起点、专业化、外向型”和“小规模、大群体、特色型”的原则，围绕粮食、畜禽产品、绿色食品、特色农产品、草业和水产业发展开发建设一批农业产业化项目，积极培育壮大龙头企业。要大力发展小城镇和农村二、三产业，加强农民就业服务，推进农村富余劳动力有序转移，拓宽农民的增收渠道。要加快农村经营体制创新，大力推进农业的市场化进程。要加强农业基础设施建设，大力发展旱作农业、节水农业、设施农业，努力提高农业综合生产能力，改善农民群众生产生活条件。同时要积极推进农村税费改革、粮食流通体制改革、农村教育改革和医疗卫生制度改革等各项改革。

（三）进一步扩大对外开放，为构建和谐社会借力助推

在发展定位上，开发区和工业园区要成为高新技术产业、农产品深加工产业和支柱产业的创业平台。在整体布局上，开发区

和工业园区要重点围绕交通干线和中心城镇展开。对现有的经济开发区和工业园区要加大投入，逐步完善供水、供电、通信、排污等配套设施，提高承载功能。要对政策进行梳理规范，重点落实好供地、水、电、汽、热等方面的优惠政策，努力降低投资成本，增强项目的吸引力。要培育招商文化，创新招商思路，改进招商方式，搞好跟踪服务，引进建设一批对经济社会发展具有较强牵动和支撑作用的科技型、外向型项目，为经济社会发展注入新的活力。

（四）不断加快中心城市建设步伐，为构建和谐社会打造发展平台

要进一步完善城乡规划管理体系，为城乡建设与和谐发展提供更加科学的依据。规划既要保证各地区统筹协调发展，又不能模糊重点，齐头并进。要抓好规划的管理，维护规划的权威性，避免规划的无序性。要严格按照设计标准，高标准、高质量地抓好城市基础建设工程。要加快城中村、城中乡的改造步伐，继续抓好省级园林城市的创建工作，迅速改善城乡人民群众的生产生活环境。

（五）大力发展服务业和各项社会事业，为构建和谐社会提供有力保障

社会主义和谐社会是一个既充满活力又富有秩序的社会。当前，要重点发展农产品生产销售服务、交通运输等生产性服务业，加快发展金融保险、信息咨询等生活性和公益性服务业。抓好农村危旧校舍改造、敬老院改造和电视网络改造，不断改善农村基础设施条件，提高广大群众的物质文化生活水平。要继续做好劳动就业和社会保障工作，落实就业和再就业各项优惠政策，大力开发就业岗位，抓好就业援助工作，确保下岗人员实现充分就业。不断健全养老、医疗和失业保险体系，落实好城乡低保和困难群众医疗救助制度。要加强治安防控网络化建设，妥善处置影响社会稳定的群体性事件和突发事件，切实做好信访工作，把解决问题与推进改革发展结合起来，切实维护社会稳定。

三、构建社会主义和谐社会过程中应处理好的几种关系

社会主义和谐社会建设是一个需要随着经济、政治、文化的发展而不断推进的历史过程，它同社会主义物质文明建设、政治文明建设、精神文明建设互为条件、相辅相成，彼此紧密联系而又有各自的发展规律。因此，构建社会主义和谐社会，必须着力把握好以下几种重大关系。

（一）社会主义物质文明建设与构建社会主义和谐社会的关系

发展社会主义市场经济，建设社会主义物质文明，是建设和谐社会的物质基础和前提；建设社会主义和谐社会又为物质文明建设创造有利的社会条件。只有坚持以经济建设为中心，聚精会神搞建设，一心一意谋发展，保持经济持续快速健康协调发展，创造更加丰富的社会物质财富，不断增强综合国力和提高人民生活水平，解决社会矛盾，才会有雄厚的物质基础，满足人民群众日益增长的物质文化需要才有现实的可能，构建社会主义和谐社会才会有根本前提。只有构建社会主义和谐社会，形成平等友爱、融洽和谐的人际环境，才能更好地激发各行各业人们的创造活力，最广泛、最充分地调动一切积极因素，让一切劳动、知识、技术、管理和资本的活力竞相迸发，让一切创造社会财富的源泉充分涌流，不断推动经济社会发展。为此，要紧紧抓住发展这个党执政兴国的第一要务，坚持以科学发展观统领经济社会发

展全局，正确把握和处理改革发展稳定的关系，把改革的力度、发展的速度和社会可承受的程度统一起来，正确处理公平与效率的关系，既坚持鼓励一部分地区、一部分人通过诚实劳动和合法经营先富起来，并推动先富带未富、先富帮未富，同时要合理调整国民收入分配格局，使全体人民共享改革发展的成果，维护和实现社会公平正义。

（二）社会主义政治文明建设与构建社会主义和谐社会的关系

发展社会主义民主政治，建设社会主义政治文明，是构建社会主义和谐社会的政治保证；社会主义和谐社会建设为社会主义政治文明建设创造良好的社会环境。发展社会主义民主是社会主义的本质要求，社会主义愈发展，民主也愈发展。依法治国是党领导人民治理国家的基本方略，经济的发展、社会的进步，都离不开法制的健全。人民当家做主的新中国和社会主义制度的建立，为构建社会主义和谐社会创造了根本的政治前提。政通才能人和，国泰才能民安。只有发展社会主义民主政治，保证人民依法行使民主权利，不断巩固各党派、各团体、各民族、各阶层以及一切热爱中华民族的人们的大团结，健全社会主义法制，不断推进国家经济、政治、文化、社会生活的法制化和规范化，建设社会主义法治国家，构建社会主义和谐社会才有坚实的政治保证和法治保障。为此，要把坚持党的领导、人民当家做主和依法治国有机地统一起来，坚持科学执政、民主执政、依法执政，实现活力与秩序的统一。

（三）社会主义精神文明建设和构建社会主义和谐社会的关系

发展社会主义先进文化，建设社会主义精神文明，为和谐社会建设提供思想保证、精神动力和智力支持；构建社会主义和谐社会，能够对精神文明建设产生巨大的促进作用。构建社会主义和谐社会，既要讲物质利益原则，靠调节社会分配，更要靠不断提高全民族的思想道德素质和科学文化素质来实现和谐。为此，要始终坚持以人为本，坚持马克思主义在意识形态领域的指导地位，大力加强社会主义先进文化建设，正确处理依法治国和以德治国的关系，弘扬和培育民族精神，优先发展教育和科学事业，推进文化事业全面繁荣和文化产业快速发展，不断增强人们的精神力量、丰富人们的精神世界，巩固全党全国人民团结奋斗的共同思想基础。

（四）社会主义生态文明与构建社会主义和谐社会的关系

“和谐社会”这一理念内在地包含了人与自然之间的和谐，即人类社会实践活动中的主客体的统一协作，这是马克思主义关于社会实践活动中主客体统一思想的充分体现。在人类改造外部世界的社会实践活动中，人作为实践的主体，自然界作为实践的对象，即客体，二者应该是统一的。一方面，人类在改造外部世界的活动中，必须以自然界作为实践活动的基础；另一方面，主体（人类）在改造客体的过程中要遵守客观规律，保护好自然界，否则会遭到自然界的惩罚。早在一百多年前，恩格斯曾就人类向大自然无休止的索取和掠夺发出沉重的警告：“我们不要过分陶醉于我们人类对自然界的胜利，对于每一次这样的胜利，自然界都对我们进行报复，每一次胜利，起初确实取得了我们预期的结果，但是往后和再往后却发生完全不同的、出乎意料的后果，常常把最初的结果又消除了。”人类当代的实践中，由于人类破坏自然而带来的生态危机更加证实了恩格斯预言的真理性。因此，在构建社会主义和谐社会的过程中，在发展经济的时候尤其要注重保护环境，建设社会主义生态文明。

构建社会主义和谐社会，关键取决于我们党的领导。坚持党的领导核心地位，坚持党的团结统一，是构建社会主义和谐社会的根本保证。我们必须立足于中国现实，顺应时代潮流，坚持以马克思主义中国化的最新成果为指导，坚持立党为公、执政为民，坚持治国必先治党、治党务必从严，在社会主义和谐社会建设的实践中持之以恒地加强和改善党的领导，持之以恒地加强和改进党的思想、组织、作风和制度建设，把我们党建设成为始终做到“三个代表”、永远保持先进性、经得住各种风浪考验的马克思主义执政党，以党的先进性来引领和推进社会主义和谐社会建设。

实现社会和谐，建设美好社会，始终是人类孜孜以求的一个社会理想，也是包括中国共产党在内的马克思主义政党不懈追求的一个社会理想。我们在全面推进现代化建设的历史进程中，对构建社会主义和谐社会充满信心。有邓小平理论和“三个代表”重要思想的指引，有党的领导和社会主义制度，有新中国成立以来特别是改革开放以来的不断发展奠定的较为坚实的物质基础，有各阶层、各党派、各民族、各团体根本利益的一致，有马克思主义指导地位的不断巩固和全体人民思想道德素质、科学文化素质的不断提高，我们一定能够扎扎实实地做好构建社会主义和谐社会的各项工作，把中国特色社会主义伟大事业不断推向前进。

弘扬优秀传统文化
提升国家文化软实力

昆明冶金高等专科学校社会科学与公共学院社科部　任婉玲

在和平与发展成为时代主题的今天，文化的力量不仅是一个民族的生命力、创造力、影响力的决定性要素，也越来越成为一个国家综合国力和国际竞争力的重要组成部分。党的十七大明确提出了提高国家文化软实力的战略任务，文化软实力建设是实现科学发展和社会和谐的基本要求，是满足人民群众日益增长的精神文化的需求和国家发展战略的需要，它与中华民族传统文化有着紧密的联系。中华文化源远流长，博大精深，在21世纪的软实力竞争中具有较强的优势，是我们提升软实力开发不尽的宝藏。

一、优秀传统文化是增强中华民族凝聚力和向心力的纽带

文化的认同是高层次的认同，文化的力量是一种潜移默化、无可匹敌的力量。中国的优秀传统文化是中华儿女的精神依归，博大精深，源远流长，丰富多彩，具有极大的包容性、亲和力和生命力。中华文化的崇尚统一、追求和谐、注重道德、张扬自强高尚的人格、讲求厚德载物的气度、主张革新、与时俱进等优秀传统，不仅是中华民族生存发展的悠久历史的精神结晶，更是中

华民族凝聚力和向心力的基础。

（一）优秀传统文化是中华民族凝聚的心理依据

文化总是属于一定的民族的，不同的传统文化，体现出不同的民族风貌和性格特征。传统文化构成民族差别，成为民族凝聚的心理依据。民族群体对传统文化的认同取决于民族成员的民族意识，取决于民族成员对先在的、作为民族生存方式的文化模式的肯定和礼拜。而作为民族诸特征中最富有生命力的因素，表现出人们的风俗习惯、文化艺术、民族意识等精神生活方面的共同心理状态，在判断民族成分时往往发挥着重要的作用。也就是说，以血缘关系为纽带联系起来的民族群体，随着经济、政治和文化的发展极易被其他民族所消融。而一个具有强烈文化归属感的民族，即使在其他民族特征不复存在的情况下，仍然能够顽强地生存和发展，这是精神压迫乃至肉体消灭都难以改变的客观事实。

正因为建立在民族文化基础上的共同心理素质具有穿越时空的力量，世界各国的史学工作者都将其视为民族识别的重要依据。多元一体的中华民族具有共同的心理素质，这是组成中华民族大家庭的各民族群体对优秀传统文化的一种认可。通过民族的交流和融合，中华优秀传统文化使来自于不同地域、血缘关系各异的人们最终形成了共同的民族意识，通过不断强化的民族情感，民族成员和民族群体的归属感亦得到了不断的提高。

（二）优秀传统文化是民族凝聚力和向心力的思想基础

优秀的传统文化凝聚了中华民族世世代代的创造和智慧，没有这种发自内心深处认同的民族文化，民族凝聚力就没有核心，民族团结就没有力量，国家统一就缺少深层内在的精神基础，各个民族之间的联系就缺少强大的精神纽带。

中华民族文化具有强大的民族凝聚力和社会整合力，这与中华民族文化自古以来就具有团结统一的文化特质和民族精神分不开。胡锦涛指出：“中华民族的优秀文化，生生不息，绵延不绝，是我国人民几千年来克服艰难险阻、战胜内忧外患、创造幸福生活的强大精神力量。”① 在中国和平崛起的年代，中华民族文化仍将起到凝聚人心、振奋精神、激励斗志、统一意志的作用，它作为我们全社会的共同精神支柱，是中国腾飞的重要思想保障。

（三）优秀传统文化是树立民族自信心与民族自豪感的精神支柱

一个民族要有强大的凝聚力，就必须有强烈的民族自信心、民族自尊心、民族自豪感。优秀的民族传统文化是提高民族自信心的主要依据，自信心的根源在于对民族文化的优秀传统有正确认识。只有强大无比的民族文化、民族精神，才能具有强大的精神力量，才能使一个民族在全球舞台上、在世界民族之林的激烈竞争中挺起胸来、抬起头来。如果一个民族不具备优秀的传统文化，或者虽有优秀传统文化而本民族的人民对之无所认识，不去挖掘、传承、宣扬它，那么这个民族是不可能具有民族自信心的，也就不可能具有民族自尊心和民族自豪感，当然，这个民族的认同感、凝聚力也就无从谈起。

---

① 引自胡锦涛在中国文联第八次全国代表大会、中国作协第七次全国代表大会上的讲话。

二、挖掘传统文化中的“软实力”之源，提升国家文化软实力

中华民族历史悠久，中华文明源远流长。在漫长的发展进程中积淀形成的中华优秀传统文化，是凝聚中华民族的强大精神纽带，是提升国家文化软实力的不竭源泉。党的十七大报告指出，中华文化是中华民族生生不息、团结奋进的不竭动力。要全面认识祖国传统文化，取其精华，弃其糟粕，使之与当代社会相适应，与现代文明相协调，保持民族性，体现时代性。

（一）爱国主义是优秀传统文化的核心

中华民族文化的鲜明特征之一，就是具有爱国主义的深厚传统，甚至可以说是源远流长、根深蒂固、形式丰富。我们中华民族五千年来薪火相传，以爱国主义为核心的民族精神代代相传是其中极为重要的原因。爱国主义民族传统一直是中华文化的思想主流。爱国主义传统深深地融入中华民族的民族意识、民族性格和民族气概中，在维护祖国和平统一和民族团结中发挥了极其重要的作用，而且形成了把国家和民族利益放在至高无上地位的传统美德。正是这些光荣传统和美德的不断发扬光大，成为激励亿万人民和无数英雄豪杰为祖国和民族的生存和发展前仆后继、奋斗不息的强大的精神力量。所以，以爱国主义为核心的民族文化、民族精神，是中华民族的生存与发展之本。千百年来，这种民族精神既塑造着整个中华民族的精神品格和道德风貌，也深深地铭刻在中国人民的民族意识之中，成为一种基本的道德规范和道德精神，成为增强中华民族凝聚力的核心，为维护祖国统一和增进民族团结发挥着巨大的作用。

（二）理想道德的追求是传统文化的优秀部分

重德就是自律，其目的在于建立一种稳固的思想秩序，这就是群己之间、人我关系上的自律。传统文化从人学出发，派生引发出影响几千年的仁爱、民本、厚礼的思想。仁爱是儒家、道家的重要思想，它讲的是社会关系中为人处世的相互谅解、爱护、理解的原则。民主是孔孟仁爱思想的升华，它讲的是以治国立民为本，民为贵，得民心，致民富，则国家兴旺，天下太平。礼是各个时代不断完善的行为规范与准则，它讲的是人与人的互爱、互尊、互敬、友好、和睦，以及个人活动、社会关系、宗教行为的礼仪礼节，崇尚礼仪，为世界文明曾作出过重大贡献，在改革开放的今天，国内外各民族之间需要交流与合作，尊重人、爱护人、礼貌待人仍然是我们处理国内外关系的准则。

（三）贵和持中的思想是重要的历史传统

传统文化中，一个重要的关系原则就是注重和谐。贵和的思想提倡的是凡事讲平和、讲和解，讲团结和睦，讲和谐统一；持中的思想讲的是凡事叩其两端取其中，即无过无不及的中庸哲理。中庸的精神不是折中主义，而是理想的人格在动态过程中对程度分寸的把握与选择。它的积极意义在于：在事物的复杂的时间、空间、心态的交汇中不走极端，力求选择最好的途径去争取最佳的效果。贵和持中的思想是最具东方文化特色的意识形态。所谓“和为贵”、“和气生财”、“天时不如地利，地利不如人和”等就是其精髓所在。

中华民族的传统文化源远流长，博大精深，其中的精华，除上述几个重要方面外，还有许多宝贵的文化遗产在当代中国仍然具有现实意义。如刚健有为、自强不息、奋发向上、开拓进取的精神；整体为上的群体意识；抗击强暴、英勇不屈的民族气节；

同甘共苦、团结互助、顾全大局的伦理规范；艰苦朴素、勤劳坚忍的责己意识；言行一致、扶弱济贫、尊师重教的良知品格等。这是提升国家文化软实力的不竭源泉。

我国有悠久的历史文化传统，中华文化历经五千年而长盛不衰，积累了极为丰富的优秀传统文化，这是属于中国也属于世界的宝贵的精神财富。党的十七大报告指出："我们要弘扬中华文化，建设中华民族共同的精神家园，全面认识祖国传统文化，取其精华，弃其糟粕，使其与现代社会相适应，与现代文明相协调。"所以，继承和弘扬优秀传统文化，对于增强我们的民族凝聚力和民族自信心，对于增强我们文化的吸引力和感召力，提升国家文化软实力都具有重要的意义。

新时期高校网络道德教育

云南医学高等专科学校社会科学与自然科学教学部　刘翠英
云南省广播电视大学　任德华

当代大学生作为“网上的一代”，网络在他们的生活中占重要位置。据CNNIC统计的一个数字显示，中国网民数量达到3.2亿，居于全球第一的地位。网络是造福于人还是祸害于人，取决于人们如何利用这一工具。网络正在改变着人们的行为方式、思维方式乃至社会结构，它对于信息资源的共享和传播起了无与伦比的巨大作用，并且蕴藏着无尽的潜能。但网络的作用不是单一的，在它广泛的积极作用背后，也有使人堕落的陷阱。

对于网络建设与应用走在社会前列的高校，在充分享受网络带来的种种便利的同时，也应清醒地意识到虚拟社会化进程中所凸现的网络道德问题。高校思想政治工作必须认识到对大学生进行网络道德教育的必要性和重要性。

一、网络道德教育的含义

道德是人类理性的表现，是灌输、教育和培养的结果。大学生网络道德教育，是指各高校以教育学心理学的理论为指导，遵循教育的基本规律，向大学生传授网络道德规范，使其逐渐将规范内化为自身的网络道德需求，从而自觉地约束自己网络行为的一种教育活动。大学生网络道德教育的目的，是提高大学生的网络道德认识水平，防止网络行为失范，规范网络行为，最终促使大学生形成高尚完美的网络道德品质。

二、网络道德教育的特征

大学生网络道德教育有其自身的特点和发展规律，归纳起来主要有以下几点。

（一）网络道德教育内容的开放性、互动性和趣味性

网络道德教育是一种真正的开放式德育，无形、无界限，以计算机数据库为中心，通过信息高速公路网络连通家庭、社会各个角落。教育工作者和相关专家可以充分利用网络的开放性，加大对德育信息的开发力度，加强对德育信息的理论研究，开发具有行业特色的精品课程，建立学校、社会网上德育信息资料库，方便学生根据需要进行德育信息选择和学习。

网络道德教育具有互动性。通过现代化多媒体网络进行一对一、一对多和多对多的交流，可以通过 E-mail、电子公告板、QQ 等来相互传递信息，发表自己的思想观点，大家一起讨论。由于这种交互的不可见性，更容易使受教育者说出自己真正的思想观点。教育工作者可以就某一热点问题开辟网上聊天室或者组织大学生开展网上辩论，增强大学生的交流意识。提高大学生对非主流意识的免疫力。

网络道德教育具有较强的趣味性。它是集文字、声音、图形图像、三维动画及影视于一身的多媒体技术，给我们的网上课堂带来无穷无尽的乐趣。学生可通过德育课件来感受德育内容，甚至可以通过游戏来体验。网络德育使学生在充满趣味性的学校活动中变得轻松自如。

（二）网络道德教育途径的多面性

大学生的网络道德教育的途径是多方面的，教育工作者既可以借鉴传统教育途径，利用课堂教育的主渠道，积极引导，抢占教育先机。在课堂教育外，可利用大学生社团组织开展丰富多彩的学生自主性网络道德教育：利用校园网的优势，利用网络传播及时性、交互性特点，开设网络伦理网站，充分利用网络技术推动网络道德教育工作；教育工作者还可以通过博客、BBS、QQ等网络载体，加强与大学生网上的沟通和交流。网络道德教育的途径和传统教育相比较，具有传统教育无法比拟的优点。教育工作者可充分利用这些有效途径，加强对大学生的网络道德教育。网络道德教育途径的多面性，是当代学生网络道德教育的又一特点。

（三）网络道德教育文化的多元性

网络文化极大地改变了社会舆论的生态环境，形成了崭新的网络舆论场。同传统的传媒舆论场相比，网络舆论场实际上已具备了与之相抗衡的实力，在某个时段、某些场合甚至还有压倒性优势。拥有数十万、数百万、数千万“粉丝”的网上领袖，有能力在舆论场上兴风作浪。一个主观故意的群发性短信，也可以挑起小小的是非波澜。网络越是发展，社会结构的脆弱性就越大，社会风险的治理成本也越大。如何认识、把握、管理网络舆论场，已成为全世界各国十分关注又十分棘手的问题。思想政治工作者要参与到网络多元文化中，倡导一元性文化，包容多元性，唱响主旋律。

（四）网络道德教育对象的广泛性、自主性

从理论上讲，网络文化基本上是一种没有门槛、没有限制的

文化交流与沟通，可以而且能够实现全民参与。在网络面前，大家都是平等的互动的参与者，没有身份和地位的高低之分。在中国文化史上，还从未有过如此规模庞大的网络文化大军。这支网络文化大军的参与者每年保持10%～20%的增长速度。在此，我们可以说，网络文化第一次实现了文化的人人参与、全民参与，具有前所未有的广泛性。

由于网络道德教育对象在网络空间中身份具有隐匿性，成员的数字化而导致教育工作者无法真实有效地监控教育对象网络活动和道德表现。因此，对大学生网络道德教育的效果就难以量化，教育成功与否，取决于大学生如何将外化的教育内化为网络道德信念。大学生处于成年而未成人的特殊年龄阶段。对外界有着强烈的好奇心和新鲜感，而自控力又较弱，在面对五花八门的网络世界时，要抵制不良信息的影响，需要强烈的自控力，事实上他们难以做到。因此，网络道德教育对象自主内化的能力较弱，受环境的制约很大，这成了大学生网络道德教育的又一突出特点。

（五）网络道德教育结果的预见性

网络仿真实验可以预报结果，进行德育仿真实验是指根据某一德育内容，利用多媒体网络技术而设计的模拟现实的一种德育活动。德育管理者和教育者可针对某一主题设计虚拟社区，让受教育者进入社区活动，根据活动者不同的行为习惯和思想观念导出最终结果，这样，受教育者可以身临其境地去感受人生哲理和道德准则。

（六）网络道德教育的能动性

在网络上开展德育工作，受教育者可以根据自己的实际情况去选择自己想要感受的德育内容，而不是由教育者指定和强迫他们去受什么教育。这样更容易调动他们的接受教育的主动性，更容易发挥他们的能动作用，也更有利于受教育者的个性发展。

三、新时期高校网络道德教育的途径和方法

网络时代，教师已由过去的施教者转变为教育和学习的参与者，其作用更多地应侧重于组织和引导学生去学习、去思考、去创新、去发展。新时期的高校管理教育工作要扩大网络的积极影响，减小网络的消极作用，有的放矢地做好大学生的管理教育工作。

（一）加强大学生的思想道德教育和人文精神影响

大学生既是网络信息的接收者和使用者，也是网络信息的生产者和发布者。因此，加强大学生的思想道德教育，注重人文精神对学生的影响，打牢思想根基，提高自制力，就显得异常重要。要加强对大学生的网络法制教育和网络道德教育，帮助他们树立网络法制观念，遵守网络法规和网络道德。要注重培养大学生形成高尚鲜明的个性、健康完整的人格、自由开放的精神、开拓创新的意识，善于用人文思想去影响和引导学生的网络行为。

（二）运用校园网络加强对大学生的思想引导

大学生对一些校园和社会普遍关注的热点问题，喜欢在网上发表自己的观点、意见进行交流，这给管理教育者提供了一个与学生平等交流的平台，对学生进行引导教育的好机会。要在校园网开展丰富多彩、生动活泼的网上论坛、个人博客、学术网站等，引导学生对社会热点、文化传播、生活现象等进行交流和讨论，结合大学生的特点，加强对大学生思想和行为的引导。

（三）更新管理理念，做学生生活、学习和网络的益友

网络时代，师生互为信息传播者和接受者，互为教育者和受教育者。要主动贴近学生，积极寻求与学生感情上的共鸣、心理上的贴近和心灵上的沟通。要与学生平等、民主地共同讨论，帮助学生提高对各种网络信息的鉴别能力，引导学生形成正确的立场和观点。要把解决学生的思想问题和学习、生活中的实际问题结合起来，积极组织形式多样的集体活动，做学生的生活、学习和网络益友。

（四）健全相应机构，加强对网络的监控力度

学校要建立相应的网络信息管理机构，通过安装信息过滤软件，设置网络黑名单等手段，加强对网络信息的监管力度。在学生社团中设立网络秩序和网络道德宣传监督部门，及时清除网上垃圾，引导学生合理利用网络资源，自觉抵制网络垃圾。要完善规章，通过法律、行政、技术等手段，限制对某些网络信息的调阅，实现对特定信息的监控，规范网络行为，打击网络犯罪，实现网络管理制度化与规范化。

（五）帮助大学生提高辨别是非的能力

网络是一把“双刃剑”，对大学生来说，网络既有网上学习、网上交流、信息资料搜索等功能，也有垃圾信息、网络陷阱等影响。要针对学生渴望思想交流的特点，开设网上论坛、网络心理诊所、网上班会等，有意识地让大学生辅导员、班主任、思想政治理论课老师参与进去，做虚拟网络导师，引导学生合理地利用网络信息资源、网络交流功能、网络游戏休闲等。

总之，当代大学生作为“网络一代”，网络在他们的生活中占有重要的位置。如何利用网络造福于人类取决于他们如何使用

这一工具。在网络立法尚不完善、网络技术有待提高的今天，网络道德教育可以增强大学生对全球网络文化的识别能力、自律能力、抗诱能力，使他们自觉地履行网络规范，培养出自觉的网络意识、道德意志和道德责任，从而建立一种自我保护、自律自求的网络道德机制，也即逐步构建一种健康向上的网络道德生存体系。我们只有通过从理论到实践、从实践到理论不断摸索完善，才能做好大学生的网络道德教育工作；只有构建起完善的、具有中国特色的网络道德教育体系，才能够把大学生的网络道德教育成效提高到一个新的水平。

以科学发展观为指导 弘扬中华民族传统美德 树立社会主义荣辱观

昆明医学院人文学院 者丽艳 尹记远

胡锦涛同志在参加全国政协十届四次会议民盟、民进联组会上，就社会主义荣辱观问题发表重要讲话，强调“要引导广大干部群众特别是青少年树立社会主义荣辱观，坚持以热爱祖国为荣，以危害祖国为耻；以服务人民为荣，以背离人民为耻；以崇尚科学为荣，以愚昧无知为耻；以辛勤劳动为荣，以好逸恶劳为耻；以团结互助为荣，以损人利己为耻；以诚实守信为荣，以见利忘义为耻；以遵纪守法为荣，以违法乱纪为耻；以艰苦奋斗为荣，以骄奢淫逸为耻”的“八荣八耻”的社会主义荣辱观。胡锦涛同志的重要论述概括精辟，寓意深刻，“八荣八耻”涵盖了爱国主义、集体主义和社会主义思想的丰富内容，为公民道德建设树起了新的标杆，是以爱国主义为核心的民族精神和以改革创新为核心的时代精神的鲜明表达，是我们党关于社会主义道德建设思想的继承和发展，是进一步推进精神文明建设的重要指导方针。它代表了先进文化的前进方向，体现了社会主义基本道德规范的本质要求，体现了依法治国与以德治国相结合的治国方略。

“八荣八耻”阐明了社会主义的荣辱观的基本内容，是中国传统美德和时代精神的有机结合，是传统美德的延伸和发展。弘扬中华民族传统美德，树立社会主义荣辱观是当今的一大热点问题，传统美德根源于中国古代的儒家思想，因而了解社会主义荣辱观的历史渊源，有助于我们更深刻、全面地理解社会主义荣辱观。

“八荣八耻”为核心内容的社会主义荣辱观的提出有其深厚的民族文化底蕴，是对中国传统美德的传承与弘扬。荣辱观是对荣与辱的根本看法，是道德体系中的核心内容。“荣”即荣誉，是社会对个人行为的褒奖与赞许，体现社会对个人的肯定性评价。“辱”即耻辱，是社会对个人行为的贬抑与否定，体现了社会对个人的否定性评价。荣辱观受一定社会的风俗、习惯和传统的影响。中华民族是一个有着优良道德传统的伟大民族，在几千年文明史中积淀了丰富的传统美德和优秀的民族精神。中国传统文化中蕴含着非常丰富的道德资源，作为民族文化的精髓，传统美德一直都是维系我们民族荣辱与共、不断进取的精神力量，并且在社会主义革命和现代化建设中仍是支持我们民族和国家前进的动力，更是社会主义精神文明的重要内容。荣辱是中国传统道德文化中的重要范畴，中国传统道德的荣辱观涉及如何对待义与利、公与私、美与丑、善与恶、苦与乐、生与死等各种矛盾关系，在人生观和价值观等方面，提供了一整套基本的参照与规范，它所具有的精神感召力和凝聚力是我们民族走向世界的精神支撑。求荣免辱，追求道德完善也是中华民族的优良传统。孟子说：“无羞恶之心，非人也。”① 朱熹也说过：“耻者，吾所固有羞恶之心也。有之则进于圣贤，失之则入于禽兽，故所系甚大。”② 陆九渊也曾说过：“夫人之患莫大乎无耻，人而无耻，果何以为人哉？”③ 可见，古人把知耻看成是人之为人的标准，不知耻，没有羞耻心则枉称为人。不仅如此，古人还把知荣辱看成

① 《孟子·公孙丑上》。

② （宋）朱熹：《四书集注》。

③ （宋）陆九渊：《陆九渊集·人不可以无耻》（卷六）。

是道德进步的前提与基础，人只有知荣辱才能在自己心中“立乎其大”。因此，“八荣八耻”的提出，体现着对中国传统美德的传承与弘扬。

在中国古代思想史上，儒家从它的创始人起，就十分注重人生过程中的荣誉追求。孔子曾说：“君子疾没世而名不称焉。”①一个人怎样才能称名于世呢？孔子认为，人追求荣誉应当坚持“仁”和“义”的标准。“仁”是孔子君子人格的伦理结构和思想品德的永恒内涵，在其丰富的内容中，最基本的宗旨是“己欲立而立人，己欲达而达人”。②孔子认为人追寻荣誉还应当坚持“义以为上”。③“义”在孔子的思想体系中是指君子所应履行的道德义务，也即行为的当然之则。孔子还把荣辱观与人格修养相联系：“巧言、令色、足恭，左丘明耻之，丘亦耻之。匿怨而友其人，左丘明耻之，丘亦耻之。”④“君子耻其言而过其行。”⑤到了战国时期，孟子明确提出了荣辱概念，并最早将“荣”、“辱”对置起来。他将“仁”视为荣辱的试金石，认为“仁则荣，不仁则辱”。⑥这不仅是孟子向当时的封建君主提出的施政要求，同时也表述了儒家关于人生价值实现的评判标准。在孟子看来，对于一国之君，“仁”应该体现在施仁政、爱人、亲民等方面；而对于一个具有德性的普通人来说，“仁”就是应以天下之任为己任，乐以天下，忧以天下。做到这一点，就是最大的荣誉；违背这一点，就是莫大的耻辱。荀子则突出地强调了荣辱观“义”的标准：“荣辱之大分，安危利害之常体：先义而后

① 刘琦译评：《论语》，吉林文史出版社1999年版，第128页。
② 刘琦译评：《论语》，吉林文史出版社1999年版，第46页。
③ 刘琦译评：《论语》，吉林文史出版社1999年版，第148页。
④ 刘琦译评：《论语》，吉林文史出版社1999年版，第37页。
⑤ 刘琦译评：《论语》，吉林文史出版社1999年版，第117页。
⑥ 王立民译评：《孟子》，吉林文史出版社2001年版，第39页。

利者荣，先利而后义者辱。"[①] 荀子还进一步把荣辱区分为"义荣"、"势荣"和"义辱"、"势辱"。"义荣"是因"志意修，德行厚，知虑明"等人格的内在价值而获得的荣誉；"势荣"是因"爵列尊，贡禄厚，形势胜"[②] 等外在因素而获得的权势和物质利益。"义辱"是因"流淫污漫，犯分乱理，骄暴贪利"[③] 等恶劣行径而招致的耻辱；"势辱"是因受到诬陷、强暴和欺凌而招致的耻辱。在荀子看来，"君子可以有势辱，而不可以有义辱；小人可以有势荣，而不可以有义荣"。[④]

在中国古代的荣辱观中，先哲们更重视耻辱观的形成，认为耻辱与人的生命相连，故有"士可杀，不可辱"之说。《诗经·风·相鼠》曰："相鼠有皮，人而无仪；人而无仪，不死何为?"[⑤] 孟子不仅将羞耻作为良心的重要内容，而且把它作为判断人与非人的道德标准："人不可以无耻。无耻之耻，无耻矣。"[⑥] "无羞恶之心，非人也。"[⑦] 战国时期的思想家管仲把"耻"字提高到关系国家生死存亡的高度，认为"国有四维"，"一曰礼，二曰义，三曰廉，四曰耻"。"四维张则君令行"；"四维不张，国乃灭亡"。[⑧] 到了晚清时代，龚自珍更是把个人之耻与国家之耻联系起来："士皆知有耻，则国家永远无耻矣；士不知耻，为国之大耻。"[⑨] 古人之所以重视"耻辱"的道德意义，在于"有耻"是人内在的道德底线，是人之所以为人的标志。

---

① 中国历代文化丛书编委会译注：《荀子》，华龄出版社2002年版，第24页。
② 中国历代文化丛书编委会译注：《荀子》，华龄出版社2002年版，第180页
③ 中国历代文化丛书编委会译注：《荀子》，华龄出版社2002年版，第180页。
④ 中国历代文化丛书编委会译注：《荀子》，华龄出版社2002年版，第181页。
⑤ 袁济喜，洪祖斌注译：《诗经》，大连出版社1998年版，第51页。
⑥ 王立民译评：《孟子》，吉林文史出版社2001年版，第173页。
⑦ 王立民译评：《孟子》，吉林文史出版社2001年版，第41页。
⑧ 赵守正：《管子注译》上，广西人民出版社1982年版，第1页。
⑨ 《龚自珍全集》，上海人民出版社1975年版，第32页。

一个人可以缺乏智慧，也可以无大作为，但不能无耻，无耻就如同孟子所说是“非人也”。试想，一个人连人之为人的东西都不在乎了，那是十分危险的，就可能无所顾忌，什么坏事都能干得出来。同时“有耻”也是建立其他德性的良心基础，正如陆九渊所言：“耻存则心存，耻忘则心忘。”正因为如此，古代的道德教育十分强调一个人“知耻”良心的培养。“不知荣辱乃不能成人”、“宁可毁人，不可毁誉”、“宁可穷而有志，不可富而失节”等格言警句，都说明古代的哲人志士将耻辱放到了与人格一样重要的地位。

中华民族传统美德包含着极为丰富的内容。在我国古代传统道德史上，儒家思想曾长期居于主导地位，其思想核心是仁、德。孔子说：“仁者爱人。”强调对人要有仁爱之心。作为道德规范的“仁”，要求人们以仁爱之心对待他人，人与人之间要互相关心、互相帮助，形成相亲相爱的和谐的人际关系。孔子又说：“为政以德。”要求施行德政。施行德政，首先要求为政者自身有德，追求道德的完美。“吾日三省吾身”、“慎独”等，就是追求道德的自我完善。同时，在我国传统道德中，知耻占据很重要的位置。儒家认为“知耻近乎勇”，把知耻作为走向理想人格重要的一环。这些思想，不仅对当时社会的进步起到了重要作用，也为后人留下了宝贵的精神财富。

辨荣耻，是中华民族传之久远的传统文化的重要组成部分，这是先人留给我们的宝贵精神遗产：一是知荣耻是人与禽兽的根本区别标志之一。人在与他人的交往中需要倚重道德。“太上有立德”，人的荣耻界限分明，社会才能存在和发展。孟子说：“无羞恶之心，非人也。”① 明代袁坤仪在其教子的家训中，把孟子的“耻之于人大矣”这句名言作了进一步发挥：“以其得之则

---

①《孟子·公孙丑上》。

圣贤，失之则禽兽耳。”认为人不知羞耻，会“沦于禽兽”。

二是把荣辱观提到关系到治国理政的高度。春秋时期政治家管仲在治国实践中首重荣耻，在提出“衣食足则知荣辱”的同时，提出了“礼义廉耻，国之四维”的治国理念，《史记·管晏列传》中要把耻感提到治国的四条纲维之一，认为丧廉耻会导致国家灭亡。清初著名学者顾炎武很推崇管子的“四维”思想，并认为在“礼义廉耻”四者之中，“耻”应列为首位，他说，孔子曾说过“行己有耻”；孟子也说“人不可以无耻，无耻之耻，无耻矣”。一个人之所以做出种种缺德损行的事情，原因就在于不知羞耻；如果一个国家荣辱廉耻颠倒，无耻之风蔓延，“则天下其有不乱，国家其有不亡者乎！”《列子·说符》上也讲：“使教明于上，化行于下，民有耻心，则何盗之为？”认为如果老百姓都有羞耻心，就不会发生盗窃之类的违法缺德的事情。汉代刘向在《说苑·政理》中说：“是以圣王先德教而后刑罚，立荣耻而明防禁。”认为治国实践中应当把崇荣抑耻作为德教的重要内容。清代思想家龚自珍则说：“士皆有耻，则国家永无耻矣！”先哲上述观点归纳起来应是：荣耻言行不仅仅是个人小节问题，而是关系到国家能不能治理好、能不能稳定发展的根本问题，岂能轻视？

三是知荣知耻是比生命更加重要的做人准则。古人认为，知荣辱是每个人安身立命的行为法则。例如：《礼记·儒行》中有“士可杀不可辱”；《春秋繁露·竹林》中有“君子生以辱，不如死以荣”；《史记》中蔡泽语“生而辱不如死而荣”；《晋书·符登传》中讲到“与其含耻而生，孰若蹈道而死”；《唐书·钱塘传》中认为“猛石可裂不可卷，义士可杀不可羞”。以上所强调的都是荣辱高于一切、重于一切，宁死也不近耻。古代有正义感的志士仁人都认为，个人生死事小，而荣辱名节事大，宁可牺牲生命，也不能做出耻辱缺德的事情。辨义利、知荣辱成为中华民族最受推崇的行为准则，在中华民族的血脉中代代传承。特别是宋代民族英雄岳飞以爱国作为自己人生的最高信条，他说：“夫贪慕爵禄务荣一身，而不以国家为念，则非臣之所忍为也。”正是这种高尚的荣耻观，熔铸出一批又一批舍生忘死、视死如归的民族精英、志士仁人，使得中华万里长城永不倒，血脉续存。

四是重视耻感。中国历代都重视人的耻感，把知耻视为做人处世的准则，《诗经》“相鼠有皮”中讲到，连老鼠还有一张脸皮，人岂能没有尊严廉耻。人如果丧失廉耻，活着还有什么意思？古人把人的尊严廉耻提高到生与死的高度来看待，没脸皮，毋宁死。孟子说“人不可以无耻”；庄子说“不荣通，不丑穷”，即不以飞黄腾达为荣，不以穷愁潦倒为羞；隋朝王通讲“辱莫大于不知耻”。先哲认为，人知羞耻，才能有良心、道德心，才能立德、立言、立功。由重耻感衍生出耻疚、耻恚、耻愧、耻惧，这些概念把耻感意识推向极致。

五是从自己做起，从小事做起。先贤认为，知荣辱应从自身做起，勿以善小而不为，勿以恶小而为之，重视小节。孔子说“行己有耻”，“有耻且格”。《战国策》上讲“恶小耻者，不能立荣名”。唐代魏征说：“不为苟得以偷安，不以苟免而无耻。”意即不以违背道义去得到东西而偷安，不做失去操守而免除祸患这样的无耻之徒。

上述观点都强调要把知荣辱当做个人安身立命的根本，内化为信念人格，增进自身美德，外化为高尚行为，从自身、从小事做起，身体力行地践行之。

“八荣八耻”荣辱观继承了中华民族历久弥新的传统美德。在数千年的历史长河中，以儒家为代表的荣辱观广泛地渗透到人们的观念、行为、思维和情感之中，构成了中华民族的心理基因和性格特征，对中华民族精神的形成产生了积极而深远的影响。例如，儒家荣辱观强调荣辱的“仁”、“义”标准，使得“先天下之忧而忧，后天下之乐而乐”、“天下兴亡，匹夫有责”，以国家、民族的前途命运为重的观念，成为千百年来人们的人生价值准则，因而爱国主义和献身精神成为中华民族和中国文化的优秀传统，中华民族也因此具有强大的向心力和内在凝聚力。可以说，中华民族源远流长、博大精深的道德文化永远是我们社会道德进步和发展的基础，它所具有的精神感召力和民族凝聚力也是我们民族走向世界的精神支柱。“八荣八耻”荣辱观所包含的热爱祖国、辛勤劳动、团结互助、诚实守信、艰苦奋斗等道德理念都是我国传统美德的重要组成部分。中华民族传统美德是“八荣八耻”荣辱观的深厚根基。

“八荣八耻”荣辱观继承了中国共产党开展荣辱观教育的宝贵经验。我们党历来高度重视荣辱观的教育和引导。早在抗日战争时期，毛泽东就结合中国革命的实际，论述了无产阶级政党的荣辱标准。他说：“共产党员无论何时何地都不应以个人利益放在第一位，而应以个人利益服从于民族的和人民群众的利益。因此，自私自利，消极怠工，贪污腐化，风头主义等等，是最可鄙的；而大公无私，积极努力，克己奉公，埋头苦干的精神，才是可尊敬的。”① 新中国成立以后，邓小平根据我国改革开放的实际情况，主要阐述了以国家和人民利益为核心内容的荣辱观。他说：“中国人民有自己的民族自尊心和自豪感，以热爱祖国、贡献全部力量建设社会主义祖国为最大光荣，以损害社会主义祖国利益、尊严和荣誉为最大耻辱。”② 党的十三届四中全会以后，针对建立和完善社会主义市场经济给人们的思想观念带来的影响，江泽民特别强调了以艰苦奋斗为核心的荣辱观，指出：“要在全党和全社会大力提倡高尚的社会主义思想道德和中华民族的

---

① 《毛泽东选集》第2卷，人民出版社1991年版，第522页。

② 《邓小平文选》第3卷，人民出版社1993年版，第3页。

优良传统，以艰苦奋斗、勤俭朴素为荣，以铺张浪费、奢侈挥霍为耻。”① 2001年，党中央又颁布了《公民道德建设实施纲要》，提出了“爱国守法、明礼诚信、团结友善、勤俭自强、敬业奉献”的二十字方针，明确了社会主义的基本道德规范。这些重要思想和重大举措，有力地推进了社会主义道德建设的发展，也奠定了社会主义荣辱观的理论基础。

社会主义荣辱观继承和发展了中华民族的传统美德。中国共产党人历来重视对中华民族传统美德的继承和发展。毛泽东同志非常珍视中国传统文化，认为传统文化是中华民族的宝贵财富。他指出，中国几千年的文化，是封建时代的文化，但并不全是封建主义的东西，其中也有人民的东西、反封建的东西。今天的中国是历史的中国的一个发展，我们是马克思主义的历史主义者，我们不应当割断历史，从孔夫子到孙中山，我们应当给以总结，承继这一份遗产。邓小平同志、江泽民同志也多次指出，要继承我国各民族历史上一切优秀的思想道德和文化成果，取其精华、弃其糟粕，古为今用、推陈出新。以“八荣八耻”为主要内容的社会主义荣辱观继承了中华民族的传统美德，并结合时代特点和我国经济社会发展的现实需要加以发展，既反映了时代精神，具有时代特点，又继承了中华民族的传统美德，具有民族特点。

荣辱观不是抽象的，也不是永恒的，它必然随着社会的发展而不断变化。中国传统荣辱观文化之精华也必然摆脱不了其社会历史条件、阶级立场、文化环境等方面的限制，我们传承与弘扬中国传统美德并不是原封不动地宣传与贯彻其精神，而必须把它们放在社会主义新时代的形势下，放在社会主义文化的大框架下来审视并创造性地运用其精神价值。“八荣八耻”的提出，一方

① 中共中央宣传部：《毛泽东邓小平江泽民论为人民服务》，学习出版社1998年版，第218页。

面体现着对中国传统美德的传承与弘扬；另一方面更体现了对中国传统美德的超越与创新，体现着时代的要求，具有鲜明的时代性特点与实践性特征。从理论层面来看，何以为荣，何以为耻，判断的标准是社会主义道德文化，是社会主义价值观，而不是封建主义的道德文化，不是封建主义价值观。从实践层面来看，“八荣八耻”正是针对由于种种原因而存在的是非不明、荣辱不清、善恶不辨的社会现象而提出的。如果不能知荣辱、明是非、辨善恶，则什么恶事坏事都可以做出来。荀子曾说：“荣辱之大分，安危利害之常体；先义而后利者荣，先利而后义者辱。”①石成金也说过：“耻之一字，乃人生第一要事。如知耻，则洁己厉行，思学正人，所为皆光明正大，凡污贱淫恶，不肖下流之事决不肯为。如不知耻，则事事反是。”②现实生活中不乏愚昧无知成了“时尚”；辛勤劳动被视为“没本事”，好逸恶劳成了“潇洒”；团结互助被视为“冒傻气”，损人利己成了“能耐”；诚实守信被视为“老古板”，见利忘义成了“聪明”；遵纪守法被视为“不开窍”，违法乱纪成了“勇敢”；艰苦奋斗被视为“老保守”，骄奢淫逸成了“荣耀”。如此等等，不一而足。这些现象的抑制与根本解决有赖于人们确立正确的荣辱观，并把这一标尺真正变成自己的行为准则。

一个时代有一个时代的精神风尚及荣辱观。社会主义荣辱观既是对中华民族传统美德的继承，又有重大区别、重大发展。汲取传统的精华，才拥有牢固的根基；反映时代精神，与时俱进，才能引领时代风尚。“八荣八耻”荣辱观，是社会主义价值观的具体化，是科学发展观的重要组织部分，体现了中华民族传统美德与当今时代精神的完美结合，反映了社会主义的世界观、人生

① 《荀子·荣辱》。

② （清）石成金：《传家宝》，卷二。

观、价值观，明确了当代中国最基本的价值观和行为准则，具有鲜明的时代特征。践行社会主义荣辱观，对于进一步匡正社会风气，提高文明程度，推进和谐社会都具有重要指导意义。

当前，我国正处在实施“十一五”规划、建设社会主义新农村、构建社会主义和谐社会新的历史起点上。经过三十年的改革开放和社会主义市场经济体制的建立，社会价值判断日益呈现多元倾向。环顾身边人们忧虑的是非感日益模糊的道德现实，认真学习胡锦涛总书记提出的“八荣八耻”的论述，深深感受到其鲜明的时代特征和强烈的现实针对性。在由于多元价值观而日益模糊了人们，特别是广大青少年道德判断力和荣辱观的当下，以旗帜鲜明的社会主义荣辱观凝聚多元时代的道德共识，引导广大干部群众特别是青少年明辨是非、善恶、美丑的界限，让大家知道该坚持什么、反对什么，倡导什么、抵制什么，已经是一项紧迫而重大的现实课题。

儒家“德性”概念的历史考察

玉溪师范学院　张　刚

“德性”虽是儒学非常根基性的一个概念，但学界对其认知却一直处于存而不论、想当然的混乱状态。这不能不说是一种缺憾。因此，本文拟从儒家文化出发，基于历史发展脉络来阐释“德性”概念的内涵，以求为其“正名”。

一、“德”、“性”、“德性”

作为组成“德性”概念的两个独立词：“德”与“性”，早在《论语》中就已分别出现。“德”出现的频率相对比较频繁，与通常的道德概念内涵相同，如：“道之以德，齐之以礼，有耻且格。”（《论语·为政》）“中庸之为德也，其至矣乎！民鲜久矣！”（《论语·雍也》）。“性”出现的频率较少，只有“性相近也，习相远也”（《论语·阳货》）和“夫子之言性与天道，不可得而闻也”（《论语·公冶长》）两次。这说明在孔子思想中“德”与“性”基本没有内在联系，“德”更多的是与“道”、“天”等终极概念相结合：“志于道，据于德，依于仁，游于艺。”（《论语·述而》）“天生德于予，桓魋其如予何?”（《论语·述而》）直至后来的思孟学派，“德”与“性”才开始建立起直接联系:[①]“性生德，德生礼，礼生乐。”[②] 这就把“性”作为“德”产生的根据。进一步说，“德”原本就是“性”的重要组成内容。孟子正是基于这样的认识，提出了“性善论”。但他非常“大胆”地转换了“性”的内涵:

> 口之于味也，目之于色也，耳之于声也，鼻之于臭也，四肢之于安佚也，性也，有命焉，君子不谓性也。仁之于父子也，义之于君臣也，礼之于宾主也，知之于贤者也，圣人之于天道也，命也，有性焉，君子不谓命也。(《孟子·尽心下》)

据考证，“性”的本义即“生”，“生之所以然者谓之性”[③](《正名》)。傅斯年《性命古训辨证》对《诗》、《书》中“性”之为“生”，考辨甚详，谓:“独立之性字为先秦遗文所无，先秦遗文中皆用生字为之。至于生字之含义，在金文及《诗》、《书》中并无后人所谓‘性’之一义，而皆属生之本义。后人所谓性者，其字义自《论语》始之，然犹去生之本义为近。至《孟子》，此一新义始充分发展。”[④] 其实，这种发展就表现在对“口之于味”、“目之于色”等自然属性内涵的排斥，“有命焉，君子不谓性也”，而对“仁之于父子”、“义之于君臣”等道德属性内涵的附加，“有性焉，君子不谓命也”。这就把“性”与“德”的内涵统一了起来。如孟子说:

---

① 性生仁，仁生忠，忠生信，信。

② 李零:《郭店楚简校读记》，北京大学出版社 2002 年版。

③ 荀子:《荀子全译》，贵州人民出版社 1995 年版。

④ 傅斯年:《性命古训辨证》，载《中国现代学术经典·傅斯年卷》，河北教育出版社 1996 年版。

诗曰，“天生蒸民，有物有则。民之秉彝，好是懿德。”孔子曰：“为此诗者，其知道乎！故有物必有则；民之秉彝也，故好是懿德。”①（《孟子·告子上》）

尽其心者，知其性也。知其性，则知天矣。存其心，养其性，所以事天也。②（《孟子·尽心上》）

从第一段引文可看出，“德”即是“天”在化育万物时赋予人的“彝”与“则”；再结合第二段引文，就可以发现孟子其实就是把这些“彝”与“则”称为“性”。因此，为了与以往“性”为“生”的内涵相区别，在概念界定上就非常有必要用“德性”这个专业词语来表示儒家对“性”内涵的独特理解。但孟子没有使用“德性”这一概念，而是在《中庸》中，“德性”概念被儒家第一次使用：“君子尊德性而道问学。”③（《中庸》）它的内涵即指人先天具备的道德本性，如宋代理学家朱熹在《中庸章句注》中云：“德性者，吾所受于天之正理。”④应该说还是非常符合“德性”概念的原义的。自此，“德性”就成为儒学中非常重要的概念，甚至是与其他学派相区别的标志。

二、“德性”与“良知”

时至汉代，儒学从诸子之学转而成为国家的意识形态。为迎合当时“大一统”的政治需要，儒家士人都积极从事儒学制度化建设，大力提倡圣王教化理论。表现在人性思想上，汉儒普遍

① 刘俊田等：《四书全译》，贵州人民出版社1988年版。
② 刘俊田等：《四书全译》，贵州人民出版社1988年版。
③ 刘俊田等：《四书全译》，贵州人民出版社1988年版。
④ 朱熹：《四书集注》，凤凰出版社2005年版。

宣扬“性三品”观念，即认为人性并不是平等的，而可分为纯善无恶的“圣人之性”、善恶相混的“中人之性”及纯恶无善的“斗筲之性”。这种思想深刻地影响了汉儒对“德性”概念的理解。在《礼记·正义》中，郑玄在注解《礼记·中庸》篇时说：“德性，谓性至诚者。”① 又云：“由至诚而有明德，是圣人之性者也。”② 即把“德性”释为纯善无恶的“圣人之性”。因此，孔颖达疏曰：“‘君子尊德性’者，谓君子贤人尊敬此圣人道德之性自然至诚也。”③ 可见，汉儒把“德性”视为圣人的专利品，而这与先秦儒家展露出的普世精神相出入。宋代理学家一直以恢复儒家“道统”精神为己任，自然不会接受这种界定。如二程说：“‘德性’者，言性之可贵，与言性善，其实一也。”④ 这又重新恢复了“德性”的原始定义。值得一提的是，他们开始把“德性”与认知观念联系起来：“天大无外，故有外之心，不足以合天心。见闻之知，乃物交而知，非德性所知；德性所知，不萌于见闻。”⑤ 就是说，“德性”内涵代表着天地万物的本性，指称一种无限的存在，因此，无法通过有限的“见闻之知”的叠加来获得。朱熹原则上是同意张载的这种断定的，但又认为有限的“见闻之知”虽无法直接把握“德性之知”，但亦能启发诱导它的产生，所以还是需要“见闻之知”的：“张子此说，是说圣人尽性事。如今人理会学，须是有见闻，岂能舍此？先是于见闻上做工夫到，然后脱然贯通。”⑥（《朱子语类·卷九十八·张子之书一》）这种争论原本只是关涉“德性”认识方法的问题，与

① 李学勤主编：《礼记正义》，北京大学出版社 1999 年版。
② 李学勤主编：《礼记正义》，北京大学出版社 1999 年版。
③ 李学勤主编：《礼记正义》，北京大学出版社 1999 年版。
④ 程颢、程颐：《二程遗书》，上海古籍出版社 2000 年版。
⑤ 张载：《张子正蒙》，上海古籍出版社 2000 年版。
⑥ 黎靖德编：《朱子语类》，中华书局 1986 年版。

其内涵的转变没有关系。但到了元代理学家吴澄那里，“德性之知”与“见闻之知”却直接融入“德性”内涵之中：“知者，心之灵而智之用也。未有出于德性之外者，曰德性之知，曰闻见之知。”①（《吴文正集·卷二》）明儒王阳明也说：“夫子尝曰‘盖有不知而作之者，我无是也’，是犹孟子‘是非之心，人皆有之’之义也。此言正所以明德性之良知，非由于闻见耳。”②即认为，“德性之良知”是先天就有的，而非后天的“闻见”所致。这意味着“德性”概念既有先天道德本性，亦有道德判断能力双重内涵。更有甚者，王阳明把“德性”与“良知”等同了起来。他说：“天之与我，德性是也，是为仁义礼智之根株，是为形质血气之主宰。”③又说：“天命之性，粹然至善。其灵昭不昧者，皆其至善之发见，是皆明德之本体，而所谓良知者也。”④ 上天所赋予的“天命之性”即为“德性”，而“天命之性”亦为“良知”，因此，“德性”与“良知”原本就是同一个概念。他的学生王龙溪表达得就更清楚了：“良知即是天命之性。”⑤（《龙溪王先生全集卷六·致知议略》）这就直接统摄了“德性”与“良知”之间的内涵。

三、“德性”与“血气心知”

明清是中国文化开始步入启蒙的时期。许多重要的传统文化概念都被重新诠释，“德性”自然亦在其内。刘宗周说：“尊心

① 吴澄：《吴文正集》，文渊阁四库全书本。

② 王阳明：《传习录》，上海古籍出版社2000年版。

③ 王阳明：《传习录》，上海古籍出版社2000年版。

④ 王阳明：《王阳明全集（上）》，上海古籍出版社1995年版。

⑤ 王龙溪：《龙溪王先生全集》，清道光二年刻本。

即所谓尊德性。”[①] 这就把“心”与“德性”等同起来。而在刘宗周思想中，“心”概念的内涵比较特别：“心只有人心，而道心者，人之所以为心也。”[②]“道心”、“人心”概念原出自《古文尚书·大禹谟》：“人心惟危，道心惟微，惟精惟一，允执厥中。”[③] 北宋二程后，以天理、人欲来解释“道心”、“人心”：“‘人心惟危’，人欲也。‘道心惟微’，天理也。”[④] 但刘宗周认为，心只有一个，即“人心”，所谓“道心”其实就是蕴含在“人心”之中的普遍义理。这说明“德性”概念不仅拥有“天理”，也包含了“人欲”的内涵，或者说是人从情欲向“至善”之性超越的过程。王夫之则把历史观念引入“德性”概念中。他说：“德性者，天道也。”[⑤] 认为“德性”不是一成不变的形上观念，而是随着“天道”变化也在不断地发生变化：

> 以德之成性者言之，则凡触于事，兴于物，开通于前言往行者，皆天理流行之实，以日生其性者也。……性以为德，而德即其性，故之为德性也明矣。[⑥]

意思是，不断展开的活动会使人性处于不断的生成变化当中，这与“天道”生生不息的特点是相契合的，所谓“德性”，即指此种不断生成变化的过程。清儒戴震进一步发展了这种认识，他说：

① 《刘宗周全集》（第二册），浙江古籍出版社2007年版

② 《刘宗周全集》（第二册），浙江古籍出版社2007年版。

③ 江灏等：《今古文尚书全译》，贵州人民出版社1990年版。

④ 程颢、程颐：《二程集》（第一册），中华书局1981年版。

⑤ 王夫之：《读四书大全说》，中华书局1975年版。

⑥ 王夫之：《读四书大全说》，中华书局1975年版。

试以人之形体与人之德性比而论之。形体始乎幼小，终乎长大。德性始乎蒙昧，终乎圣智。其形体之长大也，资于饮食之养乃长，日加益非复其初。德性资于学问进而圣智，非复其初，明矣。①（《孟子字义疏证·理》）

即认为，人的“德性”必须通过学习才能从愚昧逐渐走向圣智，如同人的身体由小及大，因此，完善人的“德性”不能像理学家所言的那样，恢复到人本初的状态。并且，戴震还把知识当做“德性”的主要内涵：

所资以养者之气，与其身本受之气，原于天地非二也。故所资虽在外，能化为血气以益其内，未有内无本受之气与外相得而徒资焉者也。问学之与德性亦然。有己之德性而问学，以通乎古贤圣之德性，是资于古贤圣所言德性裨益己之德性也。②（《孟子字义疏证·性》）

人之所以能通过饮食滋养自身，在于饮食与人身同构于气；相应的，人能通过学习涵养“德性”，在于知识与“德性”也是同构的。颜习斋则把“德性”理解成人形体功能的综合。他说：

惟如孔门求仁，孟子存心养性，则明吾性之善，而耳目口鼻皆奉令而尽职。故《大学》之道曰“明明

① 戴震：《孟子字义疏证》，载《儒学精华》（下），北京大学出版社 1996 年版。

② 戴震：《孟子字义疏证》，载《儒学精华》（下），北京大学出版社 1996 年版。

> 德”，《尚书》赞尧，首曰“钦明”，舜曰“濬哲”，文曰“克明”，《中庸》曰“尊德性”，既尊且明，则无所不照。①

从引文看，所谓“德性”即指人的本善之性。但颜习斋理解的本善之性与前人差异很大。他说：“性即是气质之性，尧、舜气质即有尧、舜之性，呆呆气质即有呆呆之性，而究不可谓性有恶。”② 这就把“气质之性”理解成本善之性，人之为人的根本。而所谓“气质”又指人的形体，“气质之性”就是人因形体所拥有的本性：

> 形，性之形也，性，形之性也；舍形则无性矣，舍性亦无形矣。失性者据形求之，尽性者于形尽之，贼其形则贼其性矣。即以耳目论，吾尧、舜明四目，达聪明，使吾目明彻四方，天下之形无蔽焉，使吾耳聪达四境，天下之声无壅焉，此其所以光被四表也。③

人性就是人的形体之性，如耳能听、鼻能闻、眼能视、心能思、体能欲等。因此，“尽性”就是把属于人形体的能力充分展现出来，使其明澈完善而不被外物遮蔽。从这看，颜习斋对“德性”概念的界定与西方亚里士多德的认识有一定的相似性。如亚里士多德说：

> 一切德性，只要某物以它为德性，它就不但要使该

① 颜习斋：《习斋四存编》，上海古籍出版社 2000 年版。
② 颜习斋：《习斋四存编》，上海古籍出版社 2000 年版。
③ 颜习斋：《习斋四存编》，上海古籍出版社 2000 年版。

> 物状况良好，并且要给予该物以优秀功能。例如眼睛的德性，就不但要使双目明亮，还要让它功能良好（眼睛的德性，就意味着视力敏锐）。马的德性也是这样，它要使马成为一匹良马。①

意即是："德性"是事物得以优秀的功能，如马的"德性"就是使马跑得快，眼睛的"德性"就是使眼睛敏锐起来。那么，依此类推，人的"德性"无非就是让人有完善的功能，包括感性、理性。这与颜习斋所理解的"德性"本质上是统一的。

四、结束语

综合上述，我们可以发现，儒家"德性"概念在不同历史时期所具有的内涵也不同。但概括起来主要包括这几方面内容：（1）蕴藏在人性之中的"至善"之性；（2）人先验具有的对宇宙万物真实本性的认知；（3）人从情欲向"至善"之性超越的过程；（4）人的形体认知能力。其中，（3）的内涵最具有代表性，因为，儒家诠释"德性"概念的目的就是要挖掘蕴藏在人心当中的善，而由于对人性之善的理解不同，才形成"德性"概念其他内涵。

① 亚里士多德：《尼各马科伦理学》，中国社会科学出版社1990年版。

提升大学生爱国主义认识的几点思考

玉溪师范学院　张连英　周培刚

爱国主义，是一种对祖国和民族的深厚感情，是对祖国、对民族和对社会的一种强烈的历史责任感。正如列宁所说："爱国主义就是千百年来巩固起来的对自己的祖国的一种最深厚的感情。"① 爱国主义作为中华民族的一面旗帜，是国家和民族赖以生存和发展的精神支柱，是中华民族传统美德的核心。爱国主义作为民族精神的核心，在建设社会主义核心价值体系、推进中国特色社会主义事业长远发展中也具有十分重要的地位和作用。本文结合自己工作的实际，就当前大学生爱国主义认识的提升谈几点思考，以此求教于大家。

一、爱国主义的时代性，使得爱国主义的表达方式和特点也有所不同，爱国主义是一个历史范畴

在五千多年的发展中，中华民族形成了以爱国主义为核心的团结统一、爱好和平、勤劳勇敢、自强不息的伟大的民族精神。古代的中国各族人民，在爱国精神的鼓舞下，顽强地同黑暗的专制统治、同国家分裂和民族压迫进行了不屈不挠的斗争，并通过辛勤的劳动，创造了灿烂的古代文明。

---

① 《列宁选集》第3卷，人民出版社1995年版，第579页。

从鸦片战争开始到辛亥革命前夕，中国人民的爱国主义主要表现为反对外国资本主义、帝国主义侵略的斗争。从鸦片战争一开始，在侵略者足迹所到之处，人民群众自发地进行反侵略的武装斗争，如三元里人民的抗英斗争；太平天国抗击英、法联军的斗争；义和团抗击八国联军的斗争。清朝的爱国官兵英勇抗敌，与敌人血战到底。需要指出的是，清朝的爱国官兵是在为腐败的清王朝效忠的狭隘基础上来实现爱国的。正是由于中国人民前赴后继、英勇顽强的斗争，才使得我们的国家和民族历尽劫难、屡遭侵略而不亡。中国人民不畏强暴、赴汤蹈火、血战疆场、宁死不屈，完成了惊天动地的爱国事业。

辛亥革命时期，由于清王朝已经完全沦为帝国主义统治中国的工具，中国人民的爱国主义主要表现为推翻清王朝的革命斗争。许多仁人志士为了挽救国家危亡，殚精竭虑，在黑暗中探索，终于走上了民主主义革命的道路。辛亥革命时期先后组织起来的各种革命团体，尽管在政治主张和纲领等方面存在着一定的甚至是原则上的区别，但爱国主义可以说是他们共同的思想基础。在这一时期，爱国主义和民主主义紧密结合，为最终推翻两千多年的封建专制制度准备了思想基础。

旧民主主义时期爱国主义的特点是坚持民族独立与向外国学习相结合。从鸦片战争时期林则徐和魏源提出“师夷长技以制夷”，到洋务运动主张学习西方先进的技艺以“自强”、“求富”；从康有为、梁启超等提出“要救国，只有维新；要维新，只有学外国”，到孙中山等“须知要拒外人，须要先学外人的长处”（陈天华《警世钟》），他们在争取国家独立和民族解放的过程中，把抵抗外国侵略同向外国学习结合起来，在历史条件许可的范围内认真吸取世界各国的优秀文明成果。

从五四运动起，爱国主义的内容有了质的变化。以李大钊为代表的一批具有初步共产主义思想的知识分子，开始把无产阶级的国际共产主义和爱国主义结合起来，使中国人民的爱国主义发展到了一个崭新的历史阶段。尤为突出的是，运动初期，成千上万的青年学生纷纷走上街头，反对帝国主义的侵略和北洋政府的卖国行为，提出了比较明确的反帝爱国的纲领性口号："外争国权，内惩国贼。"这种纲领性口号的提出，是爱国主义运动认识史上的飞跃。在这之后的任何一个历史时期，青年学生始终走在爱国主义运动的最前列。正如毛泽东所说，知识分子和青年学生"他们在现阶段的中国革命中常常起着先锋的和桥梁的作用"。①

从五四运动开始，特别是中国共产党成立以后，中国人民的爱国主义的特点就是彻底地不妥协地反帝反封建的革命斗争与无产阶级的国际主义相结合。抗日战争集中地体现了这一特点。在中国共产党倡导的抗日民族统一战线旗帜下，中华民族中，除了少数的汉奸卖国贼外，不分民族、不分男女、不分阶级、不分党派、不分老幼，几乎都在这场伟大的反对日本帝国主义的战争中，尽情地充分地展示了整个民族的爱国情怀。爱国主义汇集了海内外的中华民族的群体力量，国际主义把世界上爱好和平的国家的力量输往中国，二者的有机结合，使中国的抗日战争取得了辉煌胜利。

进入社会主义时代后，由于客观条件和环境的不同，爱国主义的具体内涵同以前相比有了很大变化。它表现为：具有强烈的民族自尊心和自信心，维护祖国尊严和人民利益的高度责任感，对祖国前途怀有坚定的信念；对祖国的河山、人民、历史和文化，对祖国的一切物质财富和精神财富的无限热爱；把个人的前途和祖国的命运紧密地联系在一起，反对其他国家的入侵和本国的腐朽反动势力，为祖国和民族的繁荣富强而发挥自己的聪明才智。

① 《毛泽东选集》第2卷，人民出版社1991年版，第641页。

可见，爱国主义具有鲜明的时代特点，它总是随着时代的前进和历史的进步而不断丰富自己的内容，在不同的历史时期具有不同的主题、不同的内涵、不同的特点和表现，并向这个时期的人们提出新的要求。作为新时代的大学生，应该对爱国主义有新的认识。

纵观整个中国近现代史，可以毫不夸张地说，没有一个对社会发展产生过积极影响的历史活动、没有一个对祖国命运起过进步作用的历史人物不是在爱国主义的旗帜下活跃于历史舞台的。正因为如此，我们提升大学生的爱国主义认识也就有了无数的历史教育和现实教育资源，并且能够就当代爱国主义的表现形式和特点以理性的分析让大学生认同和接受，进而转化为大学生积极学习的扎实行动。

二、保护和修正大学生的爱国情感，倡导理性爱国

从五四运动以来，大学生继承了爱国主义的光荣传统，始终保持着高度的爱国情感和炽热的爱国情怀。

对于大多数中国人来说，2008 年将会是刻骨铭心的一年。雪灾，达赖集团策划暴力犯罪事件、破坏奥运圣火传递，卡弗蒂发表辱华言论，西方反华势力恶毒攻击中国等，接踵而来的恶性事件，激发了亿万中国人民的爱国情感。他们用自己的言行表达了自己的愤慨和不满，让我们再次感受到中华民族的团结与力量，感受到每个中华儿女对国家和民族那浓烈而纯净的热爱。尤其是中国的大学生，用各种形式表达了当代大学生的爱国热情，走在校园里随处都能感受到这种气氛。

毫无疑问，这种爱国热情是弥足珍贵的，是一种值得赞赏的伟大情感，没有什么比爱国情感更为珍贵。大学生爱国情感的激发和爱国热情的高涨，让我们每一个教育者都深感欣慰，看到了

我们民族的未来是大有希望的，我们应当保护大学生的爱国热情。

在大学生爱国行为的表达中，我们也看到了部分大学生其他的方面。部分大学生对于爱国很漠然。他们过着颓废的生活，生活上追求档次，崇尚名牌；玩物（游戏）丧志，荒废学业；寄生依赖，既糟蹋了父母的辛苦钱，又辜负了党和政府对他们的关怀和期望。对政治既冷漠又投机：一方面，不了解国史、国情，不了解中国共产党的历史和社会主义的历史，不相信共产主义；另一方面，为了各种实际利益，他们又踊跃参加党课学习，主动申请入党。他们睡懒觉、逃课、谈恋爱……但就是不肯认真读书。拜金主义、享乐主义、个人主义等对他们产生极大的影响。如此种种，不得不引起我们痛心深思。

在大学生爱国行为的表达中，我们也看到了部分大学生“民族主义”式的爱国主义。在“爱国”的名义下，他们表现出了极大的狂热：拒绝日本人入内是爱国；不吃麦当劳是爱国；不入“家乐福”是爱国。同时也让我们联想到了曾经发生过的一幕幕：姜文去了靖国神社是不爱国；赵薇不认识日本军旗图案是不爱国；伏明霞不知道卢沟桥为何物是不爱国。当爱国以如此敏感和狭隘的方式进入我们的视野时，我们感到悲哀！我们在慨叹名人明星们对常识的无知的同时，对那些因为打着“爱国”的旗号而分外冠冕堂皇的过激的言论和行为也深感忧虑。爱国本来无错，但是当人们把爱国当做一场时髦的运动，随便找个靶子吐口水的时候，严肃的热情就异化为滑稽的狂热，爱国就在无聊的炒作中产生病变了。

所以，面对21世纪的大学生，我们应该让他们知道，在全球化过程中，中国已深度融入世界，世界也已融进中国，双方相互依存，谁也离不开谁。盲目抵制，以暴制暴，是没有意义的。要使爱国热情发挥积极作用，使之成为一种推动社会进步的巨大力量，我们就必须将爱国热情纳入理性的通道，使这种爱国热情更加理性、宽容和开放，更加符合国家和民族的利益。

为此，我们还必须积极引导大学生：在错综复杂的历史关头，最重要的是要表现出智慧和远见，表现出真正的大局观念；爱国，要的不是冲动，而是把爱国激情化为踏踏实实的学习，为将来报效国家做准备；要让世界看到中国人的团结、理性和智慧；要在法律的框架下，合法、理智、文明、有序地表达我们的爱国情感；要自觉地把爱国情感同祖国的前途命运紧密联系在一起。

回顾刚刚过去的日子，我们深感责任重大。大学生是国家和民族的未来和希望，教育得好，他们是国家的栋梁，是中国特色社会主义的建设者和接班人；教育不好，国家和民族会走向何方？我们不寒而栗！正因为如此，我们今天谈提升大学生爱国主义认识的话题也就显得至关重要和十分紧迫了。

三、传承中华传统美德，提升大学生爱国主义认识

中华民族历经五千多年的沧桑巨变，仍以巨人之姿昂然屹立于世界东方，充满生机与活力，尤其是经过三十年改革开放的发展，中国综合国力的提高和社会的繁荣稳定，使中国正以一个强国的姿态出现在世界面前。在惊叹其延续力旺盛的同时，我们发现其中一个重要的原因就是，中国有着优秀的传统美德，有着在千百年来的历史发展中形成的以爱国主义为核心的伟大民族精神，这一丰富的营养随着社会的发展而世代相传，不仅培育、造就了世世代代的炎黄子孙，而且维系了社会的和谐运行，成为中华民族的“根”与“魂”。

众所周知，中华民族传统美德，是中国传统道德规范中的精华，是中华民族优秀的道德品质、优良的民族精神、崇高的民族

气节、高尚的民族情感以及良好的民族习惯的总和。作为人类社会的进步道德，中华民族传统美德不仅哺育了无数中华民族的杰出人物，而且在促进社会的进步发展方面产生了巨大作用。

然而，美德是不会遗传的，只有经过培育和传承，聚沙成塔，集腋成裘，整个社会的道德水平才能得到飞跃和升华。大学生爱国主义认识的提升，也是需要中华传统美德的不断熏陶和植入，继而转化生成，成为大学生做人立世的根本，成为他们高扬爱国主义旗帜，投身中国特色社会主义建设伟大事业的内在动力。而大学生爱国主义认识的提升，反过来又能把中华传统美德发扬光大。可见，它们相辅相成，相得益彰。

传承中华传统美德，传承的是活力。因此，我们需要传承给大学生的美德是："以家为家，以乡为乡，以国为国，以天下为天下"（《管子·牧民》）、"先天下之忧而忧，后天下之乐而乐"（范仲淹《岳阳楼记》）、"位卑未敢忘忧国"（陆游《病起书怀》）、"国家兴亡，匹夫有责"（顾炎武《日知录》）的爱国情操和崇高志向；是"士不可以不弘毅，任重而道远"（《论语·秦伯》）、"志不强者智不达"（《墨子·修身》）、"不降其志，不辱其身"（《论语·微子》）、"富贵不能淫，贫贱不能移，威武不能屈"（《孟子·滕文公下》）的自强不息、刚正不阿的浩然正气；是"人不可以无耻，无耻之耻，无耻矣"（《孟子·尽心上》）、"人必其自爱也，而后人爱诸；人必其自敬也，而后人敬诸"（杨雄《法言·君子》）、"人有耻，则能有所不为"（朱熹《朱子语类》卷十三）、"士皆知有耻，则国家永无耻矣"（龚自珍《明良论二》）的立志持志、自我磨炼的砥砺意志；是"己所不欲，勿施于人"（《论语·颜渊》）、"爱人者，人恒爱之；敬人者，人恒敬之"（《孟子·离娄下》）、"礼之用，和为贵"（《论语·学而》）、"天时不如地利，地利不如人和"（《孟子·公孙丑下》）的超然豁达、宽容仁爱的道德境界等等。

传承这些传统美德，并非是一种实用的工具或可操作的武器，而是塑造大学生具有中华民族优秀的道德人格，倡导大学生弘扬重德精神和入世忘我精神、自德精神和自我磨炼精神、群德精神和自然陶冶精神，[①]从而通过启迪内心觉悟而达到行为自觉，实现“社会→自我”的成人模式。[②]

通过传承这些传统美德，进一步提高大学生对爱国主义的认识，让他们在知祖国、爱祖国的基础上，立报国之志、学报国之才、践报国之行。让他们知道，爱国，就要爱得理性、爱得深沉、爱得真挚、爱得长久、爱得有效，就是要把朴素的爱国情感升华为理性的爱国主义情操。让他们知道，爱国的本质是利国爱民，爱国既要有热情，又要有本领，还要讲方法，所以在爱国的行动中要顾大局、识大体、明大理。

四、提升大学生爱国主义认识，建设社会主义核心价值体系

中国共产党十六届六中全会通过的《中共中央关于构建社会主义和谐社会若干重大问题的决定》深刻地揭示了社会主义核心价值体系的内涵，明确地提出了社会主义核心价值体系的基本内容，主要包括以下几个方面：坚持马克思主义为指导思想；坚持中国特色社会主义的共同理想；坚持以爱国主义为核心的民族精神和以改革创新为核心的时代精神；坚持社会主义荣辱观。

建设社会主义核心价值体系，是我们党在思想文化建设上的重大理论创新，也是党的十七大提出的一项重要战略任务。大学生作为充满理想、最具活力和激情的优秀群体，对党的理论创新

① 转引自 www. lunwenda. com 。

② 杨启亮：《评古典儒学的人本主义教育观》，载《中国社会科学》1990 年第 4 期。

成果反应快速，对党中央所提出的必须共同遵守的价值目标和行为规范也容易接受。然而，大学生正处于世界观、人生观、价值观形成的关键时期，他们的思想观念趋于成型，但仍具有较大的可塑性；他们接受新鲜事物的能力很强，但鉴别能力明显欠缺。在大学生价值观的反思、裂变、更新和塑造时期，更容易产生诸多迷茫、困惑和疑问。在这样的一个重要阶段，我们给他们提供正确的引导是责无旁贷的，而社会主义核心价值体系正是这样一面精神旗帜。

社会主义的核心价值观，是与中华传统美德和中国的历史文化一脉相承，并在继承的基础上结合新的社会发展和时代要求予以创造性地发展起来的重要理论。以爱国主义为核心的民族精神和以改革创新为核心的时代精神，是中华民族生生不息薪火相传的精神支撑，培育和弘扬民族精神和时代精神，就把握了社会主义核心价值体系的精髓。提升大学生爱国主义的认识，有助于他们更好地理解和把握社会主义核心价值体系的灵魂。

正如文章的前面所述，爱国主义的时代性、爱国主义内涵的发展、中华传统美德的传承、当代大学生爱国主义行动的表达，都要求当代爱国主义应该突出强调理性爱国、行动兴国。我们提升大学生爱国主义的认识也正是集中于这一点。

“赢得青年就赢得未来”，这是众所周知的道理。在大学生有了理性爱国、行动兴国的认识基础上，让他们知道：爱国主义的时代主题，是实现推进现代化建设、完成祖国统一、维护世界和平与促进共同发展，在中国特色社会主义道路上实现中华民族的伟大复兴。这一主题集中地体现了社会主义核心价值体系的时代要求和现实目标，能够最广泛、最有效地团结动员全党全国各族人民为建设富强、民主、文明、和谐的社会主义现代化国家而奋斗。

在大学生有了理性爱国、行动兴国的认识基础上，让他们知道：作为社会主义核心价值体系灵魂的马克思主义，既坚持了马克思主义基本原理，又紧密结合了中国的具体国情，致力于解决中国的实际问题，致力于促进中国的经济、政治、文化发展和社会全面进步，致力于促进民族的振兴和人民的幸福。可见，作为指导思想的马克思主义，与当代爱国主义的内在要求是根本一致的。

在大学生有了理性爱国、行动兴国的认识基础上，让他们知道：作为社会主义核心价值体系主题的中国特色社会主义，反映了全体中国人民的根本利益和共同愿望，揭示了民族振兴、国家富强、人民幸福、社会和谐的必由之路，它是全体中国人民团结奋进的共同理想和崇高追求。很显然，作为共同理想的中国特色社会主义，与当代爱国主义的奋斗目标是根本一致的。

在大学生有了理性爱国、行动兴国的认识基础上，让他们知道：作为社会主义核心价值体系基础的社会主义荣辱观，为全体社会成员判断行为得失、作出道德选择提供了价值标准。社会主义荣辱观第一条就是“以热爱祖国为荣、以危害祖国为耻”，其他内容与以爱国主义为核心的团结统一、爱好和平、勤劳勇敢、自强不息的伟大民族精神在精神实质上是根本一致的。

在大学生有了理性爱国、行动兴国的认识基础上，让他们知道：如果说战争年代那些为了中华民族的命运而抛头颅、洒热血的革命先烈是真正的爱国主义者；那么，在新的历史条件下，为了中华民族的崛起和腾飞，投身到波澜壮阔的中国特色社会主义伟大事业中去的人们，堪称当今真正的爱国主义者。

建设一个富强、民主、文明、和谐的社会主义现代化国家是近代以来无数志士仁人前赴后继、不懈追求的共同主题，反映了时代的要求、国家的意志、民族的愿望和人民的心声，体现了社会主义核心价值体系的根本要求，是我们整个国家、民族的奋斗目标，也为当代爱国主义指明了奋斗目标、现实任务和努力方向。作为高校的马克思主义理论工作者，当致力于使大学生成为社会主义核心价值体系的深入学习者、坚定信仰者、积极传播者和模范践行者；致力于大学生把个人的成长、进步融入推动国家发展、民族振兴的时代洪流中去，时刻心系民族命运、心系国家发展、心系人民福祉，矢志为实现远大理想而不懈奋斗，使爱国主义精神在新的时代条件下发扬光大。

整体主义和文化内倾

——传统农民主体性的二维分析

玉溪师范学院政法学院　黄　琳
河南工业大学法学院　李本松

主体性顾名思义就是主体的本质性能的体现。农民主体性是主体性在农民这一特殊阶层身上的体现，是主体的一般性质与农民的阶级特点的结合。现代性是一项远未完成的事业，主体性是现代性必不可少的环节，社会从传统向现代的转型特征必然对农民主体性提出时代要求。正如病人看病，医生首先望闻问切，搞清病征，究其原因，最后才开药方。我们认为，研究社会问题也应该走类似的道路。“不知过去，焉知未来。”要真正弄懂现状，则要了解农民主体性的过去。农民主体性的发展是一个历史的过程，文化精神是塑造国民性格的重要因素，也是分析农民主体性不可或缺的维度。整体主义和文化内倾是传统文化精神中的重要因素，分析传统农民主体性就应从此开始。

一、整体主义与独立人格

（一）中国特色的整体主义

整体主义并非中国传统哲学所专有。在西方，整体主义绵延不绝，古希腊以柏拉图有机体式的整体主义为代表，柏拉图将城邦看成一个有机的整体，将之比喻为人的身体：农民、工匠的能力相当于食欲或营养的能力，存在于腹部；护卫长的能力长于行政、富于勇气，存在于胸腔；统治者优于理解和思考，存在于大脑。可见柏氏的整体主义是与国家的职能联系在一起的。身体的有机性比附国家的整体性，这一思想后来为斯宾塞发展为生物有机体论。现代以黑格尔绝对理念国家整体主义为代表。用他的话来说："在我们现在生活着的这一个时代里，精神的普遍性[①]已大大地加强，个别性已理所当然地变得无关重要，而且普遍性还在坚持着要求占有它的整个范围和既有财富，因而精神的全部事业中属于个人活动范围的那一部分，只能是微不足道的。"[②] 认为作为出发点和归属的绝对精神，是绝对的目的，个人主义思想在其笼罩下，大打折扣。[③]

不管是柏拉图还是黑格尔，他们的整体主义都是以国家为本位的。中国传统的整体主义则是以专制皇权为本位的。法家和儒家对于整体主义的论证角度是不同的，即一霸道一王道。前者在《商君书》中表现得很清楚，《商君书》中，"壹"，是被反复讨论的命题。《垦令篇》曰："声服无通于百县，则民行作不顾，休居不听。休居不听，则气不淫；行作不顾，则意必壹。"《壹言篇》云："圣王之治也，慎为察务，归心于壹而已矣。"《战法篇》曰："凡战法必本于政胜，则其民不争；不争则无以私意，以上为意。"可见"壹"是通过愚民等手段达到思想统一的，"心"、"意"统一于"上"，最后政令统一于"上"，达到国富而"久王"之目的，《壹言篇》云："若民服而听上，则国富而

① 在这里普遍精神是"国家整体主义"的代名词。

② 黑格尔：《精神现象学》上卷，商务印书馆1997年3月版，第50页。

③ 胡建：《从"个人主义"到"国家整体主义"——黑格尔的社会文化价值目标述评》，《浙江学刊》2000年第1期。

兵胜，行是，必久王。”《弱民篇》曰：“利出一孔则国多物……守一则治。”《赏刑篇》曰：“圣人治国也，审壹而已矣。”通过“意必一”、“归心于一”、“以上为意”和“守一而治”等，达到经济、政治、思想、行为规范等的高度统一。总而言之，早在商鞅时就提出了社会方方面面一整套“壹”的方法。[①]不过以商鞅为领头羊的法家是将整体主义与以国富民强为目的以及赏罚等手段联系在一起的，可见其主义无疑具有法家特色。

而儒家的整体主义则颇具“儒雅”特色。其整体主义表述中充满大量的仁、义、礼的内容。孔子将具有特定意义的周礼从它的时代背景中抽出来并加以抽象化和绝对化，而赋予其超时空的价值，《论语》中记载：“颜渊问仁。子曰：‘克己复礼为仁，一日克己复礼，天下归仁焉。’……请问其目。孔子曰‘非礼勿视、非礼勿听、非礼勿言、非礼勿动。’”（《论语·颜渊》）儒家强调礼的作用，认为礼可治天下，《左传》引君子的话说：“礼，经国家、定社稷、序民人、利后嗣者也。”（隐公十一年）“夫礼，天之经也，地之义也，民之行也。”（昭公二十五年）强调“礼不行，则上下昏，何以长世?”（僖公十一年），儒家在礼之外，主张义利两分的对立模式，重义轻利，而义是与私利相对立的公共利益，所以义利之辩就是要求以他人、社会为主。——总之，是强调集体的利益或国家（专制下只能是皇帝）至上。

（二）整体主义的效果

儒家是想通过道德教化将礼、义、仁等内化为人们自觉行动的指南。法家的整体主义并没有因为西汉时期的独尊儒术而消失，反而因历代统治者一定程度的儒表法里的政策而与儒术互为

---

① 参考网文夏增民《商君书的“自治”观》，http://www.confucius2000.com.

利用、交融，并依托于各种宗法共同体而影响深远。尽管整体主义有助于形成爱国主义和民族主义，但不可否认的是，强大的整体和整体意识，尤其是配以自上而下的强大权威时，会压抑个人的欲望和需要，使独立人格无法挺拔，自我无法生长，人民丧失自主性而不自知。在这种状态下，人们长期走不出以自然脐带为特点的原始组织，只能融合于整体中寻求支持和帮助。目前，整体主义会一方面依附于集体主义的意识形态形式中；另一方面，托付于大家庭、村落共同体、家族共同体等实体形式中。在现阶段，一定的合理性给予了整体主义一定的合法性。在这种情况下，其影响将是名正言顺的，因而后果也将是巨大的。当然，这里并不是盲目地否定整体主义，只是认为它应不损害个人正当的欲望和需要，以尊重个人的自由和选择为前提。在人们从生物性的原始的集体走向虚假的集体并最终形成自由人的联合体时是尤其需要强调这一点的。

二、传统文化的内倾及其影响与消极性

（一）文化的内倾及其广泛影响

中国文化是自满自足的，对于它的内倾性认识是随着东西方文明碰撞，最后在寻找物质文明的深层的思想根源时以西方文明为参照，将中西方文明作为两种典型的模式来分析而产生的。对于什么是文化的内倾性，学者给出了不同的回答。笔者考察关于内倾性的观点主要有如下几种：一种观点认为，内倾性即主张内在超越，将人视为理智、情感、意志、欲望的生命整体，强调通过自省、修身以塑造自我。一种观点认为内倾是与对“生命”的把握和了解分不开的，因关注生命而有内倾性。著名学者费师逊则认为，“内倾”文化，是指从静观自身、从自身的内向实践

开始，发展、形成起来的世界观、宇宙观与方法论，以及生活、生产方式和各种文化形态。毫无疑问，这三种观点都是参照他们认为的西方文化的特点而提出来的。譬如，第一种观点是对应于西方将人客观化的一种认知对象来讲的，第二种观点是对于西方文化中对事物尤其是外在自然采取一种逻辑分析的态度而言的。至于学者费师逊则是针对西方文化的外证和技术而言的。总而言之，上述几种有代表性的观点多少是因为对西方文化的了解不同，即通过他们各自视阈中的西方文明，来定义中国传统文化的内倾性的。这里笔者不想给出一个准确的定义，而且这也不是笔者的能力所允许的。笔者认为上述约束自我、注重精神的作用是共同的。孔子说："为仁由己"；"吾日三省吾身。"强调通过加强责任意识和不停地反省和反思而不断地提升自己。孟子云："爱人不亲，反其仁；治人不治，反其智；礼人不答，反其教——行有不得者，皆反求诸己。"（《孟子·离娄上》）对于别人的不亲、不答、不治要通过反思从自己身上找原因。这是从反面将孔子的观点具体化。可见中国的内倾性文化是企图通过内心的体验，以直觉的、感悟的"精神健美操"来达到"肉体"的强壮。这种精神修炼法始于孔孟，其后绵延不绝大成于陆王心学。

对于东方文化的内倾性的生成原因，学者们也有涉及。一者认为文明使然。认为文明不同，其性格也不同。该观点以钱穆为代表。他认为，游牧文化与商业文化崇尚人身之外的物质生活，向外作无限地追求，尚物不尚人；唯求富强，崇尚力量，人与自然、人与人对立。结果是富而不足，强而不安，常要变动，常望进步，导致社会和文化常处于一种征服与被征服的境地。农业文化则崇尚人的内心生活，尚人不尚物；追求精神的完善与崇高，崇尚融和中庸，以达到人与自然、人与人的合一。不求富强但求安足，能自本自根一线绵延，使社会和文化处于一种包容与和平的境地。另一种观点为环境决定论，[①] 认为大陆文明产生内倾文化，海洋文明则产生外倾文化，中华民族三面连陆一面靠海的地理环境使中国几乎处于与世隔绝的状态，从而使自身文化保持很强的稳定性和历史延续性。中国的这种自然环境以及在这种环境影响下的文化传统养成中华民族内倾型人格。而作为西方文化源头的古希腊与古罗马均处在半岛之上，海上交通发达，航海贸易繁荣，激烈的社会动荡、频繁的人员往来和波涛汹涌、变幻莫测的海洋形成其开放变易的文化品格及外倾型人格。

内倾性的影响是广泛的，在我国古代建筑、医学、思维方式以及在物我关系上均有体现，使建筑文化和医学文化中的内在精神、思维方式、物我关系模式遥相呼应。在建筑方面，古希腊罗马建筑的门楣上多用三角形或圆拱形，给人一种稳固感；建筑列柱的粗壮、高大、均衡排列，表现希腊人的刚毅品质与雄健之美。中国建筑则讲究“钩心斗角”，[②] 房屋建筑的每一部分四个方位都是朝向一个中心，房屋的坐向、地脉走势都是从房屋建筑中心出发，又归于中心。反映在中医上，就有重整体、直觉、辩证的传统，而西医则重分析、实证、针对的方法。这种倾向化为方法论就表现为，它与西方的所谓理性分析思维不同，而倾向于对感性经验作抽象的整体把握，而不是对经验事实作具体的概念分析；重视对感性经验的直接超越，却又同经验保持着直接联系，缺乏必要的中间环节和中介；主张在主客体的统一中把握整体系统及其动态平衡，却忽视了主客体的对立以及概念系统的逻辑化和形式化，因而缺乏概念的确定性和明晰性。就意向性特征

① 参考网文《中西科学精神发育状况差异的文化成因分析》，作者不详，yeyede. blogchina. com.

② 邹丹：《略论中西文化审美取向的差异及其哲学背景》，载《曲靖师专学报》2000 年第 4 期。

而言，它和对象认知性思维对立，突出了思维的主体因素，而不是它的对象因素，但这种主体因素主要是指主体的意向活动及其价值判断，而不是认识主体对客观实体的定向把握。即重整体、系统、经验和认知主体；轻细节、环节、逻辑和认知对象。表现在人与自然关系上，自然被认定为内在于人的存在，人也被认定为内在于自然的存在，从而达到主客、物我不分，通过向生命处用心以消除矛盾。

（二）内倾的消极性

文化没有纯粹的内倾或外倾性，人既不能仅仅靠精神生活，也不能想象只靠没有价值和意义的物质生活。两者的区别主要是谁主导。内倾性无疑会促使人独立体悟和思考，但体悟和思考是以先验和普遍性的道和礼为前提的。这使“独立思考”并不独立。以内倾性为主导的文化，走超越自我之路，也就是精神上的自我批判，局限了批判的范围而对社会、对他人缺乏批判意识。另外，个人的发展是指德智体等全面发展，强调“德”的发展与其他方面齐头并进。同时，个人的发展也离不开社会的发展，没有社会提供必要的物质保障和制度基础——个人本质的对象化，个人的发展是不可想象的。在生存的基础上靠精神而活着，这也是一种个人自由选择的活法，在某种情况下，甚至是唯一的选择。但在全球丛林法则为普遍法则的情况下，整个民族奉行这种文化恐怕是并不妙的。单就个性、主体性的生成而言，内倾主导的文化的消极影响也是不容低估的。对内压抑自己、剥夺自己的权利、虐待自己，对外则顺从自然、适应社会，追求生命与大化的和谐，沉浸于清静无为；安于现状，墨守成规，因循守旧，时间观念和进取意识淡漠，而革故鼎新、富有冒险精神和挑战勇气的积极的主体性难以生成，在通过克己复礼式的道德力量的发扬以达到“天下归仁”的理想社会的过程中，个体意识失落，普遍的萎缩性人格形成。包括内倾倾向的文化对当代社会尤其对传统文化之根的乡土农村有很大的影响，主要表现就是农民中的普遍的精神满足心态，所谓“知足常乐，能忍者自安”。“比上不足，比下有余”，忆苦而思甜，小富甚至不富即安的心态成为人们前行的沉重的心理包袱。

三、结　论

法家和儒家的整体主义因历代统治者一定程度的儒表法里并依托于各种宗法共同体而影响深远。且配以君主专制式的自上而下的强大权威，压抑了个人的欲望和需要，使人们无法形成独立人格，自我无法生长，丧失自主性而不自知。内倾性相对于外向型而言，人们更倾向于独立体悟和独自思考，但在传统中国，体悟和思考是以先验和普遍性的“道”和“礼”为前提的。“独立思考”并不独立。内倾性文化走超越自我之路，也就是精神上的自我批判，局限了批判的范围，忽视了实践批判的价值。强调“德”而忽视了“智”、“体”，注重个人发展而忽视社会发展。内倾主导的文化在个人身上现实表现为压抑自己、剥夺自己、虐待自己，而美其名曰：“克己”、“严于律己”，从而生成清静无为、安于现状、墨守成规、因循守旧等国民性格，离积极有为的主体性相距甚远。这在生活在传统文化之根的乡土社会中的农民身上表现得尤其明显。

从养浩然之气到个人身心和谐的思考

临沧高等师范专科学校　艾兵有

追求和谐、崇尚和谐，是中国传统文化的基本精神之一，也是中国传统文化中的重要社会理想和价值追求。社会和谐首先集中表现在如何处理人与人相互关系的问题上，而每个社会成员自身身心和谐，是真正实现社会成员之间关系融洽的前提和基础。因而，《中共中央关于构建社会主义和谐社会若干重大问题的决定》指出，在构建社会主义和谐社会的过程中，要注重促进人的心理和谐，加强人文关怀和心理疏导，塑造自尊自信、理性平和、积极向上的社会心态。这表明加强人文关怀、促进人的心理和谐已经成为我国构建社会主义和谐社会的一项重大课题。在中国传统文化中，孟子提出“亲亲”、“仁民”、“爱物”、养“浩然之气”等主张，也就是要扩展“爱”，由己及人，由人及物，把仁爱精神扩展到宇宙万物，这对实现个人身心和谐和促进社会和谐具有积极的意义。

一、市场经济条件下人们身心面临着不和谐的困境

伴随着中国社会的转型，特别是在世界性金融危机的冲击下，中国社会发展中出现了一系列社会矛盾、冲突，甚至危机，人与自然、人自身心灵、人与人、人与社会等，特别是人的“自我分裂和自我矛盾”导致人们自身心灵冲突，已成为当今中

国社会的一个突出问题。三十年来，改革开放不但给人们带来了丰富的物质财富和更多的闲暇时光，但同时也给不少人带来了一种对生活价值和人生价值的失落感，特别是在市场经济条件下，各种欲望不断地被激发，享乐欲的刺激和无限实利的诱惑，使不少人日益被欲望所主宰、所奴役。而被权力、金钱、名誉所异化就会失去真正的自我。欲望得不到满足时就会时常感到痛苦、失落和空虚，失落的灵魂到处流浪而无所归依，特别是不少人无止境地追求感官之享受致使身心失调，人格分裂。在突如其来的金融危机的打击下，不少企业一夜破产，大学生就业因此变得更加艰难，甚至出现大学毕业意味着失业的怪现象，巨大心理压力得不到及时“梳理”，极易使人产生不平衡的心理致使人们失去自我身心的和谐，甚至使人产生严重的心理精神疾病，导致极端事件的频繁发生，这些情况严重影响了社会的安定，并成为当前中国社会中一个极不和谐的音符。在构建社会主义和谐社会的过程中，个人身心和谐问题日益受到重视。毕竟作为万物之灵的人，是社会和谐发展的主体，是构建和谐社会最主要也是最关键的组成部分。可以说，如果没有个人身心的和谐就不会有社会的和谐，而人的身心和谐是实现个人生活和谐的前提，因而需要建立相互尊重、相互信任的和谐人际关系及和谐的生存环境。一言以蔽之，社会和谐说到底在于人与人之间的和谐，而人与人之间的和谐在很大程度上依赖于个人身心的和谐，人们的身心和谐是实现社会和谐的灵魂和核心。在构建社会主义和谐社会的过程中，无疑应加强经济建设、民主法制等外在性建设，但也要注重人的内在性建设，要加强人文关怀和心理疏导，以促进人的心理和谐，从而塑造自尊自信、理性平和、积极向上的社会心态。有鉴于此，本文就自净其身，依托养“浩然之气”对实现自我身心和谐，从而促进社会和谐的问题进行积极思考。

二、学会善养“浩然之气”

（一）何谓“浩然之气”？

《孟子·公孙丑上》第二节记载孟子和他的学生有一段对话。学生问：“敢问夫子何所长？”曰：“我知言，我善养浩然之气。”“敢问何谓浩然之气？”曰：“难言也，其为其也，至大至刚，以直养而无害，则塞乎天地之间。其为其也，配义与道；无是馁矣。”这是说“浩然之气”，作为一种气，极其伟大，极其刚强，是一种高远的心志之气而非生物之气，是一种浩大的正义之气。这种“浩气”之中蕴含着：有超越物质，不为五斗米折腰的骨气；有临渊不惊、临危不屈的壮气；有“天生我才必有用，千金散尽还复来”的豪气；有“不以物喜，不为己悲”，即使在人生最晦暗的时刻，也能有沐浴江山之风月的逸气。尽管“浩然之气”的准确含义连孟子也觉得无法用语言来表达，但孟子对贯注于人心的“浩然之气”予以高度的赞誉：“充实之谓美，充实而有光辉之谓大，大而化之之谓圣，圣而不可知之谓神。”[①] 它意味着人有了这种“气”的鼓舞，才得以充实、光辉、博大、神圣，在面对人生中所遭遇的种种困难和挫折，能勇往直前，义无反顾，一身正气，不可侵犯，是人之所以成为人的真正的神气！作为万物灵长的人，虽然体大不如象，机敏不及猿，奔跑逊于虎豹……但凭一股“浩然之气”便可以安居天地之间、优越于天地万物，就能在艰难困苦中勇敢地站立起来。

---

① 《孟子·尽心下》。

（二）何以养“浩然之气”？

黑格尔说：“就个人来说，每个人都是他那时代的产儿”；“妄想个人可以跳出他的时代，跳出罗陀斯岛，是同样愚蠢的。”[①] 面对生活中许许多多非人力所能左右的困难和挫折，我们应加强自我修养和调节，学会自静其身，善养“浩然之气”。

一个方面是“名道”，即提高人对“道”的领悟，靠理性把握道（理），通过对“道”与“义”的把握而形成自觉性，常做自己认为应该做的正义之事。如果于心有愧而感到理屈就要气馁了，这叫“集义所生”。另一个方面是孟子所称的“积义”，要靠“养”。也就是靠自己持久不懈地修养和锻炼，“以直养而无害”，把“义”当做心内之物去培养，“存其心，养其性，所以事天也”，[②] 当然这也不能违背客观规律帮助它成长。要持续以直道、正义来养“浩然之气”。那么如何来“直养”呢？孟子说：“必有事焉，而勿正。”[③]“正之义即止，即而勿止。心勿忘，勿助长。”[④] 这就是说，要用直道、正义来培养这种精神力量时，既不能中止“勿忘”，又不要急躁“勿助长”，不要拔苗助长。这两方面结合起来就是孟子所说的“配义与道”。通过学习和锻炼来养“浩然之气”，由内心发出并转化为实际行动，就可以做到“不动心”、“不畏难”、“不畏惧”，就可以使人立于天地之间而无所愧疚，这叫“至大至刚”。孔子说：“三十而立，四十而不惑。”“不惑”也就是“不动心”。孟子说：“我四十不动

---

① ［德］黑格尔：《法哲学原理》，范扬、张企泰译，商务印书馆 1961 年版，第 12 页。

② 《孟子·尽心上》。

③ 焦循：《孟子正义》，中华书局 1957 年版。

④ 焦循：《孟子正义》，中华书局 1957 年版。

心。"[1] 一个具有这种正气的人，有着对于人生理想的坚定信念，有着为实现自己的远大理想而坚持不懈的勇气，那么在无论何等恶劣的条件下、苦境中，无论在怎样的考验面前都能自觉地坚持自己的信念，从而作出正确的选择，成为一个无愧于天地的，无所畏惧、理直气壮、堂堂正正立于天地之间的伟丈夫，才能"至大至刚，以直养而无害，则塞乎天地之间"。养"浩然之气"，就是培养这样一种精神状态以达到不动心的境界。传承中国传统文化中自身的肉体与精神的相互关系和谐的思想，就应主张人之身心和谐，保持平和、恬淡的心态，正确处理"欲"与"理"的关系。不能贪得无厌，不能把物质利益作为人生的全部追求，更不能见利忘义。这种把对生命价值的关怀与对道义价值的弘扬有机结合起来的人生观是值得肯定的。这就是说，具有和谐的人格，正确处理人自身的肉体与精神的相互关系，就能消除个我的固蔽，化除一切的封闭隔阂，以开豁的心胸与无所偏的心境去看待一切，进而为和谐群己关系的形成奠定基础。基于人的"自然属性"中还不可避免地潜藏着无限的"贪欲"——人来源于动物界这一事实已经决定了人永远不能完全摆脱兽性而自我身心和谐地发展，所以人决不能听凭自然欲望的支配，更不能让贪欲毁灭了自己，应该养"浩然之气"，来提升自己的道德修养，用"浩然之气"来引导"欲"、提升"欲"，使二者真正实现相生相济、和谐互补，使人的心灵宁静，促进人的自我身心的和谐，从而建设一个和谐的社会。

三、实现个人身心和谐的润滑剂：养"浩然之气"

"浩然之气"是一种高尚的道德境界，是通过内心修养逐渐

---

① 《孟子·公孙丑上》。

积累道义精神而产生的一种正义气概，是根植于人的本性的正气，是一种神气、一种精神。因此，养“浩然之气”有利于加强个人修养、有利于推动和谐社会的构建。

（一）养“浩然之气”，是超越物质欲望的重要途径之一

在市场经济条件下，许多人在金钱的诱惑下成为金钱的奴隶，甚至出卖肉体和灵魂。在面对物质诱惑时，我们应记住伊壁鸠鲁所说的：“凡是必要的，也是容易满足；凡是难以满足的，也就是不必要。”① 在生活中我们要善养“浩然之气”，高扬理性，弘扬社会正义。养“浩然之气”，有利于抵制人的生存方式中的自利性。无论是在物质欲望（利）与精神追求（义）二者犹如鱼和熊掌不可得兼的情形下，还是在金融海啸中，我们都要坚守精神家园，具有超越物质的豪气和渡过难关的勇气。

（二）养“浩然之气”，有利于加强个人修养，培养超然的人生境界

万事如意，只不过是人们的良好愿望，在现实生活中，人生总是难免有挫折。人生的苦难往往会给人们沉重的打击，这就需要我们有浩然之勇气来迎接人生的各种风风雨雨。如果没有这种勇气，司马迁何以完成“史家之绝唱，无韵之离骚”的千古传世之作？文天祥囚于“污下而幽暗”的囚室何以作具有“浩然正气”的《正气歌》？张海迪何以能笑对人生掌握四门外语，成为生活的强者？在“5·12”地震中，坚强的灾区人民拭去泪水，信心依旧，房屋倒塌意志不垮，凭浩然之气，战胜自然灾害，重建家园。因此，我们有必要养“浩然之气”，加强个人品格修养，培养坚强的品格，构造和谐的个人品质。

---

① 宋希仁：《西方伦理思想史》，中国人民大学出版社2004年版，第87页。

（三）养“浩然之气”有利于人们实现心灵的宁静和找到心灵归属

在市场经济条件下，残酷的生存竞争压力和高额利润的诱惑，使人难免躁动，为我所困，为地位和名誉所累。为此，不少专家学者难以静心做学问，往往因浮躁而急功近利；看到每年有上百万大学生“毕业意味着失业”，拥入失业大军时，在校大学生们为前途而整日忧心忡忡；在世界性金融海啸中，工人们为保住“饭碗”不被“炒鱿鱼”而提心吊胆地过日子……一颗颗躁动的心灵需要安顿下来。通过养“浩然之气”有助于形成一种奋发向上、面向未来的创造精神，能够使人们在日益喧嚣的都市中寻找到自己宁静的乐土，在灯火阑珊处找到自己心灵的归依，从而有利于实现人的自我和谐。

（四）养“浩然之气”，有利于培养卓尔不群、健康向上的品质

面对纷繁复杂的“以物的依赖性为基础的人的独立性”的社会，我们应该走自己的道路，而不去眼红别人的财富权势，不去眼馋别人的富贵，不被贫困、暴力所压服，更不受世俗陋习所污染，从而自行其道，自得其乐，孟子将这种精神境界表述为“穷不失义，达不离道”，养“浩然之气”，培育自己的独立人格，做到“富贵不能淫，贫贱不能移，威武不能屈，此之谓大丈夫”。①

总之，中国传统伦理思想十分重视自我修养。孟子说：“天下之本在国，国之本在家，家之本在身。”实现每个人自我身心

---

①《孟子·滕文公下》。

的和谐，是实现人与人的和谐、人与自然的和谐、人与社会和谐的基础。养“浩然之气”为我们寻找精神的家园提供了路径。正如江泽民同志所说：“一个人必须树立正气，必须有正义感，有了一腔浩然之气，才能无所畏惧地前进，才能不屈不挠地为国家为社会建功立业。”

后　记

云南省中华传统道德研究会自2004年10月成立以来，在中共云南省委宣传部的关心和支持下，在云南省社科联的业务指导下，根据研究会确定的工作任务、学术研究的原则和要求，积极开展学术研究，每年出版《弘扬传统美德　构建和谐社会》论文集一辑，至此已第四辑。四辑论文集汇集和展示了云南省中华传统道德研究会在繁荣发展云南省哲学社会科学方面的研究成果，对于推动云南哲学社会科学发展和精神文明建设方面作出了应有的积极贡献。

在中共玉溪市委的大力支持下，2009年1月12日，以“弘扬中华传统美德　学习实践科学发展观”为会议主题，由云南省社会科学界联合会、云南省中华传统道德研究会、云南省民族伦理学研究会联合主办，云南省中华传统道德研究会、云南省民族伦理学研究会承办的学术研讨会暨2007—2008年度学术年会在云南省玉溪市召开。省委宣传部巡视员、云南省中华传统道德研究会顾问胡正鹏同志，玉溪市委副书记、云南省中华传统道德研究会会长吴松教授，云南省社会科学院副院长、云南省中华传统道德研究会副会长杨福泉研究员，云南省人大常委、云南省民族伦理学研究会会长、云南民族大学杨国才教授，云南大学副厅级巡视员姜子华教授等领导分别在会上作了讲话。会议由伍雄武教授主持。与会专家学者纷纷作了学术交流发言和自由发言。大会收到与会人员现场提交的学术论文多篇。本论文集收录的论文就是编委们从中遴选出来的。

本论文集的出版得到了云南省社科规划办、省社科联和云南大学出版社的帮助。本论文集在出版过程中，朱胜祥同志在策划、协调方面做了大量工作，高力教授、郝朴宁教授、李丽芳教授和云南大学的申斌博士负责论文的收集、筛选和统稿等具体工作。借此论文集的出版，对上述单位和个人及论文集的各位作者给予云南省中华传统道德研究会的关心和支持一并表示诚挚的感谢。

本文集编委会

2009 年 10 月 23 日

图书在版编目(CIP)数据

弘扬传统美德　构建和谐社会:云南省中华传统道德研究会论文集. 第4辑/吴松主编. 一昆明:云南大学出版社,2010

ISBN 978-7-5482-0040-6

Ⅰ. ①弘…　Ⅱ. ①吴…　Ⅲ. ①社会公德教育—中国—文集　Ⅳ. ①D648.3-53

中国版本图书馆CIP数据核字(2010)第035881号

云南省中华传统道德研究会论文集（第四辑）

弘扬传统美德　构建和谐社会

主　编　吴　松
副主编　江　克

组稿编辑：伍　奇
责任编辑：冯　峨
封面设计：张严翔
出版发行：云南大学出版社
印　　装：云南大学出版社印刷厂
开　　本：850mm×1168mm　1/32
印　　张：15
字　　数：390千
版　　次：2010年3月第1版
印　　次：2010年1月第1次印刷
书　　号：ISBN 978-7-5482-0040-6
定　　价：32.00元

云南大学出版社地址：云南大学英华园内
电话：0871-5033244　　网址：http://www.ynup.com
邮编：650091　　E-mail：market@ynup.com